JN077075

# セカンドオフラインの世界

## 多重化する時間と場所

### 富田英典 編

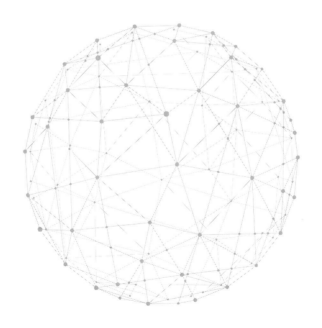

恒星社厚生閣

# 謝辞

　本書は、情報通信学会（JSICR）のブックシリーズの第3弾として刊行された *The Second Offline: Doubling of Time and Place*（Springer 2021）に加筆修正を加え日本国内向けに出版するものである。JSICRは、ICTの政策や社会経済的側面に焦点を当てた学術団体として、ICTの向上に国際的に貢献してきた。本書は、2017年と2020年に開催されたJSICR関西大会の国際シンポジウムでの議論をもとに執筆されている。なお、本書は、2019-2020年度関西大学研究拠点形成支援経費において、研究課題「モバイルメディア社会と『セカンドオフライン』現象に関する社会学研究」として研究費を受け、その成果として公表するものである。本書の出版に関わったすべての方々に感謝申し上げる。特に、JSICRの福田直子様、恒星社厚生閣の片岡一成様、高田由紀子様、駒澤大学の川崎賢一教授、関西大学研究支援・社会連携グループの山中逸朗様、大島敬恵様、中原渚様には、心よりお礼申し上げる。

富田英典

# 序文

　スマートフォンなどのモバイルメディアの普及により、人々は日常生活において常にインターネット上のオンライン情報を参照するようになった。Facebook、Twitter、WhatsApp、LINEなどのソーシャルメディアがポピュラーになり、多くの人々が日常生活において常にネット上の情報を参照するようになったのである。本書では、このような現象を「セカンドオフライン」と呼ぶ。インターネットに接続されていないオフラインをファーストオフラインと呼ぶとするなら、今日のようにいつでもインターネットに接続できるオフラインはセカンドオフラインと呼ぶことができるだろう。オンライン情報を表示する方法はAR技術の普及により拡大した。そして、ポケモンGOを可能にしたモバイルAR技術の登場は、「セカンドオフライン」の姿を明確にしてくれた。「ポケモンGO」を始めると、スマートフォンには、自分の周りの正確なマップが表示される。ポケモンやゲーム上のアイテムなどは、そこに表示される。つまり、プレイヤーは実際の空間を移動しながらゲームをするのである。リアル空間にゲーム空間が重なっている。「ModiFace」は、AR技術を利用した美容シミュレーションである。ModiFaceを利用すれば、本当にメイクアップしたかのようなリアルなシミュレーションが可能であり、自分の顔を好みの顔にリアルタイムで編集できる。その他にも多数のARアプリがサービスを開始し、私たちがリアル空間に重畳するオンライン情報は多様化している。そんなセカンドオフライン社会とはどのような特徴をもっているのだろうか。ファーストオフラインとセカンドオフラインは何が違うのだろうか。おそらく様々な生活場面で変化を認めることができるだろう。ここでは、私たちの生活の基本的な部分における変化に注目したい。

　セカンドオフライン社会では、人々の時間と場所の感覚にも変化が生まれている。私たちは「同じ時間に2つの場所に存在する」ことはできない。しかし、それを電子メディアが可能にした。メディアが異なる2つの場所を重ねることを可能にしたのである。Paddy Scannell（1996）は放送メディアに注目しこのような現象をDoubling of Placeと呼んだ。さらに、Shaun Moores（2012）は、

インターネットやスマートフォンにおいても同種の現象が出現しているとし、Doubling of Place の概念を再評価した。ただ、二重化しているのは「場所」だけではない。「時間」も二重化している。本書では、それを Doubling of Time と呼びたい。時間と場所の二重化は、すでに現代社会の様々な場面に出現している。

　私たちは、2015年度から2017年度に、科学研究費補助金（基盤研究（B））を受け「ポスト・モバイル社会に関する社会学的研究」の研究を行い、2016年に研究成果を出版した（*The Post-Mobile Society: From the Smart/Mobile to Second Offline* Routledge、『ポスト・モバイル社会──セカンドオフラインの時代へ』世界思想社）。そして、2017年7月には、情報通信学会関西大会としてこの研究分野で活躍している研究者を日本に招聘し、国内からも多数の研究者を招いてシンポジウム（Are You Second Offline ? —The Diversity of Post-Mobile Society—）を開催した。海外から招聘した研究者は、James E. Katz（Boston University）、Michael Bjorn（Ericsson inc. & Lund University）、Jason Farman（University Maryland）、Larissa Hjorth（RMIT）であった。招聘研究者からは新たな分析概念を使いながらセカンドオフラインについて優れた報告がなされた。その後、私たちは、2019年度から2020年度に関西大学から研究助成（関西大学研究拠点形成支援経費）を受けて、2020年10月に情報通信学会関西大会として2回目の国際シンポジウム（Doubling of Reality：Everyday Lives in Post-Mobile Society）を開催した。本書はその研究成果である。本書では、セカンドオフライン、時間と場所の二重化という分析枠組みを設定した。セカンドオフライン現象を総合的に分析するため、各章では、理論、歴史、社会、文化、地域、学校、職場などの分野について、具体的事例を紹介しながら論じている。第2章は2017年7月に関西大学で開催したモバイルメディアに関する国際シンポジウムでのKatz教授の基調講演をもとに執筆されたものである。Katz教授は、今日の新しい通信技術が19世紀に予想されていたことを歴史資料から明らかにしている。そして、Second Offline Laziness という概念から今日のメディア社会がもつリスクを指摘する。本章では、紙面の関係で基調講演の中で紹介された多くの歴史資料を掲載することができなかったことをお詫びしたい。また、講演録の掲載を許可して頂いたKatz教授には編者として心か

ら感謝する次第である。本書は英語版をSpringer社から2021年9月に出版している。本書では、日本の読者に向けて若干の修正を加えると当時に、一部の章を新しい研究成果と差し替えている。さらに、3名の執筆者を加え内容の充実を図っている。

　2020年、新型コロナウイルスが世界中で大流行した。WHOは、3月11日に「パンデミック」を宣言した。当日、感染は114カ国に拡大し、感染者数は11万8319人、死者は4292人に達していた。各国政府は、外出禁止令、ロックダウン（都市封鎖）などを発令し、感染拡大を食い止めようとした。しかし、感染はさらに拡大していった。他方で、在宅勤務、オンライン授業、オンライン診療、通信販売、宅配などが急増した。その結果、オンラインがオフラインに重畳されたセカンドオフライン社会は急速に拡大した。その後、ウイルスは変異し、感染は拡大と縮小を繰り返している。2022年2月の時点で全世界での累積感染者数は4億人を超え、累積死亡者数は600万人に迫っている。本書が出版される頃には、ウイルス感染拡大が終息し、平和なセカンドオフライン社会に戻っていることを祈っている。

富田英典

# 目次

謝辞 ………………………………………………………………………… iii

序文 ………………………………………………………………………… v

# 第1部　モバイルメディアで変容する社会

**第1章　セカンドオフラインとDoubling of Time　富田英典** ……………… 3

1. 映画『The Lake House』：時を越えた恋　3
2. セカンドオフライン　4
3. 時間と場所の社会学　7
4. Doubling of Time and Place　14
5. 自己のリアルタイム・シミュレーション　23
6. 時間を越えた恋の行方：場所を複製するメディア　28

**第2章　モバイル通信技術と生活世界**
**　　　　──現象学的観点からセカンドオフライン概念の意味を検証する**
**　　　　ジェームズ・E・カッツ** ……………………………………………… 33

1. はじめに　33
2. セカンドオフライン社会について　34
3. セカンドオフライン社会の預言者　35
4. 「ポスト・モバイル社会」論　40
5. セカンドオフラインの社会心理学的、公共政策的影響　49

**第3章　融合現実──第2世代のセカンドオフライン　ミカエル・ビョルン** ……… 55

1. はじめに：オフラインとセカンドオフライン　55
2. セカンドオフラインの基本概念　56
3. セカンドオフラインの実際　59
4. 第2世代の「セカンドオフライン」　60
5. 融合現実に対する消費者の期待　64
6. 物理的環境に取って代わると期待されるAR（拡張現実）／VR（仮想現実）　65
7. 主観的現実　66
8. あなたは心をだますことはできるが、体をだますことはできない　67
9. 消費者の想像力の重要性　70
10. 時間の認識を変える　71
11. おわりに　72

**第4章　地域活性化のためのxRアプリケーション　木暮祐一** ················· 75
1. xRの普及と地域プロモーションへの応用　75
2. VRを用いたローカルエリアの観光誘客PR事例　77
3. 田んぼをARによって「売り場」に変えた事例　80
4. MRを使って時空を超えてアート作品を理解する　82
5. まとめ　84

**第5章　メディアのモバイル化と時間／場所のブリコラージュ　伊藤耕太** ·············· 87
1. はじめに　87
2. モバイル化と情報量の減少　87
3. モバイル化と時間の断片化　89
4. モバイル化と文脈の希薄化、そして生産　90
5. 音節数の減少と時間感覚の変化：短歌から俳句へ　93
6. 「いま」という感覚を表現するコンテンツ　95
7. 空間を編集するユーザーたち　96
8. 時間を編集するユーザーたち　99
9. おわりに　101

**第6章　電子情報が拡張するモノ──多層化する《リアル》　吉田 達** ·············· 105
1. IT革命からDXへ　105
2. 情報空間とコミュニケーションの「場」　106
3. スマートフォンの普及とバーチャルの変容　107
4. 実空間のデジタル化　109
5. VRとARの2020年代　110
6. 電子空間にある「現実」　112
7. 2020年代の「仮想」と「現実」　114

**第7章　ポスト・パンデミックの観光におけるモバイルメディアの可能性**
**　　　　──参加型デザインからの考察　岡田朋之** ·············· 119
1. モバイルメディアをめぐる問題の所在　119
2. 参加型デザインという方法　120
3. ワークショップ実践　122
4. フィールドリサーチを導入した実践　128
5. ポスト・パンデミックの観光とモバイルメディア　134
6. 成果のまとめと課題　139

第**8**章　コロナ禍以降のワークプレイス・ワークスタイルにおける
　　　　モバイルメディアがもたらす変容
　　　　——ステーション・ブースが可視化したセカンドオフライン的ワークスタイル
　　　　松下慶太 ……………………………………………………………………… 143

1. 「さすらい」と場所の関係　143
2. テレワークからハイブリッド・ワークへ　145
3. WFHからWFXへ　150
4. モバイルメディアが生成するワークプレイス　153
5. Non Official Workplace　157
6. おわりに　159


第**2**部　文化的環境としてのモバイルメディア


第**9**章　アムビエントな遊び ——モバイル・ゲームの日常
　　　　ラリッサ・ヒョース　イングリッド・リチャードソン ……………………… 165

1. はじめに　165
2. アムビエントな遊び　167
3. 公共空間でゲームする：私的空間の移動化　171
4. 地域情報モバイル・ゲーム：都市空間の遊び場への転換　176
5. ポケモンGO　179
6. むすびに　184


第**10**章　「パラサイト」の割り込み／降臨による「今」の再創造
　　　　——「モバイルメディア独我」と再魔術化された「可能世界群」
　　　　藤本憲一 ………………………………………………………………………… 189

1. 「テリトリー・マシン」、弁証法論理、「再魔術化」　189
2. 「モバイルメディア独我」と、増殖する匿名のペルソナたち　192
3. 「ヌガラ」概念のオンラインへの拡張　195
4. 「新しさ」信奉と、時間論の「三叉路モデル」へ　197
5. 「パラサイト」の割り込みと、「今」の再創造　199
6. 時間意識の5類型と、超越論的跛行時間　204
7. 一瞬ごとに降臨（再創造）する神々としての「今」　207
8. 「ながら」の5つの意味　212

## 第11章 「遠征」をめぐる人間関係
### ——Twitter上で親しくなる過程と社会的場面の切り分けを中心に
松田美佐 ………………………………………………………………………… 215

1. はじめに 215
2. 先行研究と本章の課題 216
3. いかに見ず知らずの相手と親しくなるのか 218
4. 考察 231
5. おわりに 235

## 第12章 ICT教育と新メディアリテラシー 上松恵理子 ……………………… 237

1. はじめに 237
2. 新メディアリテラシー教育の背景 238
3. メディアリテラシーの概念 241
4. 教師向けのメディアおよび情報リテラシー（MIL）カリキュラム 242
5. 日本の教育と新メディア 243
6. ニュージーランド 247
7. 英国 248
8. フィンランド 250
9. オーストラリア 253
10. おわりに 254

## 第13章 自撮り写真の身体様式 ——メディア実践のかくれた次元 金暻和 ……… 257

1. はじめに 257
2. 歴史的事例から 261
3. モバイル写真の身体様式 265
4. 結びに 270

## 第14章 網紅都市（映えるまち）——ショートビデオと都市イメージ 劉雪雁 ……… 273

1. はじめに 273
2. 中国におけるショートビデオアプリの発展 275
3. イメージづくりに参加する観光客とショートビデオ 277
4. ショートビデオによって生まれた「網紅都市」 280
5. ショートビデオと都市イメージ 286
6. おわりに 290

# 第3部 ソーシャルメディアとモバイル社会

**第15章 セカンドオフラインの空間的実践　ジェイソン・ファーマン** ......................... 295

1. はじめに　295
2. バーチャルとリアルの違い　296
3. セカンドオフラインでの空間的な重ね合わせ　302
4. モバイルマップとセカンドオフライン　307
5. ロケーティブ芸術と製図実践　309
6. 結論　316

**第16章 関係性をもち運ぶ ——都市・社会的ネットワーク・モバイルメディア**
　　　　　天笠邦一 ............................................................. 319

1. はじめに　319
2. 概念的枠組　320
3. 調査概要　324
4. 調査結果　328
5. 考察　332
6. おわりに　337

**第17章 青年層のソーシャルメディア利用とトランスローカリティ　羽渕一代** ............ 341

1. はじめに　341
2. 青森県むつ市とおいらせ町　343
3. 調査概要　344
4. 地元定着層と流入層　345
5. ソーシャルメディアの利用　346
6. ソーシャルメディアの種別と幸福感　353
7. おわりに　355

**第18章 モバイルソーシャルメディア環境でニュースメディアと政治参加の「好循環」は
　　　　　成立するか ——2015 〜 2016年米国ニュースメディア環境の定量的分析**
　　　　　小笠原盛浩 ........................................................... 359

1. モバイルソーシャルメディア環境のニュースメディアと政治　359
2. 先行研究とリサーチクエスチョン　361
3. 分析データと主な変数　365
4. 分析結果　367
5. 考察　374

# 第1部

## モバイルメディアで変容する社会

# 第1章
# セカンドオフラインと
# Doubling of Time

富田英典

## 1. 映画『The Lake House』：時を越えた恋

　私たちは同じ場所にいても異なる時間にいる人と会うことはできない。しかし、メディアはそれを可能にし始めている。本章では、それを Doubling of Time と呼ぶ。米国映画『The Lake House（邦題：イルマーレ）』(Warner Bros. Entertainment,Inc. 2006) には不思議な郵便受けが登場する。

　　シカゴの病院で働くことになったケイト（サンドラ・ブロック）は、メープルレイクの湖畔に建つ家からシカゴに引っ越すことにした。そして、郵便受けに次の住人へのメッセージを残す。後日、アレックス（キアヌ・リーブス）からの手紙が郵便受けに届く。不思議なことにその手紙の日付は2年前になっていた。2人は、その不思議な郵便受けを利用して手紙の交換を始める。そして、いつしか2人は恋に落ちる。2人は会う約束をする。その日は、ケイトにとっては明日であり、アレックスにとっては2年後の明日だった。

　この映画に登場する男女は米国に住んでいる。しかし、2人が生きている時間は2年ずれている。2人は会えたのだろうか。スマートフォンは、あらゆる人にアクセスでき、様々な情報を運んでくれる。遠く離れた恋人だけでなく、映画『The Lake House』に登場する不思議な郵便受けのように、違う時代に生きる恋人にも愛の言葉を運んでくれるのだろうか。本章では、スマートフォ

ン時代の時間感覚について取り上げる。

## 2.　セカンドオフライン

### 2-1.　セカンドオフラインとは何か

　今日のメディア社会は、インターネットとモバイルメディアを抜きに考えることはできない。インターネットは世界の隅々にまで情報を運び、そして、日々、世界中から新しい情報が発信されている。そんなインターネットは、スマートフォンなどのモバイルメディアを介して利用されるようになった。しかも、スマートフォンの電源は常にオンの状態であり、オンライン情報は常時受信可能になっている。そのような状態を本書では「セカンドオフライン」と呼ぶ（富田 2016）。これまで、メディアにつながっている状態をオンラインと呼び、つながっていない状態をオフラインと呼んできた。オンラインかオフラインかのどちらかであったのだ。しかし、いまやオフラインであり、同時にオンラインである状態が生まれている。本書では、リアルな空間にバーチャルな情報が重畳されている状態、人々が日常生活において常にネット上の情報を参照しているような状況、オンライン情報を常時参照しているオフラインを「セカンドオフライン」と呼ぶ。今日、私たちの様々な生活場面では、すでに「セカンドオフライン」現象は登場している。

　スマートフォンには多数の拡張現実感（Augmented Reality：以下ARと略記）アプリが提供されており、「NrealLight」（au）などのスマートグラスはそれ自体がARデバイスである。ARは、Paul Milgramら（1994）が提起した概念である。現実にバーチャルを重ねあわせる技術であり、リアル空間をバーチャルにする技術である。スマートフォンやスマートグラスを利用することによって、オンライン情報が目の前の風景に重なって表示されるようになる。こうして現代人は常時オンライン情報を参照しながら生活することが可能になったのである。

　「セカンドオフライン」は、iPhoneの発売を契機に携帯電話からスマートフォンへの移行が始まり、さらにGoogle Glassなどの新しいデバイスの登場により、それまで通信と情報検索が中心であったモバイルメディアの機能と利用方法が

拡大したことによって発生した。特に、ポケモンGOを可能にしたモバイルAR技術の登場は、「セカンドオフライン」の姿を明確にしてくれた。

## 2-2. ポケモンGOとセカンドオフライン：
### リアルとバーチャルの融合

　東尋坊（福井県坂井市）は、日本では断崖絶壁の絶景で有名であるが、同時に自殺の名所としても知られている。自殺を思いとどまらせるための看板や句碑が設置され、10円硬貨やテレホンカードが置かれた「いのちの電話」と呼ばれる公衆電話ボックスもある。他方で、インターネットでは、心霊スポットとして取り上げられ、心霊写真が多数掲載されている。そんな東尋坊にもポケモンGOのプレイヤーがレアなポケモンを求めて集まっている。その結果、とても自殺できるような雰囲気ではなくなり、自殺者が減少しているという。自殺者が減少したのは喜ばしいが、自殺まで思いつめた人の気持ちを考えると複雑な気分になる。ポケモンGOとは、任天堂の携帯ゲーム機「ゲームボーイ」用のソフトである「ポケットモンスター」（通称ポケモン）のキャラクターを使ったスマートフォン向けの位置情報ゲームアプリである。ポケモンGOを始めると、スマートフォンには、自分の周囲の正確なマップが表示される。ポケモンやゲーム上のアイテムなどは、そこに表示される。つまり、プレイヤーは実際の空間を移動しながらゲームをするのである。まさに、リアル空間がゲーム空間に変容している。ポケモンGOにはAR機能があり、スマートフォンをその場所にかざすと目の前にポケモンが出現する。街を歩いていると、突然ポケモンが画面に現れる。プレイヤーは、ボールをポケモンに投げつけて捕まえる。捕まえたポケモンは「ポケモン図鑑」に保存される。本章で注目するスマートフォンのモバイルAR機能は、その場所に来て初めて有益な情報が得られるところにある。ポケモンGOはまさにモバイルARを考えるうえで格好の研究材料である。

　ARには大きな可能性が秘められている。その理由は、バーチャルという概念にある。日本では「仮想の（supposed）」「疑似的な（pseudo）」などの意味と訳されているが、The American Heritage Dictionary によれば、この言葉の第一義的な意味は「Existing or resulting in essence or effect though not in actual fact,form,or name（みかけや形は原物そのものではないが、本質的あるいは効果としては現実であり原物であること）」[1] である。バーチャル・マネーは電子マネーやオンライン通貨であり、贋金ではない。それらは、見た目はコインやお札ではないが「事実上」通貨である。ARがこのようなバーチャルをリアル空間に映し出したとき何が起こるのだろうか。すでにそのようなアプリは登場している。都会の夜空に満天の星空を再現してくれるアプリ、ビルの谷間にいても迫ってくる雨雲が見えるアプリ、かつてそこにあった歴史的建造物を見せてくれるアプリなどは、決してウソを見せているわけではない。さらに、電子マネーやオンライン通貨のように、見かけは異なるが、本質的な部分はそのもの自身であるようなバーチャルの場合はどうなるのだろう。バーチャルなあなた、バーチャルな私をAR機能はどんな姿で描き出すのだろうか。亡くなった友人は、どんな姿で私たちの目の前に登場するのだろうか。

## 2-3. セカンドオフラインにおける時間と場所

　では、次にこのような「セカンドオフライン」における時間と場所の問題を取り上げたい。

　オンラインにオフラインが重なった「セカンドオフライン」では、遠く離れた場所と現在の自分の場所を重ねることは簡単である。すでに、電話やテレビは、遠く離れた場所に自分がいるかのような感覚を与えてくれた。このような状態を Paddy Scannel（1996）と Shaun Moores（2004,2012,2017）は Doubling of Place と呼んだ。Doubling of Place は、この時代から登場していた。携帯電話は、そんな Doubling of Place をどこにいても可能にした。さらに、スマートフォンは、AR技術を利用してそこに存在しないものを目の前に出現させたり、遠く離れた場所の風景を目の前に表示させたりすることまで可能にした。

　重なっているのは場所だけではない。時間の二重化も発生している。本書では、そのような現象を Doubling of Time と呼ぶ。Doubling of Place の多くは Doubling of Time を伴っている。遠く離れた場所の事件をTVが中継する場合

---

1)The American Heritage Dictionary of the English Language,（2019年3月30日取得, https://ahdictionary.com/word/search.html？q＝virtual），日本バーチャルリアリティ学会,（2019年3月30日取得, https://vrsj.org/about/virtualreality/）.

は、時差が発生していることがある。こちらは夜中であるのに、TV中継されている現場は昼間であったりする。異なる2つの時間がTVによって重ねられている。国際電話をする場合も同様である。それに対して、スマートフォンによって生まれる「セカンドオフライン」では、この場所で起こった異なる時間の情報を現在に重ねて見ることができる。私たちは、いつもポケットの中にもう1つの時間を持ち歩いているのである。

　本章では、重ねる（overlap）という用語と重畳（superimpose）という用語を使用している。この言葉の使い分けは、本章では重要である。Adriana de Souza e Silvaら（2006）は、Doublingという用語は分割や分離をイメージするため、モバイル・テクノロジーにおいては適切ではないと指摘している。そこで、本章では、「セカンドオフライン」現象に出現するDoubling について説明する場合は、分割や分離をイメージさせたくないので、重ねる（overlap）ではなく重畳（superimpose）という用語を使用している。重ねる（overlap）は2つを対等に重ねる場合に使用し、重畳（superimpose）は一方が他方に重ねられたり、挿入されたり、融合させられたりする場合に使用する。

# 3.　時間と場所の社会学

　これまで社会学では時間と場所をどのように取り上げてきたのだろうか。ここではA.Giddens（1984＝2015,1990＝1993）の研究に従いながら、社会学における時間と場所について整理しておきたい。Giddensによれば、近代社会の特徴は、時間（time）と空間（space）の分離にある。ただ、近年のモバイルメディアを巡る状況のなかで注目を集めているのは、位置情報サービス（location-based　service）である。そこで、ここでは空間（space）ではなく場所（place）に注目したい。では、前近代社会、産業社会、インターネット社会、モバイル社会、モバイル・インターネット社会の順に、時間と場所がどのように変容してきたかを整理しておきたい。

## 3-1.　前近代社会：暦と場面

　Giddensによれば、前近代社会では時間と場所は一致していた。場所とは場

面（locale）であり、時間は暦（calendar）であった。「何時？」は「どこ」と結びつけられ、自然界の周期的出来事によって特定されていた（Giddens 1990：17＝1993：31）。人々の行動は、日の出や日の入りなどの大まかな時間にあわせてどこで何をするかがだいたい決まっていた。暦に合わせてどこで何をするかが、伝統的に大まかに決まっていた。

　この時代の時間は不正確であり、不安定であった。現在は、時間は季節によっても1時間の長さが変わらない定時法が採用されている。しかし、前近代社会では、不定時法が採用されることが多い。それは季節によって昼と夜の長さが変化するためである。また、細かな時刻は生活するうえで必要とはされず、四季の変化や朝昼晩といった大まかな時間区分だけで良かった。

　前近代社会における場所は場面だった。基本的に目の高さで空間は理解されていたはずであり、場所とは日常生活の中に埋め込まれていた。Giddensは、localeを次のように定義している。

　　相互行為の舞台装置の一部として関わってくる物資的領域。相互行為の集中化を
　　促進する一定の明確な境界をもつ（Giddens 1984：375＝2015：419）。

　当時の人々にとって場所とは目の前に広がる物理的領域であり、相互作用の舞台であった。それは、M.Poster（1990＝1991）の『情報様式論』によれば「声の段階」であり、「自己は、対面関係の全体性に埋め込まれることによって、発話地点として構成されている」（Poster 1990：6＝1991：11）。そして、前述したように時間と場所は一致しており、そこで行う仕事や生活にも伝統的な意味があった。朝起きてから寝るまでの行動には理由があった。時間と場所と行動は伝統的な意味の世界のなかに位置づけられていたのである。

## 3-2.　産業社会：時計と地図

　近代社会になると人々の生活は大きく変化した。工業化が始まり、人々の生活における時間と場所は変化した。社会は、大量生産、マスコミ、大量消費の時代へと進んでいった。この時代になると、都市の労働者の時間は、時計の時間（clock time）となった。日の出や日の入りではなく、時計の時間に合わせ

て生活するようになった。季節によって変化していた時間の単位も一定になった。どこにいようと、何をしていようと、人々の生活は時計の時間によって支配されるようになる。そして、効率的に働くことが求められるようになった。時計が普及し、世界規模の暦の標準化と地域を超えた時刻の標準化が生まれたのである。Giddens によれば、それは「時間の空白化」である。時間は、伝統的な意味を失い単なる時刻となったのである。

この時代になると場所は地図上の位置となる。前近代社会では、基本的には目の高さによって道を示した。しかし、この時代になると鳥瞰図のように場所が理解されるようになる。もちろん日々の生活における場所が目の高さで理解されていることに変わりはない。しかし、正確な地図によって場所を示すことができるようになる。しかも、その場所は時間とは無関係に存在するものになった。世界地図の普及により、場所が場面から分離し、「場所の空白化」が生まれた。場所も伝統的な意味を失い単なる地図上の位置となったのである。その結果、時間と場所は分離していく。Giddens はこの過程を脱埋め込み（disembedding）と呼んだ。それは、「社会関係をローカルな相互作用の文脈から引き離すことを意味している」（Giddens 1990：21＝1993：35）。「時間の空白化」と「場所の空白化」は、時間と場所の再結合を生み出す。Giddens の用語でいえば、再埋め込み（reembedding）であり、ゾーニングである。その例が時刻表である。伝統的な世界から解き放たれた時間と場所は、産業の論理で再結合されることになるのである。

この過程は別の説明も可能である。J.Meyrowitz（1985＝2003）は、マスメディアの発達により社会的場所と物理的場所の分離が発生し、場所感の喪失が発生したと主張した。これは、近代社会において出現した大量生産、大量消費というシステムの中で発達したマスメディアや通信メディアの姿を分析したものである。Meyrowitz によれば、口誦文化と活字文化では物理的場所と社会的場所が結びついていた。ところが、電話、ラジオ、テレビ、コンピュータなどの電子メディアの登場が、社会的場所と物理的場所を分離させた。つまり、電子メディアの登場により、物理的に移動しなくても社会的場所に移動することが可能になったのである。そのため、場所と時間の再結合、場所と時間のゾーニングは、物理的場所を伴わない社会的場所と時計の時間によって構成されている

ことになる。

　Giddens が挙げた時刻表は、時計の時間と駅という物理的場所が結合してい
る。しかし、メディアが発達した社会では、時計の時間は、物理的場所を伴わ
ない社会的場所と結合する。例えば、企業のスケジュールには、時間と仕事内
容が書かれている。その仕事が行われる物理的場所は重要ではない。それはテ
レビの番組表に似ている。番組表だけでは番組が放送される場所がどこである
かはわからない。わかるのは番組の内容である。場所感の喪失した時代の時間
と場所の結合を示すものは、時刻表ではなくタスクだけが書かれたスケジュー
ル帳である。

## 3-3.　インターネット社会

### 3-3-1.　Timeless Time と No Sense of Time

　インターネットの登場により、このような状況はより明確になり、物理的場
所の感覚は消失していく。さらに時計の時間も曖昧になる。

　物理的時間とは時計時間、つまり時刻を意味している。しかし、インターネッ
トを利用してネットワークゲームをしているとき、時計の時間とは別の時間が
流れている。M.Castells（1996,2009）は、インターネット社会における時間
を timeless time と呼んだ。世界中の人とチャットをしているとき、自国の時間
は役に立たない。1998年に Swatch 社は、インターネット時間を表示する時計
を発表した[2]。それは、24時間を1000で区切って表示する時間であった。世界
共通の時間を提案したのは、インターネットの普及により、国ごとの標準時間
が通用しなくなったためである。ただ、オンラインゲームをしている時は、1
日は24時間ではない。オンラインでゲームを続けているかぎり1日は終わらない。

　インターネット社会では、社会的時間と物理的時間の分離が発生すると考え
られる。その結果、時間と場所のゾーニングは曖昧になり、時間と場所の再分
離が発生している。そして、社会的時間と物理的時間の分離は、「時間感の喪失」
を発生させる。

---

2）Swatch Internet Time (2020 年 11 月 14 日取得, https://2020.swatch.com/ja_jp/internet-time/, 2020年11月14日取得,http://www.swatchclock.com/).

### 3-3-2. Placeless Place と Space of Flow

Castells（2009）は、インターネット時代の空間を Space of Flow と呼んだ。Castells によれば、「フローの空間は、遠距離通信技術、双方向通信システム、高速輸送技術などの通信網による、遠距離の同時、社会的相互作用の物質的な組織体である」（Castells et al. 2006：171）。さらに、Castells は、フローの空間は、Placeless Place ではないという。「場所は消えるのではなく、その論理と意味はネットワークに吸収されるのだ」（Castells 2009：443）と言う。場所はネットワークのノードになると主張する（Castells et al. 2006; Castells 2009）。そして、「フローの空間は、それは通信ネットワークのノードと同類の領域的な形である」（Castells et al. 2006：171）という。

しかし、Moores（2017）が指摘するように、Castells が事例に挙げているのは金融システムであり、Castells は、ノードは世界中の証券取引所とそれに付随するサービスセンターであると説明する。しかし、これらは物理的に存在する場所でもある。これが彼の議論が混乱する点であると Moores（2017）は指摘する。また、Castells は、「フローの空間」と「場所の空間」を区別し、「従属的な人は、フローの空間から切断されているだけでなく、ますます隔離され、お互いに切り離されている位置の中で生活していると考えている」と Moores（2017：33）は指摘した。Moores は、「フローの空間」を一部のエリートのものであり、それ以外の人々は、情報の流れから隔離された場所の空間を生きているという Castells の初期の空間論を批判する。その後、モバイルメディアと「フローの空間」の関係を論じるとき、Castells ら（2006）はこのような二元論を修正する。しかし、本書で取り上げるような観点からの詳細な分析には至っていない。また、インターネットの場所をノードとリンクと考えることには疑問がある。そこを情報の流れる空間という設定も本書には馴染まない。本章では空間という用語ではなく場所という用語を使用する。そして、場所という概念の歴史的な変遷をたどってきたこれまでの議論からみても、「フローの場所」という概念には疑問がある。

近代社会における場所という概念は地図上の位置である。インターネット社会にこのような場所という概念が当てはまるとは思えない。つまり、インター

ネット社会における場所は、世界地図に基づいてはいない。その意味で、Placeless Place という用語が適切である。

### 3-3-3. モバイル社会（リアルタイム社会）

　インターネットの普及とほぼ時を同じくして、携帯電話が登場し普及した。Anthony M. Townsend（2000）は、携帯電話の普及した都市を real-time city と呼んだ。彼は、そこでは、「意思決定と日常生活の管理がますます分散化され、システムは複雑さを増し、予測が難しくなる」（Townsend 2000：89）と考えた。そして、彼は、「この分散化は、都市システムの代謝を劇的にスピードアップし、容量と効率を向上させる無数の新しい相互作用と個人間の潜在的な相互作用を生み出す。その結果、システム状況を瞬時に監視して対応できる『リアルタイムシティ』が登場している」（Townsend　2000：89）と指摘した。そこでは、「情報はリアルタイムで更新され、何かをあらかじめ計画する必要がなくなり、アクセシビリティはモビリティよりも重要になる」（Townsend 2000：96）。これらの新しい分散型ネットワークは、社会的、経済的、および政治的な都市システムにおける決定を最終場面の直前まで変更可能にした。

　Townsend は以上のように考えた。Townsend が指摘したような携帯電話による分散型ネットワークは、ビジネスだけでなく人々の生活そのものにもあてはまるようになる。まさに、現代人の人間関係は分散型ネットワークになり、私的な生活における行動もスピードアップする。Townsend がリアルタイムシティでは発生する出来事を予測することはきわめて難しくなると指摘したように、日常生活においても分散化され複雑になった個人間の相互作用は予想不可能となり、場合によってはトラブルの原因となった。

　いつでも利用できる携帯電話は、私たちの生活時間にも大きな変化を生み出した。特にビジネスマンは、24時間いつでも仕事の電話を受けることが可能になった。それは大きなビジネスチャンスにもつながった。また、工場労働者のように決まった時間に仕事をするのではなく、職種に合わせて、あるいは得意先の営業時間に合わせて、柔軟に仕事時間を調整することも可能になった。このような時間をフレックスタイムと呼んでおきたい。

　どこでも利用できる携帯電話があれば、オフィスにいなくても仕事ができる

ようになった。出張先でも、休暇中のリゾート地でも、仕事は可能になった。他方で、どこにいても友達に連絡することが可能になった。前述のTownsendは、携帯電話の利用者は最初に「いまどこにいますか」と場所を確認するようになったことを指摘している。同時に多くの利用者は自分の居場所を偽っていることも指摘している。インターネット社会は従来の場所を消失させたが、モバイルメディア社会は、場所が今まで以上に重要となった。そして、そんなモバイル社会の場所は地図上の任意の場所であるが、場所は決してPlacelessではない。場所はどこかに確定している。

### 3-3-4. モバイル・インターネット社会

インターネットは当初、オフィスや大学の研究室や自宅のPCから利用されていた。他方で、携帯電話ではショートメッセージサービス（SMS）が普及し、携帯電話間でメッセージの交換が可能となった。また、日本では携帯電話で電子メールの利用も可能となった。さらに、日本ではi-modeが登場し携帯電話からのインターネット利用が始まった。その後、iPhoneの登場を契機に、携帯電話からスマートフォンへの移行が始まり、モバイルメディアからのインターネット利用は本格化する。

モバイル・インターネットは、インターネット利用を根本的に変えた。いつでもどこからでも利用できるスマートフォンは、世界中に一瞬でつながるインターネットから、いまそこで必要な情報にアクセスできるインターネットへと利用方法を拡大させていった。さらに、スマートフォンでは、PCより安く手軽にアプリをダウンロードできる。仕事からプライベートまで、情報の収集からメールやゲームまで、あらゆることがスマートフォンで可能となった。私たちは、もはやスマートフォンなしには仕事も生活も考えられないようになった。

さらにスマートフォン向けARアプリの登場によって、スマートフォンをかざすと、目の前の風景に重畳して別の映像や画像などを表示させることが可能になった。この技術の用途は急速に拡大しつつある。例えば、スマートフォンで現在地を調べ、ナビゲーションを利用して目的地に移動する場合でも、AR技術を利用すれば、スマートフォンをかざすと目の前の風景に進むべき方向が矢印で表示される。その他、観光地に古い建造物を再現して見せるアプリ（第

15章参照）なども登場している。それらは自宅の PC からインターネットにアクセスしても見ることはできない。現地に行ってスマートフォンをかざして初めて見ることができるのである。このように、スマートフォンにより可能になったモバイル・インターネットの世界こそ、本書で言う「セカンドオフライン」の世界である。

　この分野に関する社会学研究はまだ少ないが増えつつある。その研究者たちは、前述した Silva（2006）、Jordan Frith（2015）、Gerard Goggin（2012）、Larissa Hjorth（2009,2010）、Jason Farman（2012）といったモバイルメディア研究者たちである。例えば、Silva は「ハイブリッドリアリティ」や「ネット・ローカリティ」という概念で同じ現象を説明しようとしている。そこでも同様にインターネットに常時接続された状態を想定している。ただ、彼女らはフィジカル空間に重畳される情報内容ではなく「リアル」と「バーチャル」の融合という状態に注目している。重畳される情報は何でも良いわけではない。本研究では、重畳される情報は、その「地域」や「場所」や「物」などの本質的な部分を示すという意味でのバーチャル情報である必要があると考える。また、「セカンドオフライン」は、従来のユビキタスとも異なる。ユビキタス・ネットワークとは、「いつでも」「どこから」でも「あらゆる情報」にアクセスできるネットワーク環境を意味している。携帯電話も「いつでも」「どこでも」利用できるメディアとして注目を集めた。モバイル・インターネット社会では、「いま」「ここ」で必要な情報にアクセスする重要性が加わる。本書で提起している「セカンドオフライン」は、まさに「いま」「ここ」で「特定の情報」にアクセスできる状態を意味している。

## 4.　Doubling of Time and Place

　ここでは、「セカンドオフライン」の世界における場所と時間について考えたい。

### 4-1.　Doubling of Place
　私たちは「同じ時間に2つの場所に存在する」ことはできない。しかし、そ

14

4. Doubling of Time and Place

れを電子メディアが可能にした。メディアが異なる2つの場所を重ねることを可能にしたのである。Scannell（1996）は放送メディアに注目しこのような現象をDoubling of Placeと呼んだ。自宅のリビングルームでお茶を飲みながら、テレビでサッカーの試合を見ているとき、そこでは私がいる「ここ」とテレビの「そこ」が重なっている。さらに、Moores（2012）は、インターネットや電話についても、同種の現象が出現しているとし、Doubling of Placeの概念を再評価し注目を集めた。その分野は、旅行、ビデオゲーム、広告、地理学、自己論、マスコミ研究など多岐に及んでいる。Doubling of Placeは「セカンドオフライン」での場所感覚である。

　ただ、マスメディアの時代、インターネット時代、モバイルメディア時代のDoubling of Placeと「セカンドオフライン」時代のDoubling of Placeには大きな違いがある。それは、Silva（2006）が「ハイブリッドリアリティ」という概念で問題にしたように、モバイル・インターネットは、バーチャルな世界とつながるのだという点である。つまり、リアルな場所とバーチャルな場所が重なるという新しいDoubling of Placeが加わっているのである。さらに、2つの場所が重なっているだけでなく融合する場合が登場している。

## 4-2. Doubling of Time

　重なっているのは「場所」だけではない。「時間」も重なっている。Stephanie Marriott（1996）はテレビのインスタント再生技術に着目し、再生画面は、ライブと非ライブによって成立していると指摘していた。そして、前述のScannel（1996）は、テレビ番組を分析しながら「時間」が重ねられる状況をDoubling of Timeと呼んだ。本章も彼に従ってDoubling of Timeという概念を使用する。これまでにも過去と現在が重なる事例は登場していた。例えば、文字で残された過去の人々の手紙やはがきを読むことは可能であった。それは音声や映像についても同様である。しかし、それは正確には過去のメッセージを読んでいるだけでしかない。過去と現在は分離したままである。それに対して、本章で注目しているDoubling of Timeは、過去と現在が融合している状態を指している。それは現在の中に過去が重畳されている現象である。

　現代社会は、スマートフォンの普及により、リアルとバーチャルが重なる（overlap）社会へと移行しつつあるといわれている。そこでは、人々は日常生

活（オフライン）において常にネット上のオンライン情報を参照している。本書では、そのような状況を「セカンドオフライン」と呼ぶ。私たちは「異なる時間に同じ場所にいる人と会う」ことはできない。しかし、電子メディアはそれを可能にしている。メディアによって2つの時間が重なっているのである。「セカンドオフライン」では、場所と時間の二重化（doubling）が発生しているのである。

　モバイル・インターネット社会の Doubling of Time に関する先行研究は少ない。しかし、まったくないというわけではない。The Doubling of Place を論じる研究では Time との関係についても取り上げている。また、Doubling of Time の事例もいくつか認めることができる。例えば、日本で社会現象にまでなり、ハリウッド版も制作された映画『着信アリ』(2003)（ハリウッド版「One Missed Call」2008）では、未来の自分とつながる携帯電話が登場していた。最近では「死者と話ができるアプリ」の登場する映画『トーク・トゥ・ザ・デッド』(2012) も話題になった。このように未来や過去とつながるモバイルメディアが映画や小説には登場してきた。ただ、その多くはホラー映画であった。

　それに対して、Doubling of Time を肯定的に評価している事例もある。2013年に放映された iPhone のテレビ CM『misunderstood』には、昨日と今日がつながるスマホ利用が描かれ、第66回エミー賞を受賞した[3]。その後、動画はネット上に公開され人気を集めた。韓国映画『イルマーレ (Il Mare)』(監督：李ヒョンスン、製作：サイドス、2000) やアニメ映画『君の名は。』(監督：新海誠、製作：「君の名は。」製作委員会、2016) では、違う時代にいる男女がメディアでつながる姿が描かれ、大ヒットした。『イルマーレ』は本章の冒頭で紹介したようにハリウッドでリメイクされた（『The Lake House』2006）。これらの作品では、異なる時間が重なるところに生まれる男女の関係を一種の理想のように描き出している。

　ただ、時間の重なりに注目している研究のなかで、本研究が注目するのは、Farman (2012) の研究である。彼はロンドン博物館の「ストリートミュージアム」などの AR 技術を利用したサービスなどを取り上げ、歴史上の異なる時

---

3) 2019年2月24日取得, https://www.emmys.com/shows/misunderstood.

間に同じ場所で発生した事件をいまのロンドンの街並みに重ねて見せる展示方法に注目している（第15章参照）。その他、「バーチャル飛鳥京」（株式会社アスカラボ、日本）というアプリでは、AR技術を利用して、現在の奈良の明日香村の景観上にリアルタイムに合成された歴史的事件を再現映像で体験することができる。

## 4-3. タイムトラベル

　VRでは、過去の世界に入り込むことができる。テレビや映画とは違いVRゴーグルをかけるとその場にいるような臨場感を得ることができる。現在、タイムトラベルのためのVRアプリが多数登場している。また、ARを利用したタイムトラベルも登場している。VRタイムトラベルの多くは、場所と時間が移動する。それに対して、ARタイムトラベルの多くは、時間だけが移動する。例えば、TimeScope[4] がフランスで急速に台数を拡大しつつある。これらは、パリ市内を中心にフランス全土の観光地に設置されている。観光客がTimeScopeを覗くと、その場所の昔の様子を360度スコープで見ることができる。近年、タイムトラベル用のスマートフォン用アプリが人気を集めている。「ARタイムトラベラー」（seraphgames）[5] は、日本の新潟市公認の観光アプリであり、今は見られない新潟市内のイベントの様子や昔の写真を目の前の風景に重ねて表示させることができる。ARアプリ「Rembrandt Reality」[6] は、これらのアプリよりさらに進化している。「Rembrandt Reality」では、2つの時間と場所を行き来することができる。このアプリを起動すると、スマートフォンの画面越しにゲートが現れ、ゲートを潜り抜けると Rembrandt Harmenszoon van Rijn の絵画「テュルプ博士の解剖学講義（De anatomische les van Dr. Nicolaes Tulp）」の中に入り込むことができる。プレイヤーは、部屋の中を360度見ることができる。部屋の中から振り返ってゲートを見ると、自分がいた現実の世界が見える。利用者は、スマートフォンの画面を見ながら、2つの時代と場所を行き来することができる。日本の通信会社KDDI（au）も同種のアプリであ

4)2020年11月28日取得, https://timescope.com/.
5)2020年11月28日取得, http://seraphgames.com/Products/Order/time/index.html.
6)2020年11月28日取得, https://apps.apple.com/jp/app/rembrandt-reality/id1454501372.

る「SR Door」[7] を開発している。KDDIは、ARコンテンツ「"アルキメデスの大戦"への扉」を配信している。

　このようにタイムトラベルアプリはすでに登場している。しかし、本章で提起しているDoubling of Timeは、これらのタイムトラベルとは若干異なっている。その点を次に考えてみたい。

図1-1　XR Door(au)（©2020 KDDI）.

## 4-4.　複製技術と Doubling of Time

　丸田一（2008）は、インターネット上の場所について次のように述べる。

　空間の隔たりを消滅させるのは通信技術である。ネットワークによるリアルタイム接続が、異なる空間の作動を瞬間的につなぎあわせる。その結果、まるで「ここ」で起こっているような感覚を作り出す。それに対して、時間的な隔たりを消滅させるのが複製技術である。複製技術は対象をいつでも時間的な遅れを伴って再生させる。複製技術は、異なる時期の作動を空間的につなぎあわせることができる。その結果、まるで「いま」起こっているような感覚を作り出す。丸田は、空間的な隔たりを消滅させるのが「同期（synchronization）」であり、時間的な隔たりを消滅させるのが「同位（coordination）」であると

---

7）2020年11月28日取得, https://www.xrdoor.xreality.au.com/ .

いう（丸田 2008：188）。

　丸田によれば、「同位（coordination）」とは、同一の地位や同じ位置を意味する。発信者と同じ位置で複製された情報に接することにより、時間的な隔たりが消滅したような感覚になることを意味している。丸田は、その例として、「ニコニコ動画」[8]を挙げる。「ニコニコ動画」では、動画上にユーザーがコメントや弾幕（画面を覆い尽くすコメント）を投稿する。投稿する時間は異なるが、動画に合わせて画面上に表示されるため、投稿者がみんな一緒に視聴しているような錯覚を覚える。丸田のこの指摘は非常に重要である。

### 4-4-1.　Coordination

　これまで、モバイルメディア研究では、Coordination という概念は、待ち合わせに遅れそうなとき、携帯電話で待ち合わせの時間や場所を変更することを説明するために使用されてきた。Richard Ling（2002,2009）の Microcoordination 概念は、携帯電話時代の人々の利用感覚を的確にとらえていた。私たちは、携帯電話によって時間と場所を Coordinate していると考えていた。しかし、それは、正確には2つのずれた時間を一致させることであった。同じ場所にいても異なる時間にいる2人は会うことはできない。そのずれた時間を合うようにするのが Coordination である。携帯電話の時代は、実際に会えるように、早く着きそうな人が相手に合わせて時間を遅らせて着くようにした。2時間早く着きそうなときは相手に合わせて2時間遅れて着けば会えることになる。

　Ling ら（2016）は、スマートフォン時代の Coordination を Microcoor dination 2.0と呼んだ。そこでは、WhatsApp、LINE、Facebook Messenger などの MIM（mobile instant messenger）アプリを使用した Coordination を取り上げている。Ling らは、さらに IoT（Internet to Things）の発展により物理的な対象と異なるタイプのシステムとのコーディネーションの可能性を指摘し、それをMicrocoordination3.0と呼んだ。本書で取り上げているのは、常時インターネットにつながった世界であり、まさに Microcoor dination3.0であると考える。

　「セカンドオフライン」時代の Coordination とは同じ場所にいることにより、

---

8)2020年11月28日取得, niconico,https://www.nicovideo.jp/.

時間も共有しているような感覚になることである。スマートフォンの時代になり、実際に会わなくても Doubling of Time は発生するようになった。もちろん、携帯電話の時代にも非同期メディアを利用していまを共有しているような感覚を楽しむことはできた。例えば、メールや SMS という非同期メディアを利用して繰り返しメッセージの交換をすることにより、いまを共有しているような感覚になった。しかし、その時代は異なる場所にいて、非同期メディアを利用していた。本書で注目しているのはスマートフォンを持って同じ場所にいる 2 人が時間を共有しているような感覚になる状態である。「セカンドオフライン」時代の Coordination では、同じ場所にいるが異なる時間にいる 2 人が時間も共有しているように感じるのである。

## 4-4-2. 同位（Correspondence）

　前述した丸田（2008）は「ニコニコ動画」の弾幕による疑似的な同期（pseudo-synchronous）は、同じ方向を向いている状態を作り出していると指摘した。数学の用語である同位角（Corresponding Angles）をイメージするとわかりやすい。丸田は同じ方向を向いている状態を Coordination と呼んだが、前述したように、これまで携帯電話時代に待ち合わせの時間と場所を変更する行為を Coordination と呼んできた。それと区別する必要がある。また、携帯電話時代の Coordination と「セカンドオフライン」時代の Coordination を区別するために、ここでは Correspondence と呼ぶことにしたい。

　かつて注目を集めた「セカイカメラ」[9] では、エアタグ[10] というメッセージを空間に貼りつけることができた。1 時間遅れてくる彼氏にメッセージを残すことができた。彼女が同じ場所にいたということと彼女がここでメッセージを書いたという事実が時間を超えて 2 人がつながっているような感覚を与えてくれた。同位（Correspondence）は、同じ場所にいても異なる時間にいるために会えない恋人たちが、2 人の時間を共有しているように感じることである。「セカイカメラ」という AR アプリは、同位を可能にしたのである。

　『Lake House』の 2 人は、同じ家にいながら（ケイトはすでにシカゴに引っ

---

9）Tonchidot corporation が 2009 年から 2014 年までサービスを提供していた.
10）「トンチドット――拡張現実ソフト開発, 交流環境整備し開放」日経産業新聞, 2010 年 3 月 10 日.

越してはいるが）2人の時間は2年ずれていた。しかし、Lake House を共有していることが2年の時間のずれを忘れさせるほど同じ時間を共有した。もし2人が、同じ時代にいて出会っていれば、愛し合ったかどうかわからない。異なる時間を重ねたからこそ2人の愛は深まったのである。2人にとって大切な期間とは、時間がずれていた2年間なのだ。それは、会ったこともない人と恋に落ちる「ネット恋愛」に似ている。スマートフォン時代の同位は、もう1つの愛の形を運んでくれる。

### 4-4-3. The Doubling of Time and Place

丸田の「場所理論」をもとに、時間と場所の軸を交差させ、Doubling of Place と Doubling of Time を位置づけてみたい（図1-2）。

メディアによって同期していない時間と複製技術によって複製されていない場所の世界とはオフラインの世界である。それ以外の象限は、時間か場所かが重畳されている「セカンドオフライン」の世界である。そして、モバイル・インターネットの世界は、時間も場所も複製された、The Doubling of Time and Place の世界となる。

さらに、時間と場所の軸のそれぞれの端に、通信技術（同期）と複製技術（同位）を位置づけてみたい。日本で若者たちに人気の「ニコニコ動画」や中国の「ビリビリ」[11] では、動画の視聴者のコメントや弾幕が今見ている動画上に表示される。しかも、コメントを書き込む時間とは関係なく、動画の好きな場面にコメントを書き込むことができる。その結果、視聴者は様々な時間に書き込まれたコメントであるにもかかわらず、動画の画面にコメントが表示されると、いまみんなと一緒に動画を見ているような錯覚に陥る。それは、本書でいう Doubling of Time でもある。

ただ、これらはPCからインターネットを利用することでも体験できる。そこではフィジカルな場所は共有されていない。それに対して、本書で注目しているのはモバイルメディアからのインターネット利用である。前述したセカイカメラは、フィジカルな場所にエアタグを貼ることができる。場所が共有され

---

11）Bilibili(2020年11月28日取得, https://www.bilibili.com/).

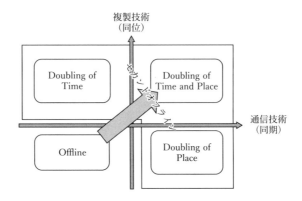

図1-2　The Doubling of Time and Place.

ている。また、近年日本で人気の「アニメ聖地巡礼」や映画のロケ地を巡るコンテンツツーリズムでは、物理的な場所が共有され、そこにメディアのコンテンツが重畳される。映画『ローマの休日』でオードリー・ヘップバーンとグレゴリー・ペックがスクーターで走ったあのシーンとあの時代がいまこの瞬間に重畳されるのである。

### 4-4-4. Substitutional Reality

　その他、最新の技術として注目を集めているのがSubstitutional Reality（以下SRと略記）である（Suzuki et al. 2012）。これまでも、未来の姿をシミュレーションして表示したり、過去の姿を目の前に表示したりすることもできた。それに対して、近年注目されているSRは、以前その場所にいた人の映像をまるでいまそこにいるかのように表示する技術である。それは、VRやARの技術を応用したものであり、その場所の過去の映像をまさにいまの現実として体験するものである。その場所に過去の映像を複製することにより、過去と現在が同期しているように感じ、両者を区別できなくなる。SRによって生まれる現象も Doubling of Time である。

　ここで重要な点は、時間の同期が Doubling of Place を作り出し、場所の複製が Doubling of Time を作り出しているという点である。さらに、Doubling of Placeでは、実際には場所は離れたままであり、同期しているのは時間である。同様に、Doubling of Timeでは、実際には時間はずれたままであり、重畳しているのは場所なのである。時間を同期させることにより、同じ場所にいるような感覚を作り出し、場所を複製させることにより、同じ時間にいるような感覚を作り出しているのである。

スマートフォンは、人々が携帯し目的地に移動して利用することができる。丸田は、手紙を相手が書いた場所でそれを読むことでも同種の現象が発生すると指摘した。本書で注目するスマートフォンの利用方法は、まさにその情報が存在する場所に移動して情報にアクセスするという方法である。前述したロンドンミュージアムのストリートミュージアムは、所蔵している写真を現場でスマートフォンを使って見ることができるサービスである。まさに、その写真が撮影された場所で同じ方向を向いて情報にアクセスしているのである。その結果、疑似的な「いま性」が発生することになる。つまり、Doubling of Timeは、スマートフォンでは容易に可能であることがわかる。

## 5. 自己のリアルタイム・シミュレーション

ここまでの議論は、2つの離れた場所や異なる時間の重畳であった。ただ、「セカンドオフライン」はもう少し複雑である。

Giddens（1984＝2015）がE.Goffman（1959＝1974, 1963＝1980）の役割演技を批判した際にも指摘された表領域と裏領域の問題である。それは、演技をしている表領域はウソの世界であり、演技をしていない裏領域が本当の世界であるという考え方への批判である。もし表領域がウソの世界なら、ビジネスなど成立しない。もちろん、このようなGiddensの批判にも問題はある。Goffmanは、人間の行為には演技の要素を含むことを指摘したのであり、それをウソの世界と論じているわけではない。さらに、「セカンドオフライン」の世界で重畳される情報がバーチャルな情報である場合はウソや本当という二元論では説明できない。

Milgramらが提起したARには、1つ問題があった。それは、リアルとバーチャルを一直線上に並べたために、リアルとバーチャルの二元論に留まってしまっ

たという問題である。Silva は、このリアルとバーチャルの二元論を批判する。彼女は、これまでのリアルとバーチャルの二元論を「シミュレーションとしてのバーチャリティ」と呼ぶ。それは、1980年代に注目された J.Baudrillard（1981＝1984）のシミュラークルという考え方の中にも表れていると言う。つまり、オリジナル対コピーという二元論である。それを Silva ら（2011）は Technological Virtuality と呼ぶ。しかし、このようなリアル／バーチャル二元論はモバイル・インターネットの普及によって次第に不適切になってきたと Silva は主張する。そして、Silva は、G.Deleuze（1968＝1992）の考え方に依拠しながらバーチャルはリアルの中に潜んでいるのであり、それを「潜在力としてのバーチャリティ（the virtual as potential）」と呼んだのである。

　このように考える場合、時間と場所にもリアルとバーチャルを設定することが可能となる。いまという時間に秘められたバーチャルな時間、ここという場所に秘められたバーチャルな場所を設定することが可能になる。「セカンドオフライン」とは、日常のリアルな時間と場所にバーチャルな時間と場所が重畳された状態である。

　日本バーチャルリアリティ学会[12]は、バーチャリティとは「みかけや形は原物そのものではないが、本質的あるいは効果としては現実であり原物であること」と定義している[13]。本章もその定義に従う。

## 5-1.「ここ」に「ここ」を重ねる

　「ここ」と「ここ」を重畳する場合を考えてみよう。その典型的な事例は、カーナビやスマートフォンのナビゲーションアプリである。現在ではカーナビを購入せず、スマートフォンを車内に設置し、カーナビとして利用している人もいる。カーナビやスマートフォンに表示される情報は現在地の位置情報である。自分がいまどこにいるかを教えてくれる情報である。今まで自分の居場所がわからない場合は限られていた。例えば、旅先とか道に迷った場合ぐらいしかない。しかし、Google マップなどを利用して自分の現在地を調べる人は多い。

---

12) The Virtual Reality Society of Japan,About Virtual Reality（2020年11月28日取得, https://vrsj.org/about/virtualreality/ # ).
13) 日本バーチャルリアリティ学会（2020年11月28日取得, https://vrsj.org/about/virtualreality/).

その多くは、目的地に行くためである。店の名前や目的地の住所を入力し位置情報を検索し、目的地の場所を表示させる。そして、現在地からのルートを表示させて、ナビゲーション機能を利用して目的地まで移動する。紙の地図では、現在地や目的地を探すのにも時間がかかるし、ルートは自分で決める必要があった。ましてや、知らない街で道に迷うと紙の地図はほとんど役に立たなくなる。しかし、Googleマップならいつでも現在地を表示してくれるので道に迷うことは少ない。

　これはいったい何を意味しているのだろうか。私たちはスマートフォンのGPS機能を常に利用して現在地を把握しているのである。目の前にある道路標識や右手に見える商店や左手に見えるレストランなどは、GPS情報の正しさを確認するための情報でしかない。いま自分がいる場所は、そこに見える場所の情報ではなく、スマートフォンで得られるこの場所の情報を重畳することによってはじめて確認されるのである。実際に自分がいるリアルな場所にバーチャルな場所が重畳されているのである。それは、どこか別の場所を重畳しているのではなく、リアルな場所の中に潜むもう1つの場所である。

## 5-2. 「いま」に「いま」を重ねる

　時間でも同じような現象が生まれている。前述したMarriott（1996）はテレビ放送でのインスタント再生技術に着目し、画面でのビデオ再生は、ライブと非ライブによって成立していると指摘していた。この指摘は興味深い。Scannell（1996）もMarriottのこの分析に注目していた。ただ、MarriottとScannellが取り上げているのはテレビ放送であり、そこで重なっている映像は、テレビで見ている誰かのライブ映像のリプレイである。それに対して、本章で注目したいのは私たち自身の映像である。その事例としては、結婚式などの最後に上映される「リアルタイム・エンドロール・ムービー」である。日本では定番である。最近では、2018年4月27日の韓国と北朝鮮の首脳会談の後の晩餐会後に「平和の家」を背景に「リアルタイム・エンドロール・ムービー」が上映された。それは、首脳会談の1日を短い動画にまとめた映像であった。これらの動画は過去の映像ではあるが、式典の終了直前や直後に上映するために、短時間の撮影と編集を繰り返して仕上げていく。映像を見た人たちは、いまの

映像を見ているように感じる。実際に1時間前の自分の姿がスクリーンに表示されたとき、2つのいまが重なっているような不思議な感覚になる。エンドロールとは映画の最後に出演者の名前などが画面に流れる映像である。しかし、「リアルタイム・エンドロール・ムービー」の場合、本編はスクリーンの中にはない。本編は今まで自分たちが演じていた会場にある。しかし、映像には、会場のいまが、編集されたダイジェスト版としてスクリーンに上映される。どちらのいまが本当だったのかわからなくなる。ただ、結婚式の最後にこの映像を見た人の多くが感動する。なぜ彼らは感動するのだろうか。その理由は、いまこの瞬間がそこに重畳しているからである。いまが楽しかったひと時として編集され、重畳されるから感動するのである。遠い過去や未来が現在に重畳されるのではない。メディアによって編集された「楽しいいま」が「リアルないま」に重畳されるから感動するのである。

　今ではスマートフォンがあれば、その場で撮影した写真から自動的にショートムービーを作成してくれる。友達と過ごしたひと時もスマートフォンがあれば、その場で撮影した写真を短いムービーにしてすぐに楽しむことができる。いまにいまを重畳する楽しさはもはや特別なものではなくなっている。

## 5-3. リアルタイム・シミュレーション

　最近、本章の内容と深く関わった興味深い技術が登場し注目を集めている。それは、AR を利用したリアルタイム・シミュレーションの技術である。

　ModiFace[14] は、AR 技術を利用した美容シミュレーションである。ModiFace を利用すれば、本当にメイクアップしたかのようなリアルなシミュレーションが可能であり、自分の顔を好みの顔にリアルタイムで編集できる。写真に撮った自分の顔に化粧をするのではなく、鏡に映っているいまの自分の顔をリアルタイムで化粧するのである。SNOW[15] や B612[16] などの自撮りアプリも、単なる自撮りではなく、顔の修正が可能である。化粧だけでなく、自分の顔を加工することも簡単である。目を二重にしたり、しわやシミを消したりするだけでなく、顔の輪郭や目や鼻や口の形を変えることもできる。自分の顔を相手の好みに合わせて修正できる。メディア上でしか会うことがない相手なら、素顔がばれることはない。また、顔に落書きをしたり、ウサギの耳をつけたり、

写真3　SNOW　ARカメラアプリ「SNOW」
https://apps.apple.com/jp/app/snow-%E3%82%B9%E3%83%8E%E3%83%BC/id1022267439

図1-3　ARカメラアプリ「SNOW」(©2020 SNOW Corp).
https://apps.apple.com/jp/app/snow-% E3%82% B9
% E3%83%8E% E3%83% BC/id1022267439

動物の顔にしたりすることもできる。自分の顔だけでなく、スマートフォンの
液晶画面に映ったすべての人の顔をリアルタイムで加工してくれる。リアルタ
イム・シミュレーションの特徴は、いまの情報を編集してしまう点にある。
　丸田（2008）が指摘していたように複製は必ず時間的な遅延が発生する。
したがって、SNOWなどのリアルタイム・シミュレーションでも、わずかな
時間的遅延が発生している。しかし、その遅延がきわめてわずかであり、顔の
シミュレーションは次々にリアルな顔に貼りつけられていく。つまり、いまの
顔は、少し前の修正された過去の顔なのである。
　「いま」に「少し前のいま」が張りつけられている。これこそ Doubling of
Time の最も新しい形であり、それは最も新しい「いま」である。
　「いま」「ここ」にもう1つの「いま」「ここ」を重畳するのが「セカンドオフ
ライン」の特徴である。同期と同位が同時に成立すると何が起こるのだろうか。
リアルタイム・シミュレーションという常時複製が可能になると時間感覚が曖
昧になる。そして、常時同期が可能になると、場所感覚も曖昧になる。
Doubling of Time and Place は、私たちの「いま」「ここ」という感覚そのもの
を時計の「いま」と地図の「ここ」から解放してくれる。それは、社会的な時

14）ModiFace公式サイト（2020年11月28日取得, http://modiface.com/）.
15）SNOW公式サイト（2020年11月28日取得, https://snow.me/）.
16）B612公式サイト（2020年11月28日取得, http://b612.snow.me/）.

間・場所がバーチャルな時間・場所と融合した「セカンドオフライン」の世界
の時間と場所である。

## 6.　時間を越えた恋の行方：場所を複製するメディア

　最初に戻って、映画『The Lake House』について考えたい。2人は同じ国に
住んでいる。そして、同じ郵便受けに手紙を投函している。しかし、2人が生
きている時間は2年ずれていた。アレックスはケイトのいる場所を探して会い
に行く。しかし、ケイトはアレックスのことを知らなかった。なぜなら、ケイ
トがアレックスからの手紙を受け取るのは2年後だからである。

　私たちは、それぞれ一定の決まった時間と場所の中で生活をしている。
Giddens（1984＝2015）はそれを範域化（regionalization）あるいはゾーン化
（zoning）と呼んだ。Giddensは、範域化を「場のなかで、あるいは場と場の
あいだで、範域が時間的もしくは空間的、あるいは時間－空間的に分化してい
くこと」（Giddens 1984：376＝2015：419）と定義した。Giddensは、範域化
やゾーン化が厳密に管理された近代的な病院を例に挙げ、夜勤と昼勤のように
範域化は空間だけでなく時間によっても行われると指摘している。そして、
Giddensは、「範域化とは、空間における場のローカリゼーションであること
に加えて、ルーティン化された社会的慣習との関係でゾーン化された時間－空
間でもある」（Giddens 1984：119＝2015：152）と指摘している。家屋の部屋
では、寝室は夜に就寝する場所であり、時間によってゾーン化されていると述
べている。2つの異なるゾーンは厳格に分離されている。しかし、両者が混在
する場合がある。例えば、職場という舞台に現れる裏領域として、Giddensは
喫茶室やトイレを挙げている（Giddens 1984：127＝2015：161）。これらは場
所のゾーンの混在であるが、それは時間のゾーンについても発生する。

　日本には夜間高校を併設している高校がある。同じ教室で昼と夜とで違う生
徒が勉強している。昼の生徒と夜の生徒では生活している時間が異なる。それ
ぞれが同じ学校で高校生活を送っているが会うことはない。そこには、2つの
異なるゾーンが発生している。ある日、夜間高校の生徒が自分の机にメッセー
ジを書いた。翌朝、同じ机を使って勉強している全日制の高校生は、自分の机

に書かれたメッセージを読む。2人は、同じ教室で自分の机にメッセージを書くようになる。そして、いつしか友情が生まれる。2人は同じ場所にいるが時間がずれている。同じ場所に存在している2つの時間ゾーンの間に出会いが生まれている。そこには、同位が発生している。

『The Lake House』の物語に不思議なリアリティがあるのは、2人にはThe Lake Houseという共通の場所があるからだ。アレックスにとってはいま住んでいる家であり、ケイトにとってはいままで住んでいた家である。そして、2人の目の前には同じ郵便受けがある。同じ郵便受けを使用して手紙の交換をしている。場所が共通されていることが、2年という時間が克服されたかのような感覚を生み出す。場所の複製がDoubling of Timeを生み出しているのである。映画『The Lake House』に登場した不思議な郵便受けこそDoubling of Timeを可能にする複製技術であり、複製されているのは時間ではなくthe lake houseなのである。スマートフォンなどのモバイルメディアは、『The Lake House』に登場する郵便受けである。スマートフォンは通信メディアであると同時に場所を複製するメディアでもあるのだ。

私のスマートフォンは、このオフィスを複製し、どんな人を連れてきてくれるのだろうか。サンドラ・ブロックだったらいいのだが。

### 参考文献

Baudrillard,J.,1981, *Simulacres et simulation*,Galileée.（竹原あき子訳,1984,『シミュラークルとシミュレーション』法政大学出版局）.

Castells,M.,1996, *The rise of the network society,the information age：economy,society and culture*,volI,;Blackwell.

——,2009, *Communication power*.Oxford University Press.

——,Fernández-Ardèvol,M.,Linchuan Qiu,J.,Sey,A.,2006, *Mobile communication and society*.The MIT Press.

de Souza e Silva,A.,2006,From cyber to hybrid：mobile technologies as interfaces of hybrid spaces. *Space and Culture 9*（3）：261-78.

——,Frith,J.,2010,Locative mobile social networks：mapping communication and location in urban spaces. *Mobilities*,5（4）：485-505.

——,Sutko,DM.,2011,Theorizing locative technologies through philosophies of the virtual. *Commun Theory*,21（1）：23-42.

―,Frith,J.,2012, *Mobile interfaces in public spaces：locational privacy,control and urban sociability*.Routledge.

Deleuze,G.,1968, *Différence et répétition*.Presses Universitaires de France.（財津理訳,1992,『差異と反復』河出書房新社）.

Farman,J.,2012, *Mobile interface theory：embodied space and locative media*.Routledge Press.

Frith, J., 2015, *Smartphones as Locative Media: Digital Media and Society*, Polity Press.

Giddens,A.,1984, *The constitution of society：outline of the theory of structuration*.Polity Press（門田健一訳,2015,『社会の構成』勁草書房）.

―,1990, *The consequences of modernity*.Polity Press.（松尾精文・小幡正敏訳,1993,『近代とはいかなる時代か？―モダニティの帰結』而立書房）.

Goffman,E.,1959, *The Presentation of Self in Everday Life*,Doubleday.（石黒毅訳,1974,『行為と演技――日常生活における自己呈示』誠信書房）.

―,1963,Behavior in public places：Notes on the Social Organization of Gatherings,Free Press.（丸木恵祐・本名信行訳,1980,『集まりの構造――新しい日常行動論を求めて』誠信書房）.

Goggin,G.,2012,Encoding place：the politics of mobile location technologies.In：Wilken R,Goggin,G. ed.,2021, *Mobile technology and place*.Routledge.

Hjorth,L.,2009, *Mobile media in the Asia-Pacific*.Routledge.

―,2010, *Games and gaming : An Introduction to New Media*.Berg.

―,Mechael,A.,2013,*Online@AsiaPacific : Mobile, Social and Locative Media in the Asia-Pacific*. Routledge.

―,Richardson,I.,2014, *Gaming in social,locative and mobile media*.Palgrave.

Hinton,S.,Hjorth,L.,2013, *Understanding social media*.Sage.

Ling,R,Yttri,B.,2002,Hyper-coordination via mobile phones in Norway.In：Katz,JE,Aakhus,M.eds., *Perpetual contact：mobile communication,private talk,public performance*. Cambridge University Press.（羽渕一代訳「第10章 ノルウェーの携帯電話を利用したハイパー・コーディネーション」立川敬二監修：富田英典監訳, 2003,『絶え間なき交信の時代――ケータイ文化の誕生』NTT出版）.

―,Campbell,S.W.eds.,2009, *The Reconstruction of Space and Time：Mobile Communication Practices*,Transaction Publishers.

―,Lai,C.,2016,Microcoordination 2.0：social coordination in the age of smartphones and messaging apps.*Journal of Communication*,66（5）：834-56.

Marriott,S.,1996,Time and time again：'live'television commentary and the construction of replay talk, *Media Cultural and Society*,vol 18:69-86.

丸田一,2008,『「場所」論――ウェブのリアリズム・地域のロマンチシズム』NTT出版.

Milgram,P,Kishino,F.,1994,A taxonomy of mixed reality visual displays, *IEICE transactions on information systems*,vol E77-d（12,December）,（Retriered February 23,2019，http：//etclab. mie.utoronto.ca/people/paul_dir/IEICE94/ieice.html）.

Meyrowitz,J.,1985, *No sense of place：the impact of electronic media on social behavior*.Oxford University Press.（安川一・上谷香陽訳, 2003,『場所感の喪失――電子メディアが社会的行動

に及ぼす影響』新曜社).

Moores,S.,2004,The doubling of place：electronic media,time-space arrangements and social relationships.In：Couldry,N.Mc.,Carthy,A.ed., *MediaSpace：place,scale and culture in a media age*.Routledge.

――,2012, *Media,place and mobility*.Palgrave MacMillan.

――,2017, *Digital orientations：non-media-centric media studies and non-representational theories of practice*.Peter Lang Pub.Inc.

Poster,M.,1990, *The mode of information：poststructuralism and social context*.Polity Press.(室井尚・吉岡洋訳,1991,『情報様式論――ポスト構造主義の社会理論』岩波書店).

Scannell,P.,1996, *Radio, television and modern life：a phenomenological approach*.Blackwell.

Suzuki,K,Wakisaka,S.,Fujii,N.,2012,Substitutional reality system：a novel experimental platformfor experiencing alternative reality.Sci Rep,2（459）.https：//doi.org/10.1038/srep00459.

Tomita,H.ed.,2016, *The post-mobile society：from the smart/mobile to second offline*.Routledge.

富田英典,2016,『ポスト・モバイル社会――セカンドオフラインの時代へ』世界思想社.

Townsend,A.M.,2000,Life in the real-time city：mobile telephones and urban metabolism. *Journal of Urban Technology*,7（2）：85-104.

# 第2章
# モバイル通信技術と生活世界
## 現象学的観点から
## セカンドオフライン概念の意味を検証する

ジェームズ・E・カッツ
（翻訳：富田英典）

## 1. はじめに

　本章では、富田英典らによって提起され、*The post-mobile society: from the smart/mobile to second offline*（2016, Routledge）の中で議論されたセカンドオフラインという視点について検討したい。この論集は、彼が「セカンドオフライン」と呼ぶものがそもそもどのようにして生まれたのか、そしてそれが21世紀初頭にどのように展開してきたのかについて貴重な資料を提供している。富田の「セカンドオフライン」に関する論文は、デジタルに関連する多くの事柄に長年関心をもってきた私にとって、さらなる分析のための魅力的な主題を提供してくれる。特に、日常生活における技術的な実践や生活体験の質への影響を考える場合にそうである。そこで、本章では、セカンドオフラインというテーゼについて現象学的な観点から解明したい。富田の論考を引用しながら、セカンドオフライン概念を探るために、いくつかのベクトルを設定し論じることにしたい。まず、このコンセプトを19世紀のアナログ時代の先駆者たちが描いたセカンドオフラインについてのレトロな見方と結びつけて考えてみたい。次に、前述書の多くの執筆者の論考からいくつかの問題を選び、それについて論じたい。最後に、技術的能力の向上に起因する社会的現実に関する重要な問

題とセカンドオフラインとの関連について論じる。

# 2.　セカンドオフライン社会について

　富田の言葉を借りれば、「セカンドオフライン」とは、バーチャルな情報によって構成要素が拡張され、「個人が常にオンラインの世界を参照している」現実世界の環境を指している。この言葉は、1つの概念をはるかに超えて、世界中のほとんどの地域で起きている重大な変化を端的に表している。しかし、最近のテクノロジーの劇的な変化にもかかわらず、また私たちが時としてテクノロジーの虜になってしまっても、私たちはコミュニケーションによって人間になるという重要な事実を見失ってはならない。

　私たちはコミュニケーションによって存在しているだけでなく、コミュニケーションなしでは生きていけないのである。他者とのコミュニケーションへの飽くなき欲求は、ますます高性能になっていくモバイル機器によって具現化されているが、これは富田らの著書のテーマでもある。そして、マーク・オークスと私が2002年に編集し、日本語に翻訳された『絶え間なき交信の時代』(*Perpetual Contact : Mobile Communication,Private Talk,Public Performance*）もこのテーマに基づいている。私が「絶え間なき交信」（perpetual contact）という用語を選んだ理由は、コミュニケーションには私たちを社会的動物にする強力な力があることを強調するためのメタファーとしての役割を期待したからである。セカンドオフラインという用語もこのような相互作用を豊かにすると同時に複雑にする現実についてのメタファーである。「絶え間なき交信」と「セカンドオフライン」に込められた相互作用の強調は、セカンドオフラインというテーゼの根底にある組織化された概念を分析する際に有効である。

　私たちは現状を把握するために、過去を振り返ることによってコミュニケーション技術に対する人間の行動にどのような共通点があるのかを確認することができる。詳細な検討はここではできないが、「yesterday's tomorrow（昔描いた未来）」が新しいミレニアムの世界をどのように予想していたかを考えることは有益である。私が目指しているように、デジタル以前の時代に想像されていた今日の世界についてのビジョンは、セカンドオフラインが普及し続ける中

で人々が今直面している問題を理解するのに役立つ視点を示してくれる。それは、彼らの期待と私たちの現実への連続性と新しさの両方を明らかにしている。

# 3. セカンドオフライン社会の預言者

　歴史的な資料を調べると「アナログ・インターネット1.0」とでも呼べる驚くべき予見的なビジョンの事例に出会うことができる。19世紀の未来学者たちは、利用可能な技術や支配的な世界観をもとに、21世紀の私たちがどのように生きているかを予測していた。いくつかの例を挙げて、その様子を見てみよう。

　最初の例にもあるように、グローバルなビデオ会議は、電話が発明された直後に構想されたもので、実際にデモンストレーションが行われてからわずか2年後のことだった。図2-1は、1879年に発行されたイギリスの風刺雑誌『Punch』から引用したものである。そこには、ビクトリア調の豪邸で父と母が地球の裏側のセイロン（現スリランカ）にいる娘と会話をしているシーンが描かれている。彼らはいったい何について話をしているのだろうか。その日の重大な政治

図2-1　イギリスの風刺雑誌「Punch」に掲載された「Telephonescope」(1879年)[1].

---

1) Accessed 25 Dec 2020, http://internet.kelasekstensi.co.id/IT/2615-2507/Videophone_22402_internet-kelasekstensi.html.

問題や経済問題だろうか。新しい科学的発見についてだろうか。あるいは、最新のニュースについてであろうか。それは娘の恋愛相手の候補についての噂話なのである。これは、まだコンピュータが普及していない時代のコンピュータ・デートである。いつの時代も子どもにふさわしい相手を探す親の悩みは尽きないようだ。

　フランスのイラストレーターである Albert Robida（1848-1926）は、アナログ・インターネット1.0において、人々がバーチャル・インタラクションのプロセスや活動を明確に予見していた。その内容は、教育から社交、喧嘩まで多岐にわたっていた（図2-2）。今では当たり前になっているテレビ会議の前身も驚くほど正確に描かれている（Robida 1883; 1893）。彼が唯一見逃していたのは自動化の役割だった。彼のイラストの中では、人間のオペレーターの代わりにコンピュータがどのように活躍するかを予見できていない。むしろ、社会的交流と「フェイスタイム」（ビデオ通話）の重要性が強調されている（図2-3）。イラストを深読みしてはいけないが、ここに描かれているファッションからは、

*Albert Robida, 1880s*

図2-2　アルバート・ロビダが想定したバーチャルアクティビティ（1880年代）[2].

---

2）Accessed 25 Dec 2020, https://archive.org/details/gri_33125008772267/page/n99.
　　Accessed 25 Dec 2020, https://archive.org/details/levingtimesiclel00robi/page/n10.

図2-3　Albert Robida が予見したビデオチャット（1910年頃）[3].

図2-4　1902年に想定された配偶者モニタリング：「無線電信の未来の可能性」
（Eskergian,St.Louis Star,2-20-1902）[4].

3）Accessed 27 Dec 2020, https://vsemart.com/french-artist-predictor-albert-robida/.
4）Accessed 27 Dec 2020, https://commons.wikimedia.org/wiki/File:Future_Possibilities_
　of_Wireless_Telegraphy_(Eksergian). jpg.

対面だけでなく離れた場所での人間関係においても、「外見至上主義（ルッキ
ズム）」や「魅力的な外見」が影響力をもっていることがうかがえる。

　技術的に可能になる遠隔監視は、他のイラストレーターも予見していた。そ
の様子をイラスト（図2-4）で見てみよう。このイラストでは、怒った妻が酔っ
ぱらった夫を監視している。特に注目すべき点は、他の人々が恐怖し予見して
いたパノプティコン式の監視作業ではなく、対人関係に生まれるであろう社会
的葛藤に焦点が当てられていることである。パノプティコンは、フランス人の
Michel Foucault（1926-1974）が現代の学術的言説の中で取り上げ悪名を馳せ
た監視装置である。この文脈では、プライバシーに関する私の研究によると、
大企業や政府の遠隔地にある顔の見えない官僚組織よりも、隣人が自分につい
て何を知っているかを人々が気にしていることが多いことを指摘しておくのは
価値があるかもしれないが、組織がもたらす脅威を過小評価してはいけない。

　Robidaの描いた未来に戻ってみると、彼は人々がカスタマイズされたエンター
テインメントやニュースサービスを利用している様子を見事にとらえているこ
とがわかる。彼が描いた都市の通勤者（図2-5）を見てみよう。ここには、車
内用ラジオ局によって様々な情報が放送されている様子が描かれている。これ
らの番組には、金融ニュース、哲学、ロマンス小説、そして小さな赤ちゃんの

図2-5　ポッドキャストのイメージ：作品の朗読を聴く乗客（Uzanne and Robida 1895）[5].

---

5）Accessed 27 Dec 2020, https://archive.org/details/UzanneContesBibliophiles1895bnf/
　page/n159/mode/2up.

ための番組、政治経済に関する論説などまである。Robida は、今日の公共交通機関に乗ればわかるような通信技術のワイヤレス化とパーソナル化については見逃していたが、現在のマルチメディア配信システムを予見していた。重要なことは、社交や娯楽の機能についてのアナログ時代の経験から推測すれば、人々が目指す通信技術の方向性が明らかになるということである。

この公共交通機関のイメージは、セカンドオフライン状態で移動する場合を反映している。初期の予見者たちは、移動中であっても常に連絡を取りたいという本質的なニーズと、それと同じように、メディアを介して可能になるブルジョア階級の人たちの個人的な快適さへの本質的な欲求を見抜いていた。そして、彼らはもちろんすべての社会の根底にあるゴシップ、対立、他人との比較、対人コミュニケーションが存在していることはもちろん、それらが引き続き中心的な役割を果たすだろうと考えていた。彼らは、対人関係やカスタマイズの概念を理解していたが、前述のようにコンピュータの役割を理解していなかった。彼らはまた、携帯電話をはじめとするワイヤレスの世界のすべてを見逃していた。また、デジタル・ネットワーク技術が導入された後の次の段階も見えていなかった。つまり、それは、セカンドオフラインの世界が拡大していくとどうなるかということである（自動運転車の新しい体制が個人のコミュニケーションや社会的交流にどのような影響を与えるかという問題はほとんど研究されていないため、新進気鋭の研究者が研究すべき広大な領域が残されていることを指摘しておきたい）。

未来を予想するこれらの人たちは、私たちの生活のどれほど大きな変化を見逃したのだろうか。ここで簡単に、最近のモバイル通信分野の変化に注目してみよう。携帯電話の世界的な成功はよく知られており、世界の人口よりも携帯電話の契約数の方が多いといわれている。しかし、モバイル通信の利用が音声やテキストだけでなくそれ以外の機能へと拡大していることを考えると、スマートフォン・アプリについても評価する必要がある。iPhone が音声通話を超えた携帯電話革命を本格化させたことは間違いない。その革命の中で、Apple 社の iPhone は世界中の人が文字通り死ぬほど欲しい憧れのアイコンとなった。その理由は何だろう。一番の理由は、簡単な操作性とアプリへのアクセスのしやすさにある。この便利さは、経験、情報、サポートの世界を広げてくれた。

そのため、この分野の人気と経済効果はかつてないほど高まっている。

　このように、100年以上前の人々が現在の世界の姿を想像したとき、人間の重要な側面が効果的にとらえられていたことがわかる。つまり、人間の本質的な部分を正確に推定していたのである。彼らは、「セカンドオフライン」への対応も理解していた。しかし、彼らはテクノロジーにはあまり詳しくなかった。私が「アナログ・インターネット1.0」と呼んでいるものから、トランジスタやワイヤレス・ネットワークの世界への発展を考えたとき、未来学者たちは拡張現実、携帯電話アプリ、Facebookなどを予想することはできなかった。しかし、彼らは現在ウェブ2.0と呼ばれているものの現象論的な意味の多くをとらえていたといえる。

　モバイル・コミュニケーションによって、建築物（自然環境さえ）は移動中に情報を収集したりアクセスしたりするためのより豊かな環境となった。同様に、固定された場所にいる人も、移動中の人の位置を追跡したり、移動中の人の周辺の地域環境についての情報を得ることができるという相互利益があった。

　未来予想図と消費者の需要という設定から、富田たちの本のもう1つの部分、つまり「ポスト・モバイル社会」を扱った箇所に目を向けると、私はそれがこの本の最も魅力的な面の1つであることに気がつく。ここでは、通信技術の実践、人間の精神、身体的移動を取り巻くいくつかの領域について、歴史的に豊かな視点を掘り下げたいと思う。特に、セカンドオフラインの現象学の観点からいくつかのアイデアを述べてみたい。

# 4.「ポスト・モバイル社会」論

　"The Post-Mobile Society"（2016, Routledge）では、各執筆者がそれぞれ高いレベルで問題を取り上げており、多くの視点が一体になることにより現代のデジタル情報化世界がどのように構築しているかを読者に示している。

## 4-1. テレプレゼンス、テレディスタンス：カメラ、セルフィー

　例えば、この本の第1部では、テレプレゼンスの系譜についての章がある。この章の著者である金曉和（Kim 2016）は、深く思い悩んだオーストリアの

作家、フランツ・カフカ（1883-1924）を取り上げている。金は、相互作用する相手に対しこ物理的な接続の楽しさを認めることを表向き否定している場合でも、遠隔通信（この場合はメール）による接触の魅力的な楽しさが存在していると言う。確かに、2人は、意図的に物理的な距離を保ち、離ればなれのまま手紙という文字だけで感情を伝えようとしていたのかもしれない。金によれば、カフカは恋愛相手との社会的関係を文通に頼っていた。カフカにとってはそれで充分満たされていたが、婚約者はそうではなかったようで、彼女は肉体的な交流がないことを理由にカフカとの関係を断った。一般的に、手紙ではその通信目的を達成するためにテキストを必要とする。金は、大量生産、印刷産業、写真、そして郵便システムの融合により、産業時代の「拡張現実感(augmented reality)」であるポストカードが誕生したことを示唆している（絵文字やその他の装飾を施した手紙の流行も、このような書き言葉への不満からきているのだろう。スタンプとそれらの配置は、文通を視覚的に補完する効果的な方法であったと考えられる）。

　金はポストカードのナショナリズム的な使用法を説明しているが、ポストカードは、見る人の目によって明示的にも潜在的にも印象を与えるようにデザインされた、典型的なステータスギフトであることに変わりはない。

　19世紀にブルジョワジーが主に使っていたもう1つの拡張現実感であるステレオスコープについても触れておきたい。絵葉書が遠くの景色を思い浮かべることができたように、ステレオスコープも同じように遠くの景色を思い浮かべることができた。今日、携帯電話ショップに行けば、椅子に座ってスキーをしたり、マンタと一緒に泳いだりできるバーチャルリアリティシステムを試すことができる。同じように、私たちの先人たちも、テクノロジーによって拡張されたディスタント・リアリティ技術がエジプトのピラミッドやパリの街並みを目の前に再現してくれるセンターに足を運んでいる。異国の地や人の姿を立体的に見ることができる様々な公共のパーラーが設立され、裕福な家庭には立体鏡そのものが設置されていた。実際、世界中の景色を集めた完全なライブラリでさえも郵送で入手できたし、公共の図書館（図2-6）でも希望者にはこの教材を提供していた。

　岡田朋之（Okada 2016）は、技術決定論とアフォーダンスの役割に関する

長年の議論に貴重な光を当てている。彼は、日本の写真共有文化（プリクラな
ど）によるビジュアルコミュニケーションの勃興が、カメラ付き携帯電話の誕
生を促したことを紹介している。また、岡田は、競合するKDDIを追い抜くこ
とができたシャープの山本信介の役割の重要性を指摘する。KDDIからは携帯
電話に取り付けるカメラが発売され、京セラからはカメラを内蔵したPHSが
発売されていたが、いずれの技術革新も反響はよくなかった。その理由の1つ
には、1999年に発売された京セラ製のカメラ付きPHSでは、利用者が映るよ
うに携帯電話の正面にカメラが搭載されていたことがあげられる。おそらく、フィ
ルムでもデジタルでもより優れた安価なカメラがすでにあったために、ユーザー
にとっては印象の弱い機能だったのだろう。その結果、目の前が映せるように
カメラを携帯電話の背面に搭載するシャープの技術革新は、消費者の関心を引
き、飛躍的な購買に結びついたのである。しかし、岡田が示したように、そし
てその後の世界各地で確認されたように、携帯電話の前面と背面の両方にカメ
ラを搭載したいという願望は、事実上、世界共通のものであるようだ。欧米で
は、多くの専門家が自撮りの大人気に戸惑っている。しかし、日本での経験、

図2-6　シンシナティ市立図書館で立体映像を見る子どもたち（1895年頃）[6].

---

6）Accessed 4 Jan 2021, https://www.messynessychic.com/2014/06/17/seriously-though-
how-did-the-most-beautiful-library-in-america-get-demolished/.

特に若者に非常に人気の写真共有についての知見を活用することで、その奔放な情熱を理解することができるかもしれない。つまり、自撮りができるようになるまで、人々が自撮りを大量にしたいと思っていることを誰も知らなかったのである。ここでは、「狭義の技術的決定」の理論は適切ではないようだ。携帯電話本体にカメラが搭載されているからといって、写真を撮らなければならないというわけではない。しかし、技術的にビジュアル能力が向上し、インスタグラムのようなフォトキュレーションサービスが利用できるようになったことで、カメラはスマートフォンにとって最も重要ではないにしても、不可欠な要素となっている。

また、恋愛関係とモバイル・コミュニケーションの利用についても、継続的な関心が寄せられている。このテーマは、大学生の人間関係を論じた羽渕一代 (Habuchi 2016) の章で取り上げている。「実在しない人」への愛着や交際への欲求は、これまでしばしば見過ごされてきた。これは、ロマンチックなパートナーシップにおけるおそらく究極の目的、すなわち一緒にいることに対する伝統的な理解を覆すものである。しかし、この逆転現象は、金（Kim 2016）がスケッチしたカフカのコミュニケーション・プロセスに示されている。彼女は、カフカが執筆した作品や伝記を通して、彼の不思議な魅力や、彼が人間の本質を見抜いていることなどを明らかにしている。これらは、統計的な調査データを補完するケーススタディとしても有効である。

人間関係、特に他者と自己との関係に対するこのような関心は、伊藤耕太 (Ito 2016) が論じている自撮り（selfies）の話題につながっている。前述の岡田が分析した経緯から生まれた携帯電話の写真のキュレーションもまた未来を覗こうとした人たちが予想しなかったような意外な展開である。しかし、私が別の場所で示してきたように、それは以前の慣行の継続であり、技術的能力の進歩によって増幅され、強化されたものである。

自撮りのプロセスは、自撮りをしている人と周りの人の両方の人間関係にどのような影響を与えるのだろうか。この点については、私のかつての教え子であるチリ・カトリック大学のDaniel Halpern教授と一緒に実施した研究を紹介したい。それは、被験者のカップルにまず1回目の調査を行い、その1年後に同じカップルに再び調査を行うというパネルデータを使った研究である。その

図2-7　一緒に自撮りするカップル（撮影：James E. Katz）.

研究では、カップルのうちの1人が自撮り写真に注意を向けキュレートすれば
するほど、恋人との関係に問題が生じる可能性が高いことがわかった。この調
査は、自撮り行為と人間関係の問題のどちらが先かを明らかにするために慎重
に行われた。私たちは因果関係の方向を明確にしたかった。データによると、
まずキュレーションが先であった。つまり、人間関係の問題が自撮りへの注目
やキュレーションを引き起こしたというよりも、1人が自撮りをしたことが原
因となって人間関係に問題が生じていた。これは、カップルのそれぞれが別々
に自撮り写真を撮った場合にのみ当てはまる。他方で、カップルが2人一緒に
自撮りをした場合には悪影響は見られず、むしろ関係性を強めるセメントのよ
うな役割を果たしていた。カップルが2人一緒に自撮りをすることによるポジティ
ブな効果は、図2-7の人物のポーズに表れている。

## 4-2.　医療とヘルスケア

　健康は誰にとっても大切であり、モバイル・コミュニケーションがこの分野
で人々を支援するために利用されるのは当然のことである。木暮祐一（Kogure
2016）は、医療分野におけるセカンドオフラインを取り上げている。特に注
目したいのは、診断や手術がセカンドオフライン環境で行われていることであ

る。これらの技術の有用性についての議論を補完するものとして、旧来の法律上の手続きによってセカンドオフラインに課せられた負担についての説明を挙げることができる。決められた倫理的な基準と職業上の期待に準拠するためには、医師は患者と直接接する必要がある。木暮は文書への依存を特徴的な問題としてとらえているが、それはより上位の問題、つまり時代に逆行した官僚たちの感覚を反映したものであるともいえる。これでは、質の高い医療を提供することができず、医師と患者の双方に負担がかかってしまう。さらに、行政による監視と、それに伴う心理的、経済的、インフラ的なコストが必要となる。

　これは、私も同意する診断（洒落ですが）である。しかし、電子医療システムへの移行と、それに続く「ビッグデータ」体制がもたらす構造的な影響を見落としてはならない。アメリカで同じような革命が起きたときに私はRonald Riceとそれを一緒に見ていたのだが、記録の電子化を進めるとすぐに問題が発生することがわかった（Rice & Katz 2000）。まず、それは医師にとっては大きな障害となる。教育面や運営面での要求だけでなく、現象学的な観点からも、それは医師が患者との有益で価値ある対面式の接触を行うことを妨げている。多くの患者は、コンピュータ端末が医師の注意を絶え間なく喚起することや、医師が患者に背を向けなければならないことに不満をもっている。このようなことは、たとえ無意識であっても、患者には失礼なことだと「読み取られる」のである。また、意図せずして、患者の治療よりもカルテへの記入が優先されているような印象を与えてしまう。しかし、すべてが絶望的なわけではない。モバイルデバイスとデータ収集、そして人工知能を利用することで、患者と医師の両方により良いサービスを提供することができる。治療前と治療中に、データを遠隔から患者が気がつかないうちに収集することができる。このように、セカンドオフラインをさらに発展させることで、日本やその他の地域の人々の健康に大きく貢献することができる。セカンドオフラインの視点は、適切に理解されれば、医療提供に付随する医療データを社会的プロセスとして再概念化することを可能にする。

## 4-3.　教育

　上松恵理子（Uematsu 2016）が指摘しているように、セカンドオフライン

の視点が教育にもたらす可能性は大きい。彼女は、技術的な障害が取り除かれた後、セカンドオフラインが技術的に可能な教育の利点を達成するために役立ついくつかの方法を紹介している。彼女の洞察に満ちた分析は、テクノロジーを展開するうえでの障害に焦点を当てており、その解決のためにセカンドオフライン・アプローチを活用している。その1つは、技術インフラである。すべての生徒が必要なデバイスとソフトウェアを利用できるわけではない。各家庭の様々な社会経済的状況を考えると、新しいテクノロジーを生徒に平等に提供することは困難である。さらに、この問題は個人の自発性や教育技術の習得の問題と結びつくとさらに悪化する。例えば、ある生徒は他の生徒に比べて有利な回避策や家庭教師、または技術的なツールの購入資金を持っているかもしれないからである。2つめは教師による準備である。教師はただでさえ大変な量の仕事をこなしている。そのうえに、いきなり新しいテクノロジーの習得が求められ、授業への活用方法まで考えることを教師に期待するのは無理がある。

　逆に、このような技術を使用するためのトレーニングや、避けられない問題に対処するための技術的サポートは、理論的にも教育的にも困難である。このような取り組みは、インフラやトレーニングの面でコストがかかることは言うまでもない。さらに、これまでの失敗例を見ると、教師が新しいアイデアや手法利用（イノベーション）を採用することに抵抗を感じるのも無理はない。これまでにも教師は最新で最高の「新しいもの」を採用することを余儀なくされてきたが、イノベーションに予想したほどの効果がなく、生徒たちが困惑したり落胆したりするのを目の当たりにしてきた。また、このような技術革新は、教室の教師の権威や生徒からの尊敬を損ない、教師が適切にリーダーシップを発揮することを阻害し、それに伴う学習面や心理面で生徒に悪影響を及ぼす可能性がある。セカンドオフラインが引き起こしていることの全体構造とその現象学を理解することで、教育システムの現実と統合された、より健全な解決策を導き出すことができる。

## 4-4.　対人コミュニケーションと「現在の他者」の問題

　セカンドオフラインという視点は、人々がどのようにしてコミュニケーションを管理しているのか、特に携帯電話やモバイル機器を使ったコミュニケーショ

ンに光を当てている。このことは、藤本憲一（Fujimoto 2016）によるモバイルメディアの「三叉路モデル」研究にも見ることができる。三叉路モデルは、電話機のスナビング（snubbing）、あるいはファビング（phubbing）[7]と呼ばれる概念に類似したものに対応している。この2つの用語は、携帯電話で通話中に同席している人がいる場合に起こる現象に関連している。私自身も“Connections”（Katz 2003）という本の中で専門用語を使わずにこのテーマを追求した。情報の漏出効果については、ケネス・ガーゲンも取り上げている。携帯電話を使っている人の周りにいる人たちが受ける影響は、少しずつでも広範囲に及ぶ可能性があるといっていいだろう。藤本のアイデアを補完するように、これらの研究では、電話の着信が電話とは無関係な人を孤立させることが認められている。この問題について体系的にデータを収集したわけではないが、これらのプロセスが外交使節団からボーリングクラブに至るまで、あらゆるレベルの人々に影響を与えるという議論を裏づける十分なケーススタディや事例がある。この章では、このプロセスを深く掘り下げることはできないが、セカンドオフライン現象学を例示するような広範囲なレベルでの解明は可能である。

　さらに言えば、これらのファビングのモデルは、コミュニケーション・テクノロジーの利用を理解するうえで基本的なものであるにもかかわらず、私が知るかぎり、それらの分析では、「ファバー（phubber）」（無視する人）と「ファビー（phubee）」（無視される人）の関係がどうなっているかという重要な問題を見落としている。この重要な区別の焦点は、ファバーとファビーの間の関係というよりも、ファビーと「ファバーが関わっている人」との間に生じている。

　この対人関係の状況に関する私のモデルは、参加者の暗黙の知識に基づいたわかりやすいものである。2004年に「亡霊の国（A nation of ghosts?）」（Katz 2004）と題してこのテーマを初めて発表したとき、私はこの問題を「モバイル・コミュニケーションの振付（choreography of mobile communication）」と呼んだ（Katz 2004）。図2-8①に描かれているような抽象的な例を考えてみよう。友達である2人をアルター（Alter）とエゴ（Ego）と呼ぼう。2人は対面して会

---

7）ファビングとは, phone（電話）＋ snubbing（無視すること,相手にしないこと）の合成語.目の前にいる人の相手をすることよりもスマホをいじることに重きを置く行為. 出典：JapanKnowledge Lib『ビジネス技術実用英語大辞典V6』.

話をしている（図2-8①）。アルターに電話がかかってくる。アルターは電話にでる（図2-8②）。エゴは、電話をかけてきた相手が暗示的または明示的に誰かがわかるまで、待機中の状態になっている。するとエゴは、他の条件が同じであれば（つまりエゴが電話をかけてきた人に反感をもっていなければ）、次のシナリオのように反応する。発信者がエゴとアルターの両方に知られている場合（そして、エゴが発信者に反感を抱いていないと仮定した場合）、エゴの反応はアルターと外部の発信者に対して友好的になる（図2-8④）。エゴは、アルターにかかってきた電話によってネガティブな感情を抱くことはない。他方で、アルターにかかってきた電話が、エゴの知らない相手からのものだった場合、エゴはアルターと外部からの電話の相手に向けて、ネガティブな感情を抱くことになる（図2-8③）。アルターは、この反応を直接意識していないかもしれない。図2-8③の太い負の符号と図2-8④の正の符号は、アルターが外からの電話を受けたときのエゴの感情状態の方向性を示している。

　そのネガティブな感情は、深刻なものではなく、エゴにとってはサブリミナルなものかもしれない。しかし、それらは時間の経過とともに蓄積され、ネガティブな気分が悪化し、後まで悪い影響が残る可能性が高い。このようなプロセスが生まれる理由の1つは、エゴが一時的ではあってもグループのメンバーから除外されていることにある。社会心理学の実験でも示されているように、トライアド（三人組）はすぐにダイアド（二者関係）やモナド（単体）になる。また、冒頭で論じたように、コミュニケーションと受け入れられている状態は、社会的アイデンティティを含めた個人の生存にとって重要であり、排他的なコ

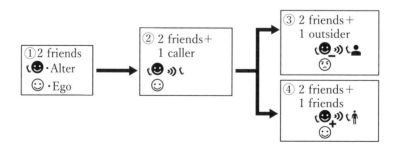

図2-8　会話相手が携帯電話の着信を受けたときの会話者の感情反応のモデル．

ミュニケーションの実践は個人の幸福を脅かす可能性がある。

　個人のレベルを超えて、私たちのデバイスの関与がもたらす、このようなファビングや、それに関連する「精神的には不在だが物理的には存在する」セカンドオフラインの影響を考慮することは価値がある。議論の余地はあるが、何年にもわたって対人関係や社会的なレベルでかなりのマイナス面が現れるだろう。それが次のテーマである。

## 5．セカンドオフラインの社会心理学的、公共政策的影響

　最後に、これまでの節で焦点を当ててきた内容に関するセカンドオフラインについてのコメントから、セカンドオフラインの台頭がもたらすより微妙なリスクについて議論を進めたい。これらのリスクは、他のどの国よりも、セカンドオフライン形式の成果を容易に取り入れ、技術革新を実現する文化をもつ日本に特に関連している。この文化的特性は、日本人にとって多くの利点をもち、日本の文化的・経済的サクセスストーリーには欠かせないものである。しかし、セカンドオフラインの世界は、社会的な問題の原因になるかもしれない。ただ、因果関係がすぐにはわからないものもあるだろう。

　一方で、セカンドオフラインは、他の方法では不可能な方法で人々を結びつける。これは、パンデミックやその他の緊急時に特に有効である。しかし、それは、対面的コミュニケーションや、非メディアコミュニケーションで得られるその他のメリットを損なってはいないだろうか。現代のコミュニケーションがどんなに視覚的に豊かで本物のように見えても、対面的コミュニケーションには、それには代替できないメリットがあるかもしれない。他の人と肉体的に向き合うことには、言葉では言い表せないほどのリアリティがあり、テクノロジーはその素晴らしい成果にもかかわらず、そのリアリティを再現することができない。

　仮にこの推論が正しいとすると、セカンドオフラインの効果について重要な疑問が生じる。セカンドオフラインが拡大し続けているのは、（パンデミック以前の）孤独の増加と関係があるのではないだろうか。セカンドオフラインは、単身世帯の形式を支える要因であり、それは明らかに孤独と関係していると思

われる。日本では、全住居形態に占める単身世帯の割合が過去最高となっている（これは他の多くの国でも同じである）。第二は、それに関連して、人間関係の形成が減少しているように思われることである。第三は、日本の将来に対する深い悲観論である[8]。この3つは互いに関連しており、またセカンドオフラインの台頭とも関連しており、それによってもたらされたものであると考えている。Amazon のアレクサ（Amazon Alexa）、Google ボイス（Google Voice）、Apple のシリ（Apple Siri）などのガジェットに採用されているように、バーチャル・ボイス・コンパニオンの普及が予想される。そして、もちろんこれらの基本的な傾向は、日本だけではなく、すべての先進国で現れていると思われる。

　セカンドオフラインにおけるロボットとその役割についてはどうだろう。ロボットやホログラフィック・コンパニオンはすでに市販されており、その機能は常に向上している。それらが簡単に手に入り、頻繁に使用されることで、孤独感や悲観主義をさらに悪化させることはないのだろうか。私や他の多くの研究者の調査によると、その答えは「イエス」である。特に、人間が生物学的遺産に即して効果的かつ完全に機能し続けるためには、挑戦と要求が必要である。私たちの行動は生物学的に決まっているわけではないが、生物学的な前提条件の中で行動していることを付け加えておきたい。

　セカンドオフラインでは、娯楽、情報、アミューズメント、人工的な関係を含む社会的な関係などの欲求を満たすことができる。しかし、このように簡単にカスタマイズできることが、かえって社会生活の質を低下させているのではないだろうか。一見、合理的に見える判断でも、食べ過ぎたり、食べ方を間違えたりすると、体に悪い影響が出るのと同じである。誤った種類の食べ物を食べ過ぎた場合と同じように、誤った種類の社会的交流や自動化された社会的交流をし過ぎた場合も同様である。それらは心のバランスを崩し、生活の質を低下させる。

　将来を考えると、技術の進歩にはセカンドオフラインの観点からのリスクが

---

8）BBC NEWS,26 July 2016,Japan knife attack: 相模原市のケアセンターで19人が死亡
　（2020年11月27日アクセス, https://www.bbc.com/news/world-asia-36890655）.

ある。驚くべきことに、そのリスクとは、人の心理的な要求が多すぎるのではなく、少なすぎるということにある。これは、100年前に想像されていたアナログの未来にも想定されていなかった。しかし、デジタルワールド1.0の周辺で生じている懸念には、それが見られ始めていた。

　他のテクノロジーの二次的な効果と同様に、自動車や大量輸送システムが、歩行などの自然な運動によって得られる健康を奪ったという点でも類似している。大げさに言えば、自動車や大量輸送システムは、建築環境を再構成するように、私たちの身体を再構成した。個人的な快適さ、福祉、満足は、セカンドオフラインの顕在的な利益であるが、おそらく対人関係の弱体化は、私たちが知らないうちに払っている潜在的なコストである。しかし、この罠に気づくことで、私たちは脱出のきっかけを掴むことができる。運動の良さを知ることで、エクササイズスタジオや家庭用トレッドミル、ジョギングなどが生まれたように、「セカンドオフラインの怠惰（second offline laziness）」とでも呼ぶべき社会的リスクを意識することで、このような罠を回避するためのアフォーダンスをつくることができる。これこそが、セカンドオフラインという概念を理解したうえで、次のステップに進むための究極の教訓だと考える。私たちの目の前の課題は明確である。まず、より多くの研究を行う必要がある。特に、楽しさと怖さの祭典であるハロウィーンを楽しむ子どもたちが携帯電話を使っている写真（図2-9）のように、子どもたちのセカンドオフライン的生活世界では、そのような傾向が見られる。そして、研究結果に基づいて、技術デザイナーにインスピレーションを与え、指示することで、私たちが自分の居心地の良い場所を離れ、他の人間と生産的に関わることを強いるようなシステムをつくることを目指すべきである。そして、そのような技術が見つかったら、それを採用するように人々に働きかけるべきである。これは簡単なことではないが、とても重要なことである。

　このような研究をしている人たちが日本をはじめとする世界各地で活躍することで、日本の人々、そしてセカンドオフラインの世界に魅了されている世界中の人々のために、より良い生活、より豊かな未来をつくることができるのである。

図2-9　ハロウィーンのお祭りで携帯電話で遊ぶ子どもたち（撮影：James E. Katz）.

**参考文献**

Eksergian,E.,1902, Future possibilities of wireless telegraphy, *St Louis Star*(via *'Origins of the Sunday Comics'*), February 20.

Fujimoto,K.,2016, The 'Triple Junction Model'of mobile media: Two dogmas of the'myth of communication.' In: Tomita,H.ed., *The post-mobile society: From the smart/mobile to second offline*. Routledge.（藤本憲一,2016,「モバイルメディアの『三叉路モデル』」富田英典編『ポスト・モバイル社会——セカンドオフラインの時代へ』世界思想社）.

Habuchi,I.,2016, Romantic relationships and media usage among university students,In: Tomita,H. ed., *The post-mobile society: From the smart/mobile to second offline*. Routledge.（羽渕一代, 2016,「大学生の現代的恋愛事情とメディア利用」富田英典編『ポスト・モバイル社会——セカンドオフラインの時代へ』世界思想社）.

Ito,K.,2016, Recreation and mobile content:'The future of mobile content: A new "me" in rich context', In: Tomita,H.ed., *The post-mobile society: From the smart/mobile to second offline*. Routledge.伊藤耕太,2016,「モバイルコンテンツの未来」富田英典編『ポスト・モバイル社会——セカンドオフラインの時代へ』世界思想社）.

Katz,JE.,1999, *Connections: Social and Cultural Studies of the Telephone in American Life*. Transaction Publishers.

——,2004, A nation of ghosts？ Choreography of mobile communication in public spaces. In: Nyíri K. ed.,*Mobile democracy: essays on society,self and politics*. Passagen Verlag, pp 21-32.

——,JE,Aakhus,M.eds.,2002, *Perpetual Contact: Mobile Communication,Private Talk,Public Performance*. Cambridge University Press.（立川敬二監修,富田英典監訳,2003,『絶え間なき交信の時代——ケータイ文化の誕生』NTT出版）.

Kim,KY.,2016, Pre-history of mobile practices: Genealogy of telepresence. In: Tomita,H. ed., *The post-mobile society: From the smart/mobile to second offline*. Routledge.（金暻和, 2016,「ケータイ前史」富田英典編『ポスト・モバイル社会——セカンドオフラインの時代へ』世界思想社）.

Kogure,Y.,2016, Second offline perspective on the medical field. In: Tomita H.ed., *The post-mobile society: From the smart/mobile to second offline*. Routledge. （木暮祐一,2016,「医療分野における セカンドオフラインの展望」富田英典編『ポスト・モバイル社会——セカンドオフラインの 時代へ』世界思想社）.

Okada,T.,2016, Development of mobile handsets and services on the supplier's side. In:Tomita,H. ed., *The post-mobile society: From the smart/mobile to second offline*. Routledge. （岡田朋 之,2016,「モバイル先進国を生んだ業界事情」富田英典編『ポスト・モバイル社会——セカン ドオフラインの時代へ』世界思想社）.

Rice,R.E.,Katz,J.E.eds.,2000, *Internet and Health Communication: Experience And Expectations*. Sage.

——,1893, *Le vingtième siècle*: la vie électrique. Librairie illustrée,31,187.

Robida,A.,1883, *Le vingtième siècle*. Georges Decaux Editeur,71.

Tomita,H.ed.,2015, *The post-mobile society: from the smart/mobile to second offline*. Routledge. （富 田英典編,2016,『ポスト・モバイル社会——セカンドオフラインの時代へ』世界思想社）.

Uematsu,E.,2016, Mobile media and school education. In: Tomita,H.ed., *The post-mobile society: From the smart/mobile to second offline*. Routledge. （上松恵理子,2016,「所収モバイルメディ アと学校教育」富田英典編『ポスト・モバイル社会——セカンドオフラインの時代へ』世界思 想社）.

Uzanne,O,Robida,A.,1895, *Contes pour les bibliophiles*. May et Motteroz,142.

【後注】

本章は、国際シンポジウム（Are You Second Offline？: The Diversity of Post-Mobile Society）での Katz教授の基調講演を元に執筆されたものである。本シンポジウムは、2017年度情報通信学会関西 大会、2017年度電気通信月間参加行事、関西大学社会学部創立50周年記念事業として関西大学梅田 キャンパスで2017年7月1日・2日に開催された。なお、基調講演は2017年7月1日に行われた。

# 第3章
# 融合現実：
# 第2世代のセカンドオフライン

ミカエル・ビョルン
（翻訳：天笠邦一）

## 1. はじめに：オフラインとセカンドオフライン

　かつて、インターネットのない世界があった。そして、インターネットが普及していくと、世界は2つに分割された。現在、インターネットの普及前から存在していた世界の一部は、「オフライン」と呼ばれ、もう片方の新しい部分には「オンライン」というラベルが付けられている。

　その後、インターネットは発展し、人々はそれを、どこに行くにもポケットに入れて持ち運び、毎日、何百回も使い始めた。こうした事実を無視して、世界を単純に「オンライン」と「オフライン」に二分割して考えることに意味はないのではないだろうか。

　従来の想定を外れた、日常的な対面の状況の中でも常につながり続けるこのようなインターネットの利用状況は、とはいいつつも以前と変わらない対面での日常生活（オフライン）の一部であるため、「セカンド（第二の）オフライン」と呼ばれる。セカンドオフラインの状況下では、現実には一秒たりともオフライン（インターネットに接続されていない状況）になることはないが、その状況を「オンライン」であるとは決して考えない。

　本章は、「ポスト・モバイル社会——セカンドオフラインの時代へ」（富田2016）で提案されている「セカンドオフライン」の概念を、消費者市場調査の実務家の視点から検討するものだ。

　本章の出発点は、エリクソン・コンシューマー・ラボで、過去数年間にわたって私が実施または主体的に参加してきた消費者調査の観点から、「セカンドオフライン」の概念を検討することにある。特に、情報と情報技術のアーリーアダプター（早期採用者）に対する調査・研究に基づいて、統合され整理された概念としての「セカンドオフライン」の考え方に疑問を呈したい。そして、その疑問に対する回答として、日常生活での従来の想定を外れたインターネットの利用（モバイルメディアによるインターネットへの常時接続）について、第1世代と第2世代と分けて、その歴史を語る中で、「セカンドオフライン」の概念の改善を試みる。本章では、モバイルメディアによるインターネットへの常時接続の第1世代が直面する状況を富田が提案した「セカンドオフライン」と呼び、第2世代の状況を本章における2節以降で説明する理由から「マージド・リアリティ（Merged Reality；融合現実）」と呼びたい。

　本章におけるこの提案は、消費者市場調査の観点からのものであり、おそらくさらなる調査と理論的検討が必要であることを強調しておく。

## 2.　セカンドオフラインの基本概念

　富田（2016）によると、セカンドオフラインとは「仮想情報が実空間に重ねあわされる状況」を意味する。結果として、この定義は「仮想」の意味についての議論へとつながる。これには、「現実には不可能」という意味での「（仮の）想定」と、「（目の前に）実在する事実や形式ではないが、その場にある本質的なこと、または実質的な結果として存在する」という「仮想」を区別しようとすることが含まれる。しかし、私の理解では、セカンドオフラインの概念は必ずしも仮想情報自体に関するものではなく、ICT（情報通信技術）が日常生活への統合そして拡張される中で、消費者が体感する現実の一部をなすデジタル情報への彼らの認識に関するものだ。ICTという用語は、ITという用語の、通信を統合するという側面と電気通信（固定回線と無線信号）やコンピュータおよび必要なエンタープライズソフトウェア、ミドルウェア、ストレージ、オーディオビジュアルの統合を促すという側面を強調するための拡張用語として用いられている。ICTは、ユーザーが情報にアクセス・保存・送信・操作できる

ようにするシステムなのである。言い換えれば、ICTは、デジタル情報の処理と管埋を、遠隔地間をつなぐ電子ネットワーク上での情報通信と組み合わせたものだ。この後者の部分は、セカンドオフラインにとって非常に重要だ。なぜなら、そのような情報流通を介して、デジタル情報は、それを受け取るユーザーがリアルタイムの出来事のように認識する速度で社会全体に広がるからだ。しかし、その速度は技術的にみればせいぜい「リアルタイムに近い」とまでしか言えない速度でしかない。

その結果、現在のセカンドオフライン的環境では、仮想的な情報ではなく実在の情報を、遠隔地間をつなぐ電子ネットワークを介してユビキタスに利用できるようにすることでその基盤を形成している。実際、（仮想的かそれとも実在するかという）情報の種類自体よりも、ほぼ瞬時といえる情報通信の方が、セカンドオフラインの形成にとってより重要なのだ。したがって、もし私たちが（固定）電話と第1世代携帯電話の導入までさかのぼって、セカンドオフラインの概念を導入したいと考えた場合、その情報が遠隔地間の電子ネットワークによって通信されているケースに限り、たとえ通信される情報がアナログであってもそれをセカンドオフライン的な状況の中に含めることができる。

ただし、当時は情報通信の回線が細かったため、セカンドオフラインに関する議論はデジタル情報に集中させる方が生産的だ。（現在の通信速度を前提にした）インターネット利用者の目線で言えば、物理的な現実の認識は、あらゆる日常的な目的を果たすうえで、インターネット上にある情報から得られる認識と融合している。（完全に）オフラインであることは、そのような物理的な現実とインターネット上の情報が融合した状況にある私たちにとって、もはや現実的ではない。ゆえに、現在のこうした状況を「セカンドオフライン」として概念化する必要があったのである。

融合された認識が実際に発生するためには、インターネットがあらゆる場面で利用可能である必要がある。これは、一般に携帯電話、特にスマートフォンを介した情報流通が現在は中心になってきていることを示している。

一方で、上記のセカンドオフライン的な状況が一般的になったのはいつだと想定するのが合理的だろうか。2007年から2014年にかけて実施された南北アメリカ、ヨーロッパ、および先進アジアの携帯電話ユーザーで構成される大規

模なデータセットに基づく調査の分析では、2011年頃からモバイルを介したソーシャルネットワーキングとブラウジングの利用が一般化し、加速していることが示されている。（Ericson ConsumerLab 2016a）。言い換えれば、このモバイルを介したデジタル情報利用の増加を、デジタルデータ（の実在空間）への重ね合わせが、ほぼ常に存在する日常経験の指標として見た場合、これは2011年頃に世界規模で一般的になり始めたと考えられる（図3-1）。

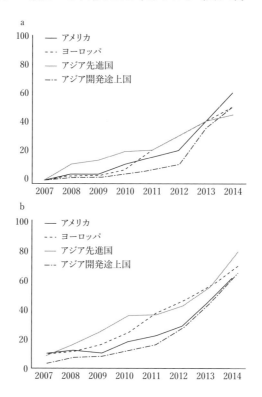

図3-1　a：回答者の中で携帯電話からSNSを利用している人の割合（日ベース[1]）．
　　　　b：回答者の中で携帯電話からインターネットを見ている人の割合（週ベース）．

---

1）アメリカ（アルゼンチン, ブラジル, カナダ, 米国）, ヨーロッパ（フランス, ドイツ, イタリア, スペイン, スウェーデン, 英国）, アジア先進国（オーストラリア, 日本, 韓国）の15〜69歳の携帯電話ユーザー．アジア開発途上国の都市部のTier 1〜3（中国, インド, インドネシア）に属する15〜64歳の携帯電話利用者（出典：Ericsson ConsumerLab Analytical Platform,2007-2014）．

# 3. セカンドオフラインの実際

　セカンドオフラインを体験することは、実際には何を意味するのだろうか？

　以下では、私たちの調査結果から、消費者行動の実際の変化を示すいくつかの事例を示したい。

　米国のインターネットユーザーに対して調査を行ったインラインショッピング（Ericsson ConsumerLab 2012）と呼ばれるレポートでは、店内とオンラインのショッピング行動がどのように融合して分離できなくなったかについて説明している。この調査におけるスマートフォンユーザーの32％は、すでにスマートフォンで買い物をしていた。さらに、店舗とオンラインでのショッピングの利点を同時に組み合わせていることが判明した。そのため、私たちが目撃したショッピングの融合現象は、インラインショッピング、または店舗販売とオンラインの織り交ぜとして述べられることが多い。

　別の例は、社会的サイロの概念で説明される（Ericsson ConsumerLab 2016b）。この概念では、人々が積極的にソーシャルネットワークをサイロに変え、非常に具体的な方法で、ソーシャルネットワーク上の情報を、物理的環境の中にあるの他の情報源に重ね合わせている様子を確認した。世界の14の主要都市に居住するアーリーアダプターに基礎をおくこの調査の回答者は、これらの重ねあわされる他の情報源を、彼らの認識から意識的に排除するのと同様に、積極的に認識の中に取り込むことも行っていた。例えば、この調査では、回答者の3人に1人が、ソーシャルネットワークがニュースの主な情報源であると述べている。言い換えれば、彼らは他のソースを見えにくくするデジタルサイロを自らの周りに形成していたのだ。また、4人に1人以上が、政治家の視点よりも、ソーシャルネットワーク上でつながる人々の意見を高く評価していた。つまり、サイロ効果は個人的な関係を超えて広がり、社会や現実全体の認識に影響を与えていたのだ。

　最後の例は、From Healthcare to Homecare（Ericsson ConsumerLab 2017a）というタイトルの調査レポートからのものだ。ここでの洞察は、ドイツ、日本、韓国、英国、米国のスマートフォン／モバイルブロードバンドユーザーの中で、

フィットネストラッカー、スマートウォッチ、健康アプリを平均よりも多く使用し、自らの健康状況をチェックしている人々への大規模なオンライン調査に基づいている。彼らの回答を分析したところ、医療を過去の病院に集約されたものから、自宅にいるときでもアクセスできる分散したものに変えることを望んでいたことがわかった。さらにデジタルと物理の世界の合流点に関する以前の知見から、もうすでにこうした分散化が起こっていることがわかった。例えば、この調査では、慢性疾患を患っている患者の39％は、対面式の診療よりもオンラインでの相談を好んでいた。彼らは、デジタル診療を「非現実的」、対面での診療を「現実的」とは見なしていない。代わりに、彼らは両方とも単なる診療と見なしていた。さらに、時間と労力を節約できるため、デジタル診療には大きなメリットがあったのだった。慢性疾患の患者は定期的に病院に行く必要があり、移動や病院での待ち時間の両方にかなりの負担がかかり、そのことで仕事などの他の日常生活にも支障をきたしていたのだ。

　さらに、多くの人が患者データを一元化することに積極的で、事実上、病院はデータセンターに変わりつつある。具体的には、回答者の35％が、オンライン化された医療記録の中央リポジトリが、医療管理を改善すると考えていた。この背景には、日常生活の中で感じているデジタルの世界で起こることが「現実」に起こるという経験が、医療分野でも起こるという期待があった。そのような経験と期待は、実にセカンドオフライン的な性質によるものだ。

# 4. 第2世代の「セカンドオフライン」

　セカンドオフラインは、人々の現実の認識がインターネット上の認識と融合した状況として特徴づけられる。ここでは、このような状況の例をいくつか示してきたが、これは実際には一般化されたレベルでのみ当てはまる。その瞬間の彼または彼女の経験が主にデジタルであるか、主に物理的であるかを誰かに尋ねると、個人的なレベルでは、（融合しているという答えではなく）明確な答えが得られる可能性がある。

　例えば、先に述べたインラインショッピングのケースに戻ると、消費者は特定の商品やサービスの購入の一連のプロセスを、デジタルまたは物理的な体験

の要素に解きほぐして分離することができなくなっている可能性がある。その
ような場合、購入に関連した活動を行っている特定の時点で尋ねられると、「今
はスマホ上で価格比較を行っています」や「今は店の営業担当者と話している
んです」といった具合に、私たちは状況を把握しているだろう。

　ただし、インターネットは、主に文字を中心とした情報源から、主に映像で
構成される情報源に移行している。そして、映像はもはやテレビ・ソファーと
ともにある必要はないのだ。代わりに、移動中にリアルタイムで、映像が視聴
されることが増えてきている。実際、私たちの周りに存在するあらゆるものが、
「動くもの」として解釈される機会がますます増えてきている。そして、こう
したデジタル画像は質の面で急速に向上しており、非常にリアルにだといえる
ほどになってきた。

　有名な論文「あなたはコンピュータシミュレーションに住んでいますか？」
の著者であるBostrom（2003）は、消費者に自分の体験がデジタルなのか物
理的なものなのかを実際にはよく知らないという状況についての展望を開いた。
そういった状況では、彼らの現実の認識がデジタルメディア自体と完全に融合
した状況になる。経験的な観点から、これを融合現実（Merged Reality）と呼
ぶことができる。融合現実という言葉はデジタルと物理の合流点を解きほぐす
ことができなくなる「第2」のセカンドオフラインの状況を指し示す。ある特
定の状況におかれている人は、その状況を経験しているまさにその瞬間におい
ても、その経験を形作るデジタルな要素と実体のある物理的な要素を区別する
ことはできなくなるのだ。

　明らかに、VR（仮想現実）やAR（拡張現実）のようなテクノロジーは、消
費者の体験をそのような「第2」のセカンドオフライン、または本章で言及し
ている融合現実（Merged Reality）に進化させる可能性のある手段の1つとし
て議論することができる。しかし、そうした場面で使用されているテクノロジー
と、そのような融合現実（Merged Reality）を実際に体験した人とを区別する
ことも重要だ。

　さらに、この方向につながるテクノロジーとして挙げられるのは、いわゆる
複合現実（Mixed Reality）だ。しかし、繰り返しになるが、複合現実は、人
を中心とした経験的アプローチではなく、技術的アプローチの目線から語られ

る。例えば、ウィキペディアではAR（拡張現実）を「仮想オブジェクトを実世界の環境に重ね合わせる」テクノロジーと定義する[2]が、MR（複合現実）は「仮想オブジェクトを重ね合わせるだけでなく、実世界に固定し、ユーザーがその仮想オブジェクトとインタラクションすることを可能にする技術」と定義している。したがって、MR（複合現実）は（技術の力を使い）デジタルな要素と物理的な要素が切り離せなくなるような体験を実現できるが、想像力が豊かな人にとっては、優れた映画でも、それが可能になる可能性もあるのだ。

　さらに、HTC Vive（Vive：Roomscale 101）などのハイエンドコンシューマー向けVRヘッドセットが提供する、ルームスケールでのVR環境も、仮想オブジェクトを現実世界に固定し、インタラクションを可能にする。これは、VR（仮想現実）もMR（複合現実）テクノロジーの1つであることを意味している。例えば、東京のVRゾーン新宿（2019年3月31日に閉店）のアトラクション「攻殻機動隊 ARISE Stealth Hounds」では、物理的な銃のモックアップを使用して広い部屋で最大4人のプレイヤーからなる2つのチームが互いに戦うことができる。その意味では、VRによって部屋が拡張されたといえる。この仕立ての中では、特定の参加者の視点から見ると、残りの他のプレイヤーたちは、現実世界の環境の一部であり、そんな彼らに例えば銃弾など仮想的なオブジェクトが固定されていることは、特筆すべき点である。

　こうしたMR（複合現実）の規模感は部屋サイズから世界規模になる可能性がある。世界規模のMR（複合現実）の例として挙げられるのは、カリフォルニア州パサデナのK1スピードゴーカートトラックである。ここでは、訪問者がVRヘッドセットを装着したまま実在のレーストラックで実物のゴーカートを運転できる（Melnick 2018）。VR（仮想現実）を使用した世界規模のMR（複合現実）より一般的だが、あまりインタラクティブではない事例として挙げられるのは、VRヘッドセットを採用したジェットコースターである。これは、世界中のいくつかの遊園地で見ることができる（Louw 2018）。

　ただし、MR（複合現実）は、複合現実的な体験と同一ではない。例として、油と水などの2つの液体を混合するのは簡単だが、それらが融合することを意

---

2）以下を参照：https://en.wikipedia.org/wiki/Mixed_reality（Accessed 2 Dec 2018）.

味するわけではない。MR（複合現実）はAR（拡張現実）とVR（仮想現実）を技術的に組み合わせたものであり、対面的な現実の中によりしっかり根差したデジタル情報の重ね合わせを実現し、デジタルと物理の境界を越えるインタラクションのありようを改善するのだ。

　消費者は、AR・VRテクノロジーを、最終的に統合される体験的な基盤の違ったそれぞれの側面であると見なしているが、この点は重要である。私たちが実施した質的調査の中で出会った日本人回答者が言った言葉を借りれば、「最終的にはVRとARハードウェアが統合され、単一のデバイスから両方を実行できるようになる」（Ericsson ConsumerLab 2017b）のだ。さらに、これは私たちの定性的な分析においてわかったことだが、参加者はAR（拡張現実）を相互作用のないデジタルな重ね合わせとは見なさないため、AR（拡張現実）とMR（複合現実）の違いは、消費者に認識されないことがよくある。（ARの代表的なゲームとして）有名なポケモンGOでさえ、ユーザーにとってはデジタルなオブジェクトと物理的な世界の両方に軸足がおかれ、両者にインタラクションがあるゲームとしてみなされているため、MR（複合現実）のゲームとみなされることがよくあるのだ。

　消費者調査から得られる含意は、VRまたはARのいずれかが発生した場合、他方のテクノロジーも発生するということだ。別の回答者が「ARは野外で使用するもので、VRは室内で使用するものだ」と述べたように、消費者の観点からは、それらのことは状況に応じた認識をされるにすぎない。

　また、すでに私たちは、デジタル空間と物理空間が関連づけられたシミュレーションの中を生きているという点で、Bostromは正しいということも指摘しておくべき点である。私たちがすでにシミュレーションに参与している場合も、そうした消費者はシミュレートされた物理的体験とシミュレートされたデジタル体験を区別することができるのだ。しかし、融合現実（Merged Reality）の状況では、人々はシミュレーションにおける両者の違いを知ることができない。ただ、異なる両者が存在することのみを知ることができる。

　さらに、融合現実（Merged Reality）では、消費者は、必要なときにいつでもデジタルパートを消すことを選択できる可能性がある。様々な理由で2つの現実を完全に融合させることを控える選択をする人々のグループが存在する可

能性がある。一方で、他のグループでは他の理由で、そのような融合現実から
決して離れない選択をする可能性がある。

# 5.　融合現実に対する消費者の期待

　デジタルテクノロジーのアーリーアダプターの中には、融合現実が起こるこ
とをすでに期待している人もいる。私たちの調査（Ericsson ConsumerLab
2016b）で示されているように、固定VRとモバイルVRの両方を使用したこと
がある回答者の5人に4人は、近い将来、一部の仮想体験が実在する現実と見
分けがつかなくなると考えていた。

　実際、一部のVR体験は、現実的なシミュレーションに適している。卓球の
場合、VR用のハンドコントローラーは、たまたま卓球ラケットと近い重量バ
ランスであり、コントローラーが生成する触覚フィードバックにより、卓球ボー
ルを打ったときの衝撃を驚くほどリアルにシミュレーションすることが可能と
なる。さらに、卓球を楽しむために必要な動きは、前述のHTC Viveなど第1
世代のルームスケールのVRヘッドセットのサイズ要件に適合している。

　さらに、消費者は、AR（拡張現実）/ VR（仮想現実）が現在の認識を超え
て日常生活を変えることを期待している。（Ericsson ConsumerLab 2017b）具
体的には、この調査の中で出会ったアーリーアダプター10人のうち7人が、メディ
ア、教育、仕事、社会的交流、観光、ショッピングという日常生活の6つの領
域が、これらのテクノロジーによって根本的に変化すると予想していた。

　フォーカスグループのインタビューでメディアについて消費者が予想する変
化としては、仮想ライブイベント、没入型映画、大きなスクリーンがなくても
大画面で映画を見る機能などがある。教育分野については、AR（拡張現実）
による教科書資料、VR（仮想現実）によるフィールド訪問や実験、仮想教室
を消費者は期待していた。職場で予想される変化には、VRの打ち合わせ、会議、
シェアオフィス、プライベートオフィスルーム、デスクトップ環境のARへの
置き換えなどがある。

　社会的なインタラクションも根本的に変化すると予想される。AR（拡張現実）
/ VR（仮想現実）は、音楽を一緒に演奏するなどの新しい共有体験を仲立ち

するなど、社会的なたまり場のプラットフォームになる。同様に、調査回答者
の意見を参考にすれば、観光客は、場所を体験する簡便な手段として AR（拡
張現実）と VR（仮想現実）を使用したり、物理的に旅行するときに追加のサポー
トを受けたりすることから恩恵を受けると考えられる。また、VR（仮想現実）
によるシミュレーションによって可能になると考えられる新しい種類の冒険観
光を想像すると、例えば、宇宙・動物の世界・歴史上のポイント・水中など、
生身では訪れることができない場所に、仮想的に移動できるようになることが
考えられる。

　最後に、AR（拡張現実）と VR（仮想現実）は、二次元のオンラインショッ
ピングの代替となることが期待されている。例えば、触覚やそのフィードバッ
クなどと視覚的な感覚を併用して、買い物客が購入前に実際に商品に触れて感
じることができるようにすることで、より商品に関してリアリティを感じるこ
とができるようになる。先に述べた私たちの定性的調査では、ショッピングに
関する期待はアジアで特に顕著だった一方で、他の地域ではそれほど顕著では
なかった。この結果を深堀するために、私たちはさらなる調査をショッピング
の未来をテーマに実施することになった（Ericsson ConsumerLab 2018a）。調
査対象となった AR（拡張現実）および VR（仮想現実）ユーザーの64％は、3
年後にはほとんどすべての買い物がスマートフォンで行われ、実店舗がなくな
ると考えていた。特に中国では、より前向きな姿勢が期待されていた。さらに、
現在の AR（拡張現実）および VR（仮想現実）ユーザーの69％が、このテク
ノロジーによってスマートフォンに、実店舗の買い物で得られるすべてのメリッ
トが、同じ時間の中でもたらされると考えていた。

# 6.　物理的環境に取って代わると期待される AR（拡張現実）/VR（仮想現実）

　上記の例に見られるように、特にメディアやショッピングの場合、消費者は
AR や VR などのテクノロジーによって物理的環境の必要性が減少することを、
現在すでに期待している。こうした事実は、決して物理的空間自体を無視する
ことを示すものではない。一方で、融合現実（Merged Reality）的状況に対す
る市場のドアが実はもう開いていることを示している。融合現実的環境におい

ては、ある空間が物理的なものか、シミュレートされたものかどうかはもはや
重要ではなく、さらにこれらの2つの側面はやがては、人々がそれを知るのか
気にするのかはともかくとして、融合していくだろう。消費者がVRに置き換
えることができるといっていた物理的な空間には、映画館、教室、様々な種類
の店舗が含まれている（図3-2）。

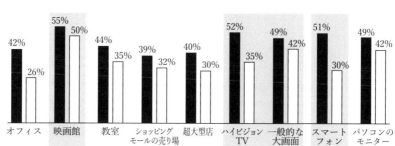

図3-2　VR(仮想現実)が置き換わることができそうな物理的空間やデバイス[3].

# 7.　主観的現実

　AR（拡張現実）とVR（仮想現実）のユーザーは、空間自体の実在性に対す
る私たちの認識が変化することに同意するだけでなく、想像できるもの、また
は少なくともデジタルで視覚化できるものが現実の一部になる可能性があるこ
とも十分に認識している。
　例えば、私たちの調査の回答者の半数以上は、AR（拡張現実）メガネを利
用して、暗い環境を照らし、その中に潜む危険を可視化したいと考えている。
さらに、3人に1人以上が、ゴミや落書きなど、周囲の邪魔な要素を編集した
いと考えている。5人に2人は、周囲の人々の見た目や見え方さえも変えたい

---

3)8つの市場の15〜69歳のスマートフォンユーザーで, 現在は少なくとも週に数回テザー型のVR
ヘッドセットを使用しているか, 将来的にVRヘッドセットを使用する予定がある人(Ericsson
ConsumerLab(2017b)から作成).

と考えていた（Ericsson ConsumerLab 2016b）。

　このようなことが技術的に可能になり、さらに日常の行動の一部になると、現実は完全に主観的な体験となる。同じ場面を目撃している2人が、異なるデジタルオーバーレイ（デジタル情報の重ね合わせ）を使用して、直面する状況を特定の個人の好みに合わせる可能性がある。そのため、2人の間でどれだけの現実が共有されているかを判断するのが難しい場合も発生するのだ。

　上で述べたシナリオは、一部の読者が真剣に受け止めるには極端すぎるように思われる。しかし、今日すでに起こっている事柄の中で、これに関連する例も存在する。そのようなものの1つとして挙げられるのは、人を写した画像に対する人工知能ベースの合成技術を使用して、既存の画像・ビデオをソース画像・ビデオに重ね合わせる、いわゆるディープフェイクの問題だ。この方法を使うことで、人々が入れ替わったビデオを視聴者が違いに気づかない形で今日制作することができるのだ。世界の10の主要都市で2018年に実施したAR（拡張現実）/ VR（仮想現実）のアーリーアダプターに対する調査では、回答者の47%が、政治家や有名人が本物であるのか、それともデジタルアバターであるのかを知るのは難しいだろうことになると予測した（Ericsson ConsumerLab 2018b）。

　グラフィックカード会社のNVIDIAは、25フレーム / 秒のほぼリアルタイムの速度でインタラクティブにビデオフィルムからデジタルな情報が重ね合わされた現実を直接自動的に生成する方法のデモンストレーションをすでに示していることを考えると、これらのタイプの現実に対するデジタルな操作は必ずしも大げさなものではない（Wang et al.2018）。

# 8.　あなたは心をだますことはできるが、体をだますことはできない

　融合した現実に変わっていくうえで、明らかなハードルがある。最も単純なレベルでは、現在のデバイスに問題がある。消費者は、VRヘッドセットがかさばり、高価で、ケーブルが多すぎると不満を漏らしてる。あるVRのアーリーアダプターが私たちに言ったように、「頭からワイヤーが出ている」のだ（Ericsson

ConsumerLab 2017b）。

　しかし、私たちの研究では、より困難なハードルを発見した。まずは、モビリティ（移動力）のパラドックスである。VRを使用すると、仮想的にはどこにでも移動できるが、認識は周囲から切り離されてしまうため、現在の技術では物理的にどこにも移動することができないのだ。次に、孤立のパラドックスがある。VRは、離れた場所にいる他人との交流に誘うことができるが、隣に立っている人からは孤立させてしまう。最後に、社会的統合に関するパラドックスもある。現実の世界で社会的に挑戦をしている人々は、VRでより社会的になりたいと志向する（Bjorn 2018）。最初の2つのパラドックスはおそらくテクノロジーに関連しているが、統合のパラドックスは新しい社会的慣習の必要性を示している。

　しかし、これまで本章で議論してきたことは、主に心を納得させることである。（それは小説や映画を妄想するようなものであり、）小説や映画の世界に足を踏み入れることは、私たちが簡単にできることだ。架空の世界が作者の意志とは独立した生活を送っているフィクションの例は数多くある。例えば、Flann O'Brien の『At Swim-Two-Bird』では、本の登場人物が一緒になって作者を倒す。この小説は、1923年から2005年の間に英語で出版されたベスト100の小説のタイム誌のリストに含まれ（Grossman 2010）、読者の共感を呼んだことを証明している。つまり、デジタル世界をある意味で「現実」として想像・創造し、自律性のあるキャラクターをもつことは、人々にとって難しいことではないのだ。

　難しい挑戦だというのであれば、それは私たちの体を納得させることかもしれない。T型フォードが20世紀初頭に大量生産され始めて以来、私たちは車を運転してきた。電車に至っては、200年の電動輸送の歴史がある。それでも、私たちは、まだ乗り物に乗ると「酔って」しまうのだ。私たちの調査では、5人に1人が、現在も毎週車やバスに吐き気を感じていると述べている（Ericsson ConsumerLab 2016b）。モータライゼーションの200年の歴史にもかかわらず、この問題は解消されていないのだ。どちらかといえば、状況は悪化しており、上述した私たちの調査では10人に3人が、自動運転車を使用するときに乗り物酔いの薬が必要になると予測している。

　乗り物酔いは、身体がカーブの衝撃を感じている間、目がその動きをとらえられないときなど、各々の感覚器官を通じて、それぞれ異なる運動刺激を与えられたときに発生する（Nield 2016）。これは、VRについても同様だ。身体がその動きによる衝撃を感知していなくても、目が多くの動きをとらえてしまう可能性があるためだ。したがって、私たちの調査では、3人に1人が、VR（仮想現実）とAR（拡張現実）技術を使用するときの乗り物酔いと戦うための、酔い止めの錠剤も望んでいる（Ericsson Consumer Lab 2016b）。

　エリクソンの従業員を対象とした質的調査では、未発表の実験を設定し、被験者にVRヘッドセットを装着して様々なタスクを実行してもらい、乗り物酔いがどの時点で誘発されたかを確認するために徐々に遅延を増やした。この実験では、遅延なし・中程度の遅延・明らかな遅延3つの異なるレベルの遅延がシミュレートされた。これは小さな定性的研究にすぎないが、この実験で、私たちはVRの「20-60-20ルール」と社内では呼んでいた仮説を得た。この仮説は、回答者の20％は遅延を起こしていなくても乗り物酔いになり、60％は遅延を起こせば起こすほど徐々に吐き気を催し、残りの20％は遅延があっても影響を受けないというものだ（彼らは乗り物酔いの影響をほとんど受けなかった）。この仮説はまだ定量的にテストされておらず、今の段階では実験的知識に基づいた推測にすぎないが、少なくとも、デジタル遅延が仮に意識できないくらい小さかったとしても、人体は没入型デジタル体験に簡単に適応できないと結論づけられる。

　これは、デジタルオーバーレイをほぼリアルタイムで実装し、遅延を明確に認識できない場合でも、人口のかなりの部分が、融合現実により乗り物酔いを経験することを意味する。一方、乗り物酔いに苦しむ人が多いにもかかわらず1世紀以上自動車産業の活況が続いていると考えると、乗り物酔いもAR（拡張現実）とVR（仮想現実）のマスマーケットでの受け入れを最終的には妨げることはないだろう。

## 9.　消費者の想像力の重要性

　いずれにしても、今日、デジタルオーバーレイ（デジタル情報の実空間への重ね合わせ）が日常生活に常に存在するようになっており、消費者市場は重要なマイルストーンに到達したと考えられる。すなわち、デジタル情報が製品やサービスの主要な構成要素になるとき、消費者が求めるものの境界を作り出すのは、（コスト面から生み出される物理的な制約ではなく、）主に消費者の想像力になったということだ。消費者市場の一般的な見方の1つは、消費者は将来を知らないか気にしないので、それについて尋ねるのは意味がないというものだ。しかし、実際にはその逆かもしれない。マスメディアの登場以来、物語や映画だけでなく広告の形で提供されることを通じて、人々はファンタジーの消費について訓練されてきたのだ。

　さらに、ゲーマーたちに対する私たちの調査によれば、ゲーム文化では、受動的にそのようなファンタジーの中に身を置くことよりも、むしろ積極的にゲーム開発者と協力して、ゲームの中で信じられない部分を単なるファンタジーだとして除外していくことにも重点を置いていることを示唆している。この意味で、消費者は想像するだけでなく、ファンタジーの世界を同化・融合させる訓練も受けてきたといえる。

　現実の表層にデジタル情報を重ね合わせる行為がますます強力でユビキタスになるにつれて、そのようなファンタジーは生成されるだけでなく、目の前の現実と融合していく可能性がある。Y.N.Harari は、誰かが未来を描き出し、それがサイエンスフィクションのように聞こえるなら、それはおそらく間違っていると語る。しかし、Harari は続けて、予測がSFのように聞こえない場合、それは確かに誤りであると指摘している（Harari 2018）。サイエンスフィクションが本当に未来を動かしているものなのであれば、それは大衆文化が未来を動かしているということと本質的に同じになる。そして大衆文化は、消費者がもつ想像力の限界を絶えず高めている。

　ただし、物理的な制限は残っている。具体的には、基本的に私たちが行ったすべての調査でAR（拡張現実）／VR（仮想現実）のユーザーは、デジタルオー

バーレイをARまたはVRとしてより適切に、より簡単に表示するためには、かさばらない、または「だきく」ないメガネの登場が必要だと考えていた。こうした考えは、私たちが市場調査を行う際の大きな負担になっている。なぜなら、眼鏡の議論をせずに、新たな結果を生み出すことが非常に困難になってきているからだ。AR（拡張現実）／VR（仮想現実）メガネに関する消費者の期待は、私たちがプロジェクトで必ずぶつかるガラスの壁になったのだ。私たちは、互いの研究成果を共有するたびに、前の研究ですでに発表したのと同じ結果を再生産しようとしていることに気づくのだった。

　2016年2月に、VRヘッドセットの開発会社であるMagic Leapは、彼らのメガネを市場に出すために、製品をまだ持たない企業としては、過去最大の投資を受けた（Page 2018）。さらにその後の2018年7月に最初の実際の具体的な製品デモを示す前に、さらに10億ドル近くの追加投資を受けた。言い換えれば、テクノロジー業界の想像力とAR（拡張現実）／VR（仮想現実）のアーリーアダプターの想像力の間には大きな重複がある。

　しかし、この業界が、マスマーケットに適した成熟した製品を生産するまでにまだ数年かかると考えているのと同様に、消費者もこれが手に入るのはまだ数年先になると考えている。私たちの最新の調査では、ICTのアーリーアダプターに、12の未来志向のデバイスのリストからマスマーケットに到達すると思われる次の製品を選択するように依頼すると、スマートグラスは、次世代AI対応スマートフォン、自動運転車、ARスマートフォンの次の4位にランクインした（Ericsson ConsumerLab 2018b）。

# 10. 時間の認識を変える

　しかし、私たちがこれまで見落としてきたが、最近はっきりと視野に入るようになってきているメガネ以外の新しい発見もある。本章執筆時点で未発表の定性的なARゲームに関する調査において、実在する現実の上に、デジタル情報を重ね合わせることで、私たちの時間の認識を変えることができるかもしれないという期待が最近浮上してきた。調査に参加したある日本人女性は、「時間の感覚を鈍らせるゲームが欲しい」と率直に語っている。

　この「スローダウン」は、一部無駄な時間を減らすことに関連している。す
なわち、ゲームの中でチームメンバーを集めている間に、勉強をしたり本を読
んだり、他のことをするといった類のことである。しかし、他の側面に焦点が
合うこともある。すなわち、現実の生活は複雑だが、人々がヒーローや時にヴィ
ラン（敵役）になることができる世界はもっとシンプルである。つまり、日常
生活における「遅さ」に直面するというより、ゲームの世界で1つのハイライ
トから次のハイライトへ、素早く負担なく移れるようになるということだ。

　例えば、半年かけてコースをとって新しいスキルを学ぶのではなく、ゲーム
の世界で、何か英雄的なことができるかもしれない。何年もの訓練を受けなく
ても、ゲームで活動した見返りとして瞬間的に新しい魔法を授かることができ
るのだ。物理的な世界の上にデジタル情報を重ね合わせることで、ユーザーは
時間単位で考えると、より多くのことができるようになる。すなわち、時間の
流れ自体が必ずしも遅くならなくても、より多くの経験をすることができ、時
間を拡張できるようになるという期待がユーザーに生まれるのである。

　このように、与えられた時間単位の中でより多くを経験する能力は、マスメ
ディアが以前から消費者に対してもっていた効果の延長にすぎないかもしれな
い。ただし、物理的な空間の表層にデジタル情報を重ね合わせることで、消費
者の時間に関する視点を変化させる手法は、さらなる調査が必要な非常に興味
深い分野である可能性が高い。

# 11.　おわりに

　本章では、インターネットがどこにでもある世界で人々がオフラインになる
ことの意味について議論を試みた。この議論において、私たちは「セカンドオ
フライン」というアイデアを出発点にした。これは、デジタル化の中で、イン
ターネットが常に存在する背景になっているため、意識せずにインターネット
が使用されている状態である。

　一方で、オンラインの世界は大部分が世代論で成り立っている。例えばオペ
レーティングシステムからインターネットブラウザ、スマートフォン・アプリ
に至るあらゆるものがソフトウェアバージョンの形で議論される。また携帯電

話では、2Ｇ、3Ｇ、または4Ｇのようなセルラー接続世代の形で世代が議論されている。私たちはここで世代のアイデアがオフライン体験にも適用されるべきであると主張してきた。つまり「セカンドオフライン」は、インターネットのデータフローから完全に独立していない第1世代の現実を記述するのに対し、私たちは、物理的な現実とデジタルな現実が完全に経験上絡み合っている第2世代の「セカンドオフライン」としての融合現実（Merged Reality）のアイデアを提案した。

　私たち人間は、自分の経験に基づく日々の状況の中で世界が動いていくことを、基本的には期待している。今日私たちは、セカンドオフラインを経験して育った若い世代がどのように彼らのデジタル体験を、物理的な世界がそのように振舞うべきだと彼らが考えている期待に添うように変えているかについて、すでに目撃しはじめている。例えば、彼らはアナログなモノの平らな面をスワイプすることで、それらがインタラクションできると信じている。1つの興味深い思索は、本章で議論した時間圧縮の観点だけでなく、これが最終的にどのように私たちの時間の経験を変えるかという点である。われわれはいずれ、現実世界の一部として、映画『マトリックス』のようなバレットタイムを体験するだろうか？　それは時がたてばわかるだろう。

### 参考文献

Bjorn, M., 2018, AR and VR: two sides of the same coin？ *AR-VR magazine*, （Retrieved December 2, 2018, http://www.arvrmagazine.com/ar-and-vr-two-sides-of-the-same-coin/）.

Bostrom, N., 2003, Are you living in a computer simulation？, 53（211）：*Philosophical Quarterly*, Oxford, 243-55, （Retrieved December 2, 2018, https://www.simulation-argument.com/simulation.html）.

Ericsson ConsumerLab., 2012, *In-line shopping*. Ericsson, Stockholm, （Retrieved December 2, 2018, https://www.ericsson.com/en/press-releases/2012/11/consumers-merge-in-store-and-online-shopping.

——, 2016a, *Interactivity beyond the scree*n. Ericsson, Stockholm, （Retrieved December 2, 2018, https://www.ericsson.com/assets/local/news/2014/6/interactivity-beyond-the-screen.pdf）.

——, 2016b, 10 *hot consumer trends 2017*. Ericsson, Stockholm, （Retrieved December 2, 2018, https://www.ericsson.com/49e93e/assets/local/reports-papers/consumerlab/reports/2017/ten-hot-consumertrends-2017-ericsson-consumerlab.pdf）.

——, 2017a, *From healthcare to homecare*. Ericsson, Stockholm, （Retrieved December 2, 2018, https://www.ericsson.com/49e91e/assets/local/reports-papers/consumerlab/reports/2017/ healthcare-tohomecare_screen_aw2.pdf.

――, 2017b, *Merged reality*. Ericsson, Stockholm,（Retrieved December 2, 2018, https://www. ericsson.com/4a2c58/assets/local/reports-papers/consumerlab/reports/2017/ericsson_ consumerlab_mergedreality_report_aw-screen.pdf）.

――, 2018a, *Beyond smartphone shopping* ？ the rise of smart assistants. Ericsson, Stockholm,（Retrieved December 2, 2018, https://www.ericsson.com/49ea09/assets/local/reports-papers/ consumerlab/reports/2018/smartphone_shopping_consumerlab_rgb_screen_aw_10052018. pdf）.

――, 2018b, *10 hot consumer trends 2019*. Ericsson, Stockholm,（Retrieved December 2, 2018, https://www.ericsson.com/4afb37/assets/local/reports-papers/consumerlab/ reports/2019/10hctreport2019_screen_aw.pdf）.

Grossman, L., 2010, All-time 100 novels. In: *Time magazine*,（Retrieved December 2, 2018, http:// entertainment.time.com/2005/10/16/all-time-100-novels/slide/at-swim-two-birds-1938-by- flann-obrien/）.

Harari, N.Y., 2018, 21 lessons for the twenty first century. Spiegel and Grau Louw C., 2018, How virtual reality is giving the world's roller coasters a new twist. Phys. Org, August 16, 2018,（Retrieved December 2, 2018, https://phys.org/news/2018-08-virtual-reality-world-roller- coasters.html）.

Melnick, K., 2018, Master of shapes combines VR racing with real go karts. VR scout, November 4, 2018,（Retrieved December 2, 2018, https://vrscout.com/news/master-of-shapes-vr-go-kart- racing/）.

Nield, D., 2016, Here's why you get car sick: your brain thinks it's being poisoned. Science alert. August 12, 2016,（Retrieved December 2, 2018, https://www.sciencealert.com/here-s-why-you- get-car-sick-your-brainthinks-it-s-being-poisoned/）.

Page, H., 2018, A timeline of investor interest In: AR startup magic leap, which has raised ＄2.3 B. Crunchbase, August 27, 2018,（Retrieved December 2, 2018, https://news.crunchbase.com/ news/a-timeline-of-investorinterest-in-ar-startup-magic-leap-which-has-raised-2-3b/）.

Tomita, H., 2016, What is second offline ？ In: Tomita, H.ed., *The post mobile society: from the smart/mobile to the second offline*. Routledge, 1-10.

Vive Roomscale 101. HTC Vive,（Retrieved December 2, 2018, https://blog.vive.com/ us/2017/10/25/roomscale-101/）.

VR Zone Shinjuku. Ghost in the shell: arise stealth hounds,（Retrieved December 2, 2018, https:// vrzone-pic.com/shinjuku/en/activity/koukaku.html）.

Wang, T-C et al., 2018, Video to video synthesis presented. NIPS, Montreal,（Retrieved December 2, 2018, https://arxiv.org/pdf/1808.06601.pdf）.

# 第4章
# 地域活性化のための
# xRアプリケーション

木暮祐一

## 1. xRの普及と地域プロモーションへの応用

　現実空間にバーチャルな情報が重畳され、オンライン情報を常時参照しているオフラインのことを私たちは「セカンドオフライン」と定義し、その様々なシーンについて論じてきた。特に近年、xR（Paradiso and Landay 2009）（VR、AR、MR等の技術の総称）といった技術が広く一般に利用されるようになったことで、セカンドオフラインに定義される状況が一段と身近になってきた。この3つの技術を端的に表現すれば、仮想世界をつくるVR、現実を拡張するAR、仮想世界と現実世界を複合させるMRと説明できる。

　まずVR（Virtual Reality）は、現物・実物（オリジナル）ではないが機能としての本質は同じであるような環境を、ユーザーの五感を含む感覚を刺激することにより理工学的に作り出す技術およびその体系としている。VRの概念は古く、1935年の短編小説「Pygmalion's Spectacles」（スタンリイ・G・ワインボウム著）に、ゴーグル型のVRシステムが登場している（Weinbaum 2007）。これが現実のものになってきたのが1968年で、アイバン・サザランド（Ivan Sutherland）が世界初のヘッドマウントディスプレイを開発した。そこから長い月日が経ち、近年になって様々な要素が絡んで2016年には数多くのメーカーがVRゴーグルやそれらを活用するコンテンツなどを発売し、VR元年と言われるほどになった。

　一方、AR（Augmented Reality）は、VRの変種であり、そのとき周囲を取

り巻く現実環境に情報を付加・削除・強調・減衰させ、文字通り人間から見た現実世界を拡張するものを指す（Azuma 1997）。多くのシステムでは情報の提示や取得に VR で広く利用されているデバイスもしくは技術が利用されてきたが、近年スマートフォンが普及し、それが単体に通信機能を備え、かつ付加情報を表示できるディスプレイを備えていることから、2009 年頃からスマートフォンを活用した AR コンテンツが広まり多くの人たちに広く認知されるようになった（Chen 2009）。

　空間にデジタル情報を提示する手法として、位置認識によるもの、マーカーによるもの、マーカーレスによるものが利用されている。位置認識型 AR は、GPS 等の位置情報に基づいて現実空間に付加情報を表示させるものである。マーカー型 AR は、場所には紐づけず、特定のマーカー図形を読み取らせることで、情報を表示させるものである。マーカーレス型 AR は、風景や実際にあるモノなどを認識して情報表示させる。これらのうち、位置認識型 AR やマーカーレス型 AR はユーザーが特定のスポットに来訪したときに付加情報を出すことができるため、ユーザーの行動を誘発することができ、これを観光振興に応用しようという試みがみられる。例えばブームになった「ポケモン GO」は位置認識型 AR の典型例といえる。また本章でこの後に紹介する「rice-code」は、風景を認識させることでサイトに誘導させる事例である。

　そして MR（Mixed Reality）（Freeman et al. 2005）は CG などで人工的に作られた仮想世界と現実世界の情報を組み合わせて、仮想世界と現実世界を融合させる技術である。2017 年、Microsoft が MR 端末「HoloLens」を開発し、日本市場に投入した。HoloLens を装着すると、周囲の現実の風景にコンピュータ映像が重なって表示される。HoloLens には手の動きを感知するセンサーが搭載されており、手で様々な操作も可能である。

　こうした、現実空間にバーチャルな情報を重畳させる xR 技術を応用して、観光振興を目指した地域プロモーションにつなげていこうという試みがみられるようになった。本章では筆者が取り組んできた事例の他、日本国内で話題となったセカンドオフライン理論に当てはまる事例を 2 つ取り上げ、セカンドオフラインの新たな理論「The Doubling of Place & Time」との兼ね合いを論考する。

# 2. VRを用いたローカルエリアの観光誘客PR事例

　筆者は2013年4月から2021年3月まで青森公立大学経営経済学部地域みらい学科に所属し、地域の様々な関係者と連携しながら地域振興に資する取り組みをフィールドワークとして取り組んだ。特に、VRやドローンの利活用といった最新情報通信技術の応用を目指していた。そうした活動のフィールドの1つとして青森県南津軽郡大鰐町と連携したVR応用事例を紹介する。大鰐町は青森・津軽地方南端に位置する町で、1889年に大鰐村として発足、1923年には町制施行し大鰐町となった歴史のある自治体である。総人口は8,317人（2021年9月推計人口）、さかのぼれば、開湯800年の歴史を誇る温泉街と、1920年代から営業する競技スキーの名門として知られている。

　この自治体の地域プロモーションを行うために私たちは2016年から、この地域の情報を発信するウェブサイト『湯のまち大鰐物語』（湯のまち大鰐物語Webサイト 2016）と、そのFacebookの運用をスタートさせた。地域の魅力を学生が取材し記事化し、このサイトを通じて発信する取り組みだった（現在は地域の有志が情報発信を行っている）。この取り組みの中で、地域の魅力をこれまでになかった手法で発信すべく、NTTドコモの協力を得てVRを活用して大鰐町を360度映像で体験してもらうコンテンツを提供する試みを行った。2017年4月からコンテンツの企画、取材をスタートし、編集作業等を経て、2017年6月30日から2017年12月25日までの間、大鰐町の見所を紹介するVR視聴機材を大鰐町地域交流センター「鰐come（ワニカム）」と、東京・飯田橋にある青森県東京観光案内所に設置し、一般のユーザーに視聴してもらえるようにした（NTTドコモ報道発表資料 2017）。

　VRコンテンツは町の中の見所を360度動画によって紹介するもので、コンテンツとしては大鰐町を走る弘南鉄道大鰐線の運転席からの眺望や、大鰐町に点在するレトロな公衆浴場の内部、昭和を彷彿とさせる街並みなどを収録した。VR視聴機材を設置した鰐comeは、町のシンボルともなっている温泉施設で、レストラン、地産品店が設置された施設であり、県内外から多くの来客がある。特に町外からの来客の多くは、鰐comeへの訪問を目的として来るため、用事

が済むとそのまま町外へ帰ってしまう。そこで町の中に他にも魅力的な場所があることをVRで訴え、町内への滞留を促すことを目指した。また東京の青森県東京観光案内所にも設置することから、青森県内自治体の中で大鰐町の特徴となる温泉とスキー場を知ってもらえるコンテンツとした。以下、約半年間のVR視聴機材設置の成果について報告する。

　鰐comeに設置したVR視聴機材は、施設受付から温泉入口までの動線上に設置したため、通りがかりの人が随時誰かしら視聴しているほど人気があった。VR動画の視聴数はカウントする機能を実装していなかったため、残念ながらカウントができていない。このため、その効果測定のために来場者に対するアンケート調査とヒアリングを実施した。調査の実施は2017年8月上旬、28件の回答を得た。視聴した性別は男性が32％、女性が68％となり、年代別の比率で10代から20代までが47％、30代から40代までが32％、50代から60台が14％、記入なしが7％となった。

　VR動画を視聴したことがある割合が21％、視聴したことがない割合が79％となった。「ない」と回答した人が多いため、VR動画を使った観光プロモーションには新しさを感じ、興味関心をもってもらうには有効だと考えられた。VR動画で「足湯」、「公衆浴場」を見て、実際に大鰐町を散策したい気持ちになった人は94％という数に上った。また、「弘南鉄道」を見て鉄道の利用促進につながると思った人が100％となった。その他自由記載の感想として「スピード感が実際に伝わる」、「臨場感がある」、「実際にその場にいるような迫力があった」という回答があった。

　また、青森県東京観光案内所ではカウンターのスタッフが視聴者数を独自にカウントし、記録を残してくれた。6月30日のリリースから12月25日の設置終了までの期間で延べ1,075人の視聴数となった。

　こうしたVRを用いた観光プロモーションはその後も数が増えていく一方である。その地域に関心をもったという点で効果は見られるが、それはVR自体の目新しさに誘引されるものが大きいようだ。このVRによる観光プロモーションでは、セカンドオフライン理論における現実空間への重畳はしておらず、あくまでバーチャルを体験するに止まっている。さらなる経済効果につなげるxRの応用は、やはりリアルな場所（Place）にオンラインを重畳させることが

図4-1　鉄道車両に360度カメラを設置し撮影を行った（筆者撮影）．

図4-2　360度動画（VR）視聴映像イメージ（筆者撮影）．

図4-3　VR視聴できるようセッティングし6カ月間設置した（筆者撮影）．

重要であることが次に紹介する事例からもうかがえる。

# 3.　田んぼを AR によって「売り場」に変えた事例

　青森県南津軽郡田舎館村は「田んぼアート」のパイオニアとして知られている。田んぼアートとは、田んぼをキャンバスに見立て色の異なる稲を使って、巨大な絵や文字を作り出すプロジェクトである（田舎館村 2021）。この田舎館村は人口8000人程度の小さな自治体である。ここは稲作が産業の中心だったが、近年の高齢化や過疎化に加え、日本人の食生活から米離れが進んでいることもあってその売り上げは年々減少傾向にある。そこでこの村の特産品である「米」をアピールできる地域おこしの取り組みとして、1993年から「田んぼアート」に取り組んできた。現在では日本の各地で田んぼアートを見受けるようになったが、田舎館村の田んぼアートはその元祖ともいえる存在である。葉色の異なる稲を使って、田んぼに壮大な絵を作っている。当初は3色の稲でスタートしたが、年々技術が向上し今では7色の稲を使いこなして繊細で緻密なアートを作り上げている。

　その規模やアートの緻密さ、芸術性の高さから、海外メディアに取り上げられるほど話題を集め、人口わずか7800人の村に、毎年30万人以上の観光客がやってくる。この観光客の見学料として村役場には、最盛期と考えられる2016年度には年間9000万円を超える展望台の入館料収入が入っていたが（田舎館村2017）、肝心な「米の販売増」にはつながっていなかった。そこでARを使っ

図4-4　田舎館村の田んぼアート（筆者撮影）.

図4-5　rice-codeアプリを使い田んぼアートをマーカーとして
米販売サイトへ誘導(Reproduced from Rice-code project).

て田んぼアートから販売サイトへつなげてしまおうと考案されたのが「rice-code」
である（Rice-code 2014）。アプリを用いて田んぼアートをカメラで撮影すると、
田舎館村産の米が購入できるという導線になっている。

　この「rice-code」は日本の大手広告会社である博報堂が仕掛けたものである。
同社ブランドイノベーションデザイン局シニアクリエイティブディレクター（肩
書は取材当時）・鷹觜愛郎氏によると、成功するポイントは「強い入口、広が
る窓口づくり」にあるという。鷹觜氏は社会課題の解決において欠かせなくなっ
たインターネットに着目した。インターネットが普及したことによって現代は
地域の枠を超えた情報発信ができるようになったこと、さらにSNSも普及し
たことによって、情報のシェア・拡散ができ共感者や仲間を増やすことが手軽
にできるようになったことを活かそうと考えた。

　すなわち「強い入口、広がる窓口づくり」という観点から田舎館村の田んぼ
アートを見ていくと、すでに「田んぼアート」というコンテンツが強い入口と
しての役割を果たしていた。あとはどのようにして、「広がる窓口」をつくる
かであった。より多くの人が情報をシェア（拡散）するとともに、課題となっ
ている米の購買につなげていく方法を考える必要があった。

　こうした現状から鷹觜氏は、田んぼアートを見学する「その場」を米の売り
場に変えてしまおうと考えた。人間の心理として、財布の紐が最も緩むのは感
動した瞬間にあるという。田んぼアートは、繁忙期は見学するまでに1〜2時

間の長蛇の列に並ばなくてはならない。まだかまだかと待って、ようやく展望台の屋上に着いて目の前に見事に広がる田んぼアートを見た瞬間、来場者は感動と興奮の絶頂に達する。このタイミングこそ、財布の紐が緩む瞬間である。しかも来場者の誰もがスマホでその素晴らしいアートを撮影している。であれば、「rice-code」を用いて撮影してもらえば、同時にお土産として米を自宅に届けることができる。展望台に上がるまでの待ち時間に「rice-code」アプリをダウンロードしてもらい、田んぼアートの感動の瞬間（Time）に田んぼアートというマーカーレス型ARによって米の販売サイトに誘導し、地産品（Place）の販売に結びつけるという導線を作り大成功した。

## 4.　MRを使って時空を超えてアート作品を理解する

　京都最古の禅寺として知られる建仁寺、1202年に建立され800年以上の長い歴史を刻んでいる。ここに来る観光客の目的は、日本では教科書にも必ず出てくる国宝の「風神雷神図屏風」を見学するためだ。江戸時代初期の画家・俵屋宗達が描いた神々しい金の屏風に、風神と雷神が力強くポーズを決めている有名な金屏風である。

　この金屏風には、左側に雷神、右側に風神が配置されているが、中央は"間"がある。こうした芸術作品には様々な背景や世界観があって誕生しており、この"間"にも意図があるはずだが、そこまで理解してこのアートを見ている人は少ない。そこで現実にあるこの屏風にバーチャルな情報を重畳させるコンテンツを制作し、Microsoft HoloLens を使って約10分間のMR体験をできるようにしたトライアルを2018年2月に「京都Mixed Realityプロジェクト」として期間限定で一般公開した。このプロダクトは博報堂と日本マイクロソフトが共同で仕掛けたものである。

　文化財の新たな鑑賞スタイルや文化教育、観光モデルの実現を目指したもので、歴史的な文化財とMRを組み合わせているケースは世界初となっている（Hakuhodo press release 2018）。

　風神雷神図屏風を前にしてHoloLensをかけると、まずは建仁寺の僧侶・浅野俊道氏がそこに現れ、この金屏風について語り始める。その後風神と雷神が

3Dで浮かび上がり、目の前で雨を降らせ、雷を鳴らす。約10分間のコンテンツで、この金屏風に込められた五穀豊穣の願いを、その部屋いっぱいに広がる動画で表現し、まさに全身で「芸術を体験」できるようになっている。

　MR活用のポイントは、その場（Place）に重畳された3Dのデジタルコンテンツを体験できることにある。MRによってその時代に自分がタイムスリップしたような体験（Time）を得られ、これは今後史跡めぐりなどの観光分野で新たなイノベーションを起こしていく可能性がある。博報堂は今後、MRを教育現場に活用することも視野に入れており、「体験」をベースにした学習づくりなどにもトライしていくという。

図4-6　国宝「風神雷神図屏風」
(Reproduced from Hakuhodo-VRAR,future of learning project).

図4-7　金屏風を前にMRでアートの世界観を体験する
(Reproduced from Hakuhodo-VRAR,future of learning project).

# 5.　まとめ

　本章では、地域振興を目的につくられた xR の応用事例について取り上げ、それらコンテンツやサービスとセカンドオフライン理論の整合性を確認した。

　セカンドオフライン理論では、リアルとバーチャルの関係に加え、時間と場所の重畳（The Doubling of Time and Place）も視点に加えその理論を昇華させている。「いま・ここ」という最も重要な空間（現実空間）に時間（Time）と場所（Place）を超越したコンテンツを重畳させることで、その場所へ人々を誘導させる行動誘発につなげたり、これまでにない新しい観光体験ができたり、そこから新たな経済効果をもたらすなどのそれまでになかった新たな成果・効果につなげられる可能性を本章で紹介した事例から見出せると考える。

　セカンドオフラインの新たな "The Doubling of Time and Place" という理論に本章で紹介した3つの xR 事例を当てはめていくと、まず VR による観光プロモーション事例はリアルタイムを意味しているものではないが少なくとも「いま」のその地域の様子を、場所を問わず体験するものである。この場合、"The Doubling of Time" に当てはまり、必ずしも "Place" は重畳していない事例となる。また MR を用いてアート作品の歴史背景を体験するコンテンツ事例は、"The Doubling of Place" に当てはまり、そのアート作品がある場所で時空を超えてアート作品が生み出された歴史的背景を理解するというものである。この事例では "Time" が重畳していない。

　一方、AR を用いた rice-code の事例は、その場所の体験からオンラインのサービスに結びつけるものであり、これこそ "The Doubling of Time and Place" の事例となる。

　こうした xR を用いた地域振興コンテンツはまだ目新しく、観光客の関心を高めることに貢献している。一方で、これらコンテンツやサービスを提供していくにはそれ相当の開発費と運用費がかかる。これを地方の財政が厳しい自治体等でどう捻出していくかが課題になっている。いずれも実証実験的な試みとして計上された地方創生予算を活用し開発まではできたとしても、その後の安定的な運用予算を獲得できているものはない。それでも rice-code のように物

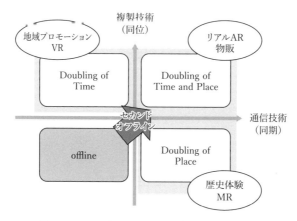

図4-8　セカンドオフラインと地域振興xRとの関係.

販に結びつけることができれば、その手数料で運用の継続は可能であろう。あるいは、観光誘客が目的のコンテンツであれば、その効果がオンラインを通じて正確にはじき出されれば、その成果から観光プロモーション費用の一部を回すなどしてコンテンツ運用費を計上することでサービスが成立するかもしれない。

　従来のアナログベースなマーケティングでの効果検証は、その正確性・妥当性に疑義も生じる。しかし、ユーザーの情報行動を追跡可能なデジタルマーケティングであれば、ある程度正確な効果測定は可能である。

　現在のxRコンテンツは視聴者に興味関心をもってもらえるものではあるが、視聴者が視聴料を支払ってまで利用されるようなものではない。一時的なブームで終わらせることなく、xRの活用がごく当たり前のものとして社会に浸透させていくためにも、xRコンテンツ・サービスを開発・運用していくためのマネタイズの仕組みまで考慮したソリューションの開発が急がれる。

　xRの活用はスマートフォンの普及によって身近なものとなったが、一方で端末の性能およびインフラの通信速度によってスマートフォン上で実現できるサービスに制約がもたらされる。本章で紹介したサービスは4Gモバイルネットワークの普及で実現可能となったものだが、現実的にはさらなる高速大容量なネットワークの普及とより高性能な端末の必要性を感じるものだった。

　今後期待したいのは5Gモバイルネットワークと対応端末の普及である。2019年に韓国および米国からスタートした5Gは、日本においても2020年3月からサービス提供が開始され、現在普及の途上にある。5Gの有効性を説明するために、世界中の通信キャリアや端末メーカーはこぞってVRを用いてデモンストレーションを行い、一段と高精細なVR映像をスムーズに表示できることをアピールしている。実際に5Gを用いた8K映像をVR視聴してみると、その高精細さから一段と臨場感が高まり、VRの価値を改めて感じることができた。現在、4Gから5Gへの移行が進んでおり、今後スマートフォンと組み合わせたxRを活用したサービスはこれからが本格的な普及期となっていく。

### 参考文献

Paradiso,J.A.,Landay,J.A.,2009,Guest editors'introduction: cross-reality environments. IEEE Pervasive Comput 8:3

Weinbaum,S.G.,2007,Pygmalion's spectacles,project Gutenberg（e-pub）（Accessed 10 January,2021,http://www.gutenberg.org/ebooks/22893）.

Azuma,R.T.,1997,A survey of augmented reality. Teleoperators Virtual Environ, 6（4）:355-85

Chen,B.X.,2009,If you see not seeing data,you're not seeing. WIRED.（Accessed October 15,2021,https://www.wired.com/2009/08/augmented-reality/）.

Freeman,R.,Steed,A.,Zhou,B.,2005,Rapid scene modelling,registration and specification formixed reality systems. In: Proceedings of ACM virtual reality software and technology,147-50.

湯のまち大鰐物語Webサイト,2016,（Accessed October 15,2021,http://yunomachi-owanistory.com）.

NTTドコモ報道発表資料,2017,「法人企業・自治体向けサービス「みんなのVR」を提供開始」（Accessed October 15,2021,https://www.nttdocomo.co.jp/info/news_release/2017/06/14_00.html）.

田舎館村,2021,田んぼアートについて.（Accessed October 15,2021,http://www.vill.inakadate.lg.jp/docs/2013050200014/）.

──,2017,広報いなかだて No. 741.（Accessed October 15,2021,http://www.vill.inakadate.lg.jp/docs/2017071200022/files/201711.pdf）.

Rice-code,2014,（Accessed October 15,2021,https://nature-barcode.jp/award/japanese/）.

博報堂プレスリリース,2018,hakuhodo-VRARと京都建仁寺、国宝「風神雷神図屏風」を題材にMR技術を活用した、新たな文化財鑑賞体験「MRミュージアムin京都」を開催.（Accessed October 15,2021,http://www.hakuhodo.co.jp/uploads/2018/02/20180221.pdf）.

# 第5章
# メディアのモバイル化と時間／場所のブリコラージュ

伊藤耕太

## 1. はじめに

　本章ではメディアのデジタル化とモバイル化に伴い、コンテンツの消費やコンテンツ自体に起きている変化に着目する。そしてそうした変化の中で出現してきた様々なモバイルコンテンツやサービスを、その構造とユーザー・エクスペリエンスの視点から分析することを通じて、私たちの時間感覚と場所の感覚が、過去や未来ではなく「いま」、他のどこでもない「ここ」へと向かっていることを論証してみたい。

## 2. モバイル化と情報量の減少

　2018年現在、日本の代表的な新聞の1つである朝日新聞の1ページのサイズはおよそ縦540mm×横400mm、採録可能な文字数は1万2375字である。いっぽうiPhone Xの画面サイズはおよそ縦130mm×横60mm（図5-1）。これでKindleアプリを用いて電子書籍を読む際、5番目のフォントサイズで表示した場合、一画面に表示可能な文字数は407文字である。スマートフォンが一度に呈示可能な情報量は、iPhoneXのような大型のものでも、テキストベースで新聞の3.3%ということになる。このような物理的制約をもつメディアにおいて私たちは、Twitterでは140文字で、Instagramは一枚の写真と二行足らずテキストでメッセージを伝えなければならない。

　私たちが日々情報を摂取するメディアの中心は、紙とインクから成る新聞や書籍から、液晶や有機ELから成るコンパクトなスマートフォンへ移動しつつある。その過程で生じたことの1つに「一度に表示可能な情報量の減少」を挙げることができる。

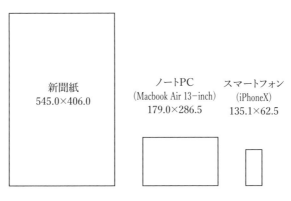

新聞紙
545.0×406.0

ノートPC
(Macbook Air 13−inch)
179.0×286.5

スマートフォン
(iPhoneX)
135.1×62.5

図5-1　画面サイズの比較（mm）.

　Twitterやfacebook、Instagramなど、私たちのスマートフォンで利用する主なSNSは、一般的に、使用すればするほどフォロー相手や友達が増え、アクセス可能な情報量が増えていく。もしあなたの友達が1000人に達すれば、今日、仮に全員が何らかの投稿を行った場合、あなたは1日に1000人分の投稿を読むことになる。

　一方で私たちの時間は無限ではない。万人に寿命があり、1年は365日しかなく、今日は24時間しかない。もし今日、スマートフォンをゆっくり眺める時間が全部で1時間あったとしても、1000人の友達の近況をすべて読むには、一人当たり3.6秒しか割くことができない。大事な友人の重要な投稿を見逃してしまう恐れも出てくる。そのような事態を回避するため、多くのSNSはアルゴリズムによって、それぞれのユーザーに重要と思われる投稿を優先的に表示し、価値が低いと思われるコンテンツの優先度を下げる、あるいは排除するといった操作を行っている。

　すなわち、確かに私たちのスマートフォンはインターネットという無限の情

報源と常時接続しているのだが、そのユーザーインターフェイス上に入り込める コンテツの量は、物理的、アルゴリズム的な制限ゆえに有限であると言える。

# 3. モバイル化と時間の断片化

　いま私たちは、スマートフォンというモバイルメディアの特性から、情報量 の減少および有限性について考察したが、今度はユーザーの側から考えてみよ う。次の写真（図5-2）は筆者が東京都内でタクシーに乗っている際に目撃し た光景である（2018年4月撮影）。トラックの運転手が、信号待ちのわずかな 時間にスマートフォンを取り出し、ゲームをプレイし始めたのだ。なおこのと き、渋滞は起きていなかった。時間にして数十秒に満たない、ごく普通の信号 待ちの時間にゲームをプレイできるのである。こうした光景は信号待ちの車内 ならず、オフィスビルのエレベーター前や駅のホームなど、いたるところで目 にすることができる。このようなコンテンツ消費が可能であるためには、ゲー ムやコンテンツそのものが、数十秒のプレイでも成立するように設計されてい なければならない。ゲームで言えば、映画のような長大なストーリーがなく、 1つ1つの操作に熟考を必要としないものである。例えば日本最大のSNSであ るLINEの運営会社NHN PlayArt株式会社が開発し、LINEで提供している無 料パズルゲーム「LINE：ディズニーツムツム」は、制限時間1分間で、同じ種

図5-2　信号待ちでスマートフォンのゲームをするドライバー（筆者撮影）.

類のブロック（ツム）を3つ以上つないで消していく。ツムを消すと消したツムと同数のツムが画面上部から落下して補充されるルールである。1分間という短い制限時間であるが、一時停止ボタンも装備されているので、もっと短い時間での非連続的プレイも可能である。

　このようなモバイル向けコンテンツにおける、消費時間の断片化、短小化は、ニュースのようなテキストコンテンツにも生じている（伊藤 2016）。この現象は、モバイルメディアの普及と相関している。スマートフォンが私たちの生活と不可分となった結果、信号待ちやエレベーター待ちのような、わずかな隙間時間での消費に最適化されたコンテンツが開発されるようになったのだ。映画のように2時間椅子に座って観続けなければ成立しないようなコンテンツでは、顧客の有限な可処分時間の奪い合いに勝つことが難しい。そこで140文字であったり一枚の写真であったり中断可能なブロックゲームであったり、数十秒に細切れにされた時間内にでも消費可能なコンテンツが、私たちのあらゆる隙間時間を埋め尽くそうとしているのである。

## 4.　モバイル化と文脈の希薄化、そして生産

　モバイルメディアの物理的制約と、隙間時間における消費様式に最適化されたモバイルコンテンツにおいては、時間の短小化に加えてもう1つの特徴を指摘することができる。

　次の2枚の写真を見比べていただきたい（図5-3、5-4）。図5-3は1980年代前半にオートマティックのフィルムカメラで撮影されたもので、制服を着た子どもが絵の前に立っている写真である。絵を背景として、人物がレンズを見ているという構図から、幼稚園での子どもの絵の発表会を、親が撮影しているという文脈を読み取ることができる。子どもの表情はやや読み取りにくいように見えるが、実際の写真は一般的なプリントサイズである89×120mmなので、十分判別可能である。

　対して図5-4の写真は、スマートフォンのインカメラで撮影されたセルフィー（自撮り写真）である。左の女性の姿勢や目線から、彼女がスマートフォンを持っていること、そして向かって左上の位置にレンズがあると推察できるが、この

図5-3　筆者の両親が撮影した、子ども時代の筆者と絵の写真.

図5-4　グループの一人によって撮影された写真(提供：横山舞衣).

写真には背景と呼べる要素がほぼ存在しない。右上にわずかに写る人工物から、この写真がいつ、どこで撮られたかを推察することは難しい。

　現代においてインターネット上に流通している、スマートフォンのインカメラで撮られたセルフィーの多くは、レンズと撮影者の距離が近いゆえに、画面の大半を人物の上半身が占め、背景の比重が低下する傾向にある。もちろん自撮り棒等を用いてより遠くから、背景の比率を高めて撮影することも可能であ

る。ただしスマートフォンの画面サイズは例えばiPhone7の場合は59×100mmとなり、89×120mmというプリントサイズより小さく、面積比では55％に満たない。そのためレンズの距離を離すと、あるいはレンズそのものをさらに広角にしてしまうと、そのぶん人物の表情が読み取りにくくなる。

モバイルでの閲覧を想定したニュースコンテンツや、TwitterのようなSNSでは、テキストの総量が短くコントロールされた結果、ニュースや発言の背景、すなわち文脈が読み取りにくくなる傾向があることはすでに見てきた。これと同様のことが、イメージングの領域でも起きている。59×100mmのような限られたスクリーンを介したコミュニケーションでは、撮りたい対象物、見せたい対象物がクローズアップされ、その対象物が置かれている場所や時間を読み取ることが難しくなる。つまりある種の文脈の希薄化が起きやすいのである。

ただしここで1つ着目しておきたいことがある。2枚目の写真で全員が着用しているカチューシャである。筆者は先にこの写真について、背景から文脈を読み取ることが難しいと述べたが、実のところこれらのカチューシャがあることによって、そこがディズニーランドではないかと推察することが可能になっている。つまり、彼女たちはある意味で文脈を生産している。

このような文脈の生産は、ネットアイドルの自室からのライブストリーミング（日本のSHOWROOM、中国のYY LIVEなど）にも見て取ることができる。ユーザーは自宅の部屋に置いたカメラやスマートフォンを通じて、歌やダンス、コスプレなどを世界にリアルタイム配信する。閲覧者はチャット機能を通じて配信者にメッセージを送信することができ、配信者側もリアルタイムで反応することができる。こうした配信においては、部屋の片隅の見切れるくらいの位置に（正面ではない）個性的なぬいぐるみや雑貨を置いたりすることが少なくない。

配信サイトのトップページには、配信中の配信者たちのサムネイル画像が並んであり、閲覧者はその中から特定の配信者の配信ページに移動してチャットに参加するわけだが、そのような閲覧者たちの多くは、偶発性の高い参加者たちだと考えられる。配信者は、そのような「本来自分と文脈を共有していない無数の他者」の視野に、識別性の高いアイテムを入れることで自分の嗜好を伝え、わずかばかりの文脈を生産し、マネジメントしているのである。

## 5. 音節数の減少と時間感覚の変化：短歌から俳句へ

　さてここまで私たちは、メディアのモバイル化の進行に伴い、コンテンツの情報量の減少、消費時間の短小化、文脈の希薄化（および希薄化への対抗としての文脈の生産）といった現象が見られることを洞察してきた。そして今、もう1つの現象に着目したい。時間感覚の変容である。

　1万2375字が採録可能な546×400mmの新聞から、407文字の133×60mmのスマートフォンへ。これと類似したメディアサイズの変遷として、日本における短歌から俳句への変化を挙げることができる。短歌はもともと漢詩に対する日本の定型詩として和歌と呼ばれ、7世紀後半から8世紀後半に成立したとされる。そのメディアサイズは、五七五七七の、五句31音節である。一方俳句は五七五の17音節から成り、17世紀に成立した世界一短い定型詩とされる。評論家の加藤周一は、和歌から俳句へ、音節数が減少したことに伴って、詩の中で表現される時間感覚が変化していったことを指摘している（加藤2007）。

　　　人はいさ　心も知らず　ふるさとは　花ぞ昔の　香ににほひける
　　　（人の心はさあどうだかわかりません。しかし慣れ親しんだこの土地では、梅の
　　　花が昔と変わらずにすばらしい香りになって匂っていることだよ）

　　　　　　　　　　　　　　　　　　　紀貫之『古今和歌集』巻一、春歌上、四二

　これは8世紀に編纂された歌集に収められた、紀貫之の恋の短歌である。加藤は、こうした31音節の中で詠まれる短歌には、一般に回想はあっても予想や未来がないと指摘する。それは今日を中心として昨日の記憶の甦ることはあるが、明日には向かわない時間である。「過去・現在・未来の流れ」を詠んでいるのではなく、実は「現在の状況」を詠んでいるのにすぎない。この歌には「昔」という単語は使われてはいるものの、それは「昔と変わらない香りがする」という文脈で使われている。すなわち「現在の行為」として過去を回想しているのであるから、「過去の現在化」がなされているということになる（加藤2007：74）。

　31音節は決して長い定型ではないが、その中では時間の経過を表現することがまだ可能だった。少なくとも昔を思い出し、現状に過去の経験を重ねて詠むことができる。しかし17音節の俳句になると、回想を容れる余地がなく、その中で時間の持続を示すことが非常に難しくなってくるという（加藤2007：75）。その典型的な例として加藤は、17世紀に俳句の成立に中心的な役割を担った松尾芭蕉の代表句を挙げている。

　　ほろほろと山吹散るか滝の音

　　あかあかと日はつれなくも秋の風

　　閑さや岩にしみ入る蝉の声

　加藤によれば、これらの句の中では時間が停まっている。芭蕉は一瞬の感覚をとらえるために、「ほろほろ」や「あかあか」といった擬声語や畳語を利用し、持続的心理の表現ではなく、瞬間的経験を表現している。つまり恋愛のような持続的で起伏のある感情というよりは、一瞬の感覚をとらえようとしている。その結果、これらの句には、過去がなく、未来もなく、「今・ここ」に全世界が集約されている。過去でもなく、未来でもなく、ゴムひものように伸び縮みする「今」が描写されている。そこには「たちまちに起こり、たちまちに消え去るもの」が表現されているという（加藤2007：76-78）。すなわち加藤によれば、俳句という17音節のメディアサイズの中で、詠み手たちは「今」に生きることへの強調へ向かったというのだ。

　2016年8月、Instagramは新機能「Instagram Stories」の提供を開始した。公式リリースによればそれは「日常のあらゆる瞬間をシェアすることができる新機能」という、「投稿から24時間で自動的に消去される動画」の仕組みである。

　24時間後に消えてしまうコンテンツ。そこで呈示される写真や動画は、従来のフィードのような「過去の出来事」としてではなく、「いま、まさにこの瞬間」として現れ、そして消える。Storiesというネーミングからすると逆説的なことに、そこでは持続的な感情や物語的な要素は極小化され、瞬間的経験

だけがシェアされ、消えていく。私たちはこれを俳句的と表現することができるだろう。

# 6. 「いま」という感覚を表現するコンテンツ

「いま」の感覚を共有するコンテンツモバイルメディアの中では、小説のような物語そのものであるようなコンテンツにおいても、ある種の「いま」への集約が起きることがある。例えば2016年にHiroki KojimaがリリースしたiOS用アプリ「実時間小説 走れメロス」である。『走れメロス』は、日本の代表的な作家である太宰治（1909-1948）が1946年に発表した純文学で、古代ギリシャの伝承とドイツのフリードリヒ・フォン・シラーの詩をもとに創作された作品である。その『走れメロス』を元にしたアプリの説明には、次のような説明文がある。

> 「走れメロス」の世界をリアルタイムで味わう新しい小説アプリ。
> ・小説内の時間に合わせて、リアルタイムに小説が表示されます。
> ・小説に動きがあるごとに、通知でお知らせします。
> ・通知には、新しい部分の冒頭が含まれているので、通知だけでも物語の進行を追うことができます。
> （物語はしかるべき時間に自動的に始まります。アプリを開始したら、アプリを閉じてしばらくお待ちください）。

すなわち読み手は、アプリをダウンロードした時点では、題名と作者名しか目にすることができない。物語の本文は、小説内の時刻と自分がいる世界の時刻が同期しないと表示されないし、一旦始まっても小説内の時刻を追い越して先に読み進めることはできず、自分の時刻と小説内の時刻が重なるまで待たなければならない。例えば物語の中盤に「竹馬の友、セリヌンティウスは、深夜、王城に召された」という一文があるのだが、日中にはこの段落まで読み進めることができず、22時になってやっとiPhoneのロック画面に通知が表示され、読むことができるようになる、といった具合である。

　このアプリのユーザー・エクスペリエンスにおいては、読者は物語を自分の
ペースで読むことができない。その代わり、読んでいる時は小説内の「いま」と、
自分の「いま」が常に同期した感覚を得ることができる。物語を通時的に追う
こと以上に、作中人物と自分との「いま」を共時的に共有することに価値の中
心が置かれているのである。

図5-5　アプリ『実時間小説 走れメロス』のスクリーンショット.

## 7.　空間を編集するユーザーたち

　起伏のある物語を通時的に追う物語消費から、瞬間的経験を共時的に共有す
る消費へ。いずれも他者が作った物語や句を消費するという意味では、受動的
な行為である。ここで私たちは、能動的な行為の可能性について考えてみたい。
つまり、私たち自らがモバイルメディアを用いて、「いま・ここ」に新たな意
味を創造したり、編集したりする可能性である。
　2010年代に入って、Skypeのようなグループ間無料通話サービスを独特な目
的で使う事例が観察されるようになってきた。その1つが「さぎょイプ」である。
「さぎょ」は作業を指す。作業＋Skypeの造語である。つまり作業イプとは、2

人以上の複数人で無料通話をつなぎっぱなしにして、イラストを描いたり原稿を書いたり、試験勉強をしたりといった、集中を必要とする何らかの作業を行うことを意味している。

　ある人がさぎょイプを行おうと思った場合、Twitter などの SNS やネット掲示板で、時刻や目的を明示して、同じような目的をもった参加者を公募する。時間になったら自室から通話をつないで、各自作業に集中するというわけである。ただし通話をつなぐといっても、常に会話をしている必要はない。例えば集中して漫画を描きたいからさぎょイプを行っているという場合、構図などについて相談をする場合もあるが、たまに話しかけたり独り言をつぶやいたり、場合によってはほとんど無言ということもあるようだ。

　つまりさぎょイプにおいてはメッセージの伝達や交換は副次的な要素で、「誰かに見られている」「誰かが見てくれている」という可能性そのものを作り出すこと、そのような環境を作り出すことに主眼が置かれている。自室というプライベートな空間にいながら、各人が「いま」を共有しながら相互監視／相互承認することによって、図書館やカフェのようなパブリックな「ここ」をセカンドオフライン（第1章参照）上に作り出しているのである。これはある意味ではミッシェル・フーコーの言うパノプティコン（Foucaul 1977）に似ている。

　パノプティコンとは、イギリスの哲学者ジェレミー・ベンサムが考案した円形の施設建築物のことである。この施設は、中央に検査塔があり、その周りに円状に独房が配置されている。独房には、塔に面した外側と内側の計2つの窓があるため、塔から見ると逆光で囚人の姿が浮かび上がる。一方、塔の中にいる孤独な看守の姿は、囚人からは見えない。フーコーは、このようなパノプティコンの構造が、身柄を拘束された者を常に「見られている」ことを意識する状態に置くことで、権威に進んで服従する意識を内面化した囚人を作り出すのだと考えた。そしてそれが近代的な規制社会の起源になっていると考えたのである（図5-6、5-7）。

　しかしながら、さぎょイプの参加者たちは、囚人たちのように権力に従属的にパノプティコンの監視下に入っているのではなく、意図的に互いのプライベートな場所を混ぜ合わせている。そしてそのことによって、いわば自発的なパノプティコン環境を共働して作り出し、自分たちの動機をマネジメントしている

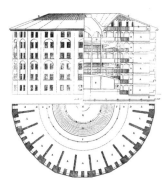 

図5-6　ジェレミー・ベンサムによる
パノプティコンの設計.

図5-7　キューバにあるイスラ・デ・ラ・フベントゥのプレ
シディオ・モデルノ刑務所の建物の内部. I,Friman[GFDL
(http://www.gnu.org/copyleft/fdl.html),CC-BY-SA-3.0
(http://creativecommons.org/licenses/by-sa/3.0/)].

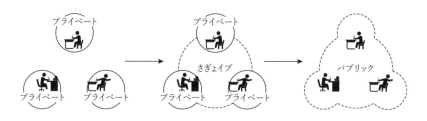

図5-8　さぎょイプと自発的なパノプティコン環境.

のである。

　さらに興味深いことがある。さぎょイプでは「参加者たちの自室」という、それぞれに異なるプライベートな場所が重なり合っている、つまりDoubling of Place が起きているのだが、その結果としてセカンドオフライン上に出現しているのが、図書館のようなパブリックな空間なのである。すなわち「自室」という場所がもっていたプライベートな性格が、それらが同位されることを通じて相対化され、パブリックな性格を帯びてくるのだ。ここではもともと空間がもっていた意味が、参加者たちによって別の意味に「編集」されているのである。

# 8. 時間を編集するユーザーたち

　それでは時間についてはどうだろうか。私たちが受動的ではなく、能動的に時間を編集し、「いま」を作り出すようなことは可能なのだろうか。

　2016年にリリースされた中国発のスマートフォン用アプリ「TikTok」は、リップシンク型の動画共有SNSである。動画を投稿したいユーザーは、アプリが提示する曲目の中から楽曲を選び、曲に合わせて口パクしたりダンスを踊ったりして、15秒の動画を撮影する。TikTokは高度な動画編集機能を備えており、なかでも特徴的なのは、撮影時の曲の再生速度を速くしたり遅くしたりする機能である。ただし投稿後に他ユーザーが視聴するときには、オリジナルの速度のまま再生される。すると録画時の楽曲速度を速くして録画した場合、視聴時には時間が引き伸ばされて再生されるかたちとなり、対象物の動きはスローモーションとなる。逆に録画時の楽曲速度を遅くして録画した場合には、視聴時には時間が圧縮されて再生されるかたちとなるため、対象物の動きは早回しとなる。例えば後者の方法で撮影した動画は、通常の人間では身体能力の限界や重力の影響から不可能なはずの速い動きが実現された、どこかしらコミカルだったり非現実的なものとなる。

　ここで興味深いのは、投稿者の再生速度の操作によって、視聴者にとっては時間がゴムのように伸び縮みして感じられるということだ。視聴者にとっては、ある投稿者の時間は自分より速く流れているように感じられ、また別の投稿者の時間は自分より遅く流れているように感じられる。これはAlbert Einsteinの特殊相対性理論が教える、「時間や空間が観測者によって異なって見える」という命題を強く想起させるものである。すなわちTikTokのユーザー・エクスペリエンスにおいては、時間の速さは均質ではなく、異なる速さの時間が、速さの違いを超えて同期して重なっている、つまりDoubling of Timeを起こしているように感じられるのである。

　これらのユーザー体験を、丸田一の「同期」と「調整」という概念（丸太2008：188）を用いて理解すると、以下のようになる。さぎょイプという行為においてユーザーたちは、参加者それぞれのプライベートな場所を意図的に混

在させて同位（coordinate）させることによって、自らの集中力をマネジメントしていた。TikTok においてユーザーたちは、異なる時間の流れの速さを意図的に混在させながら同期（synchronize）することで、伸び縮みする時間感覚を楽しんでいる。

　さて、さぎょィプや TikTok において私たちは、本来であれば単一しか存在しない「いま」という時刻、「ここ」という場所の中に、もう1つ（あるいは複数の）「いま」「ここ」を混在させている。

　このことのユニークネスは、例えば従来のアルバムを考えてみると鮮明になる。友人と京都旅行に行って、寺社仏閣で記念に写真を撮る。東京に帰ってから現像し、アルバムに貼りつけて皆で眺めて楽しむ。これは「立ち去った場所」「過ぎ去った過去」を意味づけする行為である。

　ところがさぎょィプや TikTok においては、「今まさにいる場所」「今まさに経験している時間」に、新たな意味が二重、三重に付与されている。富田英典は、近年の結婚披露宴で提供されるようになったサービス「ライブエンドロール」が私たちに与える感覚を、Doubling of Time という概念で論じている（第1章参照）。ライブエンドロールとは、結婚式当日にカメラマンが撮影した動画や写真を、披露宴の最中に編集して、パーティーの最後に映画のエンドロールのようなムービーとして上映するサービスである。これはかつてのように、終わった結婚式の写真を後日眺めて楽しむのものではない。「今まさに経験している時間の意味をより豊かにする」という目的で使われている。

　このような時間の多重化（multiplexing of time）や、場所の多重化（multiplexing of place）は、主にモバイルメディアを用いて、「いま」「ここ」の中に異なる時間や異なる場所を意図的にコラージュし、元とは違う場所や時間の感覚を作り出すことによって実現されている。その行為を私はクロード・レヴィ＝ストロースの概念であるブリコラージュ（寄せ集めて作る）（Lévi-Strauss 1962：22-41）に倣って、「『いま』への時間のブリコラージュ」「『ここ』の場所のブリコラージュ」と呼びたい。

# 9. おわりに

　本章ではメディアのデジタル化とモバイル化に伴い、デバイス上で一度に表示できる情報量が減少し、コンテンツの消費時間が断片化、短小化し、コンテンツの有する文脈が希薄化に向かう傾向を指摘した。そのうえで、短歌から俳句へ音節数が減少したことで詠み手たちの時間感覚が「いま・ここ」へ集約されていった歴史的経緯を元に、メディアのモバイル化が、私たちの時間感覚や空間感覚にも影響を及ぼすのではないかという仮説を立て、様々なモバイルコンテンツを対象に分析を行った。その結果見えてきたのは、過去でもなく未来でもない「いま」を共時的に楽しむサービスやコンテンツの登場と、さらにはユーザーが異なる場所や時間を意図的に混ぜることによって、「いま・ここ」の中に新たな場所や時間の意味を作り出す、場所と時間のブリコラージュであった。

　こうしたユーザーの行為は、近代的な、均質で絶対的な空間認識や、均質でリニアな時間認識を解体しようとしている。場所の意味が相対化され、新たな

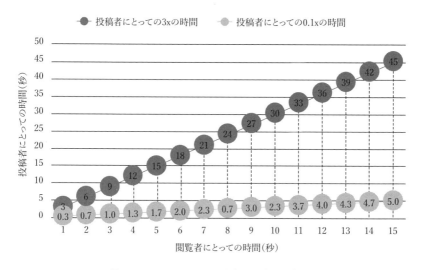

図5-9　TikTokにおける閲覧者と投稿者の時間.

「ここ」が生産される。均質なはずの「いま」が伸び縮みする。それがセカンドオフラインで起きうることの特徴であるとすれば、そのような場所／時間感覚を喚起し、活性化するようなコンテンツやサービスが、今後も増えていくことだろう。

　なぜモバイルを手にした私たちの意識は、過去ではなく未来でもない、「いま・ここ」へ向かうのか。見田宗介によれば、1970年代までの人々が自明視していた歴史感覚は、歴史というものが「加速度的」に進歩し発展するという感覚であったという。例えばそれは世界におけるエネルギー消費量の加速度的な増大に裏づけされている。近代は古代や中世よりも変化の急速な時代であり、近代の中でも18世紀より19世紀、19世より20世紀は、変化の激しい時代であった。20世紀でも1970年代くらいまでは、最近の10年はその前の10年よりも変化が早い、という時代の連続であった。ところがNHK放送文化研究所が1973年以降5年ごとに行ってきた「日本人の意識」調査において、世代ごとの意識の時系列変化を分析すると、1970年代に存在した大きな「世代の距離」が、1980年代末には著しく減少し、今世紀に入ってほとんど「消失」しているのである。そのことから見田は、世界人口の増加年率が急速かつ一貫して低下する方向に反転した1970年代を境目に、時代は変化の小さい安定平衡期に入り、その後の30年間の世代の意識の変化にも「減速」あるいは「停止」が起きていると述べる（見田 2018：2-10）。

　もし私たちが生きることの意味を、かつてのように現在の急速な変化の延長にある「未来」の中にではなく、変化が減速した結果やってくる現在とあまり変わらない「未来≒現在」の中に求めるのであるとすれば、「いま・ここ」という有限性の中から、無限の時間、無限の場所を引き出していくことが、新たな生活実践となるであろう。

参考文献

Apple App Store,2016,「『実時間小説走れメロス』を App Store で」,（Accessed November 28, 2018, https://itunes.apple.com/jp/app/% E5 % AE %9F% E6 %99%82% E9 %96%93% E5 % B0%8F/% E8 % AA% AC-% E8 % B5% B0% E3 %82%8C% E3 %83% A1% E3 %83% AD% E3 %82% B9/id1082133515？mt ＝8).

Foucault,M.,1975,Surveiller et punir: Naissance de la prison,Paris; Éditions Gallimard.(田村俶訳,1977『監獄の誕生 ——監視と処罰』新潮社）.

Instagram Web Site,2018,「インスタグラム,「Instagram Stories（インスタグラムストーリーズ）」を発表」,（Accessed November 28, 2018, https://ja.newsroom.fb.com/news/2016/08/instagram_instagramstories/）.

伊藤耕太,2016,「モバイルコンテンツの未来 ——リッチ・コンテクストな『私』へ」富田英典編『ポスト・モバイル社会 ——セカンドオフラインの時代へ』世界思想社.

加藤周一,2007,『日本文化における時間と空間』岩波書店.

Lévi-Strauss,Claude,1966,The savage mind（Nature of human society）, University of Chicago Press.（大橋保夫訳,1976『野生の思考』みすず書房）.

丸太一,2008,『「場所」論——ウェブのリアリズム,地域のロマンチシズム』NTT出版.

見田宗介,2018,『現代社会はどこに向かうか——高原の見晴らしを切り開くこと』岩波書店.

# 第6章
# 電子情報が拡張するモノ
## 多層化する《リアル》

吉田 達

## 1. IT革命からDXへ

　2010年代における情報環境の発達は、超スマート社会やSosiety 5.0などと呼ばれる社会全体の「スマート化」を推し進め、実社会空間の諸相が関連する電子情報群の重ね合わせで拡充される、富田とわれわれが「セカンドオフライン」と呼んできた「新たな日常」を現実のものにしはじめている。オンライン（バーチャル空間）がオフライン（現実空間）に重畳される状況は、スマートフォンを中核とするスマート機器の浸透とともに進展し、私たちの日常の様々な局面に恩恵と変容をもたらしつつある。例えば、小型化著しい気象観測センサーの高密度設置による気圧や降雨に関するピンポイント予報の精度拡大は、その典型の1つである。

　こうしたオンとオフが重なり合う状況について、富田は、それが現実空間の諸相を拡張する動きであることを明確にするために「セカンドオフライン」という語を提示してきた。上で挙げたピンポイントの気象予報は、デジタル技術（オン）が日常（オフ）を拡充・変革する、いわゆるDX（デジタル・トランスフォーメーション）の典型例である。しかし、DXやデジタルツイン、メタバース、ミラーワールド（鏡像世界）といった語とともに語られるスマート社会に関するあれこれを見ていると、「バーチャル渋谷」などのように、バーチャル空間の方が拡張される主体となる事例も少なくないことが見えてくる。本章では、これまで「バーチャル」と「リアル」という二項の対置構造で扱われてき

たバーチャル空間と現実空間の関係性を整理し、2020年代、セカンドオフライン時代の「オン」と「オフ」について考察する。

## 2. 情報空間とコミュニケーションの「場」

コンピュータ、あるいはコンピュータ・ネットワーク上に構築されるバーチャルな空間、いわゆる電脳空間の一般的イメージの源流は、1982年の映画『トロン』や1980年代のサイバーパンク系の諸作品に見出せる。映画『トロン』が、点と線だけで構成されるワイヤーフレーム表現（図6-1）を主体としてコンピュータ内の世界を抽象的・象徴的・ゲーム的に描き出したことや、ウィリアム・ギブソンが

図6-1　ワイヤーフレームの例.

1984年の小説『ニューロマンサー』でサイバースペース（電脳空間）やそこへのジャック・イン（没入）といった諸概念を提示したことは、1991年に連載が始まった士郎正宗の漫画『攻殻機動隊』や1999年の映画『マトリックス』などを経て、現実とは異なる場所というバーチャルな空間イメージを形成する原動力となってきた。空想作品におけるバーチャル空間の多くが、ヒトの頭脳と精神系が電子ネットワークと交差して拡張されていく先に配置されたことで、サイバースペースには、現実社会の時間的・空間的制約を飛び越えた超現実的な空間というイメージがもたらされる。その結果、電子的にゼロから構築され、現実空間を模して創られる必要をもたなかったバーチャル空間の在り様は、バーチャル（仮想）とリアル（現実）という二項対置の構造に落とし込まれていくことになった。

こうしたサイバーパンクなイメージ群が華開いた1980年代の中盤は、パソコン通信を主体としたオンライン・コミュニティの黎明期でもあった。そこに展開されるコミュニケーション空間は、小説や映画が描き出すものには遠く及ばない貧相で原初的な「場」にすぎなかったが、現実に接続可能なサイバースペースとして現前するそのコミュニケーション空間は、電脳空間の可能性に心を躍らせた一部の人々を強く魅惑した。この時期のCMC（Computer

Mediated Communication) 研究を紐解くと、テキストベースのコミュニケーションの「場」か、非常に魅力的な現実社会のオルタナティブとして機能した様子がうかがえる。

　こうしたCMC、つまり、コンピュータが支援するオンラインベースのコミュニケーションは、電子的にゼロから構築されるバーチャルな環境で行われる情報行動である。しかし、コミュニケーション空間として構築される「世界」の在り様は「場」の創造者と参加者たちが定めるものなので、CMCの「場」には、その黎明期から、現実社会の諸属性から独立したものだけでなく、現実社会と「地続き」なものが少なからず存在していた。そもそも論として、特定ルールに基づくなりきりやロールプレイの徹底が要求される一部を除いて、バーチャル空間上に築かれるコミュニケーションの「場」の大多数は、利用・運用上の理由から、現実空間の理（ことわり）を大なり小なり含んだオルタナティブとして形成されていく。それゆえ、いわゆるオンライン・コミュニティには、ニックネーム（この時期の言い方ではハンドルネーム）での名乗りを主体とする仮名・顕名が主体のバーチャルなコミュニケーション空間と、実社会における所属や肩書と実名での名乗りを主体とする現実的なコミュニケーション空間という二種のCMC環境が、並行的に存在してきた。この2つの環境は、オンライン・コミュニケーション・システムの運営単位での相違だけでなく、単一のシステム内に形成されたコミュニティ単位での特徴区分としても観測できるものだった。初期の段階では、利用者間の合意の下、うまく住み分けられていたこれら二種のセグメントは、1990年代半ば以降のインターネットの爆発的拡大と普及、それに伴う利用者層拡大の過程で混淆し、文化の摩擦や衝突を引き起こすことになるが、ここではひとまず、オンライン・コミュニケーションの「場」の実態が、その初期から「オン」と「オフ」の要素を内包し、「現実とは異なる空間」という単純な存在ではなかったという点に注目しておきたい。

## 3. スマートフォンの普及とバーチャルの変容

　と言ったものの、2000年頃までのCMCは文字情報につよく依拠していたうえに、通信環境を立ち上げて家庭や職場の固定回線からネットに接続する「開

始の儀式」が都度必要という、特殊で限定的なコミュニケーション手段にすぎ
なかった。それゆえ、大半の参加者にとってのCMC空間は、そこが実社会の
諸属性を使い現実社会の延長的な「場」として機能していた場合でも、総じて
オンライン側の「場」、電脳空間のバリエーションの域を脱しないものと認識
されていた。この状況に変化が生じるのは、2000年代半ばからの情報端末と
通信環境の性能向上に伴って、オンライン・コミュニケーションでの音声や映
像といったリッチなコミュニケーション手段の利用が一般化して以降のことに
なる。特に、2007年に登場したiPhoneとそれに続いたAndroid端末がスマー
トフォンの概念を再定義して、日常生活での多様な電子情報利用を広く一般に
普及させていったことは、ネットの利用が電話などと同等の日常的な行為にス
ライドする、意識転換の大きな原動力になった。

　iPhoneの登場とAndroid端末の普及が私たちの日常にもたらした変革は、ケー
タイ・インターネットが拡大してきたテキストベースのコミュニケーション環
境をPCベースのそれに再統合して、オンライン・コミュニケーションという
ものを、より日常的でありふれた存在にしたという点にとどまらない。1980
年代から存在すれども普及せずの状況でくすぶっていたビデオ通話やボイス
チャットといったノンバーバルな（＝非言語の）要素を含むオンライン・コミュ
ニケーションを、スマートフォンやタブレット端末が手軽に利用できるように
した点。つまり、オンライン・コミュニケーションが実社会で形成された既存
縁を強化・再生する契機を拡大した点も、目立たないが重要な功績である。ま
た、スマートフォンのたゆまぬ性能向上は近年、Appleが提供するアニ文字やミー
文字、各種VRサービスでのリップシンクやアバターへの表情反映といった、バー
チャルなコミュニケーション手段のリッチ化・リアル化という新たな一歩をラ
イトユースの側から支える重要基盤にもなっている。

　このように、高性能なカメラと高速通信環境、さらに高精細なディスプレイ
をコンパクトに統合したスマートフォンが、最上ではないが十二分に実用的な
バーチャルを手間なく利用可能にしていった動きは、情報環境や電脳空間を様々
な人が普段使いできるものにして「オン」と「オフ」の垣根を取り払う、重要
な役割を担ってきた。かつてはコンピュータ・オタクの特殊なコミュニケーショ
ン手段でしかなかった電子メールやチャット、その他のCMC群がケータイの

SMSなどを経て、今日、LINEや各種ソーシャルメディアのDMといった形で、実社会での人間関係をとりもつ日常的コミュニケーション手段としての認知・利用を広く一般に勝ち取っているのはその典型である。それと似た過程が、MixChannelやTikTok、SNOWやZEPETTO、あるいはREALITYやカスタムキャストといったスマホアプリ群が、若年層を中心に動画やアバターを使ったコミュニケーションの裾野を拡げている過程にも見出せる。

　今日のSNSやソーシャルメディア上では、学校や職場の知己や家族といった既存縁の間柄での交流と、日常的な生活空間には重ならない「場」で育まれる、かつてのベル友やメル友に類する「親密な他者」（インティメイト・ストレンジャー）とのバーチャルな親交を、同時並行的に進行させる情景が当たり前のように観測できるようになっている。様々な形態のコミュニケーションをオンライン空間で活用できることから、2010年代半ば以降のネット空間にはオン・オフ両方の交流が当たり前の状態で並立し、さらにプライベートとパブリックのモードまでもが混在する状況が現出しているのだ。こうした状況の下、2020年代の「仮想」と「現実」の関係性には、当事者間でのコミュニケーション・フェーズの認識不一致などに起因する「リアルばれ」問題やバカッター系の問題といった新たなリスク因子も含めて、見方によっては「リアル」の多層化ともいえそうな状態変化が生じてきている。

## 4. 実空間のデジタル化

　スマートフォンやタブレット端末の普及は、端末利用者の目に直接触れない間接的な局面でも様々な影響をもっている。実際、日本におけるインターネットの社会基盤化は2000年代前半から進んでいたが、2010年前後からのスマートフォン・タブレット端末利用の一般化と日常化は、その他の情報関連技術の発達と相まって、オンライン・コミュニケーションに限らない広範な変化を社会の各所にもたらした。例えば、スマートフォン群に搭載された各種センサー由来の電子情報群は、GIS（Geographic Information System：地理情報システム）の情報や、スマートホーム・スマートシティといった現実空間の機能拡充や諸作業効率化の動きの中で発達したIoT（Internet of Things：モノのインターネッ

ト）由来の情報群と相まって、バーチャルな環境により現実的でリアルな空間を描き出す資源として機能している。その成果の一端は、周辺のSSID（無線LANのアクセスポイント名）情報に基づく現在位置の補助的推定機能や、携帯端末の位置情報ビッグデータに基づく混雑度や移動の推定といった形で可視化されている。

　日本では、2000年代前半にいわゆるガラケーの機能拡充の過程で一通りのGIS利用環境が構築されてはいたが、それは一般に広く活用されているとはいいがたい状況にとどまっていた。しかし、2010年代に入って多くの人々がスマートフォンを日常的に携行し、ガラケーより数段使いやすい地図端末（マップビューワー）として日常的に利用しはじめたことでGISやそのデータ基盤の利用頻度や活用範囲が爆発的に拡大し、GIS利用の高度化や空間データ群の拡充・精緻化を直接的・間接的に牽引する原動力になった。さらに、地理空間情報の補足や拡充に、位置情報ゲームやチェックインアプリ、マップサービスなどの利用者がスマートフォンなどから草の根的かつ簡便に携われる環境が整備されたことで、各種の電子情報を現実空間で日常的に活用していく状況がマッチポンプ的に拡大し、ネット環境のインフラ的価値やオンラインで拡充されたオフライン状況の利用価値をどんどん高めていった。こうしたバーチャルな現実空間のリッチ化・リアル化の1つの到達点が、現実の諸状況をほぼリアルタイムに転写して形成する、ミラーワールドやメタバース、デジタルツインといった現実の「対」たるデジタル環境である。こうした実空間情報のデジタル活用例は、身近なところでは、ポケモンGOに代表される位置情報ゲームのマップ描画や天候ブースト機能などに見いだせる。

## 5.　VRとARの2020年代

　現実空間に関連する諸情報をオンラインに蓄積し、それらを現実空間へ精緻にマッピングして逐次参照可能にしていく環境の典型は、例えばGoogleマップのローカルガイド機能などに見出せる。こうした情報環境は、2020年のコロナ禍で外出自粛の状況を慰撫したバーチャル観光のように、オンライン空間の拡充（バーチャル空間のリアル化）としても機能するが、ここまで見てき

たように、その本質的な役割は、現実空間の拡張、つまり、セカンドオフライン的環境実現の側にあると言えるだろう。そして、日常的な生活・行動の中、現在位置や立ち寄り先に関連するネット上の情報を参照して行動の一助とする場面を支えるのもまた、スマートフォンの役割である。

　セカンドオフライン的環境、すなわち情報空間の重ね合わせで現実空間が拡張された状況は、一般にはAR（Augmented Reality：拡張現実感）として認識されている。ARは、現在地点を起点に抽出した電子情報群を付加的に提供し、私たちの視界や聴覚情報を拡張する情報環境で、視覚と聴覚をデバイスで覆ってコンピュータが生成・構築した情景に没入していくVR（Virtual Reality：仮想現実）の対となる概念である。ただ、現状の技術環境では、ARの拡張空間は基本的に、スマートフォンやタブレット端末の画面を「覗き窓」として眼前の風景の一部を切り取る形でしか提示できず、VRの空間描画に比べて臨場感や没入感に乏しいという問題がある。こうした表現上の問題は、オンとオフの融合を考える際、オンラインの側を主軸としたVR的な情報環境の利用、言うなれば「セカンド・オンライン」的な体験のイメージが先行する傾向を強めている。実際、「新しい何か」の体感という観点では、スマートフォンをかざして拡張された空間を覗き見る体験よりも、先ほど挙げたバーチャル観光のようなVRゴーグル（HMD）を使った没入体験の方に、圧倒的優位がある。

　しかし、デジタルツインやミラーワールドといった概念が提示するように、近年の情報環境を考えるうえで、「オン」と「オフ」のどちらが優位かといった対置的構造は、その意味合いを薄めていっている。例えば、近年のHMDには外界の映像を取り込むカメラが備わっていて、VR機器でAR的視界を描き出す基礎ができあがっている。スマートフォンやタブレット端末の「覗き窓」問題も、近年再活性化してきた眼鏡型ディスプレイやスマートグラスを使えば解消可能である。これらの可能性は、マーケティング的な都合などから、ARの進化系たるMR（Mixed Reality：複合現実）やxR（Cross Reality：VR・AR・MRの包摂）といった第3極の概念に整理されるものでもあるが、突き詰めていけば、MRやxRの状況はVR寄りかAR寄りかの二軸に整理可能なので、本章ではMRやxRなどを特に切り出さず、VR的／AR的の二軸に拠って論を進めていくことにする。

　ともあれ、2000年代後半からの情報端末の小型・高機能化と移動体通信の能力向上が、いつでもどこでもデジタル情報を使えるユビキタスな情報環境を身近で現実的なものにしたことと、GIS環境の拡充が、デジタル情報を実空間と精緻に結びつける座標情報を整備したことは、2010年代の後半に、バーチャル空間と実空間が融けあった新たな関係性を生み出した。そのことは、VRとARの関係に、新たに現出した空間へのアプローチ手法、つまり、その「場」を電子空間と実空間のどちら側から描くのかという新たな機能区分をもたらし、それと同時に、「リアル」と目されるものの実体についての問い直しを私たちに投げかけてもきている。

# 6.　電子空間にある「現実」

　デジタルツインやミラーワールドといった概念の基盤には、実空間とほぼ同体の鏡像を電子空間上に構築できるという前提がある。こうして組み上げられる空間は、電子情報と実空間の諸相が組み合わさったハイブリッドな「現実」であり、その鏡像性は、各種センサーで実空間の諸相をデジタル化し、電子空間に蓄積された情報群と並置することで保たれる。しかし、2020年代初頭のコンピュータ資源と通信環境は、実社会の諸々がリアルタイムに反映されたデジタルツインな「ミラーワールド」を「空間範囲に制限がないオープンフィールド」として全面的に構築・運用可能な域には至っておらず、現状のミラーワールドは、限定的なクローズフィールドに基づいた局所・部分的な場にならざるをえない。遠隔地にいる人には端末性能に合わせて細微な実空間情報を省いてリアルタイム性を確保したVR的な「現実」を、現場にいる人には視覚と聴覚に必要な電子情報をデバイスで重ね合わせたAR的な「現実」を提示することで、「オン」「オフ」の状況を問わないアクセスや参加者の居場所を問わない交流も限定的には可能だが、その状況はやはり「仮想」と「現実」のクロスオーバー、シームレスな重ね合わせには遠く及ばない。

　こうした現状を確認したうえで、バーチャルと実空間との関係を理念的に考えていくと、電子空間と実空間の重ね合わせには、大きく分けて、「部分的な付与：Embedded」と「重ね合わせ：OverLay」「混淆：Merge」の3つのフェー

ズ（図6-2）が見出せるように思う。

　電子空間と実空間の重ね合わせの始点は、電子情報に緯度経度情報を付与して実空間上にマッピングする、いわゆるジオタギングの利用にある。デジタル写真の撮影情報（Exif）での位置情報利用などを考えると、原初的なEmbeddedの状態は2000年代初頭から一般的に使えるものになっていたと言えるが、電子情報の実空間への重ね合わせがもたらす価値や可能性を一般に知らしめた最初は、2009年に始まった頓智ドットのセカイカメラに見出せる。セカイカメラ内で、対象物に関する説明文や写真、音声といった情報を提示するエアタグは、ユーザーの興味主体で、ある意味無秩序に付与されるものだったので、その情報世界は「部分的な付与」の状況を脱しなかった。しかし、「情報端末をかざすと各種の情報が見える」という体験は多くの人の耳目を集め、最終的には150万件強のエアタグがサービス内に記録されることになった。セカイカメラのサービスは情報の局所過密などの問題点を抱えつつ2014年1月に終了し、その後このジャンルに目立った動きはみられないが、2010年代の半ば以降、Twitterの発言をはじめとした多分野の情報系サービスで位置情報の付与・利用環境が提供・整備され、SwarmやGoogleのローカルガイド、あるいはNiantic社他の位置情報ゲームといったチェックイン系機能・サービスの利用も広く一般化してきたことで、実空間へ重ね合わされる電子情報自体の蓄積は順調に拡充している。かつてのセカイカメラで問題になった情報の面的偏重リスクも、Niantic社がメジャー・マイナーを問わず歴史や宗教、文化・芸術を感じるものに関する説明と位置情報をポータルとして収集したり、Googleのローカルガイドやその他のチェックイン系サービスがユーザーからの新規店

図6-2　「拡張現実感」実装の次元.

舗などの情報登録を奨励したりしている動きで解消されつつある。さらに、新規情報登録に関するインセンティブでヘビーユーザー層を生活圏外へ動かして、情報未登録地域を能動的に減じていくような動きもあり、現在の電子空間には、現実社会の諸事象に関する基礎的な情報が、実空間を一定レベルの密度・面的に偏りない分量で蓄積されはじめている。

　こうした情報群のビッグデータは、バーチャルと実空間との関係を「部分的な付与」から「重ね合わせ」に移行する環境的素地になる。「重ね合わせ」の状況を十全に体験するには、集積された情報塊を横断的に束ねたビッグデータを適切にほぐし、過度の手間やストレスをかけない利用体験（UX）を提供可能な端末環境（UI）の構築が必要であり、フェーズの移行にはまだしばらくの時間が必要と思われる。しかし現在でも、例えばポケモンGOのポケストップやジムの情報から「こんなところにお地蔵さまが!」といった身近な世界を「再発見」するといった経験が得られたりする。これは限定的・間接的な形ではあるが、「重ね合わせ」な状況の、用途や目的を絞った体験実例と言え、状況の変化が着実に進行していることがうかがえる。

# 7.　2020年代の「仮想」と「現実」

　そして、こうした「重ね合わせ」の状況が、スマートフォンをかざすといった能動的な働きかけが不要で、感覚的な違和感を感じることもなく、電子的な要素を意識せずとも利用できる状況に至れば、それは、「重ね合わせ」の域を超えた「混淆」、真の意味でオンがオフを拡充する世界の実現ということになる。例えば、少し前で確認したxRの状況は、こうした「混淆」レベルの実装の1つになっていくと考えられる。もちろん、私たちの日常に「混淆」レベルの現実拡張がもたらされるには、情報資源と利用環境の双方でまだいくつもの過程を超える必要があり、現時点では「混淆」のフェーズは絵空事の域を脱していない。ただ、VRの環境ではすでに、現実と遜色ないバーチャルの視覚・聴覚的再現が可能になっている。例えば、2019年の1月には、航空自衛隊のパイロットだったというユーザーB氏が、バンダイナムコエンターテインメントの『エースコンバット7』では現実と遜色ない気象表現が再現されており、ディスプレ

イとPSVRモードの双方で空間識失調を体感して恐怖を感じたとツイートし、多くの反響やRTによる賛同を集めた。B氏はその後、自身のブログで『エースコンバット7』について「もはや面白くもなんともないフライトゲームになってしまった」という総評をまとめている。B氏のツイートやブログ記事は現在、アカウントが削除されて参照不能になってしまっている[1]。この点は残念だが、ハイエンドなPCやゲーム機の演算・画像処理能力が必須ではあるもののヒトが現実だと知覚するレベルのリアルタイムな電子表現が実現していることを踏まえたB氏の総評には、ゲームがシミュレーターの域に一部踏み込んだことが「ゲームを楽しむ」気持ちにもたらした変化と混乱が見いだせる。そこに示された、ゲームの「リアリティ」が遊戯体験を深めるためのフレーバーの域を超えてゲームの本質を揺るがすことへの困惑は、「仮想」と「現実」の境界線に対する意識のあらわれであり、「仮想」と「現実」の関係を考えるうえで重要な指摘が読み取れる。

　バーチャルに関する技術や取り組み、いわゆる「リアル」化にまつわる流れの多くは、一般にはゲーム分野で認識されるものになっているが、こうした技術や取り組みの本質はシミュレーターのジャンルに属している。シミュレーターが描き出す「シミュレーション」は現実の事象を主体として演算・生成されるものである。疲労強度の測定や破壊実験などで現実にはありえない条件を設定したとしても、シミュレーターが「現実」を志向する点は変わらない。しかし、ヨハン・ホイジンガの『ホモ・ルーデンス』やロジェ・カイヨワの『遊びと人間』などが指摘してきたように、ゲーム、あるいはもっと一般化して「遊び」全般の理は、現実とは交わらない虚構の上に存立するため、ゲームのリアリティは究極的には「現実」を志向しない。この点において、ゲームとシミュレーターは似ているようで決定的に異なる、異質な存在になる。

　これまで、「オン」と「オフ」の境界があいまいになるレベルの現実拡張は、技術的・環境的に実現可能性がない絵空事にすぎなかった。しかし、実空間の各種センシング・データやその他のデジタル情報群の拡充、および情報処理や

---

1) 2022年1月の時点で，B氏のTwitter発言やブログ記事はWeb魚拓などでの確認が可能だが，発話者自身が削除した情報であることを鑑み，本稿での参照情報掲出は控えることにする．

通信環境の発達によって、その実現可能性が現実味を増しはじめた今日、「仮想」と「現実」の関係性には、ゲーム的とシミュレーション的という新たな評価軸を加えて考えていく必要が生じている。超スマート社会と目される今日でも、私たちの日常、社会や経済の活動はどちらかに分ければ現実の実体社会に立脚しており、そこで求められる「仮想」は、AR 的に現実を拡張した「セカンドオフライン」なものになっている。しかし、個別の活動に目を向ければ、アバターを用いた疑似対面コミュニケーションが視線恐怖症などの不安障害を緩和するなど、デジタル技術による VR 的現実拡張が既存の問題への解決策となる事例がいくつもある。こうした事例を積み重ねていくと、拡張された「現実」は、単なる現実のシミュレートではなく、「仮想」と「現実」のちょうどいい折衷、シミュレーション一辺倒ではない柔軟な現実としての「セカンドオフライン」として機能する必要があることが見えてくる。つまり、2020 年代の「仮想」と「現実」は、「オン」か「オフ」かという二項対置的な観点を脱し、どこまでを再現しどこからを捨象するかという、状況に即した「現実」の再現性という尺度を導入した観点から、多層的な状況としてとらえていく必要があると考えられる。

### 参考文献

Caillois,R., 1958, *Les Jeux et les Hommes*, Paris : Gallimard. (多田道太郎・塚崎幹夫訳, 1990,『遊びと人間』講談社学術文庫).

Huizinga,J., 1938, *Homo Ludens : Proeve Ener Bepaling Van Het Spelelement Der Cultuur*, Groningen : Random House. (里見元一郎訳, 2018,『ホモ・ルーデンス　文化のもつ遊びの要素についてのある定義づけの試み』講談社学術文庫).

Gibson,W., 1984, *Neuromancer*, New York : Ace Books. (黒丸尚訳, 1986,『ニューロマンサー』早川書房).

士郎正宗, 1991,『攻殻機動隊 THE GHOST IN THE SHELL』講談社.

富田英典, 2009,『インティメイト・ストレンジャー:「匿名性」と「親密性」をめぐる文化社会学的研究』関西大学出版.

林信行, 2007,『iPhone ショック——ケータイビジネスまで変える驚異のアップル流ものづくり』日経 BP 社.

山下清美・川浦康至・川上善郎・三浦麻子, 2005,『ウェブログの心理学』NTT 出版.

吉田達, 2003,「テレビゲームの変容:オンラインゲームプレイヤーのコミュニケーションからみた一考察」『コミュニケーション科学』19 号, 東京経済大学コミュニケーション学会, 95-111.

暦本純一, 2021, 「人間拡張が築く未来」『東京大学大学院情報学環紀要 情報学研究』No.100, 東京大学大学院情報学環, 19－44.

若林芳樹・今井修・瀬戸寿一・西村雄一郎（編著）, 2017, 『参加型 GIS の理論と応用　みんなで作り・使う地理空間情報』古今書院.

緊急時等における位置情報の取扱いに関する検討会報告書, 2014, 『位置情報プライバシーレポート～位置情報に関するプライバシーの適切な保護と社会的利活用の両立に向けて～』総務省.

『WIRED』日本版 VOL.33「MIRROR WORLD　#デジタルツインへようこそ」, 2019, コンデナスト・ジャパン.

――, (Accessed January 30,2022,https://wired.jp/special/2019/mirrorworld-next-big-platform/).

Niantic Wayfarer, 2019-, (Accessed January 30,2022,https://wayfarer.nianticlabs.com).

バーチャル渋谷, 2020-, (Accessed January 30,2022,https://vcity.au5g.jp/shibuya/).

# 第7章
# ポスト・パンデミックの観光におけるモバイルメディアの可能性
## 参加型デザインからの考察

岡田朋之

　2020年に始まったCOVID-19のパンデミック（いわゆる「コロナ禍」）は、社会の様々な局面に大きな影響と課題をもたらした。その一方で、ICT (Information Communication Technology)による課題解決の可能性も提示され、それらを契機とした社会変革の可能性も見いだされつつある。本章は、コロナ禍での移動制限等により大きな打撃を受けた観光（ツーリズム）の分野において、モバイルメディアの成熟した「ポスト・モバイル社会」をもたらしつつある新たなテクノロジーがどのようなデバイスやサービスで貢献できるかを、参加型デザインの実践から考察していく方法を検討するものである。

## 1. モバイルメディアをめぐる問題の所在

　携帯電話をはじめとするモバイルメディアの発展史においては、利用者へのフィールドワークや、事業者へのインタビュー等からの調査研究を通じて、技術決定論的なメディアの発展図式とは異なり、社会文化的側面の影響が大きいことが岡田らによって明らかにされてきた（岡田 2006, 2016）。これは、科学技術史や技術社会論の中でのイノベーション論において、Bijker、Low、Fisher らの社会構成主義的アプローチや（Bijker and Law 1992, Fisher 1992）、Latour らのアクターネットワーク理論の流れに呼応するものに位置づけられる (Latour 2005)。その後の2007年の Apple 社による iPhone の発売以降、スマー

トフォンがモバイル端末の主流となるにつれて、ユーザーのカスタマイズ可能な領域が大きく拡大し、利用する個人一人一人のユニークさを際立たせてきた。その一方、スマートフォンを通じて個人の利用行動におけるありとあらゆるデータが新たな情報としてフィードバックされ、そうしたユーザーのデータが収益の源として、個人（individual）は「分人」（dividual）として活用されていく存在となってしまっているともいわれる（水嶋 2019）。同時にそれは、かつて通話だけのメディアだった携帯電話が、文字メッセージ機能やカメラを内蔵していったときのように一般ユーザーが関与しながら大きくメディアとして発展をとげてきたようなプロセスから、もはや遠い存在になりつつあると見ることが可能であろう。それは、普及拡大期から成熟期に入ったメディアのコモディティ化によって、それまで花開いていた多様な可能性が縮小していく流れとして片付けられるものではないともいえる。

　水越らは、かつてメディア使用の中にみられた「遊び」の要素がメディアの可能的様態に広がりを与えてきたことを強調しつつ、メディアについて新たな可能性を探る方法として、ワークショップの方法論に依拠した「批判的メディア実践」を提示している（水越 2007）。岡田もこれらの先行研究を受けて、ワークショップ的方法を用いることで、日常意識の中ではイメージしにくい利活用の可能性を、より具体的かつ深いレベルでユーザーとともに探る研究に取り組んできた（岡田 2010）。しかしながら、ここ最近のウェアラブル技術やAR（Augmented Reality）技術の発展が、コンシューマーレベルのモバイルメディアにどのように受け入れられるかについては、まだ未知数な部分も少なくない。こうした領域が日常の一般ユーザーの想像力を超える部分に踏み込んで普及するには、技術者サイドの発想だけでなく、ユーザーとともに新しいメディアのデザインを考えていく方法が必要だと考えられる。そこで、本章では新たなデバイスやサービスの導入を加味したデザインプロセスのあり方を検討していく。

## 2.　参加型デザインという方法

　参加型デザインとは、文字通り利用者がデザイン活動に参加することであり、山内裕によると「情報システム、製品、建築物などのアーティファクトが中心

となるが、サービス、地域コミュニティ、企業戦略、学習カリキュラム、政策などアーティファクトがターゲットとならない設計物も同様の枠組みで議論できるところが多い」という（山内裕 2012）。参加型デザインの源流の1つには、ヴィクター・パパネックの議論があるとされる。パパネックはデザイン思考についての言及でしばしば紹介されるが、地球環境問題が浮かび上がった1960年代に、「宇宙船地球号」のフレーズで知られるバックミンスター・フラーとともにデザイン教育に関わり、環境破壊や人間性を損なうインダストリアル・デザインを激しく批判した。デザイン教育の意義は、生活者が「よき消費者になること」であるとし、サステナブルなデザインとは何かを追求する過程で、参加型デザインのあり方を方向づけたとされる（Papanek 1972）。

　そしてこのデザインプロセスの中で大きな位置を占めるのが、方法としてのワークショップである。山内祐平は、ワークショップには「創る活動」と「学ぶ活動」の双方の面があるとする（山内祐平 2013）。ユーザーはワークショップを通じてデザインプロセスに参加することで、新たなメディアを生むとともに、生活者としてのリテラシーを向上させていくのである。この方法の利点をもう1つ挙げるとすれば、山内裕が指摘するように、現実から距離を置いて創造的に議論することが可能な点であろう。彼は、存在していない技術の市場機会は小さく見積もられるという（山内裕 2012）。そのために、新奇な未知の技術はなかなかデザインの中に取り入れられにくいところであるが、ワークショップではその制約から逃れることができる。

　将来予測としてのフォアキャスティングは、現在のトレンドの延長上での思考に基づくものであるが、そこから導かれた予測は往々にして大きく的を外すことは少なくない。1つ例を示すとすれば、1994年に旧郵政省の電気通信審議会技術審議会が出した将来予測の2010年までに無線呼び出し（ポケットベル＝ポケベル）の加入者が3400万に拡大する、というものが挙げられるだろう。1990年代、ポケベルは若者を中心に急速な普及が進み、1996年には1000万加入に達して、東京都の女子高校生の約半数が所持しているという調査結果も残っている。その下での予想としては、むしろ控えめであったぐらいかもしれない。しかし携帯電話の機能の発達は、以前の予想を超えたものとなってポケベルにとって代わってしまい、最大の事業者であったNTTドコモは2007年にサービ

スを停止してしまった。同時代のメディアの利用状況に目を奪われすぎると、将来を見誤ってしまうということである。

　そこでわれわれが導入するのが、バックキャスティングと呼ばれる方法である。岡田の以前のワークショップ実践でも用いられていたが、「最初にあるべき理想的な将来像を描き、その将来像を実現するためには何をしていけばよいのか、未来から現在を振り返ってここに目標をセットしたうえでロードマップを展開する手法」(遊橋 2005) である。マクロでグローバルなその時代の世界の状況を描いたうえで、そこでの具体的な社会生活やメディア環境のシステムに予想図を落とし込んでいくことによって、デザインの成果を具体化させていくのである。岡田がかつて取り組んだワークショップ実践では、あり得べき社会での新たなメディアの可能的様態をデザインするという目標を設定したが (岡田 2010)、この章ではより将来予測に基づく社会的ニーズからメディアのデバイスやサービスを設計するだけでなく、予測される課題解決のための新しいメディアのデザインという目標を置くことで、より具体的な取り組みを行うことを目指した。

## 3.　ワークショップ実践

### 3-1.「10年後のモバイル・ライフを考える」

　はじめに紹介するのは、岡田 (2010) でもすでに行ってきたのと同じ、10年後のモバイルライフとモバイルメディアを考えるワークショップである。ただしこの実践では、第2節でもふれた通り、将来のメディアのあるべき姿を提示することを主眼とするのではなく、将来において発現が予測される課題をいかに解決するかという点にフォーカスした提案を出してもらうことを目標に据えているところが、それまでと大きく異なる。対象となったのは、関西の女子大学の集中講義の受講生で、モバイルメディアとコミュニケーションに関する講義の一環として2017年8月末に、全3日間の講義日程のうち、2日間＝10時間の講義の後、受講生17名を4つのグループに分け、最終日の1日をかけてワークショップを行った。

　進め方としては、以前の岡田 (2010) での進め方と同様、2段階の手順を踏

んで10年後のモバイルメディアを構想するというものである。まずSTEP1で
10年後における社会のマクロ状況と、メディア環境を想定を行い、その時点
での人々の価値観や意識を検討する。1）政治経済　2）家庭生活、地域社会
3）教育　4）余暇、娯楽文化　5）メディア状況、という5つの項目について、
それぞれワンフレーズで表現し、各グループから提出されたものを集約したも
のを、社会状況の概観とする。続くSTEP2では、STEP1で検討した結果を踏
まえて具体的なモバイル・メディア利用の局面と、それにともなう社会生活や
人間関係について考察し、10年後のモバイル・メディアがどうなっているか
を具体的に描いてみる。またSTEP1と2の間には、広告プランナーの方に、マー
ケティングの視点から、新しいメディアデバイスとサービスを考える際の発想
法についての講義をしていただいた。グループワークのアウトプットとしては、
端末の外見図と、備わっている機能、利用できるサービス等をプレゼンテーショ
ンしてもらい、最後に各メンバーにはリフレクションシートを記入してもらっ
た。

　まずSTEP1、10年後の2027年の社会と生活に関しては、次のようなイメー
ジが各グループから出された。1）政治経済については、情報、貧困等々いろ
いろな領域での格差社会化が進むということ、投票の情報化、革命的な変化と
して、年金、税金などの制度が大きく変わる、世界共通電子マネーの導入など
通貨統一が進む、といったことがらが挙げられた。2）家庭生活、地域社会では、
家庭より個が尊重されるようになり、個人同士のつながりを重視するようにな
る、技術の進歩でロボット、自動運転、セルフレジ化が進む、孤独化の進展で、
家族で一緒に過ごすよりは一人暮らしを選ぶ人が増加、地域伝統行事も消滅、
一億総AI（Artificial Inteligence）社会となり、AIが身近な存在になっていく
とされた。3）教育の面では、e-learningのさらなる発達でVRなどを使って学
習は家で済ませられるようになり、無登校学習が広がる、ICT化の進展で一人
一台iPad化や電子黒板標準化が進んで塾の授業が映像で行われる、デバイス
の統一化が進み、道具が紙媒体でなくなる、教師がAIになる、などが示された。
4）余暇・娯楽文化では、家の中で一人で楽しめるインサイド娯楽化、VR（Virtual
Reality）の進化、VR化が進む一方で身体を動かす活動も広がる、VRで体験
主義が進み、レジャーは一度はVRを経験するようになる、などが挙げられた。

5）メディア状況では、一点集約型のメディアが進展し、ネットを介したメディアだけになる、現代メディアの衰退、ウェアラブル端末の普及で身近なものから情報を受け取る、紙文化の衰退といった状況が想定された。

　これを踏まえたモバイルメディアとしてはA～Dの4つのグループからそれぞれ次のような提案がなされた。まずAグループは「Family Guardian」という家族の一員として存在するロボット的なデバイスで、家族関係のコミュニケーションのすべてを掌握し、様々なデータを取得、発生する可能性のあるリスクを察知して教えてくれるもう一人の家族のような存在となる、といった機能をもつものを提案した（図7-1-A）。Bグループは限界集落の危機を救うため、地域に親しむためのアトラクションとして、VRを使って古民家に妖怪を出現させるというものを提案した（図7-1-B）。CグループはVRを活用した自然に親しむアトラクションを設置して、対人関係から生じるストレスへの対応策を提案してきていた（図7-1-C）。Dグループの提案は、脳波を読み取るウェアラブルデバイスを使った、新しいビジネスコミュニケーションツールで、様々な状況に置かれた人、例えば重い障害をもったような人でも、同じスタートラインに立ってコラボレーションができるというものであった（図7-1-D）。

　ワークショップ終了後のリフレクションで寄せられたコメントからは、

　　様々な観点からその時点での環境を予想すると、どんな問題があり、何が求められるようになるか、考えやすくなった。また、このワークショップで未来を予想することで他のメンバーが日々どのように考え生活しているかを垣間見ることができ、それにより私も刺激を受けた。

　　いかに今まで自分が「現在から導き出される未来」について「これから行われる対抗策」を無視して考えていたのかがわかった。「放っておいても技術は進歩するし、便利になる」社会の中で人間が何を求めるか。それは人との直接的なコミュニケーションであるかもしれないし、合理性からかけ離れた趣味や娯楽かもしれない。でも、そういったものを非合理的であると切り捨ててしまえば人間の心は死んでいくし、現在でも若干その兆候はあると思う。また、直接は関係がなく、問題を解決することができなさそうなものでも、意外なところであっさり解決す

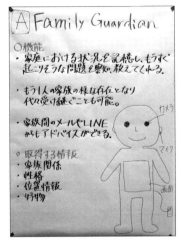

図7-1-A　　　　　　　　　図7-1-B

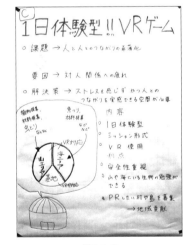

図7-1-C　　　　　　　　　図7-1-D

　ることができる、というのも大変勉強になった。


といった肯定的なものがあった一方、

　　ワークショップは1日でやるにはとても時間が足りないと思った。もう少し時間
　　があればもっと詰めることができ、もっと良いものができたと思われる。また、
　　わざとではないのは百も承知だがゲストの方のコメントがすべて否定から入って
　　いてとてもやる気にはならなかったし、作業中にもゲストの方のアドバイスがあっ
　　たが私から見ればそれはアドバイスではなく自分の考えを押し付けているだけだっ
　　た。

　というワークショップ自体のデザインやファシリテーションに対する問題の
指摘も寄せられていた。


## 3-2 「2030年のポスト・モバイル社会とメディア」

　ワークショップを終えて浮かび上がってきたのは、それぞれのワークショッ
プの目標設定を具体化するということ、グループワークの途中や成果に対する
評価をどのように行っていくかという課題であった。また1日程度の短い限ら
れた時間内で実施することに対して参加者の不完全燃焼感が強いことをどうと
らえるかということも残った。
　そこで次の取り組みとしては、まず参加者自身がそれぞれの専門性を生かし
つつ、1〜2日という短期ではなく、1カ月程度の期間を与えて取り組んでもら
うやり方を試みた。そのため参加対象者は大学院修士課程の講義科目の受講生
である院生21名で、5つのグループを編成することとした。社会情報学専攻（文
系）と知識情報学専攻（理工系）の共通科目の受講生から構成されており、各々
のグループで両者が均等に混じるように配慮してグループ編成を行った。また
デザインワークの素材となる新しいテクノロジーについては、時期も10年よ
りも少し長くしてキリの良いところで2030年を考えるというものとし、5Gと
呼ばれる高速大容量、低遅延のモバイル通信技術を活用して、具体性のある将
来像を描き出すことを目指した。参加者に工学系の大学院生が参加することか
ら、それぞれの専門知識を生かした取り組みを期待しつつ、ゲストスピーカー
にも通信事業者の実務家を招き、情報提供を依頼した。
　ワークショップは大学院の授業の中で実施したが、まずモバイルメディアの

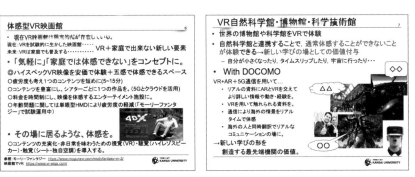

図7-2

革新に伴う社会の諸局面の変化に関する文献を講読したのち、グループに分かれて2030年の社会を概観し（STEP1）、続いてその中でのモバイルメディアを具体化する（STEP2）というプロセスと、2つのSTEPの間に専門家のレクチャーを挟むというのは3-1で紹介した実践と同様である。しかし実施の期間は全体で1ヵ月あまりをかけて、週1回の授業の中で行った。

　結果としては、各グループの最終プレゼンを受けた相互評価の投票によってベストに選ばれたのが、体感型VRの映画館やVRを活用したミュージアムの提供というものであったが、平凡な内容であったことは否めないであろう（図7-2）。

　終了後のリフレクションの中でも、

　　2030年を想像してどのような技術やサービスが存在するのかという話をした中でやはり自分含めすべての人がかなり今現在の技術やデバイスに縛られた発想になっていたこと。現在のものとはまったく違う何かを考えることができなかった。

　　発表内容に対して圧倒的に発表時間が足りなかったため、二回に分けるなどの対策をしてほしかった。また、グループワークも他ゼミの人と行うとゼミごとに活動時間が違うため集まってアイデアを練ったりということがしにくかったため、結局誰か一人が資料をまとめたり、理解していない人が発表するということになってしまった。

という達成感よりもネガティブな感想が多く見られた。

　発表時間の制約などは、ちょうどこの年に地元地域で地震や風水害等の自然災害が頻発し、授業が休講となったためにグループワークに割く時間がタイトになってしまった点に由来するものが大きかったとはいえ、もう少し時間的な余裕に配慮した運営を行うべきであったかと反省するところでもある。また、週1回1コマの授業内でグループワークを完結させることはなかなか困難であるはずだが、それを補う作業の場や時間を設定したり指示したりせず、各グループに任せてしまったことも問題であった。

# 4.　フィールドリサーチを導入した実践

## 4-1.　先行研究からの示唆

　ここまで行ってきた参加型デザインに関する実践は、ワークショップのアウトプットでも参加者の振り返りでも、一定の成果を挙げてはきたものの、参加者の達成感やデザインの長期的目標などの面での課題も残してきた。これらを克服するには何が必要なのかを探るため、私が参照したのは次の2点である。1つ目はインクルーシブ・デザインの知見、もう1つは以前から参加型デザインの実践に取り組んできた、フィンランド、アールト大学のアルキ・リサーチグループのアプローチである。

　インクルーシブ・デザインとは、プロダクトやサービスのデザインによる排除の問題を克服しようとするものである。従来、デザインによる排除の対象となってきたものとは、ある感覚や身体（すなわちそれらの障害）であったり、デジタル化による格差や経済格差であったりする。そのなかでのインクルーシブ・デザインは、「これまで除外されてきたユーザーを包含し、かつビジネスとして成り立つデザインを目指す考え方」（カセム他 2014）と位置づけられる。またこの分野で実績を重ねてきている九州大学大学院芸術工学院のプロジェクトでは、実践においてフィールドリサーチを重視してきたという（九州大学大学院芸術工学研究院 2018）。

　2018年秋に九州大学のプロジェクトではグループワークの実践のとりまとめと報告会が実施され、教員メンバーの一人としてアールト大学アルキ・リサー

チグループの元リーダー、カリハンス・コモネン氏が来日していた。これに際して九州大学のワークショップの見学と、コモネン氏へのヒアリングを行った。そこで彼から紹介されたのが、アルキ・グループの"Future Media Home" Project（Arki Research Group 2000）である。その中では、デザイン実践への一般の参加者に対して、新しいテクノロジーの要素を積み木のようにユニットとして具体的に提示することによって、参加者がデザインワークの中に新しいテクノロジーを盛り込むことを助けてやらなければならないとする。これらの実績やヒアリングの結果を踏まえて、2018年9月、新たなワークショップ実践を行った。

## 4-2. 地域の課題解決に向けての参加型デザイン

　対象者は関西の女子大学の情報科学系学部生への集中講義の受講生で、モバイルメディアとコミュニケーションに関する講義の一環として実施し、2日間＝10時間の講義の後、1日のワークショップを行うものであった。テーマは「2030年のポストモバイル社会とメディアinならまち」として、キャンパスの近隣の市街地でのモバイルメディアの展開について、具体的に考案させるものとした。受講生8名を4名ずつの2つのグループに編成し、このときもやはり、STEP1で2030年における社会のマクロ状況と、メディア環境を想定、その時点での人々の価値観や意識を検討する、という進め方と、それを踏まえた2030年のモバイルメディアを考案するというのはこれまでと同様である。STEP1で描き出された社会のイメージは次のようになった。すなわち、

　1）政治経済
・紙幣の価値がなくなって、銀行がなくなったり、社会保障費が必要になるので消費税が上がる。選挙がネットでできる。
・キャッシュレスの普及。選挙活動のインターネット化。
・政治活動がよりネット化し、誰もが気軽に参加できる。マイナンバーの進化で管理社会が進行。

　2）家庭生活、地域社会

・地域社会は家から買い物などすべてできる。事実婚が増える。

・家事の自動化。

・家からすべてのことができる。監視カメラで個人の行動が監視される。


3）教育

・遠隔教育が主流に。英語を学ぶ必要が無くなる。

・高校大学のネット化。教材の電子化。

・学校に行かなくてもどこでも授業が受けられる。紙媒体の教科書減少。仮想的に体験学習ができる。


4）余暇、娯楽文化

・VRが発達して旅行やライヴを楽しめる。動物園が無くなる。

・VRとARの発達により、自宅でヨガ教室などに通える。

・VRが発達しすぎて、アナログにより目を向けられる。e.g.農業体験など。


5）メディア状況

・チップを体に埋め込むことで、脳波からテレパシーでコミュニケーションができる。

・テレビの4D化。テーマパークのアトラクションのように、テレビなどメディア媒体がより触感や嗅覚などを体験できるようになり、五感の情報が増える。


　……といった社会状況の変化が想定された。これに対し、先述の先行研究からの示唆を受けたあらたな要素として、STEP2を対象地域のフィールドリサーチを踏まえたものとし、「ならまち2030」と名づけた。そのなかで実施したのは、1）奈良に遊びに来たくなる、という方向性、すなわちレジャーの領域、もしくは2）奈良に住み続けたくなる、という方向性、すなわち日常の生活領域のそれぞれについて、いずれかの方向性をグループごとに選択させたうえで、2030年の奈良中心街についてのメディアを考えていくために、実際に1〜2時間の街あるきをしてみることを各グループに課した。またフィールドワークの中では、最低2名のインタビューを行うことを義務づけて、その結果をもとに1）

2) それぞれで解決すべき課題を導き出すこととした。

フィールドリサーチの結果を受けて，以前はSTEP2としていたデザイン実践を、今回はSTEP3として、具体的にメディアのデバイスとサービスを考案するプロセスとした。2030年の「モバイル・メディア in ならまち」をデザインするというこのプロセスでは、STEP1とSTEP2で検討した結果をふまえて、具体的なモバイル・メディア利用の局面と、それにともなう社会生活や人間関係について考察し、12年後のモバイル・メディアがどうなっているかを具体的に描いてみるというものである。ここでも、先のヒアリング等から得たサジェッションをもとにして、新しいテクノロジーの要素を次のように明確化した。すなわち、1）嗅覚、触覚などに関する機能を備え、五感で楽しめる。2）VRやARの機能を備えつつ、アナログ感覚を求める志向を促す。3）ユーザーの脳波データのシェアという3つの項目のうち、どれか1つを必ず実装することを新メディアの必須条件とした。

また、中間のレクチャーとして、ヴィジュアルコミュニケーション・デザインや情報デザインを専門とする小北麻記子氏（北海道教育大学岩見沢校准教授：当時）を招いて、「不便益」のデザインに関する思考の話題を中心に、デザインへの考え方について話題提供を依頼した。

これに基づくグループワークの経過と発表された成果は次のようになった。まず、1）奈良に遊びに来たくなる、というレジャーを対象に選んだグループは、街あるきのフィールドワークの中で、街の中にある私設ミュージアムや観光案内所などでインタビューを行って、街の静かな雰囲気を壊したくないが、若い人たちにはもっと来てもらいたいという街の人の願いや、外国人観光客の増加による多言語対応という課題などを拾い上げてきた。これを解決するモバイルメディアとして、修学旅行のグループ行動の際に使用するウェアラブルメディアを考案してきた。形状はゴーグル型で、内蔵されたGPSによって、ガイドツアーの中で回っていく史跡スポットでディスプレイ上に歴史的なイベントのARを上映して実際に追体験できるというものである（図7-3-1）。例えば東大寺大仏殿に行くと、ウェアラブルデバイスを通じて752年の大仏開眼が再現され、装着者は聖武天皇になって大仏に目を描き入れる、といった具合に、チェックポイントごとに歴史イベントが発生するのである。解説音声などは当然自動翻訳に対応しており、災害などの緊急時には引率の教師の声で直接呼びかけるこ

図7-3-1　　　　　　　　　　　　　図7-3-2

とができたり、避難経路が表示されたりする。また脳波を読み取る機能を活用
して、グループ行動しているメンバーの一人がトイレに行きたくなっても、ガ
イドツアーが中断するのを気遣って言い出すのをためらってしまうような場合、
システム側が感知して、AIのガイドがトイレ休憩を入れてくれるのである。

　2）奈良に住み続けたくなる、という生活を対象に選んだグループは、街あ
るきのフィールドワークで近隣のスーパーに買い物に来ている女性客に聞き取
りを行った。その中では奈良の中心部に住んでいると、近隣に小さな子どもを
遊ばせる公園があまりないという声を拾い上げてきた。奈良の中心に奈良公園
という自然豊かな巨大な公園があるのに、なぜそのような不満が出るのか、疑
問に思われる人も多いであろうが、奈良公園は鹿のフンがあちこちに落ちてい
るために汚くて、小さい子どもを自由に遊ばせたり、弁当を持ってピクニック
に来たりするのが躊躇われるというのである。こうした声を踏まえて考案され
たのが、鹿型のお掃除ロボット「あゆむくん」であった（図7-3-2）。「あゆむ
くん」は移動モードの第1形態と掃除モードの第2形態をもち、第1形態では4
足歩行で奈良公園の周辺を歩き回り、鹿のフンの散乱する場所に来ると、第2
形態に入って座り込むような形で清掃を行う。また鹿の頭部はカメラにもなっ
ていて、近づいてくる観光客などを撮影して、観光客たちの所持するデバイス

に写真を転送してくれたり、人々が触れてくる際には撫で方で頭部の顔の表情が変化したりして、人々を楽しませてくれる。また背中の部分にはディスプレイがあり、「あゆむくん」の近隣エリアでの分布状況が映し出されて、集まっているところや作業中の姿を見に行くこともできる。この分布データはウェブ上からも確認できて、観光客なども楽しめるようになっている。ロボットが回収したフンは肥料に再利用されるとのことである。

　以上の通り、ワークショップのアウトプットはいずれもこれまでになく画期的でかつ非常に地域のニーズに適合したものとなった。

　終了後のリフレクションでも、

　　グループで10年後の未来を想像してみて、自分では思いつかなかった便利な世の中が意見や、今あるものがなくなるという意見があり参考になった。こういう機会がなければ自分の未来の世界がどうなっているか考えることはあまりないのでこれから情報機器のことについて勉強していく時に今回得た考え方を役立てていきたいと思った。

　　実際なら街に行き、そこで暮らしている人たちにインタビューをし生の声を聞いて課題を見つけ、新しいデバイスを考えるというのは大学に入ってから初めてに近いことで、とても楽しかったし新鮮だった。やっぱり当事者だからこそ気づけることから周りが気づけなかった課題が見えてくることにも気がついた。

　　インタビューをすることでインタビュー前はまったく思いつかなかった奈良をより良くするものもすぐに思いつけたし、他人の想像と現地の体験はまったくの別物なんだと感じると同時に、自分の想像力の乏しさを実感し、もっと想像力を身につける必要があるなと思った。

といったように、非常に肯定的なコメントばかりであった。

　この回のワークショップでは、フィールド調査を実施し、その結果を元にして目標を明確化しつつ、技術的要素も具体的に提示することにより、アウトプットの質が劇的に改善されたといえる。同時に参加者の達成感も大きく向上した。

## 5.　ポスト・パンデミックの観光とモバイルメディア

　2018年秋における奈良でのワークショップ実践は、日本国内への訪日外国人数が初めて3000万人を超えた年であり、翌2019年にかけては空前のインバウンド観光客数を記録するという背景のもとで実施し、外国人観光客への対応も、その機能の中では重要な要素を占めていた。しかし、翌2020年に発生したCOVID-19によるパンデミック（いわゆるコロナ禍）で人的往来が制限されたことにより、2020年の訪日外国人数は411万人にまで激減し、観光業界も大きな打撃を受けた（日本政府観光局 2021）。

　COVID-19による感染症防止の観点からは、従来通りの観光のあり方に限らず、その他の社会生活にともなう行動のあり方も様々な面から大きな制約を受けるため、おのずとその形態も変化していかざるをえない。では近未来のモバイルメディアのデザインを考えるうえでは、どのように観光の中に組み込んでいくことができるのか。社会的な課題解決を目標に据えるという点で、この課題は大きな意義をもつと考えられる。

　そこで、2020年秋に行ったワークショップ実践では、「2030年のポスト・パンデミックにおける奈良の観光を促進する」ということを目標に定めて進めていくこととした。具体的には、Urryが提起した（1）身体による旅、（2）物の物理的な動き、（3）新聞や放送などに次々登場する想像によって成立する想像による旅、（4）リアルタイム実施されつつ、物理的距離と社会的距離を超えるバーチャルな旅、（5）手紙、電信、電話など人へのメッセージを通して行われる通信による旅の5つの「移動」（Urry 2007）を整理・俯瞰しつつ、観光の形態を——遠距離（international）においてリアル／バーチャルに訪問するということ、中距離（intra-national）での同じくリアル／バーチャルに訪問すること、近距離（local）に地元で楽しむということ——の3つの位相で検討していくよう求めた。

　対象者は3-1や3-4で示したケースと同じ、関西の女子大学の情報科学系学部生への集中講義の受講生である。

　グループワークの前提とする新しいテクノロジーの具体的な呈示は、スウェー

デンのIT企業、エリクソン社の消費者研究所が毎年発表している消費トレンドにおいて、2019年末に公表されたものが10年後の2030年を見据えたものとなっていたので、ここで紹介されている「感じるインターネット」を具体的な参考事例とした（Ericsson 2019）。これは、現状でのインターネットは視覚と聴覚しか通信の対象とはなっていないが、10年後には味覚、嗅覚、触覚というそれら以外の五感や、さらには脳波を直接やりとりする6番目の感覚も用いたコミュニケーションが実現している、という可能性を、世界各国の先進的な消費者に問いかけた調査研究に基づく未来予測である。

　もう1つ、グループワークにおいて取り入れられるべきとしてきたフィールドリサーチについては、新型コロナウイルス感染予防の観点から実施を見送り、その代わりに同じ学内の地域連携部門の担当教員である森田尋子氏（奈良女子大学社会連携センター講師）に、コロナ禍の下で奈良市の旧市街であるならまちの人々が直面した課題や、それに対する取り組みがどのようであったかについて、レクチャーをお願いした。森田氏によれば、コロナ禍での出来事として、寺社の年中行事として開催され、地域の住民や観光客が多数参加する祭礼などは、一般公開を取りやめるなど規模を縮小しつつ実施されたものの、寺社主催の講座などのイベントは中止されることが多かったという。また、行事自体はクローズドで実施しつつも、東大寺や春日大社など、ネット動画での生中継を行うところも少なくなかったとのことであった。一方、飲食店や商店などでは、例えば飲食店では緊急事態宣言発出下でのテイクアウトへの転換を余儀なくされたなかで、常連客や近隣住民との結びつきが強固になったとの声も聞かれたという。

　これらの前提に基づいて、これまでのワークショップと同様、まずSTEP1として「2030年のメディアと社会」についての予測を行い、以下のようなイメージが描き出された。

　1）政治経済：電子決済が普通に。国会のリモート会議。選挙形式のあり方が変わって、リーダー像が多様化する。女性や若い人が出てきてもらいたい。
　2）家庭生活、地域社会：地域間格差が当たり前になる。家庭内の電気代などの見える化（IoTの進化）。Uber Eatsの配達がドローンという地域が増える。地域の概念が薄れて、社会単位の交流に変化・家族のあり方や結婚の仕方に変

化が訪れる。同性婚が成立しなくとも、パートナーシップは広がる。

3) 教育：教科ごと一部デジタル化。電子機器を用いた学習の一般化。AI教授・先生、予備校の授業など。情報技術の発展によりメタ知識の活用が主流になり、ネットを使うスキルや論理的思考、アウトプットする能力が求められる。実践的な学び。紙の廃止には至らないものの、主流はデジタル。

4) 余暇・娯楽文化：ネット・スマホと娯楽が切り離せなくなる。映画館の減少。VR・AR機器が一家に一台・スポーツや一部の旅行・観光がVR・ARで。身体・地理的状況（制約）が関係なくなり、楽しみ方の幅が広がる（同時配信など）。

5) メディア状況：選択肢が増える。書籍の完全データ化。地方新聞がほとんどなくなっていて、テレビを持つ家庭が減る（ほとんどの番組がスマホ配信される）。配信型アプリや動画サイトがテレビの需要を上回り、広告のあり方が変化していく（CMからターゲット型へ）。

　以上のような社会状況における、2030年のならまち観光をプロモートするメディアとして、4つのチームから以下のような提案が示された。

図7-4-1

　1) まず、1つ目のチームが提案したのは、小型ドローンがユーザーのすぐそばを飛行し、機体には好きなキャラクターのホログラムが浮かび上がってユーザーと対話しつつ、ナビゲーションを行うという「旅の相棒」である（7-4-1）。

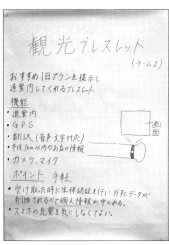

図7-4-2

2）2つ目のチームは、ブレスレット型
の端末による観光案内のシステムであった。
端末からは空中に画面を投影することがで
き、カメラやマイクによって、音声入力や
翻訳機能も使うことができる。生体認証機
能を用いて、ユーザー一人一人に合わせて
あらかじめ設定されたプランがダウンロー
ドされ、観光ガイドを行ってくれるという
ものである（図7-4-2）。

図7-4-3

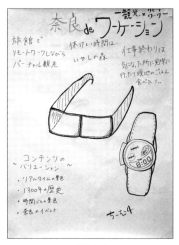

図7-4-4

3）3つ目のチームが提案したのは、MR（Mixed Reality、複合現実）を用い
たシステムである。ユーザーは自分のアバターであるロボットをモーションキャ
プチャーなどでコントロールし、そのロボットが実際にならまちを歩き回って
観光するというもの（図7-4-3）。予算に合わせて上半身だけであったり、全身

の動きまでカバーできたりという選択ができるし、ロボットも同様に、予算に合わせてシンプルなスタイルのロボットから、ほぼ完全に人間に近い外見のアンドロイド型ロボットに、奈良時代の衣裳を纏わせるオプションまで様々なグレードを選ぶことができる。ロボットで土産物店を訪ねて実際にショッピングをしたら、購入した商品は宅配便で届けてもらうことも可能となっている。もちろん、自動翻訳機能によって遠い外国からもリモートで観光することができる。

　4）4つ目のチームは、コロナ禍で来客が大きく減った宿泊施設についてだが、コロナ禍が去った後のことも視野に入れて、ワーケーションとVRを組み合わせるというシステムを考案した（図7-4-4）。ならまちにある町家をリノベーションしたような宿泊施設で、ゴーグル型のディスプレイモニターを使って通常は仕事を行いつつ、ふと緊張感が解けて視線を変えたときや、ひと休みしようとしたときなどに、近隣の名所や、飲食店の銘店などがVRで画面に投影されるというものだ。そうした仕事の合間の息抜きの時間に見せられたスポットの中から、その日の仕事が終わった後のリフレッシュに実際にすぐ出かけられるというわけである。

　以上のように、いずれの提案も、ならまちにおける観光の新たな可能性を開くという目標は十分に満たすユニークなものとなった。

　参加した学生からのリフレクションも、

　　久々の生活情報通信科学コースメンバー多数揃っての対面式授業で、ワークショップ形式ということで、皆とアイデア交換をし合い、とても楽しく有意義な時間を過ごすことができました。付箋に思いついたアイデアを書き出し、互いに読み上げていくと不思議ともっと魅力的なアイデアが浮かんできて、盛りだくさんの機能のついた2030年もモバイル・メディアができあがってきました。

　　メディアの形は変わってしまうかもしれないが、観光などの娯楽に対する要求は変わらないことはわかった。［中略］未来に技術が発展してもこれまでに私たちが経験してきたことも生かしながらアイデアを出していくことが大切だと思った。

　森田先生（注：ゲスト講師）の講義は、コロナ禍で実際にどう動いたかを教えて
いただき、非常に興味深かった。全国有数の観光スポットであるならまちで、観
光客ではなく地元の住民に向けて企画を練ったことを、近い将来観光客が戻って
きたときや、観光客を今よりも増やすときに応用できたらいいなと思った。［中略］
どの案もリアルとヴァーチャルの融合のような提案で、実現したら絶対面白いと
わくわくした。

　といったように、おおむね好意的なものであった。

　上記のワークショップでは、フィールドリサーチに基づく実践こそかなわな
かったものの、それに代わるレクチャーでコロナ禍の状況の説明を行ってくだ
さったゲスト講師により、効果的な情報を提供できたといえる。

　それぞれの提案の中には、例えば小型ドローンを使用する場合のように、現
行の法制度の下では実現が困難なものも見られるが、2025年に大阪・関西で
の開催が予定されている国際博覧会のような特別なイベント会場では、例外的
に実験的導入が認められるケースもある[1]。こうした機会を利用して、新たな
観光のかたちを提案していくようなメディアの実験的な導入を図ることも、今
後は検討されるべきであろうし、そこには専門家だけでなく外部の参加者も加
えたメディア・デザインを行っていくことが求められるはずである。

# 6. 成果のまとめと課題

　以上、これまでに行ってきたワークショップ実践を通じて明らかになったこ
ととしては、参加型デザインの方法論の面では以下の点が挙げられる。まずデ
ザインによって解決すべき課題の目標を明確化するということ。また取り扱う
対象を限定した事前のリサーチによって、参加者自身で課題や目標を具体的に
イメージできるようにすること。そしてデザインの素材となる新しいテクノロ
ジーをできるだけ具体的かつ理解しやすい形に提示して活用できるようにする
ことである。

---

[1]2005年に愛知で開催された日本国際博覧会では，会場内の特別な区域に限って，テレビの地上
　デジタル放送の携帯電話向けサービス，いわゆるワンセグ放送の実験が行われた．

　また、この方法を観光の領域に応用していくことについては、岡田（2022）が論じているように、博覧会やミュージアムなどのエキシビション、そしてツーリズムの領域においても、参加者はサービスの提供を受けるというだけでなく、参加体験自体のデザインに参画していく傾向が強まっている。この流れを着実に具体化していくうえで、参加型デザインのプロセスを確立していくことは不可欠の課題であるといえる。

　他方、今回のようなユニークな提案を実現するための受け皿としては、2025年の大阪・関西万博の場合、「共創」をコンセプトの1つに掲げてはいるものの、実際に参画する機会が開かれているのは企業や公共団体などに限られていて、広く市民にアクセスできる状況にあるとは必ずしも言い切れない（2025年日本国際博覧会協会 2021）。これは、2005年愛知万博で実現した市民参加の理念継承という点でも問題があると言わざるをえない。こうした状況を改めていくうえでは、本章で検討したような参加型デザインのためのいくつかの試みは何らかの貢献ができるのではないかと考えている。

参考文献

Arki Research Group,2000,"Future Media Home",（http://fmh.uiah.fi）.

Bijker,W.E.and Law,J.,1992, *Shaping Technology/ Building Society: Studies in Sociotechnical Change,* the MIT Press.

Ericsson ConsumerLab,2019,"10 Hot Consumer Trends 2030: The internet of senses".

ジュリア・カセムほか編著,2014,『インクルーシブ・デザイン――社会の課題を解決する参加型デザイン』学芸出版社.

Fisher,Claude S.,1992, *America Calling: A Social History of the Telephone to 1940,* Univ. of California Press（吉見俊哉ほか訳,2000,『電話するアメリカ――テレフォンネットワークの社会史』NTT出版）.

井出明,2020,「COVID-19以後の博覧会」『情報通信学会誌』38（2）,45-8.

九州大学大学院芸術工学研究院,2018,『社会のデザイン・フィクション／家族にやさしい2040年の日本　Redesign of Society vol.4』九州大学.

Latour,B.,2005, *Reassembling the social: An Introduction to Actor-network-theory,* Oxford University Press（伊藤嘉高訳,2019,『社会的なものを組み直す――アクターネットワーク理論入門』法政大学出版局）.

水嶋一憲,2019,「コミュニケーション資本主義と加速主義を超えて――横断個体性の政治のために」『現代思想』47（1）,171-82.

水越伸編著,2007,『コミュナルなケータイ——モバイル・メディア社会を編みかえる』東京大学出版会.

日本政府観光局,2021,「訪日観光客数の推移」,（Retrieved October 31,2021,https://statistics.jnto.go.jp/graph/ # graph--inbound--travelers--transition）.

2025年日本国際博覧会協会,「出展・協賛する」,（Retrieved October 31,2021,https://www.expo2025.or.jp/sponsorship/）.

Papanek,V.,1972,*Design for the Real World: Human Ecology and Social Change*,Pantheon Books（阿部公正訳,1974,『生きのびるためのデザイン』晶文社）.

岡田朋之,2006,「ケータイの生成と若者文化——パーソナル化とケータイ・インターネットの展開」松田美佐他編『ケータイのある風景——テクノロジーの日常化を考える』北大路書房.

——,2010,「ワークショップ的方法を用いたメディアの可能的様態の検討」『情報研究』関西大学総合情報学部紀要（32）,1-16.

——,2016,「モバイル先進国を生んだ業界事情——モバイル・インターネットとカメラ付き携帯電話の送り手たちに聞く」富田英典編著『ポスト・モバイル社会——セカンドオフラインの時代へ』世界思想社,39-55.

——,2022,「参加と関係性構築に向けて——エキシビジョンとツーリズムへのアプローチ——」関西大学経済・政治研究所エキシビジョンとツーリズム研究班『エキシビジョンとツーリズムの転回』関西大学経済・政治研究所,1-20.

Urry,J.,2007,*Mobilities*,Polity Press（吉原直樹・伊藤嘉高訳,2015,『モビリティーズ——移動の社会学』作品社）.

山内祐平,2013,「ワークショップと学習」山内他編『ワークショップデザイン論——創ることで学ぶ』慶應義塾大学出版会.

山内裕,2012,「参加型デザインとその新しい展開」『システム／制御／情報』56（2）,57-64.

遊橋裕泰,2005,「2030年のモバイル社会ビジョン」『未来心理』4.

# 第8章
# コロナ禍以降のワークプレイス・ワークスタイルにおけるモバイルメディアがもたらす変容

## ステーション・ブースが可視化したセカンドオフライン的ワークスタイル

松下慶太

## 1. 「さすらい」と場所の関係

　2017年に出版された『ノマド：漂流する高齢労働者たち』を原作とした映画『ノマドランド』は2021年に公開され、アカデミー賞、ゴールデングローブ賞を受賞した。ノマド生活を送る主人公のファーンは立ち寄ったホームセンターで出会った知人の娘に「自分はホームレスではなくハウスレス」と言う。では彼女にとってのホームはどのように担保されているのか。人文地理学者トゥアンは場所（Place）と空間（Space）について「場所すなわち安全性であり、空間すなわち自由性である。つまり、われわれは場所に対して愛着をもち、空間には憧れを抱いているのである」と指摘した（Tuan 1977＝1993）。

　ノマドたちのバンはどこにでも行くことができる空間を可能にするものであるのと同時に、思い出や愛着のある場所でもある。言い換えれば、モビリティそのものではなく、モビリティを担保しているモノこそがどこにでも行くことができるという自由さを担保しつつ、行く先々で愛着を含む場所性をつくりだしているのである。このことは『ノマドランド』で描かれるノマドたちだけで

はない。私たちが持っているスマートフォン、モバイルPCなどモバイルメディアにもそのまま当てはまる。モバイルメディアを持つにつれて移動距離が増えているわけではない。モバイルメディアの本質は実際に移動することではなく移動の可能性（可搬性）であり、そこに場所性を持ち込むことで「場所」を生み出すところにある。藤本（2003,2006）は主に1990年代後半から2000年代において若者たちの居場所を発生させる装置「テリトリー・マシン」としてケータイを位置づけている。この指摘は2010年代のスマートフォン（以下、スマホ）の時代においてもあてはまるだろう。

　本章で取り扱うのはワークプレイス、ワークスタイルである。とりわけ2020年のコロナ禍によってテレワークはより浸透した。テレワークに積極的ではなかった企業、社員を含めて半ば強制的に「実証実験」に参加した結果、様々な課題はあるものの、今後アフターコロナであれ、ウィズコロナであれ、テレワークはこれまでのようにオフィスで勤務ごとの補助的手段ではなく、より広く、現実的なワークスタイルとして受け入れられる、あるいは取り込まれるだろう。テレワークは文字通り「テレ（Tele: 離れた）」働き方である。それと同時にモバイル化されたワークプレイスでもある。「ホームレスではなくハウスレス」という主人公と同様にオフィスではなく、ノマド的に都市や地域で働くデジタルノマドたちが増加するのだろうか。

　もう1つ補助線としてジョルジュ・デ・キリコによる絵画「オデュッセウスの帰還」（1973）を導入しておこう。ご存知のように『オデュッセイア』は大きく2つのパートに分けられる。1つはオデュッセウスが繰り広げる冒険である。もう1つは冒険の後にようやく帰還した故郷のイタケでの無法者たちによる混乱とその収拾である。オデュッセウスにとっては冒険譚と故郷のどちらが自分の場所だと感じられる「ホーム」なのか。「オデュッセウスの帰還」はオデュッセウスが部屋の中、すなわち日常で船を漕いでいる絵画である。船に乗り冒険することが「ホーム」と感じるのと同時に「ホーム」に居ながら冒険することができるという二重性を描いているという意味で「オデュッセウスの帰還」はDoubling of Time and Place を描いているのである。現代に描かれたならば、デ・キリコはオデュッセウスにスマートフォンを持たせただろう。現代においてはスマートフォンをはじめとするモバイルメディアこそこの状況を可能にしてい

るのだ。

このことはコロナ禍以降の私たちの働き方において2つの意味で象徴的である。1つは自宅からオンラインでテレワーク、リモートワークを行うことはまさに「部屋で船を漕ぐ」ことであろう。私たちは家にいながらにして冒険＝仕事、ができるようになったのである。一方で、オフィスに通勤し、働くことこそが日常（＝ホーム）であると感じた人も多いのではないだろうか。

モバイルメディアのスクリーンこそがワークプレイスになった。そういった意味で、クラウド上の数字データ、メールやチャットでのコミュニケーション、オンライン会議で映される相手の姿などはすべてオンラインの情報である。それらを前提としながら私たちは日々働いている。

このように私たちの「働く」を考えると、少なくともホワイト・ワーカーたちのオフィスでの仕事は常にオンライン情報を参照しながら行う「セカンドオフライン」（Tomita 2016; 富田 2016）の経験になりつつあると言える。そして、仕事を行うワークプレイスはモバイルメディアによってセカンドオフラインが発生している場所にほかならないのである。

本章ではセカンドオフライン社会におけるワークプレイス、ワークスタイルについて、とりわけオフィスそして自宅以外の都市空間や地域が、モバイルメディアによるワークプレイスになっていく状況に注目し、特に駅に設置された個室型ワークプレイスであるステーション・ブースを事例として考察を進める。

# 2. テレワークからハイブリッド・ワークへ

## 2-1. テレワークの広がり

2020年以降のコロナ禍でテレワークが広がった。日本での状況を確認しておこう。国土交通省が発表した2020年度の「テレワーク人口実態調査」によると、テレワーク実施者の割合は、前年度の9.8％から19.7％へとほぼ倍増している。約64％がテレワークに総合的に満足しており、約82％が「今後も実施したい」と回答している。

パーソル総合研究所によると、2021年7月時点でのテレワーク実施率は27.5％と、2020年4月以降ほぼ横ばいとなっている。ただし企業規模別で見る

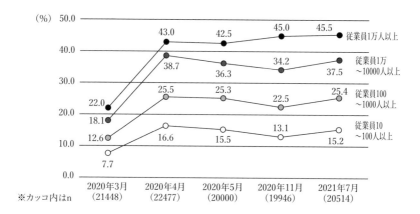

図8-1　企業規模別テレワーク実施率.
（出典：パーソル総合研究所（2021）「第五回・新型コロナウイルス対策による
テレワークへの影響に関する緊急調査」）.

と従業員1万人以上の企業では45.5％に対し、従業員10〜100人未満の企業で
は15.2％となっており、また正規雇用では25.2％に対し非正規雇用は17.6％、
また公務員・団体職員は14.0％となっている（図8-1）。地域別で見ると東京圏
（東京・神奈川・埼玉・千葉）は41.8％であるのに対し、大阪圏（大阪・兵庫・
京都・奈良）は25.3％、名古屋圏（愛知・岐阜・三重）は19.5％、北海道・東
北では16.0％と地域差もある。あえてまとめればテレワークは首都圏にある大
企業の社員が主に行っているという実態が浮かび上がる[1]。

　コロナ収束後のテレワーク希望頻度は正社員全体で1週間に1日が10.3％、1
週間に2〜3日程度が14.0％、1週間に4日程度が5.3％、毎日が16.1％で合わせ
ると45.7％となり約半数弱が1週間に1日以上のテレワークを希望している。テ
レワーク実施者ではさらに高くなり、1週間に1日以上のテレワークを希望す
るのは78.8％にものぼる。

1）パーソル総合研究所（2021）「第五回・新型コロナウイルス対策によるテレワークへの影響に関する緊急調査」.

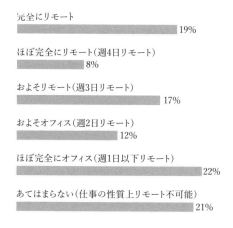

完全にリモート
19%

ほぼ完全にリモート(週4日リモート)
8%

およそリモート(週3日リモート)
17%

およそオフィス(週2日リモート)
12%

ほぼ完全にオフィス(週1日以下リモート)
22%

あてはまらない(仕事の性質上リモート不可能)
21%

図8-2　従業員のリモートワーク志向.
（出典：PwC(2021)「PwC US Pulse Survey: Next in work」）.

## 2-2. ハイブリッド・ワークの模索

　海外でもこうした傾向は同様となっている。2021年8月に行われたPwCの調査では図8-2で示されるように1週間で2日以上のリモート勤務の希望者は56%となっている[2]。今後の人材採用・確保を考えた場合、週5日フルにオフィス勤務ではなく、オフィス勤務とリモートワークを組み合わせたハイブリッド・ワークスタイルでの生産性、コミュニケーション、ウェルビーイングの最適解を探っていくのが現実的な方向性となるだろう。

## 2-3. ハイブリッド・ワークの論点

　Barreroらの調査によると週に1日以上在宅勤務している人の4割は、雇用主が完全な事業所復帰を要求した場合、転職する意向があり、ほとんどの従業員は、同じ給料で週に2〜3日の在宅勤務が可能なワークスタイルに好意的を示していることがわかった（Barrero et al. 2021）。また永田らの調査ではコロナ禍における在宅によるテレワーク調査から、週3日〜月1回程度のテレワークは仕事への意欲の高さにつながっていることを示した（Nagata et al. 2021）。

---

2)PwC(2021)「PwC US Pulse Survey: Next in work」.

　マイクロソフト社が2021年9月に発表した調査によると、従業員が在宅勤務を行う理由として上位に挙げられるのは通勤時間の削減（61%）、ワークライフバランス（59%）、仕事への集中（49%）であった。一方で、オフィス勤務の理由は同僚とのコラボレーション（70%）、社会的な交流（61%）などであった（図8-3）[3]。興味深いのは「仕事への集中」は在宅勤務希望者の49%が理由として挙げている一方で、オフィス勤務希望者の21%もその理由として挙げている点である。これは「ハイブリッド・ワーク・パラドクス」として指摘されている。またオフィス勤務において求められる「同僚とのコラボレーション」や「社会的な交流」はオフィスにおける重要な行為であるのと同時に、コロナ禍以前はまさにそのために集中して取り組む「ディープ・ワーク」（Newport 2016）を妨げるものでもあった。

　こうしたハイブリッド・ワークスタイルはIT企業のエンジニアやクリエイティ

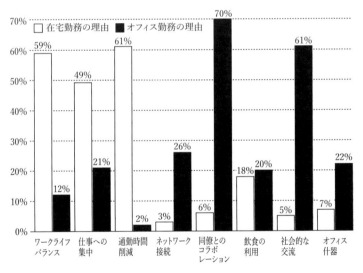

図8-3　在宅勤務、あるいは、オフィス勤務を選択したマイクロソフトの従業員が
その選択を行った理由.
（出典：Microsoft（2021）Work Trend Index: To Thrive in Hybrid Work, Build a Culture of Trust
and Flexibility）.

---

3) Microsoft, 2021, Work Trend Index: To Thrive in Hybrid Work, Build a Culture of Trust and Flexibility.

ブ職だけではない。AIやドローン、ロボットなどのテクノロジーの普及によりこれまでエッセンシャル・ワークと考えられてきた医療や農業も（すべてではないにせよ）遠隔で行えることが増えつつある。これらの領域でも一部、オンラインでの業務を組み込むことでハイブリッド・ワークスタイルの実現を探っていく流れも出てくるだろう。例えば、アップル社は小売店の従業員にリアル店舗とオンライン販売の業務を組み合わせることでハイブリッド・ワークスタイルを可能にする Retail Flex プログラムを試験的に行うという[4]。

　このようにハイブリッド・ワークスタイルが広がると、ハイブリッドワーカー、すべてをリモートで行うフルリモートワーカーに加えて、週5日オフィスで勤務するワーカーはフルオフィスワーカーと位置づけられる。そのなかで議論するために検討すべきレイヤーとして個人レイヤー、企業・組織レイヤー、社会レイヤーの3つが挙げられる。

　個人レイヤーでは、ワーカー個人がどのような比率でテレワークとオフィスを組み合わせるのか、生産性向上やクリエイティビティ発揮などを重視したワークスタイルや、子育て、介護などを考慮したライフスタイルに合わせて最適な比率を探っていくことが重要になる。企業・組織レイヤーでは人事戦略、また営業・取引先のサプライチェーン、健康経営などの視点を入れながらどういった比率でワーカーを配置、採用するのか、それに必要なファシリティはどういったものかを戦略的に策定する必要がある。そしてハイブリッド・ワークスタイルによる働く・住むことの変容はオフィス街や住宅地、地方拠点をどのように計画・設計するのか、そのための支援などの施策をどう展開するのかという都市・地方を含めた行政、自治体などによる社会レイヤーでも考えながら導入することが重要になってくる。

4）Bloomberg,2021,"Apple to Test Hybrid Work From Store and Home for Retail Staff",2021年7月2日，(Accessed 1 Mar 2022,https://www.bloomberg.com/news/articles/2021-07-01/apple-to-test-hybrid-work-from-store-and-home-for-retail-staff).

# 3. WFHからWFXへ

　コロナ禍での在宅勤務はWFH（Work from Home）と言われている。WFH
はリモートワークと代替的に使用されるようになったが、仕事場所を自宅に限っ
ているという点ではいわゆるノマド・ワークと対照的とも言える。Gibbsらの
調査によると、IT企業におけるWFHにおいて労働時間の増加と生産性の低下
（8～19%）が見られることを示した。特に子どものいる従業員は子どものい
ない従業員に比べてより労働時間が増え、生産性が低下するという。さらに調
整のための活動や会議の時間が増加した一方で、中断されない作業時間、社内
外の人や部署とのコミュニケーション、コーチングや上司との1対1のミーティ
ングが減少したことが示されている（Gibbs et al. 2021）。

　しかしその対応のために週5日のオフィス勤務に戻すことはBCP（事業継続
計画）や先に見た人材採用・育成の観点からも有効ではない。すなわち、オフィ
ス勤務とそれ以外からのリモートワークを組み合わせたハイブリッド・ワーク
を適切なバランスで導入することが現実的な解決アプローチとなる。

　WFHはコロナ禍において都市のロックダウンや不要不急の外出の自粛が求
められる状況下にあって行われたものである。そのため非日常的・強制的なも
ので、働く場所も自宅に限られており、街なかを自由に出歩くことも難しく、
たまたま出会うことや新しい出会いなど偶発性（セレンディピティ）の余地は
小さいものであった。WFHは緊急避難的に一時的なものとしてとらえられて
いたので、仕事の進め方は既存のワークフローを、また同様にマネジメントも
オフィスで行っていたスタイルをなんとかオンライン、デジタルで代替しよう
としたものである。

　オフィスか自宅かという二者択一を免れるためにWFHではなく様々な場所
で働くことを想定する必要がある。松下（2021）が指摘するように、ハイブリッ
ド・ワークスタイルに見られるように多様な場所で働くスタイルはWFHでは
なく、WFX（Work from X）と位置づけられる（図8-4参照）。

　WFXはWFHを取り入れつつ、コロナ禍の自粛的な生活ではなく日常的、選
択的なワークスタイルとしてデザインされる。オフィス、WFH、WFXにおけ

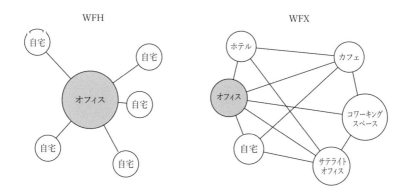

図8-4　WFHとWFXにおけるワークプレイスの布置.

表8-1　オフィス、WFH、WFXにおけるワークスタイル.

|  | オフィス | コロナ禍でのWFH | WFX |
|---|---|---|---|
| モード | 日常的 | 非日常的 | 日常的 |
| オフィスの意味 | 絶対的 | 絶対的 | 相対的 |
| オフラインの度合い | 対面が前提 | オンラインが前提 | ハイブリッド |
| 働く場所 | オフィス | 自宅 | 今いる場所 |
| 仕事の進め方 | 既存のもの | 既存の代替 | リモート最適化 |
| マネジメント | 管理職や会社から | 管理職や会社から | 自律型マネジメント |
| セレンディピティ | 大きい | 小さい | より大きい |

るワークスタイルは表8-1で示したように特徴づけられる。オンラインを対面の補完的意味ではなく、オンラインと対面とをハイブリッドにしていくためオフィスの意味は相対的なものになる。モバイルメディアを活用し、自宅に限らず近所のカフェやコワーキングスペース、自宅から遠く離れた地域やホテルなど自分が「今いる場所」がワークプイレイスとなる。またフリーランスや外部とのコラボレーション、複・副業によるコミットも増えるなかで仕事の進め方はリモートを前提にした最適化が目指され、マネジメント面においても管理職や会社からではなく、自律型マネジメントが重視されるようになる。コロナ禍におけるWFHでは小さかったセレンディピティは、会社内だけではなく自分の住んでいる地域や他の地域も含めてより大きなものになる。

　ビジネスのデジタル化について、UNDP（国連開発計画）は既存の物理的なものをデジタルに置き換えるDigitization（デジタイゼーション）とビジネスモデルやビジネスのやり方を根本的にデジタル化するDigitalization（デジタライゼーション）とを区別する。WFHはDigitizationであり、WFXはDigitalizationと位置づけられる。さらに言えば、WFXはDX（デジタル・トランスフォーメーション）で目指されるワークフローや組織カルチャーの変容の一環としてもとらえることができる[5]。

## 3-1.　ワークプレイス・ワークスタイルにおけるセカンドオフライン

　セカンドオフラインにひきつけると、WFXはモバイルメディアによって初めて成立するワークスタイルである。WFXにおいてモバイルメディアはプライベートな領域を生成するテリトリー・マシンから、パブリックな活動として働くためのワークプレイスを発生させる装置と位置づけることができる。逆に言えば、モバイルメディア（とWi-Fi環境）こそがWFXを可能にするのである。すなわちWFXは在宅勤務のようにオフィスに行かなくてもよいという非モバイル性に支えられたテレワークというよりも、コワーキングスペースやデジタルノマドなどモバイル性に紐付けられた行動様式としてのテレワークなのである。

　セカンドオフラインが常時オンライン情報を参照にしたオフライン経験であるならば、オンライン会議や営業活動、クラウドサービス、Slackなどのコミュニケーションに依拠する現代のワークスタイルはまさに2020年のコロナ禍以降、セカンドオフライン化が最も進んだ領域だと言えるだろう。仕事に関する様々なオンライン情報、状況が私たちがいまいる場所、状況に重畳される（Superimposed）ことによる健康面や人間関係、都市・地域デザインにおける課題や価値についての議論は2020年以降増えつつある。

　富田（2016）が指摘するように、セカンドオフラインにおいて時間の同期（Synchronization）がDoubling of Placeをつくり出し、場所の同位（Correspondence）がDoubling of Timeをつくり出している。そしてその両者

---

5）UNDP（2019）「UNDP Digital Strategy」（Accessed 2 Mar 2022,https://digitalstrategy.undp.org）.

が重なった領域がDoubling of Time and Placeとなる。ワークプレイス、ワークスタイル領域におけるDoublingは柔軟化とそれによる（生産性向上やスキマ時間の活用など）効率化と深く関連する。すなわち、柔軟にすることでムダな時間を仕事にあてることでいかに効率化し、生産性を向上させることができるか、あるいは組織へのエンゲージメントやイノベーション、クリエイティビティ、健康資本がいかに向上するか、という視点から検討される。

　例えば、出退勤時間に柔軟性をもたせるフレックスタイムは広がってきた。それに対してハイブリッド・ワークスタイル、WFXなど様々な働く場所を組み合わせることはフレックスプレイスと位置づけることができ、今後どのように取り入れるかが検討されている状況であると言えるだろう。言い換えれば、ワークプレイス、ワークスタイルにおけるDoubling of Time and Placeはフレックスタイムとフレックスプレイスが重なる部分だととらえることができる。

## 4.　モバイルメディアが生成するワークプレイス

### 4-1.　中間空間におけるワークプレイス

　効率化において移動は大きなテーマになる。とりわけ大都市圏において通勤や営業先への移動にかかる時間は膨大な量になる。それをいかに避けられるか、あるいはそれにかかる時間を短縮化したり、仕事にあてることができるかは経営者、ワーカーにとって大きな関心事である。

　WFXが広がるなかでオフィス、自宅だけではなくコワーキングスペースやサテライトオフィス、またカフェや電車や飛行機、駅や空港、公園など様々な場所がワークプレイスとなりうる。そのため、移動によって生み出される家、学校・職場、余暇・社交などの合間にあるこれら「中間空間」でモバイルメディアを使って仕事をする風景はこれまでも見られてきた (Urry 2007＝2015)。アーリは「中間空間」を近代社会の基底をなしていた線形的なクロック・タイムの対極としてのスマホなどで移動中に待ち合わせの調整をしながら生じるものと位置づけている[6]。

　スマホはメールやチャットによる待ち合わせの調整だけではなく、移動中や街でのゲームや動画視聴などもより拡張した。鈴木（2013）は現実の空間に

付随する意味の空間に開いた無数の穴（多孔化）からオンラインの情報が流入
したり、逆にオンラインに情報が流出し、別の意味へと接続されることで物理
的空間の特権性が失われる状況を指摘した。こうした多孔化社会は物理的な空
間の意味を変容させる。駅や車両、カフェでモバイルPCなどから仕事をして
いる状況は中間空間においてワークプレイスがモバイルメディアによって生成
しているものであると言える。

　コロナ禍においてテレワークが広がるなかで特徴なのは、ユーザーが中間空
間を「自発的」にワークプレイスとして利用するのではなく、具体的な場所や
サービスとして可視化、区分化されてきたことにある。例えば、2020年以降、
ホテルやカラオケボックスなどでは部屋を作業やオンライン会議に活用するこ
とを提案するテレワーク・プランが広がった。またJR東日本は2020年から東
北新幹線においてテレワーク用に「リモートワーク推奨車両」を実験的に導入
した。その後、東北・北海道・上越・北陸新幹線でも展開し、Wi-Fiルーター
や「WEAR SPACE」と呼ばれるヘッドギア、PCのサブモニタとしてスマート
グラス、マスキング音を流して会話漏れをふせぐスピーチプライバシーシステ
ムなどを貸し出している。2021年10月からはJR東海も東海道新幹線において
Wi-Fi環境を増強したり、作業や電話、webミーティングなどの音を許容する
テレワーク専用の「S Work車両」が運用されている。これらは言い換えると、
その空間において行われうる行動あるいは生じうる状況のPosibility（可能性）
の固定化なのである。

## 4-2.　ひとり空間としてのステーション・ブース

　中間空間におけるひとり空間のワークプレイスとして象徴的なものとしてス
テーション・ワークがある。ステーション・ワークは個室ブース型のステーショ
ン・ブースと複数の席が選択できるステーション・デスクとに分けられる（図
8-5）。これ以外にも提携しているホテルでのホテルシェアオフィス、WeWork

---

6) Urry (2000＝2006)はクロック・タイムに対してモバイルメディアなどのテクノロジーが生成し
　た時間感覚として「瞬間的時間(instantaneous time)」を指摘し、その構成要素として情報・通
　信テクノロジーにより短期的・断片的な時間によってクロック・タイムに変わる同時的存在を挙
　げている.

図8-5　ステーション・ブース(左)とステーション・デスク(右).

やHubなどのコワーキングスペースも含まれているが本章では駅という中間空間におけるひとり空間のワークプレイスを分析するためにステーション・ブースに着目する。

　ステーション・ブースはサービス名であり、その個室自体はテレキューブと呼ばれるものである。テレキューブは個室型スマートワークブースと呼ばれ、テーブル、イス、電源コンセントから構成されている。駅における待ち合わせやコミュニケーションのメディアとして公衆電話がある。モバイルメディアの普及によって公衆電話は（駅に限らず）減り続けている。総務省の調査によると、2000年（平成12年）度では公衆電話の設置台数は70.7万台であったが、減少し続け2020年3月時点で15.1万台となっている[7]。また先ほども挙げた「新幹線オフィス車両」の登場の裏で2021年6月末で新幹線の公衆電話サービスが終了したことは象徴的であろう。公衆電話の減少とは逆にテレキューブの設置数は増加している。JR東日本はステーション・ブースとして2021年度に100カ所、2023年度までに1000カ所の展開を目指している[8]。

　ステーション・ブースはモバイルメディアを前提としている場所である。そもそもステーション・ブースはスマホのアプリから予約や解錠、支払いを行うため、スマホがないと入室できない。電話ボックスや公衆電話はモバイルメディアの不在を補うための空間やツールであるのに対して、ステーション・ブース

はスマホやモバイルPCといったモバイルメディアを前提とした空間なのである。またステーション・ブースはモバイルを前提としながら明確に仕切りに区切られている完全個室の空間であり、物理的な仕切りはあるもののモバイルを前提としていない駅の喫煙所や待合室でもなく、あるいはモバイルを前提としているが物理的な仕切りは必要としない「ドラゴンクエストIX」におけるすれ違い通信のための「ルイーダの酒場」や「ポケモンGO」における「ポケストップ」とも異なるのである。

　南後（2018）は一人でもあり独りでもある「状態としてのひとり」が確保された空間を「ひとり空間」と位置づけている。そのうえで、モバイルメディアやSNSによる「細かい時間単位の同時並行的なミクロ・コーディネーション」の浸透によって待ち合わせなどの「調整」は遅刻をしないのではなく、遅刻に寛容になり用件と用件との間に生じた隙間時間をどのように活用するか、に目を向けさせた。そこにシェアリングエコノミーの発展も相まって生じたのが「隙間時間の商品化した空間」であり、それこそが「ひとり空間」であると指摘する。「ひとり空間」にはオンラインから遮断することで生じる「ひとり空間」と仕切りなど物理的に遮断されることで生じる「ひとり空間」がある。南後が取り上げるのはカプセルホテルや半個室ラーメン屋、ひとりカラオケ店、多機能トイレなどであるが、ステーション・ブースはオンラインでつながるために物理的に仕切られた「ひとり空間」と言えるのである。

## 4-3. セカンドオフラインとしてのステーション・ブース

　乗り物での移動中に仕事をするという行為はこうした視点からは非常に興味深いものである。なぜなら瞬間移動ができない私たちにとって乗り物による移

---

7）総務省（2021）「社会経済環境の変化に対応した公衆電話のあり方について」より, https://www.soumu.go.jp/main_content/000729480.pdf
8）テレキューブは駅構内だけではなくマンションやコンビニにも設置されている. またソーシャルディスタンスを保つ, web会議などの需要によりオフィスにも設置されその設置台数は全体の8〜9割を占める. テレキューブを提供するブイキューブ社の2021年度決算資料によると, 設置台数は2019年度末で約400台だったが, 2020年度末には約2000台, 2021年度末には約7700台と急増している（Accessed 1 Mar 2022,https://contents.xj-storage.jp/xcontents/05997/249add86/855b/488c/b01f/d18d1363b17d/20220224195805240s.pdf）.

動とは乗り物という場所と他の場所とのDoublingでもあり，移動という時間
と何かをしているという時間のDoublingでもあるからである。そういった意
味で、乗り物での移動中に仕事をするということはDubling of Time and Place
なのである。そして、ステーション・ブースで仕事をして、その後電車でオフィ
スに向かうという場合、私たちはオフィスからオフィスへと移動しているのだ。

　ステーション・ブースという空間そのものはどのように位置づけられるのか。
駅という場所はコーディネーションが結実する場である。駅は待ち合わせや電
車を待つために事前のモバイルメディアでのコーディネーションによって調整
された結果であり、そのプロセスではない。しかしステーション・ブースは駅
をまさにそこで仕事をすることで時間を調整するというコーディネーションの
プロセスを可視化した施設だと言える。

　ステーション・ブースによる可視化はオンラインとオフラインの重畳におい
ても興味深い論点を提示している。例えば、ステーション・ブースにおける主
な活用法の1つにオンライン会議がある。オンラインで集まるためにオフライ
ンではパーソナルに区切られた、そこにある周りと状況的にも音や風景を含む
物理的にも遮断された空間が必要になる。すなわち、ステーション・ブースは
集まるためにひとりになる必要があるというジレンマを統合して可視化したも
のでもある。これは今後のワークプレイスにおけるセカンドオフラインの実装
を考えるうえでも重要な示唆であろう。

## 5. Non Official Workplace

　ハイブリッド・ワークスタイルに見られるようなWFXにおいてはオフィス
と自宅は相対化され、都市や地域のサテライトオフィスやコワーキングスペー
ス、カフェなどさらにはステーション・ワークを含む駅や車内など中間空間の
ワークプレイス化も進んでいく。日本の住宅事情を踏まえると、これらのサー
ド・ワークプレイスは欧米よりもより真剣に検討されるべきものになるだろう。

　これらのサード・ワークプレイスのなかでも会社の従業員にとって会社が正
式に指定しているサテライトオフィスやコワーキングスペースではないものの、
仕事をする場として可視化、提供されているカフェや駅、車内などの中間空間

におけるワークプレイスは「公的ではない」という意味と「オフィスではない」という意味とを込めて本章では「Non Offical Workplace（NOW）」と名づけたい。場所と時間を重ねるセカンドオフラインは量子力学的とも言える、どちらでもある状態を可能にする。「NOW」は都市や地域におけるその場所の機能を保ちつつ、モバイルメディアによって瞬時に、文字通り「いま・この瞬間（Now）」にワークプレイスになる。例えば、ステーション・ブースはクロック・タイムの象徴とも言える鉄道駅において、いま・ここの経験である（ルフェーブルの言う）ケイロス的時間を可能にしているのである。より広範に言えば、モバイルメディアによるWFXは仕事をするという文脈においてクロック・タイムに代わりケイロス的時間が立ち現れてくる契機となっている。

　ではセカンドオフラインの視点からNOWをどのようにとらえることができるか。オンラインとオフライン、またTogether（他者と）とAlone（ひとりで）という2軸を取るとワークスタイルのモードは表8-2のように整理される。

　これまでのカフェやコワーキングスペースなどでの「ひとり空間」でモバイルPCで働くことは「Offline Together」であり「Online Alone」であったと言える。これに加えて、ソーシャルディスタンスにも気を配りつつ、オンライン上でのスムーズなコミュニケーションが求められるこれからのワークプレイス、ワークスタイルを考えるうえで重要なのは「Online Together」と「Offline Alone」との両立である。本章で示したステーション・ワークはそれまでの中間空間、ひとり空間におけるワークプレイス、ワークスタイルと逆に「Online Together」と「Offline Alone」との重畳のための施設である。そういった意味で、ステーション・ワークは駅という空間、あるいはそこでの時間を改善、効率化するシングルループな空間・サービスであるだけではなく、その空間、時間の意味を問い直すダブルループな空間・サービスにもなっているのである。それはワークプレイスのフロンティアというよりも、ワークプレイスあるいは

表8-2　ワークスタイルのモード整理.

| | Together：他者と | Alone：ひとりで |
| --- | --- | --- |
| Online | Onlie Together | Online Alone |
| Offline | Offline Together | Offline Alone |

駅という空間において重畳することによるインボリューション（involution）と言えるのである[9]。

# 6. おわりに

　2020年からのコロナ禍が続くなかで2021年9月にGoogleがニューヨークに新たにオフィスを設立すると発表する一方で、同年10月にはSlack社が幹部社員がオフィスで過ごすのは週3日以下にすることを、またAmazonはオフィスへの勤務日数はチームの裁量に任されることを発表した。Facebookは2021年10月にMetaに社名変更し、VRゴーグルを活用した「Horizon Workrooms」などメタバース環境開発への大型投資を進めている[10]。このようにフルリモート勤務、ハイブリッド・ワークスタイル、またそのなかでのオフィスの価値・意味を含めてワークプレイス、ワークスタイルを再編成する動きは活発になっている。

　テレワークが示唆する「いつでも・どこでも」はワークプレイスがシームレスにつながることによるWAA（Work Anytime,Anuywhere）と位置づけられる。しかしモバイルメディアがつくるのは「いま・ここ」の経験である。モバイルメディアによって「いまいる場所」が瞬時にワークプレイスになることは時間の極限の微分であるが、どちらの状況も重ねることができるセカンドオフラインとしてとらえることが今後のワークプレイス、ワークスタイルをデザインしていくうえで重要な論点になる。それは場所・空間のデザインだけではなく、近接性バイアスによる人事評価や柔軟なスタイルこそが組織への忠誠心、愛着を育てるというジレンマなどを考えるうえでも重要である。

　ノマドで例えられる遊牧民や狩猟民族は移動そのものに価値を見出している。

---

9）インボリューション（involution）とはGeertz（1963＝2001）がジャワ島における農業の展開を経済学的だけではなく美的な生態系をも含んで内に向けた発展・展開を指し、大河内（2021）はそれを踏まえつつ，空間そのものを拡大するフロンティアと対比させ，限定された空間において労働力や技術力によって生産性を向上し内向きに成長するパラダイムとして使用した．

10）2003年にサービスを開始したセカンドライフ（リンデンラボ社）やマインクラフト（2011），フォートナイト（2017）などもメタバースと言えるが，これらはPCなどデバイスのスクリーンを使用した仮想空間であり，ゲーム的な世界が基盤となる点でHorizon Workroomsと異なると言える．

またCassin（2013＝2020）はノスタルジーを「根をもつこととさまよい」の2つの面があると指摘する。モバイルメディアによるWFXはこの2つの局面を重ねた経験をつくりだしている。言い換えれば、さまようことに根をもつことがセカンドオフライン、であり本章冒頭のファーンになぞらえれば「オフィスレス」なのである。

　ノマドワーカーはかつてはオフィスという固定された空間・時間からの解放、自由になることに価値を見出したが、WFXにおいてはノマド元来の意味と同様、移動そのものに生産性などの効率化だけではなくイノベーションやクリエイティブを生み出す契機、源泉があり、価値があるものとしてとらえるようになった[11]。今後は移動の価値を高めるための都市・地域デザイン、ワークプレイスのデザインも模索されていくだろう。

---

11）例えばHUMAN FIRST研究所による「新しいオフィスのあり方や価値に関わる調査研究」第2回『個人のパフォーマンス向上因子』に関する協働調査研究結果によると、仕事で利用する場所の種類は個人のパフォーマンスにプラスの影響をもたらすことが示されている（Accessed 1 Mar 2022,https://www.officenomura.jp/kenkyujo/pdf/press_release_202103.pdf）.

# 参考文献

Barrero,J.M.,Bloom,N.,and Davis,S.J.,2021,"Let me work from home,or I will find another job". *SSRN Electronic Journal*, (Accessed March 1,2022,https://doi.org/10.2139/ssrn.3890988).

Cassin,B.,2013,*La nostalgie: quand donc est-on chez soi ? Ulysse,Énée,Arendt*,Éditions Autrement,coll.〈Les Grands Mots〉.（馬場智一訳,2020,『ノスタルジー:我が家にいるとはどういうことか?オデュッセウス、アエネアス、アーレント』花伝社）.

藤本憲一,2003,「『居場所機械（テリトリー・マシン）』としてのケータイと人間——アンチ・ユビキタス宣言!」現代風俗研究会編『現代風俗2003　テリトリー・マシン』,6-15.

藤本憲一,2006,「反ユビキタス的『テリトリー・マシン』」松田美佐・岡部大介・伊藤瑞子編『ケータイのある風景——テクノロジーの日常化を考える―』北大路書房.

Geertz,C.,1963,*Agricultural Involution: the Process of Ecological Change in Indonesia*,University of California Press.（池本幸生訳,2001,『インボリューション——内に向かう発展』NTT出版）.

Gibbs,M.,Mengel,F.and Siemroth,C.,2021,"Work from Home & Productivity: Evidence from Personnel & Analytics Data on IT Professionals",*University of Chicago,Becker Friedman Institute for Economics Working Pape*r,2021-56,(Accessed March 1,2022,https://doi.org/10.2139/ssrn.3843197).

松下慶太,2021,『ワークスタイル・アフターコロナ』イースト・プレス.

Nagata,T.,Nagata,M.,Ikegami,K.,Hino,A.,Tateishi,S.,Tsuji,M.,Matsuda,S.,Fujino,Y.,Mori,K.,and CORoNaWork project,2021,"Intensity of Home-Based Telework and Work Engagement During the COVID-19 Pandemic". *Journal of Occupational and Environmental Medicine / American College of Occupational and Environmental Medicine*, (Accessed March 1,2022,https://doi.org/10.1097/JOM.0000000000002299).

南後由和,2018,『ひとり空間の都市論』筑摩書房.

Newport,C.,2016,Deep Work: Rules for focused in a Distracted World.Grand Central Publishing.（門田美鈴訳,2016,『大事なことに集中する——気が散るものだらけの世界で生産性を最大化する科学的方法』ダイヤモンド社.)

大河内直子,2021,『アイデア資本主義文化人類学者が読み解く資本主義のフロンティア』実業之日本社.

鈴木謙介,2013,『ウェブ社会のゆくえ〈多孔化〉した現実のなかで』NHK出版.

富田英典編,2016,『ポスト・モバイル社会——セカンドオフラインの時代へ』世界思想社.

Tomita,H.,ed.,2016,*The Post-Mobile Society: From the smart/mobile to second offline*,Routledge.

Tuan,Y.F.,1977,*Space and Place: The Perspective of Experience*.University of Minnesota Press.（山本浩訳,1993,『空間の経験——身体から都市へ』筑摩書房）.

Urry,J.,2000, *Sociology beyond Societies: Mobilities for the Twenty-First Century*,Routledge.（吉原直樹監訳,2006,『社会を越える社会学——移動・環境・シチズンシップ』法政大学出版局）.

Urry,J.,2007,Mobilities.Polity.（吉原直樹・伊藤嘉高訳,2015,『モビリティーズ—移動の社会学』作品社）.

# 第2部

# 文化的環境としての
# モバイルメディア

# 第9章
# アムビエントな遊び
## モバイル・ゲームの日常[1]

ラリッサ・ヒョース
イングリッド・リチャードソン
（翻訳：金 曉和）

## 1. はじめに

　12歳のエスター・マディソンは、町を歩きながら遊ぶポケモンGOから、独創的なバーチャル世界作りに挑むマインクラフトまで、あらゆるモバイル・ゲームを楽しんでいる。エスターにとってモバイル・ゲームの遊びは、家にいようが外出しようが生活のリズムのとても重要な部分なのだ。とりわけ彼女は、モバイル・メディアをどこでも持っていく。例えば、家にいる時も、学校にいる時も、交通機関に乗っている間や友達と遊んでいる間にも常に携帯している。移動しながらも、止まっていながらの様々な場面でも、親やペットと関わりながらも、片方ではマインクラフトのようなバーチャル・ゲームを介して遠くの友達や知らない人とともに過ごす。私たちは、3年間、オーストラリアの60世帯の家族構成員と付き合いながらエスノグラフィー調査を行ってきた。エスターのモバイル・ゲームの遊び方は、調査に協力してくれた参加者たちの語る日常

---

1）訳注：本章の英語題目は "Ambient Play: Understanding Mobile Games in Everyday Life" である．Ambience（背景化，周辺化）およびambient（背景の，周辺の）という用語は，議論のキー概念として本文で頻繁に用いられる．著者らは，"ambient play" という概念を，昨今のモバイル・カジュアル・ゲームのあり方を説明する独自の枠組みとして主張している．それを踏まえて 'ambient play' の場合は 'ambient' をカタカナ表記にし「アムビエントな遊び」と訳した．

経験と相通じる。

　マディソンの家族のメディア実践は、日常に深く根づいたモバイル・ゲームに関する複数の文脈を物語っている。日本のモバイル・ゲーム利用を調べたDean Chan（2008）によれば、ほとんどのモバイル・ゲームは家庭の中でもとりわけ寝室で遊ばれていた。しかし、スマートフォン（以下、スマホ）で拡張現実（以下、AR）の機能が使えるようになったことにつれて、ポケモンGOのようなARゲームの利用がだんだん増え、都市空間でよく見かけられるメインストリームに浮上した。もはやモバイル・ゲームの収益は、91億ドルにのぼる全世界のゲーム収益の中、41億ドルを占めるとされている。

　その中でもポケモンGOは、最も人気のあるモバイル・ゲームだ。全盛期はもう過ぎたという見方があるにもかかわらず、毎日のアクティブユーザー数は依然として500万人もいるし、ダウンロードは7億5000万件[2]に達している。毎日200万ドル以上の収益を発生させて、12億ドル以上の総収入を生み出している。すでに日常的すぎかつ古いメディアとなったポケモンGOは、テレグラム（Telegram）やワッツアップ（WhatsApp）などを使いながら街の中でレイド・ボスとの出会いを求めるという、新しい社会的なアクティビティーを生み出した。高齢者の社会的関与とエクササイズを促進するということで、日本やシンガポール、スペインなどでは高齢者の間でも人気だ。

　本章では、「アムビエントな遊び（ambient play）」と「デジタル・ウェイフェアリング（digital wayfaring）」という2つの枠組みを用いながら、こうしたモバイル・ゲームの変容を概念化したい。そうすることによって、都会空間におけるパーソナルかつカジュアルな遊びという、モバイル・ゲームの新しいあり方を総体的に理解できると考える。続く2節では、これらのタームの定義を確かめたうえ、移動性の私有化という文脈におけるカジュアルかつモバイルなゲームの小史を振り返る。それから、都市環境と遊び空間を転換させる道具としてゲームのあり方を論じる。最後に、昨今のモバイル・ゲームという観点からポケモンGO現象について述べてまとめる（図9-1）。

---

2）訳注：2020年に提出された元論文に記された数値であり，2022年にはダウンロード数が10億件を超えているという報告もある.

図9-1 タッチスクリーンとモバイル・ゲーム（写真：ヒョース）.

## 2. アムビエントな遊び

　モバイル・ゲームの最新のあり方を理解するためには、まず、遊びの移動的、触覚的、ユビキタスでアムビエントな特徴を理解しなければならない。最新研究テーマとして遊びと遊び心（Play and playfulness）はしかるべき関心を集めている（Frissen et al. 2015）。例えば、Miguel Sicart（2014）は、『*Play Matters*（遊び事）』の中で、遊びの行動と、遊び心という態度を区分し、遊びの重層的あり方を論じた。政治と建築から引き出された様々な比喩を用いながら、遊びと遊び心が現代人の生活のあらゆる側面に浸透する様子を述べた。さらに、文化的実践としての遊び概念（Sutton-Smith 1997）から動物の遊び、昨今のドゥ・イット・ユアセルフ（DIY）戦略（Gauntlett 2011）まで、幅広い文脈での遊びのあり方に触れながら、現代メディアの著しい特徴として「遊び心」を探ったのである。

　同様に、Kerr（2006：69）は遊びを「新しいメディアと利用者の相互作用を理解するために核心となる概念」として位置づけて、あらゆるメディア・インターフェースこそ「集合的かつ遊び好きなメディア風景」（Frissen et al. 2015：29）の一部なのだと述べた。こうした議論の中で、モバイル・メディアとモバイル・ゲームは、アムビエントな遊びという新しいあり方を生み出した要因として位置づけられる。また、それらが拡散される流れの中で遊びが複数のコンテクストにまたがった日常的な実践になったと述べる。すなわち、モ

バイル・メディアの背景化（ambience）は、オンライン空間とオフライン空間を横断するウェイフェアリング実践とも深く関わっている。

　ここでウェイフェアリングとは、歩き、移動、横断という実践を通して知識や意味が生み出されることを意味する。私たちは、ある場所から他の場所へ移動しながら、知る、あるいは、現存するという感覚を内在化させる。Hjorth and Pink（2014）が述べるように、現在のオンラインとオフラインの絡み合っている様子を、デジタル・ウェイフェアリングというメタファーとして説明することができるだろう。さらに、Tim Ingold のウェイフェアリングという概念を、移動性の内在化としてとらえかえすこともできる。通勤のように習慣的で慣れている移動性の中で、反復的な動作を介して知識が生産されている。彼女らはこの概念を、特にモバイル・メディアの日常実践を介してデジタル世界と積極的に関わる様子を記述する枠組みとして位置づけた。後述するが、デジタル・ウェイフェアリングの経験はハイブリッド・リアリティ・ゲームの中でさらに精緻化する。

　最近、背景化、あるいは、周辺（atmosphere, Böhme 1993）という概念が一定の学問的支持を獲得してきた。これらの概念は、日常生活の中で持続的に増加しているデジタル・メディアの役割に着目し、それが身体化と関心（modes of attention）の関係性をいかに再形成しているかを解説する枠組みである。Malcom McCullough の『*Ambient Commons : Attention in The Age of Embodies Information*』（2013）から Paul Roquet の『*Ambient Media*』（2016）まで、背景（the ambient）という概念は、現代のメディアと、空間、場所、身体、実践、そしてパフォーマンスなどといった様々な概念が関わる様子を理解する入り口として有用である。増加一方のモバイル・ゲームの人気は、日常生活のパターンに適応、適合しながら、同時的に存在する（co-located）ネットワーク空間の間を自由に移動できるという特徴に促された結果でもある。とりわけここではアムビエントな遊びという概念に注目している。前掲のMcCullough の『*Ambient Commons*』の中で例示されたように、背景化という概念は、ヒューマン・コンピュータ・インタラクション（HCI）および都市環境学の分野でかなり注目を集めている。背景化と遊びという2つの概念を結びつけることで、家中における親密かつ情緒的で身体化されるメディア利用の

あり方を理解することができよう。

　他でも論じているように（Hjorth and Richardson 2016）、背景化とは、場所の雰囲気や感覚的かつ情緒的質感に関する概念である。McCullough（2013：13）が述べる通り、周囲に関する認知は「一般的な注意深さ」、すなわち、媒介環境に対する即時的な反応として社会的かつ身体化された感覚として現れる。ゲーム遊びには、背景化と関連づけられる特徴が多い。例えば、ゲームのサウンドトラックは、ゲームの雰囲気、ジャンル、感情的な手がかりなどをプレイヤーに与える要素である。サウンドの助けがなければ、多くのゲームが失敗するだろう。しかし、サウンドの重要性は、それがプレイヤーの身体感覚の軸であるにもかかわらず、背景化と同様にゲーム研究の中では相対的に軽視されている。そうした意味で背景化とは、しばしば暗黙的に影響を与える「ゲーム感覚（game feel）」、すなわち、ゲーム遊びへの暗黙的で情緒的な粘着性に関する概念なのだ（Swink 2008；Isbister 2011）。

　モバイル・ゲーム遊びの背景化を構築する要素についても、より厳密に検討する必要がある。そのあり方こそ、媒体、そして同じ場所にいるということの様々な形態を横断しつつ、場所に対する相違する経験を生み出している。モバイル・ゲームの視聴覚的な背景化は、ゲーム経験の触覚的、社会的、さらにネットワーク化された場所に関わる要素によって拡張させられる。他の論考で述べた通り（Hjorth and Richardson 2014：60）、アムビエントな遊びとしてモバイル・ゲームを解釈することは、「より幅広い社会性と内在化されたメディア実践の過程の中でゲームを位置づけること」である。さらに、ゲームの内側と外側の両方で起こる出来事として遊びを位置づけなおしながら、日常の文化的実践と現象に幅広い変化が起こっている様子をとらえることでもある。

　本章では、しばしば断絶させられる3つの領域、すなわち、都市空間へのゲーム遊びの浸透、カジュアルでモバイルなゲームの遊び方、家庭内のモバイル・ゲーム遊びを提示しつつ、モバイル遊びがどれだけユビキタスかつ多様な経験であるのかについて考察する。特に、モバイル・ゲームについて繊細で柔軟な定義を定着させるためには、公共空間と家庭でのモバイル遊びの間の生産的緊張を論じなければならない。実にモバイル・ゲームをアムビエントな遊びとデジタル・ウェイフェアリングとして位置づけるためには、注意を注ぐことと気を散

らすことを対峙させる二元論的な解釈を乗り越えなければならない。そのため
には、関与という概念を再整理する必要がある。よって、雑多で常に動いてい
る日常実践の一部として遊びを理解することができる。さらに空間、場所、身
体の様々なあり方を横断しながら遊びと遊び心を呼び出したり、実践させたり
する、複雑かつ論争的な遊びのあり方を理解することができよう（図9-2）。

　遊びというのは、とりわけ現代メディア文化という文脈においては、非常に
論争的で学際的で複雑な用語である（Malaby 2009；Sicart 2014；Flanagan
2009）。Sutton-Smith（1997）は遊びの文化的次元について詳細に述べる一方、
Salen and Zimmerman（2003）は Huizinga（1955）と Callois（1961）に言及
しながらゲームについて論じた。都市空間での遊びというのは、フラヌールや
1960年代のシチュアシオニスト・インターナショナル運動のような歴史的な
モティーフと結びづけられる長い歴史をもつ（de Souza e Silva and Hjorth
2009；Montola 2010）。こうした歴史的かつ文化社会的な次元に注意を払いな
がらモバイル・ゲームが先行現象を受け継いでいるという事実を確認する。さ
らに、場所とは常に、同時的な存在様式（co-presence）とアムビエントな遊
びの可変的あり方に関わっている事象であるということも主張したい。Sicart

図9-2　待ちながら遊ぶ：
背景と中間、前景を往復する様子（写真：ヒョース）.

（2014）によれば、もはや遊びは特定のコンテクストだけに限定されず、生活のあらゆる側面に総体的に関わる要素になりつつある。遊びとは、人間にとって根本的な要素であり、文化的、社会的、歴史的、感情的に関わり合っている。

さて、アムビエントな遊びに向けられた関心は、場所を自由に移動するモバイル・メディアのあり方をより繊細にかつダイナミックに解釈しなければならないことを示唆する。Paul Dourish（2005：25）は「背景化とは、焦点と周辺の間で散漫になりがちな私たちの注意に着目している。［中略］情報が環境の一部化される様子である」と述べる。さらに、Dourishら（2005）は、常に競われながら再創造される文化的範疇として、情報、背景、知識を理解するように勧める。背景とは、相互作用とともに、HCIの、とりわけユビキタス・コンピューティング分野における礎石的な概念になった。両方ともに、特定する文化的、ローカルな文脈の中で生み出される関与の形態なのだ。Kjeldskovら（2013）は、都市空間での媒介作用という文脈でモバイル・メディアの役割を解釈するために、より洗練された枠組みとして「デジタル・アーバン・アムビエンス（digital urban ambience）」という用語を提示している。

次節では、カジュアルなモバイル・ゲームを例示しながら都市環境における私的空間の移動化によって可能になったアムビエントな遊びの様子を述べる。そして、それがデジタル・ウェイフェアリングという形態をとりながら、ハイブリッド・リアリティな遊びへ転換していく流れを記述する。

# 3. 公共空間でゲームする：私的空間の移動化

系譜を探れば、モバイル遊びの歴史は19世紀後半にさかのぼる。Parikka and Suominen（2006）によれば、当時の近代化の流れ、例えば、産業化、交通機関の拡充、都市化などの中で、移動性、あるいは場所の移動という特定の形態が浮上した。その過程でレジャーや展覧の概念が変化し、個人化と個別化という風潮も生まれた。カード遊びや携帯できるチェスボード、ステレオスコープまで、様々な遊びが、機械化、消費、移動性と共鳴する形で、ビクトリア朝のメディア風景の一部を構成したのでる。とりわけ、彼らは、携帯電話が公共空間と私的空間の間にある「第3の空間」を再現させたと主張する。言い換え

れば、それは、19世紀にすでに自明化していた古い習慣の新しい形態でもある。

　　こうして空間の区別や仕切りの個人的創出というのがどうして新しいのだろうか。
　　これを単にデジタル文化として眺めることではなく、近代の都市空間とメディア
　　消費の新しいパラダイムから始まった古い現象の継承という観点からとらえるこ
　　ともできる。個人の結界をつくるというモバイルな娯楽パターンは、19世紀の鉄
　　道文化の一部でもあった。当時の人々は、デジタル娯楽の代わりに新聞や書籍といっ
　　たメディア・コンテンツを消費していたのだが。(Parikka and Suominen 2006: n.p)

　メディアを使って個人的な仕切りをつくることは、モバイル・インターフェー
スが遍在化したことにつれて日常的になってきただろう。Groening（2010）
は「携帯可能でパーソナルな電子機器が存在する社会には、物理的な移動性を
備えた私的空間が大量に存在し、プライバシー自体も徹底して移動的」と主張
した。一方、Hjorth（2012）は、携帯電話は小さな移動体の家庭のように、
比喩的に言えば、キャラバンのようにしばしば活用されており、私的空間をポ
ケットの中に携帯しながら必要な時に活性化させることを可能にしたと述べる。
　さらに、モバイル・ゲームは、Raymond Williams（1975）が述べた「移動
性の私有化（mobile privatization）」という概念がさらに展開された事例でも
ある。Williamsは、1970年代にこの用語を提唱し、家庭内に置かれたテレビ
の新しいあり方を解説した。テレビは、利用者が「家にいるように」くつろぎ
ながら、公共的領域へ横断・接近することを可能にした。移動性を私有化する
傾向は、モバイル・メディアの登場とともにいっそう注目を集めている。それ
は、身近なコンテンツとサービスを封じ込めつつ、モバイル・メディアによる
家族間の常時的なつながりを可能にすることで、利用者にどこにも徘徊できる
「自由」を与えながらも、家という概念を変化させたのである（Morley 2003）。
　一方、技術の受容側に着目したアプローチでは、モバイル・メディア利用に
よって仕事とレジャーの区別が曖昧になってきたことについて注意を払う（Ling
and Haddon 2003）。Sicartの「遊び心」という概念は、モバイル・メディアに
よって仕事とレジャーが混在する現状を理解する入口である。実は、多くのモ
バイル用のアプリは、利用者が楽しみながらメディアと付き合えるように、し

ばしばゲーム的な戦略を採用した要素を施している。例えば、セルフ・モニタリングとフィットネス用のアプリは、生産性を高めるために、バッジ、アイコン、バーチャル通貨など、ゲーム風のデジタル・アイテムを提供し、利用者に補償を与えている。

　Wilmottら（2017）は、GPS（グローバル・ポジショニング・システム）搭載のスマートウォッチやスマート・バンドによって、私たちの日常環境は、仕事と数量化されたデータによって再定義され、楽しいけど大変な遊び場に変貌すると述べる。モバイル・メディア利用によって仕事とレジャーが曖昧になりつつある傾向については、多くの文化研究者たちも言及している（Gregg 2013；Wajcman 1991）。Kücklich（2005）の提唱した「プレイバー（playbour）」という用語も、様々な遊びっぽい実践（例えば、モード作り、リミックス、共有、リンク付け）が社会文化的かつ創造的な文化資本の生産につながる様子を説明している。こうした文脈においてモバイル・メディアの特徴は、アムビエントな遊びとソフトな労働の根拠である（Hjorth 2017）。

　モバイル・メディア実践のあり方はしばしば矛盾を浮き彫りにする。いつも自由に移動する可能性がある一方、常に待機状態にいるという義務を負わせる。ところが、そうしたしばりにもかかわらず、私たちのモバイル・スクリーンとの付き合い方は、テレビや映画、家庭のコンピュータなどひたすら注目する集中力を求める他のスクリーンとは異なる。それには、頻繁にかつ瞬間的に、毎回数分という短時間のみに「振り向く」だけで十分だ（例えば、メッセージやソーシャルメディアへの投稿、不在着信の確認、バスを待ちながら、キック・ザ・バディー[3] のレベルをクリアするなど）。モバイル・メディアへの関与は、途中で中断されがちであり、他の活動と活動の間に、散発的に、あるいは、分割的に注意を注ぐという形をとるのである。

　モバイル・ゲームの開発者もそれを認知しており、したがって、モバイル・ゲームのプレイヤーたちを「カジュアルなゲーマー」と呼ぶのだ。カジュアルなモバイル・ゲームは、典型的に、途中で中断されても問題がなく、日常の日課と既存の生活パターンと絡ませながら遊ぶことが可能である。ゲーム論の中でカジュ

---

3）訳注：モバイル・メディアで遊ばれるカジュアル・ゲーム「Kick The Buddy」を指す．

アル・ゲームとは、気軽な利用を目的にデザインされる、使い方は簡単（例えば、簡単なパズル、カード、言葉ゲームなど）、即時的なリワードを提供し、短時間でクリアできる、などで特徴づけられる。すなわち、カジュアル・ゲームをやることは相対的に低いレベルのスキルを要求し、およそ5分程度の散発的な注意を注ぐだけでも十分と理解されている。実際に研究への参加者たちが自らのゲーム経験を語る際にも、カジュアル・ゲームは偶発的な気晴らしや周辺的なアクティビティー、重要ではない活動のように描写することが多い。そんなつまらないゲームをやることを認めることさえ恥ずかしがる参加者もいた。

　しかし、やや軽蔑的な「カジュアル」という用語は、一部のカジュアル・ゲーム・プレイヤーたちがそれに相当の努力を費やしている事実を隠してしまう。また、多様化しながら速やかに発展しているゲーム遊びのあり方を過度に単純化する危険もある（Taylor 2012）。Mia Consalvo（2012：184）は、スマホとタッチスクリーンの登場によって「ゲームをともにやるとまったく思ってなかった数百万の人々の手の中に」モバイル・ゲーム・プラットフォームを見事に渡したと述べる。「オンライン」になることが標準化したように、ゲームをやることも普通になった。モバイルメディアを使ったナビゲーション、情報検索、メディア制作、ソーシャル・メディアへのアクセスが自明化したように、アプリとして与えられるゲームも日常の要素となり、都市環境の移動と経験のあり方を変えた。こうしたモバイル・ゲームの標準化は、いつでも可用できるという特徴とともに、モバイル・ゲームの背景化を導き、それを私たちの習慣や日常の中に浸透させている。

　一方、ウォークマンやiPod、mp3プレイヤーやスマホといった携帯可能な音楽デバイスは、都市空間の「聴覚的な私有化」を可能にし、公共空間での行動様式を変容させた（Helyer 2007）。Bull（2005：169）は「統制できるメディアの小さな世界に引きこもる個人の孤立こそ、都会の空間文化を統制する形態である」と述べる。一方、Lásen（2017）にとっては移動しながら聴くという行動も、都市空間における公的な側面として理解される。トランジスタラジオ・ブームボックス、パーソナル・ステレオ（Bull 2000）、ブーム・カー[4]（Bull

---

4）訳注：高性能スピーカーを装着した自動車の別称.

2007）のように、携帯するオーディオ・メディアの歴史は長い。

　ところが、音楽プレイヤーは「鳴り響く密封状態」を作り、ざわめく都会の騒音から遮断された独自のサウンドバブルを生み出すことに対して、携帯電話はコミュニケーションとネットワークの道具でもある。都市空間は、慣れた習慣や親密な「騒音」、呼び出し音、電子音、一方的な話しかけの参入によって刺激されがちであり、予想不可能で不安定だ。多くの研究で示されたように、公共場所で携帯電話を利用したり、独りでカジュアル・ゲームをしたりする行為は、音楽を聴く行為と同じく、「邪魔しないでほしい」という意図の表明として解釈される場合がしばしばある。メディアに注意を注ぐ行為が、公共交通機関で本や新聞を読むことを同じく、周りの人々にプライバシーを守ってほしいというメッセージを伝達するということは、いまや誰もが認知しているだろう。

　移動しながら公共な場所でゲーム遊びが可能になったことによって、ゲームは、歩く身体の運動性と移動性に頼りながら、生産的だったり明示的だったりする行動の間にできあがる隙間を活用する方法になった。私たちは、友達との待ち合わせ、バス停、あるいは、短期旅行中など、短い待ちの間、カジュアル・モバイル・ゲームをやる。公共な場所でのいらだち、孤独感、退屈さを慰める手段としてモバイル・メディア・ゲームをやり始めるのだ。「他人と一緒にいながら」一人ぼっちの娯楽を楽しむことが可能になった（Hjorth and Richardson 2010）。こうした形でモバイル・メディアは、待つという労働の中に参入した。都会の日常生活の一部でもある、「浮いた」あるいは「破片化された」時間と空間を埋めたり、縫い合わせたりする役割をするようになったのだ（Bissell 2007）。

　こうした文脈においてカジュアル・ゲームをする行為は、Goffman（1972）が主張する、いわば「顔の表現（face-work）」の一種として、公的な場所で自発的にとられる特定の姿勢を意味する。と同時にそれは、忙しい生活の流れにすぐに戻れるように即時に周辺の出来事に気づかせる「環境の認知（environmental knowing）」を稼働させる。スイッチ・オフしているものの、完全なオフではない転換可能性、そして小さなスクリーンに向けられたさりげない注意力が保てるわけである。例えば、待ち時間が終わることを知らせる「到

着」に気づかせる状態が維持できるし、知らない人とは関わらないという暗黙的な社会秩序に同調することもできる。実際、モバイル・スクリーンとの関与が、他人と同じ空間で待たなければならないという、必ずしも喜べない相互作用の危険が潜伏している状態に対して安全な隔離状況を提供すると、研究への参加者たちは語った。さらに、危険が近づいてくることにすぐ気づくことができる「開かれた」状況を保てると評価した。

　後述するが、地域情報に基づいたモバイル・ゲームは、物理的な場所とオンライン・ネットワークが融合しているハイブリッド空間をつくり上げ、都会の中で異質的な空間・場所経験を可能にしつつ、その空間をアムビエントかつ協調的な遊び場に転向させたのである。

## 4.　地域情報モバイル・ゲーム：都市空間の遊び場への転換

　この10年間、地域情報に基づいたモバイル・ゲームやゲーム風アプリが人気を集めるようになった。これらのアプリは、今、ここで、私的なコンテンツをどんどんアップロード、共有するように私たちを誘う。私たちは、まさにそうした形で、場所、移動、コミュニケーションに関わる多層的で多面的、ハイブリッドな経験を導かれるのである。

　地域情報サービスとは、オンライン・データベースとメディア情報を使って都市環境に関する情報を提供してもらう典型的な形態である。瞬時にモバイル・スクリーン上に現れる情報は移動と場所の経験を変容させる。言い換えれば、それによって「オンライン」が現在進行形でコンテクストと行動に重畳させられる。私たちは、そういう形で都市の中で道を探し、良い外食先をも見つけ、行ったことのない友達の家まで運転してたどり着ける。フォースクエア[5]のような地域情報アプリに自らの位置を登録することもある。とりわけ、地域情報を基盤にするモバイル・ゲームは、新しく浮上したハイブリッドな経験の確固たる事例だ。

---

5）訳注：位置情報基盤のソーシャルネットワーキングサービス．自らいる場所をインターネットに共有する「チェックイン」することが主なアクティビティーである．

　歴史的に、地域情報ゲーム（例えば、都市空間のゲーム、大規模なゲーム、広範囲で行われるゲーム、融合型リアリティー・ゲームなど）は、前衛的なメディア・アートとして現れてから、新しいメディア・インターフェースやプラットフォーム、ネットワークに関する創造的実験と緊密に関わっていた。現在復活しつつある、70、80年代のニュー・ゲーム運動とは、協調的かつ創造的な都会の遊びを大衆化しようと試みたものである。公共の場所を遊びの空間に変貌させ、自明化した日常を意図的に覆すことに挑戦していた。しかし、社会性を伴う地域情報ゲームは、一種の実験として位置づけられた過去から一変し、最近は主流化、商品化されつつある。そもそもゲームとは無関係な活動の中にゲーム技術を組み込む、ゲーム化（gamification）の流れとともにより一般的な文化現象になった。例えば、人気のゲーム風アプリ、フォースクエアには、3000万以上の積極的利用者が自分の体験から得られた「ベストな出かけるスポット」というおすすめ情報を共有し、タグづけを行うことで友達のネットワークへ統合させる。最もタグ数が多いユーザーにはリワードが提供されるのである。

　こうしたゲーム化、商品化と対峙する形で、都会空間の中にコミュニティ・ゲームを作ろうとする動きもある。イギリスの新しいメディアグループ、ブラスト・セオリーは、意図的に公共空間を「ハッキング」するように勧め、プレイヤーたちが自明な都市環境に関する認知をあえて異化させるように誘導する。こうしたモバイル・ゲームは、都会の中に地域情報に基づいたハイブリッド・リアリティを作り上げ、その空間を参加型のゲーム世界へ変容させることができる。さらに利用者が自由にデザインできる空間を提供する「サンド・ボックス」型のゲームも、コミュニティの中のフィードバックとコンテンツ貢献に結びついた遊びを作り上げようとする。ニューヨーク在住のゲーム・デザイナーのFrank Lantz (2006) は、パック・マンハッタンという、同流の枢軸的なプロジェクトに参加していた。彼は巨大な都会ゲームこそ、ゲームの将来のあり方において重要な役割を担うと主張する。ここでの巨大ゲームとは、「道路を含め、都会の様々公共場所を占拠しながら、デジタル・メディアの多層的で豊かなあり方や複雑な操作過程を、身体活動および対面的な社会行動を連合させる、リアル世界での大規模ゲーム」を意味する。

　一方、Farman (2009) は、ジオ・キャッシング（geocashing）に着目し、

身体とネットワーク、物理空間が融合する広範囲な地域情報ゲームの混合現実的、または、拡張現実的なあり方について論じた。200カ国以上で遊ばれているジオ・キャッシングの宝探しゲームでは、プレイヤーたちが地理情報データの刻み組まれた「ジオ・キャッシュ・コンテナ」を公共場所に隠す。そして「自らのモバイル・メディア（GPS受信機からスマホまで）を利用ながらコンテナを追跡し、ログを残し、その隠し場に引き取り可能で追跡可能なアイテムを置いておく」。そのようなゲームをやるためには、外部に関する即時的な経験と媒介された経験の両方をシームレスに結合、統合しなければならない。

　さらに、地域情報ゲームの草創期である2003年に始まったモギ（Mogi）というゲームがある。それでは、プレイヤーの携帯電話上の地図とインターネット上の地図の両方にそれぞれ東京都の地理情報を再現したビューを提供する。特に、コンピュータを使うプレイヤーには、都市全体をカバーする全体ビューに加えて、プレイヤー全員の物理的位置情報とゲーム世界での位置情報のすべてを提供した。モバイル・プレイヤーとコンピュータ・プレイヤーはそれぞれ異なるゲーム・ビューにアクセスし、互いに協調しながら都市のいろんな場所に置かれたバーチャルなモノや生物を収集する。まさにハイブリッドな空間を「構築」するのはこうしたコラボレーションである。Licoppe and Inada（2006）は「自分と環境についての媒介された認知情報を身体化された経験としてスムーズに統合できる」モギ・ゲームのプレイヤーこそ「ハイブリッドな存在」だと述べる。

　地域情報モバイル・ゲームは、場所と存在に関わるハイブリッドな経験を生み出す。プレイヤーは、自分の身体化された世界認識を、ネットワークの中で拡張されるゲーム世界に組み込まれている動的なGPS情報と統合しなければならない。Farman（2012：108）が主張するように、それこそモバイル・テクノロジーの特徴の1つであり、存在か、不在かという二分法を、同時的な存在様式を継続的に保つという新しい経験に効果的に変える。実際、モバイル・メディア利用者は、異なる種類のプレゼンスを経験している。同じ場所にいるだけのプレゼンス（co-located presence、他人と同じ物理空間にいる時）、遠距離のプレゼンス（telepresence、電話で話している時）、留守のプレゼンス（absent presence、ブログやFacebookのポストを読んでいる時）、分配されたプレゼン

ス（distributed presence、オンライン・マルチプレイヤー・ゲ ムをする時）、アムビエントなプレゼンス（ambient presence、ネットワークの他人に向けられる恒常的感覚）など（Okabe and Ito 2005；Hjorth and Richardson 2014）。地域情報モバイル・ゲームとアプリは、場所と空間に、多層的な次元性を与えているのである。

　結果的に、公共空間に存在するという経験のあり方を再考しなければならなくなった。周辺状況に関する即時的な判断材料としてオンライン情報を統合させる傾向が増加しているからである。Gordon and de Souza e Silva（2011）は、そうしたハイブリッドな実践を「ネット・ローカル（net-local）」と名づける。それは、公共空間の新しいあり方であり、「すぐに近づき、すぐに遠ざかる」ことができる私たちの動きのベースでもある。ネット・ローカルな公共空間には、モバイル・メディアの地域情報に関わっている人たちと、ネットワークに参加している人たち（共存する場合とオンラインの両方）、さらに、その都市環境に一緒にいる非参加者たちが混在している。

　一方、Pellegrino（2010）によれば、ハイブリッド性（hybridity）こそ、現代メディア文化における「参加の協調的次元」を理解するキーワードである。De Souza e Silva（2006）のように、彼（ibid：99）も「現代人の生活の中で、物理的空間とバーシャル空間へ接近する複数の形態を通して存在と参加の経験が変容する様子」を説明するためにハイブリッド性という用語を用いる。今まで私たちはリアルとバーチャル、オンラインとオフラインを明確に区別しようとした。しかし、その二分法はすでに崩れ、私たちの注意と存在感覚は周辺的で分散的になってしまったのだ。

　続いて次節からは、最近の地域情報に基づいたARゲーム「ポケモンGO」を事例に挙げる。モバイル遊びのハイブリッドでコンテクスト的なあり方がいかにして都市環境を遊び場に転換させたのかについて述べる。

## 5.　ポケモンGO

　2016年7月のリリースから一週間も経たない間、ポケモンGOのアプリは、数カ国の数百万人のiOSやAndroid端末機にダウンロードされた。ARに入っ

た人々は、ポケモンとポケストップを見つけるために、近隣や公共空間を歩き回ったり、仮想空間のポケモン・ジムで他のプレイヤーと競争したりした。こうした地域情報基盤のハイブリッド・リアリティの中で利用者たちは、デジタル・アイテムとプレイヤーとしての成果を得るために、タグをつけたり、収集したり、取引したり、戦闘したりしながら、物理空間を徘徊しなければならない。実際の環境上に上書きされたゲーム・アイテムとバーチャルな位置づけの地層を探りながら、自分のスマホの中で展開されるマイクロなゲーム世界にアクセスするのである。

　場所にデジタル情報を重ねることで、慣れた日常の風景がゲーム場に一変する。家のトイレでポケモンを発見し捕まえることもできるし、ジムやポケストップが地域図書館、カフェ、墓地に現れることもある。著しく人気を集めた初の位置情報ゲームとしてポケモンGOは、多くの批判と称賛の的になった。リリース初月にすでに前例のない成功を収めたポケモンGOは、メディア研究者たちにも位置情報基盤のモバイル・ゲームが都市空間で集団的に遊ばれるという事象に取り組むきっかけを与えた。そのゲームの人気は、歴史的、社会的、文化的文脈の中で理解しなければならない。数十年以上、モバイル・メディアを利用してきた歴史、位置情報を活用した芸術、ゲームの流行、そして日本文化が一緒に作り上げた結果である。

　誰かにとってポケモンGOは、20代の懐かしい思い出を召喚する（McCrea 2017；Surman 2009）肯定的な経験である。なお、それは身体を動かすことを促し、「人間と人間の間の本当の相互作用」（Wawro 2016）を可能にしながら、幸福感と所属間を効果的に高める手段でもある（Vella et al. 2017）。しかし、より一般的にポケモンGOは、モバイル・メディアや他のモバイル・ゲームのように、相互的な社会活動を促進する方法でなく、公共空間で他人との関わりを避けられる「盾」として柔軟に展開させられる。

　ある人にとってこのゲームは、移動性に関わる諸問題、すなわち、ジェンダー、人種、社会経済、年齢、身体的不平等など、人々の日常生活に影響を与える様々な条件を強いる仕組みでもある（Isbister 2016）。Frith（2017）は、ポケモンGOがいかにして「ルアー」を配置し、徒歩者を誘惑しながらビジネスを成り立たせるのか、言い換えれば「拡張現実の潜在的な商業性」について言及しな

がら、デジタルな「モノ」がいかにして外部の物理世界の移動性と行動に影響を与えるのかについて考察する。人々が位置情報ゲームのために街を歩き、デジタル情報と物理情報を結合させる際、「場所についての解釈」、すなわち、都会の環境が一貫して認知されてきたパターンは変わる（Frith 2013）。Sicart（2017）は、ポケモンGOがARデザインと遊びの可能性を切り開いたと見つめながらも、公共空間が商業的に流用される危険性については注意すべきであると警告した。

ポケモンGOは、人々の日常生活、歩行者の動き、近所や都市空間での見知らぬ人との相互作用の中に浸透し、背景化している。先述したように、モバイル・インターフェースは、非常に根本的な意味で、私たちが注意を払う対象のあり方を変容させ、注意を払う形態とその持続時間を変えてしまう。例えば、キャンディ・クラッシュやアングリー・バードのようなカジュアルなモバイル・ゲームは日常生活の幅広い場面で遊ばれる（Keogh and Richardson 2017）。しかし、より重要で核心的なのは、ポケモンGOのような位置情報基盤のハイブリッド・リアリティ・ゲームが、周りの環境を「○○のように」体験することを構造的に強いているということである。私たちは都会空間をまるでゲーム領地や遊び場の「ように」移動する経験に慣れつつある。そうした意味でポケモンGOは、単なるカジュアルなモバイル・ゲームではない。日常の中でプレイされることを通して、社会活動と関係性に明らかに介入しながら、変化を呼びかけている。

メディア理論家たちが主張するように、ポケモンGOのようなゲームは人々の「目的地の選択」や「旅行地への配分」を大規模に変化させる触媒として働く。言い換えれば、そうしたゲームは、「人々がめったにしないことをするような動機を付与する潜在力があり、どこに行くかという選択を根本的に変える」可能性がある（Colley et al. 2017）。ただのゲームでありながらも、ポケモンGOは、公共空間での私たちの経験をネットワークと接続させる入り口として働き、「デジタル空間と都市空間の衝突を起こしながら変化を促している」（Iveson 2016）。

メディアはますますモバイルで遊び風になり、ゲームはより位置情報を内蔵されるようになる。場所に関する日常経験は楽しいバーチャル環境と結びつくようになってきた。慣れた近所や都市環境が遊びの空間に変容している。Lammes（2016）は、位置情報ゲーム（例えば、「ラン・ゾンビ・ラン」など）

が地図を「ナビゲーション・インターフェースとゲームボード」に効果的に変えてしまう方法について研究したが、その知見はポケモンGOにも同様に適用させることができよう。すなわち、モバイル技術の発展と協調的プラットフォームが浮上するにつれて、地図を制作・共有することは、新しくて周辺的で遊び心に富んだ、共存する次元を生み出したのである。

　しかし、より一般的な見地からは、大衆文化とメディアは本質的に場所性と移動性に基づいていることを思い出す必要がある。大衆文化は常に日常的な地理学と関わっていたのである（Horton 2012：11-12）。例えば、Horton（2012）は、地理学と子ども・遊びの研究を引用しながら、若者たちが空間的慣行や日常な時空間の中でゲーム遊びを上手に統合し、家や店、近所までをポケモン世界へ統率していく様子を記述する。

　位置情報基盤のARゲームの文脈では、プレイヤーたちがゲーム空間に接続する不規則的なパターン、そして、ゲーム遊びを自分の文化と場所に結びつける方法を理解することが大事である。ポケストップとジムの不規則的な配置は、ナイアンティック社のオリジナルのARゲームであるイングレスの上級プレイヤーのスタイルを反映した結果であり、製作社の差別的な意図があったわけではない。Salen（2017）が述べるように、ある主体にとっては規範化された実践から逸脱できる可能性が幅広い反面、そうではない主体も存在する。したがって、ポケモンGOのようなARゲームや地域情報基盤のモバイル・アプリには一部の主体を無力化や周辺化を促す可能性があると考察する。つまり、遊びという形で近所や都会を徘徊させるポケモンGOのようなゲームでは、人種的不平等や相対的自由度に関わる問題が潜んでいる。

　Salenは尋ねる。ポケモンGOが、移動性、接近可能性、人種、特権について何を教えているのか。ある時、ある場所にいる主体がより危険にさらされるのは明らかだ。そこには間違いなく、年齢や性別、人種、社会階層によって枠づけられた、それぞれの主体に異なる形で影響を与える危険性のヒエラルキーが存在する。一方、Colleyら（2017）は、ポケモンGOに関わる人種的、民族的偏見について研究した。ポケストップとゲームリソースが、白人がより多く住む豊かな地域に密集しており、そのゲームのデータとコードが「既存の権力構造と地理的輪郭のメリットとデメリットを再強化する」するようにリアリ

ティーを「拡張」していると主張する。

　2016年半ばの大成功だったリリース以来、ポケモンGOは何度かアップデートされた。先で述べたように、日本、シンガポール、スペインの高齢のプレイヤーたちは、ゲームをしながら社会的孤立と戦い、健康のために運動する日常生活をうまく定着させている。なお、ポケモンGOのいくつかのオリジナルの機能は、都市空間における出会いを促進するように訂正された。例えば、レイド・ボス・バトルは、TelegramやWhatAppなどのアプリと連携することで、人々が身体的に出会い、一緒に動く即興的なイベント機能を提供する。500人以上が特定の場所で集まったというレイド・ボス・バトルもあった（図9-3）。

　ポケモンGOは、現代社会におけるモバイル・ゲームの逆説的で力動的な役割を浮き彫りにする。一方でそれは、現代メディアにおける遊び心の強力な役割も強調しつつ、数十年にわたって都市空間で試されてきたハイブリッド・リアリティ・ゲームと場所作り実験を統合させる。しかし片方では、そのプレイヤーたちは、ゲーム化された活動の本質として、バーチャル・アイテムを収集するという狭い目標に集中し、競争するだけなのだという批判を直面しなければならない。というのも、ポケモンGOは、いまや人気を集めている社会現象として評価されているが、そもそもは小学校低学年をターゲットに開発された複雑な取り引きのゲームでもあったからだ。

　こうした観点からは、ミクロな仮想世界を操作するゲームだと訴えても、ポ

図9-3　スペインのバダロナにて，
ポケモンGOのレイド・バトルで遊ぶ(写真：ヒョース)．

ケモンGOは、単に創造的可能性が溢れる開放的な遊び場ではない。むしろ地理的環境をゲームのリソースに変容させながら、都会の場所を、仮想通貨、ゲーム・アイテム、リワードなどが豊富に埋められた空間に関連づけていく主な変因である。

# 6. むすびに

　冒頭でも述べたように、モバイル・メディアを使った遊びは家から公共の場まで日常生活の様々な場面にしっかり浸透している。それは、モバイル・メディアでカジュアルなゲームをするという単純な出来事ではない。そのあり方は遍在的でなおかつ多様多彩である。この章では、日常生活において意識的／非意識的なモバイル・ゲーム遊びの非公式的／公式的なあり方を、アムビエントな遊びとデジタル・ウェイフェアリングという2つの比喩を用いて説明した。

　これまで文化的かつ歴史的な文脈に幅広く触れながら、モバイル・ゲームが急成長してきた力動的なあり方を概念化しようとした。モバイル遊びのパーソナルでカジュアルなあり方、そして都市空間の中で遊ばれる様々な様子をとらえるために、2つのメディア実践様式に着目した。それがアムビエントな遊びとデジタル・ウェイフェアリングである。モバイル・ゲームは、私的空間をますます移動化させながら、既存のメディア利用パターンを拡張、変容させている。カジュアルなゲームの形をとりながら、私たちの日常と習慣に溶け込んできたのである。

　続いては、もはや主流となったポケモンGOを事例に、ARやハイブリッド・リアリティに向けられたゲームのあり方について考察した。こうしたモバイル・ゲームの事例を通して、アムビエントな遊びのあり方、すなわち、ゲーム遊びが日常生活の時空間を横断しながら浸透していく様子とデジタル・ウェイフェアリングについて、そして、デジタル情報が場所の経験と都市での移動性に介入するあり方を議論することができた。

　モバイル・ゲームを歴史的な文脈の中で眺めることによって、モバイル・ゲーム研究分野で浮上しつつあるいくつかの新領域を確認することもできる。例えば、高齢化社会というグローバル現象の中で、ゲームを楽しむ年齢層とゲーム

の形態が変化している。ポケモンGOは、社会的孤立を解決する手段として、また、エクササイズの形態として、ますます高齢者たちに利用されている。今後も社会の高齢化が進むなか、介護や関与、社会性の革新的な形態としてモバイル・ゲームの可能性は検討に値するだろう。未来についての想像力と技術が融合している。ポケモンGOやマインクラフトのような古い事例こそ、社会的に活力と省察のあふれる未来社会を設計することに参考になりうるだろう。

# 謝辞

本章は以前に出版された論文 "Pokémon GO：Mobile media play,place-making,and the digital wayfarer". *Mobile Media & Communicatio*n,5（1）：4-14から一部引用している。

## 参考文献

Bissell,D.,2007,Animating suspension:waiting for mobilities.*Mobilities*,2（2）:277-98.

Böhme,G.,1993,Atmosphere as the fundamental concept of a new aesthetics. *Thesis Eleven*,36:113-26.

Bull,M.,2000, *Sounding out the cit:Personal stereos and the management of everyday lif*e.Berg Publishers.

——,2005,The intimate sounds of urban experience:an auditory epistemology of everyday mobility. In:Nyíri,K.,ed., *A sense of place:the global and the local in mobile communication*.Passagen, 169-78.

Bull,M.,2007, *Sound moves: iPod culture and urban experience*. Routledge.

Callois R.,1961, *Man,play and games*. University of Illinois Press. (多田道太郎・岡崎幹夫訳,1990,『遊びと人間』講談社）.

Chan,D.,2008,Convergence,connectivity,and the case of Japanese mobile gaming. *Games Cult*,3（1）:13-25

Colley,A.,Thebault-pieker,J.,Lin,A.Y.,Degraen,D.,Fischman,B.,Hakkila,J.,Kuehl,K.,Nisi,V.,Nunes,N.J.,Wenig,N.,Wenig,D.,Hecht,B.,Schoning,J.,2017,The geography of Pokémon GO:beneficial and problematic effects on places and movement. CHI 2017,May 6-11,2017,Denver,CO,USA.

Consalvo,M.,2012,Slingshot to victory:games,play and the iPhone. In:Snickars,P.,Vonderau,P.eds., *Moving data:the iPhone and the future of media*. Columbia University Press.

De Souza e Silva,A.,2006,From cyber to hybrid:Mobile technologies as interfaces of hybrid spaces. *Space Cult*,3:261-78.

――,Hjorth L.,2009,Urban spaces as playful spaces:a historical approach to mobile urban games. *Simul Gaming*,40（5）:602-25.

Dourish,P.,2005,The culture of information:ubiquitous computing and representations of reality. *Design Ubiquitous Inf Environ,* 185:23-6.

Dourish,P.,Brewer,J.,Bell,G.,2005,Ambient intelligence information as a cultural category. *Interactions*,12（4）:31-3.

Flanagan,M.,2009, *Critical play*. MIT Press.

Farman,J.,2009,Locative life:geocaching,mobile gaming,and embodiment. In: *Proceedings of the digital arts and culture conference-after media:embodiment and context*,University of California,Irvine,12-15 December 2009.

Farman,J.,2012, *Mobile interface theory:embodied space and locative media*. Routledge.

Frissen,V.,Lammes,S.,de Lange,M.,de Mul,J.,Raessens,J.,2015, *Playful identities:the ludi cation of digital media cultures*.Amsterdam University Press.

Frith,J.,2013,Turning Life into a game:foursquare,gamification,and personal mobility. *Mobile Media Commun*,1（2）:248-62.

――,2017,The digital 'lure':small businesses and Pokémon Go. *Mobile Media Commun*,5（1）:51-4.

Gauntlett,D.,2011,Making is connecting. Polity.

Gaver,B.,Dunne,T.,Pacnti,E.,1999,Design:cultural probes. *Interactions*,6（1）.http://dl.acm.org/citation.cfm?id＝291235.

Goffman,E.,1972, *Relations in public:microstudies of the public order.* Penguin Books.

Gordon,E,de Souza e Silva,A.,2011, *Net locality*. Wiley-Blackwell.

Gregg,M.,2013, *Work's intimacy*. Polity.

Groening,S.,2010,From'a box in the theater of the world'to'the world as your living room':cellular phones,television and mobile privatization. *New Media Soc*,12（8）:1331-47.

Helyer,N.,2007,The sonic commons:embrace or retreat？ *Scan J*,4（3）.

Hjorth,L.,2012,iPersonal:a case study of the politics of the personal. In:Hjorth,L.,Burgess,J.,Richards on,I.eds. *Studying mobile media:cultural technologies,mobile communication and the iPhone*. Routledge,190-212.

――,2017,Ambient and soft play:play,labour and the digital in everyday life. *Eur J Cult Stud*,21（1）:3-12.

――,Richardson I.,2010,Playing the waiting game:casual mobile gaming. In:Greif,H.,Hjorth,L.,Lasén,A.,Lobet-Maris,C.eds.,*Cultures of participation:media practices,politics and literacy*. Peter Lang,111-25.

――,Pink,S.,2014,New visualities and the digital wayfarer:re conceptualizing camera phone photography and locative media. *Mobile Media Commun*,2（1）:40-57.

――,Richardson I.,2014,*Gaming in social,locative and mobile media*. Palgrave.

――,Richardson,I.,2016,Mobile games and ambient play. In:Leaver T,Willson M.eds., *Social,casual and mobile games:the changing gaming landscape*. Bloomsbury,105-16.

――,Richardson,I.,2017,Pokémon GO:mobile media play,place-making,and the digital wayfarer. *Mobile Media Commun*,5（1）.4-14.

Horton J.,2012,'Got my shoes,got my Pokémon':everyday geogrpahies of children's popular culture. *Geoforum*,43:4-13.

Huizinga,J.,1955,*Homo Ludens:a study of the play element in culture*.The Beacon Press.（高橋英夫訳,1973『ホモ・ルーデンス』中公文庫）.

Isbister,K.,2011,Emotion and motion:games as inspiration for shaping the future of interface. *Interactions* Sept-October:24-7.

――,2016,Why Pokemon go became an instant phenomenon. In:The conversation July 16,（Retrieved August 5, 2016, http://theconversation.com/why-pokemon-go-became-an-instant-phenomenon-62412）.

Iveson,K.,2016,"Pokémon GO and public space,cities and Citizenship Blog,（Accessed 20--/--/--,http://citiesandcitizenship.blogspot.com.au/2016/08/pokemon-go-and-public-space.html）.

Keogh,B.,Richardson,I.,2017,Waiting to play:the labour of back ground games. *Eur J Cult Stud*,21（1）:13-25.

Kerr,A.,2006,*The business and culture of digital games*. Sage.

Kücklich J.,2005,Precarious playbour:modders and the digital games industry. *Fibreculture* 5,（http://five.fibreculturejournal.org/fcj-025-precarious-playbour-modders-and-the-digital-games-industry）.

Kjeldskov,J.,Skov,M.B.,Nielsen,G.W.,Thorup,S.,Vestergaard,M.,2013,Digital urban ambience:Mediating context on mobiledevices in a City. *Pervasive Mob Comput*,9（5）:738-49.

Lammes S.,2016,The map as playground:location-based games as cartographical practices. *Convergence*（online First,https://doi.org/10.1177/1354856516679596）.

Lantz F.,2006,Big games and the porous border between the real and the mediated. Receiver 16,（Retrieved February 7,2007,from,http://www.receiver.vodafone.com/16/articles/index07.html）.

Lasén A.,2017,Disruptive ambient music:mobile phone music listening as portable urbanism. *Eur J Cult Stud* 21（1）:96-110.（https://doi.org/10.1177/1367549417705607）.

Licoppe,C,Inada Y.,2006,Emergent uses of a multiplayer location-aware mobile game:the interactional consequences of mediated encounters. *Mobilities*,1（1）:39-61.

Ling,R,Haddon,L.,2003,Mobile telephony,mobility,and the coordination of everyday life. In:Katz,J. E.ed., *Machines that become us:the social context of personal communication technology*. Transaction Publishers,245-65.

Malaby,T.M.,2009,Anthropology and play:the contours of playful experience. *New Lit Hist*,40（1）:205-18.

McCrea,C.,2017,Pokémon's progressive revelation:notes on 20 years of game design. *Mobile Media Commun*,5（1）:42-6.

McCullough,M.,2013, *Ambient commons:attention in the age of embodied information*. MIT Press.

Montola,M.,2010,Flâneurs and Phoneurs.In:Pervasive games:theory and design blog,March 4,

（Retrieved August 5, 2016, https://pervasivegames.wordpress.com/2010/03/04/aneurs-and-phoneurs/）．

Morley,D.,2003,What's home got to do with it ? *Eur J Cult Stud*,6（4）:435-58

Neff,G.,Nafus,D.,2016,Self-Tracking. MIT Press.

Okabe,D.,Ito M.,2005,Personal,portable,pedestrian images,*Receiver* 13,（http://www.receiver.vodafone.com/13/）．

Parikka,J.,Suominen,J.,2006,Victorian snakes ? Towards a cultural history of mobile games and the experience of movement. *Game Stud*,6（1）．

Pellegrino,G.,2010,Mediated bodies in saturated environments:participation as co-construction. In:F ortunati,L,Vincent,J.,Gebhardt,J.,Petrovcic,A.,Vershinskaya,O.eds., *Interacting with broadband society*, Peter Lang,93-105.

Roquet,P.,2016, *Ambient media*:Japanese atmospheres of self. Minnesota UP.

Salen,K.,2017, Afraid to roam:the unlevel playing field of Pokémon GO. *Mobile Media Commun*,5（1）:34-7.

Salen,K.,Zimmerman,E.,2003, *Rules of Play:Game Design Fundamentals*. MIT Press.

Sicart,M.,2014, *Play matters*. MIT Press.

——,2017,Reality has always been augmented:Play and the promises of Pokémon GO. *Mob Media Commun*,5（1）:30-3,（https://doi.org/10.1177/2050157916677863）．

Sutton-Smith,B.,1997, *The ambiguity of play*. Routledge.

Surman,D.,2009,Complicating Kawaii. In:Hjorth,L.,Chan,D.,eds., *Gaming cultures and place*. Routledge.

Swink,S.,2008, *Game feel*. Morgan Kaufmann.

Taylor,TL.,2012, *Raising the stakes*. MIT Press.

Vella,K.,Johnson,D.,Wan Sze Cheng,V.,Davenport,T.,Mitchell,J.,Klarkowski,M.,Phillips,C.,2017,A sense of belonging:Pokémon GO and social connectedness. *Games Cult,*（Online First 1-21,https://doi.org/10.1177/1555412017719973）．

Wawro,A.,2016,How did Pokémon GO conquer the planet in less than a week. Gamasutra,（Retrieved July 13, 2016, http://www.gamasutra.com/view/news/276955/How_did_Pokemon_Go_conquer_the_planet_in_less_than_a_week.php）．

Wajcman,J.,1991, *Feminism confronts technology*. Polity Press.

Williams,R.,1975,*Television:technology and cultural form*.Schocken Books.

Wilmott,C.,Fraser,E.,Lammes,S.,2017a,'I am he. I am he. Siri rules':work and play with the apple watch. *Eur J Cult Stud*,（https://doi.org/10.1177/1367549417705605）．

——,2017b,'I am he. I am he. Siri rules':work and play with the apple watch. *Eur J Cult Stud*,（https://doi.org/10.1177/1367549417705605）．

# 第 **10** 章
# 「パラサイト」の割り込み／
# 降臨による「今」の再創造
## 「モバイルメディア独我」と
## 再魔術化された「可能世界群」

藤本憲一

「強風は天使を、彼が背中を向けている未来のほうへ、不可抗的に運んでゆく。その一方では彼の眼前の廃墟の山が天に届くばかりに高くなる。僕らが進歩と呼ぶのは〈この〉強風なのだ。」(W.ベンヤミン「歴史の概念について」第9テーゼ)。

## 1. 「テリトリー・マシン」、弁証法論理、「再魔術化」

　モバイルメディアは、据置型のデスクトップPCなどと違って、その「テリトリー・マシン（territory maschine）」としての本質（そのつど移動先の場所に拘束される反面、どこにでも居場所を創造できるという両義的な性格）をもつ点で、オンとオフを自在に切り替えることができ、透明にも不透明にも、ときには半透明にもなるメディアである[1]。

　E.ゴフマンの「関与シールド（involvement shield）」概念を援用すると、人と人との対面や遭遇は、モバイルメディア登場以前においても、「透明な双方向交通」のように見えて、それは実際には思い込みのドグマにすぎなかったことがわかる[2]。

---

1)「テリトリー・マシン」の概念については,Fujimoto 2005,2010a,2016,2017, 藤本 2002, 2010b を参照. また, 情報伝達における「片務的本質」および「不透明性」については, Fujimoto 2000,2005,2016,2017, 藤本 1994,1997,1999b,2002, 2010b を参照.

さらにM.セールの「パラサイト」という哲学的知見を得ることで、常に「透明な1対1のコミュニケーション」に見えても、それは錯覚にすぎないことがわかった。実際には当事者相互のすぐ横にいて、それを観察・傍受し、傍聴・干渉・妨害・介入する善意・悪意の第三者が、オンライン・オフライン問わず、いたるところに存在するからである[3]。

こうして私は、「透明な1対1コミュニケーションのドグマ」に代わる、「三叉路型」の理論モデルを提示した。そして、こうしたモバイルメディアの「三叉路型（triple junction model）」情報交通は現在、理念的タイプだけでなく現実的に日常のやりとりになった。セールにならって、そうした観察・傍受・傍聴・干渉・妨害・介入を行う第三者、そういった存在者を「パラサイト（parasite）＝寄生者」と呼ぶが、このパラサイトの語源は、「横に立つ」（para-site ＝ stand beside）という意味である。

さて、思想・哲学面における反-合理、反-知性、反-科学、反-実証、反-人間主義は、19世紀末以降の思想潮流として、しだいに勢いを増してきた。しかし21世紀においては、PCやスマホに代表される情報技術、さらにAI、バイオ技術、金融工学といった先端技術が日常生活へ深く浸透することによって、人々は科学技術に対して円滑に適応し、より親和的にそれらを受容しているかに見える。

では、もはや反-合理、反-知性、反-科学、反-実証、反-人間主義といった思想・哲学は追随者を失い、衰えてしまったのか？ 必ずしも、そうとは限らない。むしろG.ヘーゲルからTh.アドルノに至る弁証法哲学においては、形式論理上の対立を超えた、ダイナミックな思考力学を重視する。すなわち、論理的に対立する要素「A」と「非A」があるとき、「A」要素が高まれば高まるほど、それに拮抗する「非A」要素も高まり、それによって劇的反転や別次元への移行（止揚Aufheben）の可能性が生まれると考えるのが、弁証法論理（dialectic logic）だ[4]。

---

2)「直接対面」コミュニケーションにおける「秘匿主義」および「不透明性」については，ゴフマン 1963＝1980を参照．また「理想的な1対1コミュニケーション」というドグマについては，Fujimoto 2000,2005,2016,2017, 藤本 1994,1997, 1999b,2002,2010bを参照．
3)セール 1980＝1987およびFujimoto 2005, 2016,2017, 藤本 1999b,2002を参照．

　M.ウェーバーは近代的合理化プロセスを、魔術から開放される「脱魔術化（Entzauberung,disenchantment）」プロセスと指摘した[5]。しかし、弁証法論理に立てば、近代的合理化プロセスのただなかで、「脱魔術化」が進めば進むほど、同時に「再魔術化（Wiederzauberung、re-enchantment）」の契機もまた高まることになる。

　M.ホルクハイマーとアドルノは、第一次大戦後の合理的・文化的・啓蒙的な風潮のただなかにこそ、「内なる自然の抑圧」が進み、「新たな野蛮」として、ファシズムが誕生、発展する契機を見出した[6]。

　同様に、21世紀の科学技術万能主義のただなかにこそ、それに反する思想・文化的潮流が生まれ、発展しつつあるのではないか？ 以下では、最先端の情報技術に適応する形で、同時に反-合理、反-知性、反-人間主義が萌芽し、力強く息づいている点を述べたい。

　ケータイの登場以来、SNSやARが標準的に使えるスマホが全世界的に普及した現在ほど、日常生活の中でテクノロジーと心身の距離が近く親密で、無条件に信頼されている時代はない。もはや情報技術は、日常の携行品や嗜好品、衣服や雑貨に近くなり、もっといえば心理的には、すでに人体や知性の中に埋め込まれた（embedded）存在といえよう。

　こうして人体や知性に埋め込まれたケータイ（スマホ）は、ARやVR、ビデオゲーム、金銭決済や、各種SNSをはじめとする情報コンテンツのプラットフォームとなりつつある。文字・音声・静止画・動画のマルチメディアを、受送信・記録・編集・再生等のモードで組み合わせ、そのオン・オフを自在に切り替えることによって、スマホ利用者は、ハード・ソフト・コンテンツの機能を自由に駆使できる。

　かつてアップル社は、四半世紀前にPDA（personal digital assistant）のアイデアに基づいて"Newton"を発売し（1992）、商業的に失敗した。が、この点、同社のiPhoneシリーズに代表される21世紀の後発スマホは、失敗した同じ夢を、

---

4）ホルクハイマー、アドルノ 1947=1990を参照.
5）ウェーバー 1917=1980を参照.
6）ホルクハイマー、アドルノ 1947=1990およびFujimoto 2005, 2010a,2016,2017, 藤本 2002を参照.

みごと実現させた理想の「マルチメディア・プラットフォーム」といえよう[7]。
　興味深いのは、こうした先端技術の浸透「にもかかわらず」、われわれの21
世紀生活が「再魔術化」しているのでなく、先端技術の浸透「ゆえにこそ」、
暮らし全般が「再魔術化」しているという、弁証法的展開であろう。

## 2. 「モバイルメディア独我」と、増殖する匿名のペルソナたち

　この「再魔術化」によって、個人主体vs他者、個人vs社会との関係も、大
きく変容していく。すなわち、合理的な民主主義が広く実現するなかで、かえっ
て一人一人が超人的な全能感と自意識をもち、他の人々から超越した独我論的
な存在として君臨する。それ以前の人vs人、人vs集団、人vs神といった、一
対一的・対峙的・「間主観」的な社会関係は衰えていく。その代わり、全能感
をもった「個人（私）」vsこの現実世界を含む複数の可能世界群（possible
worlds）に住む「多数の匿名キャラクター群」という、超主観的、超越的な「独
我論（solipsist）」的世界観が登場する。人格と身体をもった他人と、仮想的な
ペルソナとの絶対的境界は消え、同じ平板な他者/他物として、絶対的な「独我」
の後景に退く[8]。
　自分以外の存在者は、人もロボットも、疑似・仮想人格も、動物もアニメー
ションも、神も悪魔も妖精も、実体も虚像も、すべて多彩かつ中間的存在様式
をもつキャラクター・精霊・守護霊（ソクラテスのダイモーンなど）となる。
スマホ片手にわれわれ一人一人が、リアル（オフライン）とバーチャル（オン
ライン）を自在に切り替えつつ、孤独にキャラクター・精霊・霊魂の中を突き
進む自己イメージだ。
　こうした「ながらスマホ現代人」の、にぎやかな「モバイルメディア独我（mobile
media solipsist）」論的世界は、実は一神教以前の世界観、例えば古代ギリシャ

---

7)「個電」対「家電」の比較における, モバイル機器の個人利用としてのMMT（mobile media
　terminals）については, Fujimoto 2000, 藤本 1997を参照.
8)独我論的世界観については, 大森荘蔵 1994を参照.「可能的世界」の概念については, クリプキ
　1980＝1985を参照. また「可能的世界」の含意については, 現代用語の中で, 天文学における「マ
　ルチバース（多元宇宙）」, インターネットにおける「メタバース（上位宇宙）」など, 文脈次第で近
　似した概念が使われている.

神話の主人公たる英雄（例えばオデュッセウスやプロメテウス）の物語（narrative）世界に、酷似している[9]。

　孤独な英雄＝半神（heros = half-gods）が、ビデオゲームの中の世界同様、現実生活の中を、多くの脇役たち（横に立つものども = para-sites）、すなわち周りを取り巻く妖精・精霊・キャラクター・霊魂の囁きや、「舞唱隊」と呼ばれるコロス（khoros = chorus）の歌声に導かれたり、迷わされたりしながら、抗いがたい運命（moira）と戦っていくのが、ギリシャ神話やギリシャ悲劇的な世界観である。もちろん、その孤独で、思いつめた世界観は、客観的に突き放した目で見れば、滑稽で喜劇的でもある。

　「モバイルメディア独我」論的な個人主体を取り巻く、こうした豊饒なキャラクター群は、それまでのスマホ登場以前の人間関係とは、大きく異なる。それまでの人間関係は、円の中心に位置する同居家族から、近隣在住の親族へ、親族から近隣在住の友人へ、さらに通勤・通学・社交圏の知人へと、しだいに同心円の外周に広がっていき、周縁部に見知らぬ他人（strangers）が位置する。いわば、心理的に近い（親密な）者ほど距離的に近い、心理的に遠い者ほど距離的に遠い、という「親密性の同心円構造」を形成していた。

　これに対して、スマホを片手にしながら、疑似ギリシャ神話／悲劇的世界に生きる現代人＝「モバイルメディア独我」の場合、自分以外は、家族・友人・知人・SNS圏の交流者・仮想キャラクター群（AIやbotを含む）等が、すべて均質的な等価の親密性をもって、心理的に等距離な親密圏にある。等価的でありながら、そのつど独我主体の関心次第で、大きく遠近の位置づけが変わるため、濃淡のマダラ模様が生まれては消える、いわば「ミラーボール状の親密性構造」をもつ[10]。

　これまでの親密性のありようとは違う点から、かつて私は「見えない、偽の親族構造（invisible pseudo-kinship structure）」と呼び、また、人間と人間の関

9）古代ギリシャ神話／悲劇的世界観のような、一神教以前の世界観については、Fujimoto 2017を参照.
10）「親密性の同心円構造モデル」と「親密性のミラーボール構造モデル」という2分類の原型については、Fujimoto 2000を参照. そこでは、「串刺（くしざ）しおでん構造モデル（skewered oden structure）」と「三本足かかし構造モデル（three‐legged scarecrow structure）」という呼称で、言及している.

係というよりも、オンライン・オフライン両様の、無数のキャラクター・分身（アバター）群として、「増殖する匿名のペルソナ群（multiplying anonymous personalities）」と、名づけた[11]。

　アドルノらが指摘したように、近代合理主義的な「脱魔術化」の進行途上において、すでに同時進行的に、1930〜40年代のファシズムは、「再魔術化」の1つの現れだった。同様に、21世紀のわれわれ＝「モバイルメディア独我」もまた、情報技術をはじめ先進技術の埋め込みが進む「脱魔術化」のなかで、同時にギリシャ神話/悲劇的な「再魔術化」にさらされているのではないか。

　ファシストの全能感とは異なるが、「モバイルメディア独我」もまた、オンライン・オフライン両方のネットワーク・財・サービスを、即座に自分の前に召喚・動員（mobilization）し、いきいきと生命を与えたり、次の瞬間、そのすべてを剥奪消去したり、あるいは一部を自由に組替・編集したり、あたかも生殺与奪の全権を握る呪術師・魔法使いであるかのように、唯我独尊の全能感を備えた自我意識に陥る点では、ファシストと共通している。

　特にARでは他人の分身、キャラクター、ペルソナが、仮想/現実と二重写しになって、いきいきと動いている。またSNSでは、近未来から今に向かって一瞬一瞬そのつど、常に自分の一挙一動が誰かに見つめられ、モニターされている、すなわち第三者に監視・傍聴・妨害＝「パラサイト（寄生）」されているという意識をぬぐい去れない。

　常に自分が、人間あるいは非人間、リアルあるいはARのキャラクター・ペルソナ群ににぎやかに取り囲まれ、多様なSNSを通じてつながっている。それらは、ある意味で家族・友人以上に身近な同伴者にもなりうるし、同時に疎ましい監視者・妨害者・寄生者ともなりうる。家族、友人、ペット、キャラクター、アバター、ペルソナが同じ資格で、親密かつ疎遠な存在となる。これがわれわれ「モバイルメディア独我」の直面する状況である。

　古代ギリシャ悲劇に引き寄せて言えば、悲運に見舞われたヒーロー（もしくはヒロイン）を取り巻く脇役やコロスたちが、干渉者・傍観者としてヒーローを常に取り囲み、常に傍受・干渉・攪乱の「パラサイト」役を果たす。善意・

---

11）同様に, Fujimoto 2000を参照.

悪意様々な第三者による十重二十重（とえはたえ）の包囲網が、ARやSNSネットワークに取り囲まれている、現代の「モバイルメディア独我」の環境に酷似している。

　もっと大昔に戻り、紀元前15世紀になると、悲劇以前のギリシャ神話的な世界となるが、その意味で現代の「モバイルメディア独我」はギリシャ神話的とさえ言えよう。ギリシャ神話では、神も人も、動物も妖精も同じ資格のキャラクター・ペルソナ群としてのみ存在する、いわばアニミズム（あるいはトーテミズム）世界である。現代人は、こうした神話世界に常住していると見ることもできよう。アニメーション映画を鑑賞したり、テーマパークに没入するとき以外の労働・勉学・余暇時にも、常時、スマホ片手に、こういったフェアリーテール（おとぎ話）の中に、孤独に住み込んでいるような自我意識をもつ。

　ホルクハイマーとアドルノは、現代人にとっての「再魔術化」の寓話として、孤高のヒーローが、一人で運命と戦い、怪物や災害の苦難といった逆境を打倒していく、オデュッセウスの物語を挙げる。そのとき、「神話は原初から啓蒙的（論理的）であり、論理（ロゴス）は原初から呪術的（神話的）である」という、啓蒙の弁証法的なテーゼが生まれる[12]。

## 3.「ヌガラ」概念のオンラインへの拡張

　さらに、文化人類学上の「ヌガラ」という概念に関連づけたい。「ながら」と「ヌガラ」は、語感が大変よく似ているが、日本語起源の「ながら」と、インドネシア語起源の「ヌガラ」は、もともとはまったく別の概念であった。私が拡張した「ながらモビリズム」理論を包摂的に適用することによってのみ、両者は似た相貌を見せる。「ヌガラ」は、再定義され、新しく拡張された「ながら」のうちに含まれることになるだろう。

　もともとの概念としての「ヌガラ（negara）」は、C.ギアツ（Geertz）が提示した、「（劇場的）村落＝都市国家」を指す。政治も経済も、村人＝アマチュア俳優一人一人が、多層的なネットワークごとに違った役割を演じ、一個の人

---

12）ルクハイマー, アドルノ 1947=1990およびFujimoto 2005, 2010a,2016,2017, 藤本 2002を参照.

格でありながら同時に、様々なキャラクター・ペルソナ群を演じる多面性の結節点でもある。比喩的に言えば、一人一人が役者となり、いろんな劇団一座のメンバーとして、無数の違う芝居をしているのにも似て、近代的自我の同一性は見られない。そうした小演劇群の集合体の舞台（結節点）として、村も、より大きな都市・国家も躍動し、日々の暮らしが劇的に営まれているというのが、「ヌガラ」概念であった[13]。

　政治も経済も宗教も儀礼も日常生活も、演劇プレイヤーたる村人＝役者たちと、それを取り巻く多様な共演存在（脇役・キャラクター・舞台装置群）によって成立している。身辺のあらゆる人工物や生物、自然物だけでなく、精霊や妖精、表象やシンボル、アイコン・キャラクター・ペルソナ・アバター群を含めて、すべて無数の演劇レイヤー群の多層的な物語のバイプレイヤーや小道具・大道具・書割であると、村人たちは互いに芝居の意味を解釈し合いながら、即興的なメッセージ（せりふ・行為）をやりとりする。まさにこうした多層的レイヤーが積み重なった、影絵芝居（ワヤン）のような相互行為の総体「ヌガラ」が、伝統的にバリ島で行われてきており、ある意味で、西欧化された都市社会もまた似た側面をもつ、とギアツは指摘した。

　そして21世紀において、われわれが直面しているのは、オフライン（現実）の「ヌガラ」ネットワークだけでなく、それ以上にオンライン方面に張り巡らされた多層的なバーチャル・ネットワークの結節点の総体であろう。この点で、「ヌガラ」概念は、オンライン側にも拡張される形で、われわれの「ながらモビリズム」（同時・並列・移動）の多面体の一側面を、構成するに至る。

　ギアツの「ヌガラ」概念をオンライン側に延長し、「ながら」に接続・補強することによって、「ながら」は従来の空間的・時間的な並列性だけでなく、演劇的な重層性をも獲得する。かねてから私は、人間同士のリアルな対面場面における、「透明な」「1対1」コミュニケーションモデルを批判し、これに代わって「三叉路モデル」を提唱してきた。これは、ゴフマン「関与シールド」＝「不透明なコミュニケーション」「半透明性」概念および、セールの「パラサイト（寄生・傍聴）」＝「ノイズ（雑音・干渉）」概念を手掛かりに、オンライン・オフ

13）ギアツ 1981＝1990を参照.

196

ラインの相克場面にも、常に善意・悪意の第三者が干渉・介入してくる現実を、「三叉路」の比喩として理論モデル化したものであった[14]。

そうしたパラサイトによる干渉・介入の具体的営為を、われわれはオンライン上の「ヌガラ」すなわち、拡大された「ながら」として動態的に記述することが可能になったのである

# 4.「新しさ」信奉と、時間論の「三叉路モデル」へ

オン・オフ相克場面でのせめぎあいは、一般には、いわゆるファビング（phubbing）という、モラルやマナー問題としてとらえられている。すなわち、人と対面している場面（オフライン）において、スマホにかかってきた電話に出たり、スマホをいじってSNS上のやりとりにかまけることで、目の前にいる対面者をほったらかしに冷遇する、不適切な礼儀として非難する議論の文脈である。

しかし、この見方は、メディア論の大きなテーマをモラルやマナーの問題に矮小化している。これを矮小な公共道徳の問題でなく、社会論理の問題として、オン・オフ両面における2×2＝4通りの権力行使オプションによる、意図的な自己呈示/隠蔽戦略の現れとして理論化したのが、「三叉路モデル」であった。

ただし、この「三叉路モデル」はどちらかといえば、社会的やりとり、遭遇場面を、第三者から見た「俯瞰の視点」で、「空間的に表現」した「客観的モデル」描写であった。

ここでは次に、いかなる社会的場面においても、行為者本人の意識主観に寄り添った形で「内面化」「時間化」した、「主観的モデル」を描写したい。

実は「三叉路」状況は、常に社会的場面（オンライン・オフラインを含む）で、個室に一人でこもり、ケータイやPCの電源を切っていても、そこにある。すなわち、オン・オフともに誰とも接さない間にも、当事者の想像力の中では次々にメッセージやニュースは届き、SNSは絶え間なく語りかけ、ネット世界は無限に広がり、可能世界群は更新し続けている。常に自分と他者、外界がつな

---

14）Fujimoto 2016, 2017を参照.

がっている現実は、いくら短期的にオン・オフともに遮断していても、逆説的ながら当事者主観・自我すなわち、われわれ「モバイルメディア独我」にとっては、豊饒な他者の存在を消し去ることができない。現代人は無人島や密室にいても、たとえスマホの電源を切っていても、もはや「完全に孤立している」意識をもてない。

　そのうえで、一瞬一瞬の「今」という時間を微分していけば、「この一瞬だけは、まったくの孤独だ」という意識はもてるかもしれない。はたして、そうか？　この思考実験は成立するか？

　時間論の系譜で言えば、古代ローマのアウグスティヌスの昔から、「時間とは、それと意識するまでは何かわかっているが、問われて、いったん意識しだすと、それが何かを答えられない」対象であった。また、時間意識については、産業や宗教のサイクルと絡めて、円環的時間や直線的時間といった概念類型が、古くから知られてきた。

　近代になってから、時間意識が大きく変化した点は、時間意識が神や信仰から切り離され、世俗化（脱魔術化）した点である。もう1つは、ベンヤミンが詩人 Ch. ボードレールに託して語ったように、新しさ（nouveauté）への強い指向や渇望をもち、いわば神への信仰にも代わるような憧憬を、近代人は新しさに対して、もつようになった点だ[15]。

　近代以降は弁証法的プロセスとして、「脱魔術化（世俗化）」と（対立する）「再魔術化（再宗教化）」が、空間意識同様、時間意識においても、同時進行してきた。その結果、「モバイルメディア独我」のまわりに、人格・非人格、生物・無生物、リアル・バーチャルを問わず、自分以外の存在があることを、われわれは常時意識している。

　多彩なキャラクター群は、空間的にみると並列的・等価的な存在だが、時間的にみると、特に「新しさ」に関するかぎり、常に新しいものが尊重され、古いものが蔑まれ、無視される。厳然たる差別と、時間の序列が存在する。

---

15）ベンヤミン 1939＝1994を参照.

# 5.「パラサイト」の割り込みと、「今」の再創造

　時間的には、「新しさ」が唯一絶対の、神に準ずる超越的価値として尊重されるため、「モバイルメディア独我」には、まさしく「今」への執着と、過去への忘却（amnesia）・無関心とがあり、同時に「次の瞬間」という「近未来」への憧憬・期待・尊崇とがある。一瞬一瞬、恋い焦がれ、黄金に輝く、一瞬先の「近未来」が、直後の無限に短い刹那の瞬間に、次々に「割り込み（interrupt）」をかけるかのようにわれわれの意識の中に到来しては、次の瞬間、「今」となって無限大のプラス価値に光り輝き、さらに次の瞬間、「過去」となって価値がゼロに低下し、さらにたちまち燃え尽きた灰のようにマイナス価値となって、次々に意識の地平から消えていく。

　その生々流転のプロセスを、ギリシャの四元素になぞらえていえば、彼方から吹きつけた風（＝未来）が、一瞬で火（＝到来した現在）となって燃え上がっては、水（＝過ぎゆく現在）となって静まり、たちまち土（＝忘却の過去）となって、意識から消えていくのに似ている。ベンヤミンが「歴史の天使」について語ったように、われわれは未来を気にかけつつも、未来に背を向けながら、過去から吹いてくる「強風」にさらされつつ、「進歩」を体感せざるをえない。

　まさに、ベンヤミンが「歴史の天使」を説いた時間の流れにおいて、われわれはもはや「アムネジア（amnesia）の天使」すなわち「非-歴史（過去・記憶忘却）の天使」という、絶望的に皮肉な存在についてのみ、語ることができるのだ（図10-1）[16]。

　空間的には、多彩に「ながら」並列展開したキャラクター・ペルソナ群に対して、自在にオン・オフの権利を行使して、生殺与奪できた「モバイルメディア独我」だが、時間的にみると、より「今ここ（hic et nunc）」の一点に、収斂し、縮減する自己意識をもつ。これまでの空間面において強調してきた、パラレルな可能世界群の多層性・多次元性、すなわち同時併存「ながら」性を、時間面において強調しすぎることはミスリーディングといえる。空間的には、

---

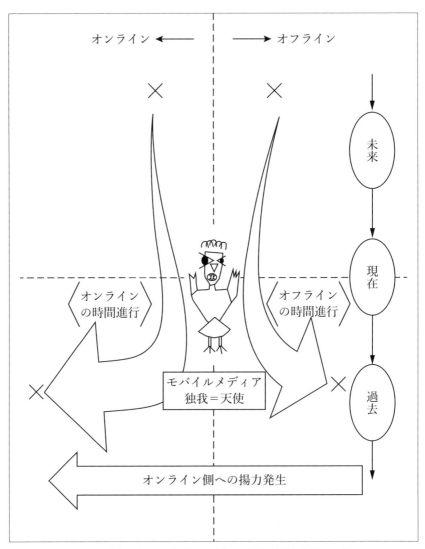

図10-1　藤本によって再解釈された「アムネジア（歴史忘却）の天使」.

われわれは複数さらに多くのキャラクター群を、それぞれのリアル・非リアル空間（可能世界群）上に、同時に無限に多数増殖させることができる。それに対し時間的には、時間そのものの整序・整流特性が働き、加えてスマホはじめモバイルメディアが時間秩序の「整序機」「整流機」として強力に機能することによって、「今ここ」への一点集中が起こるからだ。機械時計を捨てた現代人にとってスマホは、秒針の代わりに、SNSメッセージ到着によって、時を告げる鶏である。

なぜかといえば、空間以上に、時間においてこそ、独我におけるアスペクトの単一性・排外性が、より強力に機能するからである。図10-2は、「ウサギ／アヒルの図形」（ジャストローの錯視図形）として知られている。人類は、この絵にウサギ、アヒルともに読み取れるが、一度に両方の図形を「ながら」知覚することはできない。これは、アスペクト（様相・相貌）排反の問題とされ、人間はこの図形を、別々の複相図形群と「ながら」認識できるが、一瞬・一度には単相図形としか認識できない。

おそらく同様に、「モバイルメディア独我」たる現代人も、端末画面の向こうに無限に多くの「並行的な可能世界群」を空間的に「ながら」認識できる。が、しかしながら時間的にみると、一瞬・一度には1つずつの図形しか意識することができない[17]。

この無意識的・瞬間的に収斂する、アスペクトの単一性・排反性によって、「ながらスマホ」の危険やファビングのマナー違反が引き起こされる（意図的にオン・オフのスイッチングによる権利行使／動員（mobilization）が行われる）。

はたして将来、このアスペクト単相認識という人類の知覚上の限界は、突破されうるだろうか？ 希望的観測ではあるが、「慣れ」の問題、感性の慣熟によって、空間同様、時間意識においても、複眼的な「ながら」認識は、可能となるかもしれない。

例えば、かつて路線バスの運転手は、車掌とのツーマンセル（二人一組）勤務が標準であり、車両のドライビング以外の業務はすべて、車掌の管轄とされ、

---

[17]「ウサギ・アヒルの錯覚」の解釈および「アスペクト」の唯一性・排反性については，ウィトゲンシュタイン 1953＝2020を参照．

図10-2 「ウサギ/アヒル」の図形/1892年.
(Wikimedia Commons → https://commons.wikimedia.org/wiki/Category:Rabbit%E2%80%
93duck_illusion より引用).

分業してきた。すなわち、料金徴収・行先案内・弱者サポート・本部との通信
連絡には、運転手はノータッチであるべし、車両運転に専念すべしとされた。
ところが、今日、日本をはじめとする世界の多くの都市で、バス運転手はワン
マン・オペレーション化している。道交法上、市民ドライバーのながらスマホ
運転は許されないが、バス運転手の無線片手の通話ながら運転はドライバーの
気持ちと関係なく、会社から強制されている。それ以前からタクシーやトラッ
ク運転手は、乗客対応に対する頻度がバスより低いとはいえ、無線片手の通話な
がら運転は、ワンオペが普通であった。このように、人類は感性的な慣熟訓練に
よって、「ながらモビリズム」行動がより円滑に可能となるのかもしれない[18]。

　もとより、現時点におけるアスペクトの単一性・排反性という事態は、現代
日本固有のメディア・社会状況に限定されるものではない。過去30年間のモ
バイルメディア史において、ユーザーが、複数の機種（ポケベル・PDA・ケー
タイ等）、複数個のMMT (mobile media terminals) を駆使し、複数のサービス・
アプリを利用することはあったが、それらを時間差で次々に「ながら」利用で
きても、同時に「ながら」利用することは難しかった。また、iPhoneはじめ、

---

18)「ながら」および「ながらモビリズム (nagara mobilism)」については, Fujimoto 2005,
　2010a,2016,2017, 藤本 2010b を参照.

現代のスマホがマルチ・タスク端末化することによって、むしろ複数端末の利用者は減っており、世界的にユーザーの端末は、特定の1本へと集約されつつある。「シングル・タスク＆マルチ・ターミナル使用」から「マルチ・タスク＆シングル・ターミナル使用」への移行が、今後とも世界のMMT「ながら」利用の標準と予測できる[19]。

　以上これまで、私が提示した三叉路モデルに、「モバイルメディア独我」の時間意識を適用してきた。自分以外のすべてが、心理的に等距離にあるキャラクター・ペルソナ群と化す「再魔術化」の中で、常に新しいSNSメッセージやメール、ニュースやbot情報等の「さあ、来た！」といわんばかりの着信通知によって、「今」という時間意識がそのつど虚空への割り込み（interrupt）によって形成され、時間座標上の数直線に、基準点「ゼロ」が割り込み的に強制記述される。

　ただし、この「ゼロ＝今」は、常に「次」という近未来に開かれた、強い志向性をもっているため、時間座標上の数直線は、「ゼロ」を中心として、過去側（－t）と右側（＋t）が、線対称的に均質に伸びているとは言えない。「歴史（忘却）の天使」になぞらえて比喩的に言えば、過去側（－t）の時間密度は薄く、未来側（＋t）の時間密度は濃い、という非対称構造をもち、常に（過去でなく）未来から吹く強風に、天使の小さな翼は激しく煽られることになる。

　現代人の時間意識の問題は、オンラインとオフラインを媒介すべき「モバイルメディア独我」＝「アムネジア（歴史忘却）の天使」にとって、オフライン側では「日」単位、オンライン側では「秒」単位という「未来に開かれた今」の時間様態のズレが生じており、この非対称性に適応できていない点であろう。

　例えば、オフライン側の時間意識は、新しい流行を求めるファッション心理の時間感覚とも、共通する。例えば、「最新流行」の「今」のファッションは、常に「次」の未来を志向し、過ぎ去った過去を顧みない。「今」の旬を過ぎた過去の流行は、1カ月後には微妙にダサくなり、3カ月後には「流行おくれ」に、1年後には「みっともなくて、カッコ悪い」となってしまう。

---

19）ポケベル，ケータイ，電子手帳といったMMT（mobile media terminals）については，Fujimoto 2000,2005, 藤本 1997,1999a,1999b,2002を参照．

　オン・オフ両者を比較すると、それぞれ同じ「未来 - 今 - 過去」の非対称構造をもっているが、時間単位がまったく違う。おそらく、オフラインでは「日進月歩」、オンラインでは「秒進分歩」という、1万倍～1億倍オーダーでのギャップがある。「未来に開かれた今」を「日」単位で志向するオフライン側の時間意識に対して、オンライン側の時間意識は、「秒」以下の単位で「未来に開かれた今」を志向する。例えば、次から次に新着を告げる、SNSメッセージやニュース・アプリのタイムラインは、「同時」に「多数が到着」するかに見えて、実は「同時性」という概念がありえないため、強制的に前後の時系列に割り込んでタイムライン序列をつけ、すきまなく線上（リニア）に、メッセージを連ねていく。次のメッセージが到着した瞬間に、今まで焦点化されていた「今」は意識から「秒殺」「瞬殺」されてしまい、意識の闇に消える。

　そのため、「モバイルメディア独我」におけるオン・オフの時間の流れは、「オンで速くオフで遅い」極端な跛行を示す。そのため、主観的時間意識においては、流れの著しく速いオン側に極端に傾斜した心理的バイアス、いわば一種のオン側への心理的「揚力」を、常に感じる意識状態が続くことになる。

　先に挙げたボードレール／ベンヤミン的な新しさ信奉は、基本的に現代まで共有されるが、今日の「モバイルメディア独我」において、その中身の質的変化が大きい。

　すなわち、従来からの新しさ信奉に加えて、さらにSNSやニュース・アプリ頻用によって加速された、「オン・オフの極端な跛行」すなわち「オン側への揚力発生」が加わった、新しい21世紀型の時間意識の社会学的・哲学的考察が必要となる。

## 6.　時間意識の５類型と、超越論的跛行時間

ここでの考察の対象には、次の5つの異なる時間意識の類型がある。
- ①原生時間：いわゆる「体内時計（circadian rhythm）」と呼ばれる、生物学的な時間感覚
- ②客観時間：ニュートン（物理学的）時間、WBT（world business time：世界ビジネス時間）

③オフライン主観時間：人と対面時などのオフラインで意識する時間

④オンライン主観時間：SNSなどのオンライン没入時に意識する時間

⑤超越論的跛行時間：モバイルメディア独我のメタレベルで、バラバラな
①～④の時間感覚を統合しようとする、跛行的意識。

まず、①原生時間。これは、生物としてのヒトが持ち合わせている「体内時計」時間感覚である。大きくは覚醒と睡眠、半覚醒（夢を見ているレム睡眠時、寝起きや睡眠導入時）を繰り返す。自律神経系の働きによる、昼夜の日周期の時間意識。さらに食欲や性欲・睡眠欲、空腹感や便意がもたらす、日周期の中でアップダウンを繰り返す、気分の抑揚意識などが挙げられる[20]。

次に、②客観時間。これは、「ニュートン（物理学・天文学）時間」、時計の時間である。全世界の株式市場はじめ、すべての経済活動は、この客観時間の経過に厳格に則ってルール化されている点で、「WBT：全世界ビジネス時間」と呼ぶこともできよう。もともとはイギリスの天文台で制定され、「グリニッジ標準時」と呼ばれた。が、今は物理学・天文学とのつながりは意識されておらず、世界中の経済活動を時差を超えて貫徹し、人々の主観とは独立に運行する②「客観時間」と言える。

続いては、③「オフライン主観時間」。未来に開かれた形での「今ここ」を中心に考えるならば、主観的な時間意識の「ゼロ＝原点」に位置するのが、「オフライン主観時間」であろう。外部環境への対応や、ヒトやモノの往来への対処、会話や行動の行為主体である「モバイルメディア独我」にとって、①「原生時間」や②「客観時間」の影響を受けながらも、「今ここ」で現に生きている私＝主観の時間意識が、「可能世界群の中心」に位置するのは、疑いないところだ[21]。

さらに、④「オンライン主観時間」。③「オフライン主観時間」同様、未来に開かれた形での「今ここ」を中心に考えたとき、主観的な時間意識の「ゼロ＝原点」に位置している。「オン・オフの転轍機＝スマホ」の画面を通して、③「オフライン主観時間」と④「オンライン主観時間」が、合わせ鏡のように、私の時間意識の核心を構成する。

---

20）生活世界における時間論については，藤本 1993を参照.
21）Fujimoto 2000,2005,2016,2017, 藤本 1994,1997,1999a,1999b,2002を参照.

　最後に、これら4つの異なる時間がぎくしゃくと跛行しつつ、「モバイルメディ
ア独我」に統合される形で、⑤「超越論的跛行時間」の意識が誕生する。

　例えば、水面を高速で旋回しながら泳ぐ水生昆虫ミズスマシ（gyrinus）は、
水面上の敵と、水面下の敵を同時に視野にとらえ、機敏に反応するため、複数
の視覚器官群を統合する特異な神経－運動系の進化を遂げた。すなわち、通常
は左右2つであるはずの複眼が、上下左右に分離進化して4つに分かれ、水上
と水中を同時に見ることができる。はたしてミズスマシは水面をクルクルと高
速で泳ぎながら、4つの目からの映像を、どのように統合的に把握しているのか？
そこには長年の進化がもたらす、時間感覚と視覚野と神経系との高度な統合が
達成されているに違いない。

　このミズスマシの高度な知覚統合と比べると、われわれ現代人の時間意識は
「超越論的」という、人間独自の反省的なメタ意識の特異性はある。が、その
統合の試みは、モバイルメディアの普及と同時に、人類史的には始まったばか
りで、まったく未完成だ。歩きながら、自転車や自動車に乗りながらのスマホ
操作が、多くの事故の原因となっているように、運動と知覚の統合さえ適応で
きていないレベルで、高度な時間・運動感覚の統合など、ミズスマシには程遠
い、低劣なレベルだ。にもかかわらず、「モバイルメディア独我」たる、われ
われ現代人は、一瞬一瞬、この時間の流れの中に、「ながら」適応を試みつつ、
日々生きていかざるをえない。

　そこで起きるマナー違反こそが、端的にファビングとして知られる。が、よ
り一般的な権力行使オプションの問題こそ、「三叉路モデル」として定式化さ
れた、オン・オフの転轍問題である。われわれはスマホを通じ、常時なめらか
にオン・オフのスイッチを切り替えることができ、様々な選択をする権利を行
使することができる。常にARを立ち上げ、無数の仮想空間を現実空間に重ね
描きしては、その可能世界群に没入できるし、それらを一瞬にして消し去るこ
ともできる。いろいろなSNSを読み取りつつ、「いいね！」を押して共有し、
自分のメッセージを投稿したり、自分がフォローした無数のタイムラインに取
り囲まれながら、それらを一瞬に消し去ることもできる。

　そこでは、一個一個の空間の属性やコンテクスト、例えば抽象と具体、現実
と仮想の区別は捨象され、それぞれがありうる様相ごとの「可能世界群」とし

て認識される。また、そうした「可能世界群」では、人格の統一性・一貫性、個物の現実性・独立性は捨象され、匿名的で断片的な文字・音声・静止画・動画の要素群として、結果的に様相・状況・文脈依存的なペルソナ・キャラクター・アイコンとしてのみ、他者の存在が認識される傾向にある。

## 7. 一瞬ごとに降臨（再創造）する神々としての「今」

　さらに、これまでの考察に、神学の補助線を引いてみよう。かつてD.リースマンは、A：「伝統指向（tradition-directed）型」、B：「内部指向（inner-directed）型」、C：「他人指向（other-directed）型」という社会的性格の3類型を唱えた。現代人は、伝統的な地域コミュニティや国民国家の伝統よりも、自分の内心における指針よりも、他人の意向を配慮する「他人指向型」に移行しつつあると論じた。

　これを、私の整理提示した①〜⑤の時間意識類型に当てはめると、「①原生時間」はB：「内部指向型」の時間意識、「②客観時間」はA：「伝統指向型」の時間意識、「③オフライン主観時間」と「④オンライン主観時間」は、ともにC：「他人指向型」の時間意識に分類できる。これらをすべて統合しようとするのが、「⑤モバイルメディア独我時間」＝「超越論的跛行時間」となる。リースマンから60年以上を経て、時間意識のC：「他人指向型」への傾斜は、ますます強まっているのではないか[22]。

　では、この増大する「他人指向」傾向を、われわれはいかにコントロールし、統合した時間意識を再構築することができるのか？

　その手がかりとなるのが、神学者P.ティリッヒの提示した、D：「他律（heteronomy）」、E：「自律（autonomy）」、F：「神律（theonomy）」というキリスト教信仰の変遷にみる3類型である[23]。

　教会や聖職者の権威を信仰の源泉としてきたD：「他律」の時代から、プロテスタントはこれまでに、聖書の読解や自分の内心を、信仰の拠り所とするE：

---

22) リースマン 1950=2013を参照.
23) ティリッヒ 1951-63=1990を参照.

「自律」の時代を迎えた。さらに現代人は、両者を合わせ「ながら」、神の道と人の道とを弁証法的に超克する第三の道、F：「神律」へと向かう（べき）というのが、ティリッヒの主張である。彼は他者と自分、神と人の出会う契機を、降臨や恩寵として、そこに新しい秩序の根拠を見出す。

　ティリッヒの神学的アイデアは、リースマンと同じ約60年前の時代制約をもちながら、現状肯定・追認的なリースマンと違って、現実を批判し、超越する契機を模索し、提示する。まさに今、「モバイルメディア独我」たる、われわれ現代人は、「他律」と「自律」の間を揺れ動き、時間意識の歪みを統合しようとして、そのギャップ（例えば、ながら運転やファビング対応への苦悩）や跛行意識にもがいている。そのぎくしゃくとした時間意識を見越したかのように、彼は「神律」を示唆するのだ。

　ティリッヒの「神律」を世俗化し、われわれの時間モデルにひきつけて考えてみよう。そのつど降臨（再臨）する神が、いわば「今」をそのつど再創造する「時告げ鳥」としてのSNSやアプリ上で届く新着メッセージやニュースなのである。毎秒毎秒、「近未来」が次々に「今」に変換されて到来する状況は、神が新しく、そのつど降臨（再臨）し、われわれを救済する、弁証法神学の教説に似ているのだ。

　もちろん、「モバイルメディア独我」にとって毎秒降臨する「時間の神」（より正確には複数形の神々）とは、ユダヤ・キリスト・イスラムに代表される、一神教的な人格神ではない。全世界的な「再魔術化」の流れにある現代人――その中には一神教の信者たちも含まれる――にとって、この神々は、一神教以前の原始・土着・民俗的信仰に根ざす神々であり、あるいは一神教以降に顕現する、新しいアニミズム（精霊や動物、キャラクターやペルソナ等のトーテミズムを含む）の神々だ。

　われわれが駆使するスマホ画面の先に広がる、可能世界群に住まう神々は、古代的・民俗的・多神教的な祭礼行事（例えばイースターやハロウィーン、バレンタイン、夏至祭、冬至祭等）であり、神話・メルヘン・ファンタジー（例えば『指輪物語』や『ハリー・ポッター』シリーズ）であり、アニメ映画（例えば宮崎駿監督作品）であり、電子ゲーム（例えば『ドラゴンクエスト』『ポケットモンスター』）やテーマパーク（例えばTDRやUSJ）であり、またアート作

品（例えば、やなぎみわ）の豊饒なキャラクター群である。

　それらの神々の姿（偶像）は、日常的にVRやAR、ゲーム・コンテンツやマスメディア、遊戯機器・施設によって強化され、SNS等によって拡散されて、われわれの周りにあふれている。われわれの「再魔術化」された世界では、こうした広義の偶像崇拝やアニミズムと、従来の一神教信仰とは、境目なく地続きとなって、自然に両立している。まして、多神教的なヒンズー教やチベット密教、日本神道といったアジア的な伝統宗教や、ブードゥー教などの土俗的信仰であれば、スマホ画面を中心に拡散し続ける偶像崇拝やアニミズム（トーテミズム）的趣味と、相互補完的に一体化してしまっている。

　われわれ現代人にとっては、時計の客観的な運行や、目の前に実在する友人・家族との直接的な対話が、「今・現在（right now）」の時間意識を形成するのではない。すなわち、時計の客観的時間が、量としての時間が蓄積する「ストック」感覚であるのに対し、リアルな対話がもたらす主観的時間意識は、質としての時間の中に深く没入することで、時間経過を一瞬忘却するような「フロー」感覚（M.チクセントミハイ）である。いずれも、確かにリアルな時間意識の一種であることは疑いない。が、それらは、われわれにとって「今・現在」を指し示す、時間意識そのものの表象ではない。

　では逆に、現代人にとって、「今・現在」の表象とは何か？　それは、SNSのタイムライン、ニュース・アプリの新着（および新着への期待・憧憬・信奉そのもの）である。われわれ当事者の時間意識にとって、誰から、どこからのメッセージであるとか、どんな内容のメッセージであるとか、そうした属人性・属地性・コンテンツの質は、一切関係ない。未知のどこか、見知らぬ誰かからの、些細で、つまらないニュースやスパムメールであっても、まったく構わない。それが「新着！」であるかぎり、それだけが重要だ。

　ただひたすら、新しさだけが、現代人にとっての生命のきらめき、ときめきとなる。われわれ当事者が、その新着SNSメッセージを心待ちにしており、常に目で追っていること＝新着を意識していることだけが、「今という時間指標」の資格を左右する。

　その意味では、当事者である「モバイルメディア独我」にとって、親密な誰かからのメッセージという人称性はさほど重要でなく、見知らぬ第三者（介入

者・傍聴者・盗聴者・ノイズ攪乱者等、広義のパラサイト）によって、次々に割り込まれる新着情報「○○なう」こそが、「今という時間指標」そのものである。いわば、それは「モバイルメディア独我」の時間意識が、「先取りされた形で外在化」された期待の表象、そのつど再創造され、降臨（再臨）した神々といえるだろう。

　こちらから主体的に「召喚」するのではなく、自らの意識を超えて、どこでもない可能世界群の虚空から外在的に、強制的に否応なく割り込んでくるリアリティこそが、降臨する「神々」としての「今・現在」の必須要件である。

　時間の外部表象としての「新着SNSメッセージ」は、匿名・非人称・不可視であってかまわない。が、われわれは、「秒進分歩の新しさ」信仰、「可能世界の中の未来が、今・現在に変わる瞬間の神聖さ」信仰、「無から有（今）が生成し、たちまち今が過去となって無に帰す儚さ」信仰によって、そこに毎秒ごとに、複数形のポップな小さな神々＝キャラクター・ペルソナ群を見出す。

　かつて1990年代初頭の日本では、当てずっぽうの番号だけで匿名の相手を選び、見知らぬ同士で短いメッセージをやりとりする「ベル友」現象が、女子高生を中心に爆発的に流行した。当時、「ベル友」は「どこの誰から来るかわからない、匿名の友との不思議な交流」とみなされた。この流行現象に対して、私は「こっくりさん」や「辻占」「おみくじ」「娘宿（村落共同体における年齢階梯制の1つで、未婚女子による宿泊をともなう集い：virtual sisterhood house)」といった、日本の伝統的風俗が電子的に復興した、「同年令の若い女性同士が電子上で出会う、霊的な習俗・信仰」と分析した。まさしく「脱魔術化」下での「再魔術化」事例の典型であり、その代表例として「ベル友はお告げの神である」と、私はみなした[24]。

　その1990年代半ばの「霊的交流」は、30年後の今日、全世界、全年齢的に広がり、短い文字テキストからマルチメディア情報へ、巨大SNSへ、AR効果付きの動画へ拡大・変容しながらも、一貫して変わらない本質をもつ。すなわち、それらは、占い・お告げ・神託・お守り・守護霊（ソクラテスのダイモーンdaimōnに始まる）・妨害／干渉／傍観者（ギリシャ悲劇のコロスに始まる）・ゲー

---

24) Fujimoto 2000,2017, 藤本 1997を参照.

ムの共同プレイヤーとして、質量ともにグローバル現象としての神々となっている。

　こうした「霊的交流」の対象を、アリストテレスは一括りにして、「プシュケ（psychē＝心/魂/蝶）と呼び、それらはラテン語で「アニマ」（anima＝動くもの/動物/霊魂）と翻訳された。まさにそれらは、妖精や精霊、動物・トーテムまで、架空の生命やアニメーション・キャラクター・ペルソナまでを含む、神・人・半神・霊魂等の多様な中間存在形態を包摂する、アニミズム（精霊崇拝）/トーテミズムの対象すべてである。

　現代日本の芸術家・舞台演出家やなぎみわは、こうした現代人の世界観を、「モバイルメディア独我」そのものを直接的に描くことなく、視覚的に暗示する。「案内嬢の部屋」シリーズ（1997-1998）は、エレベーターガールという近代的職業女性像を通じて、その非人称・匿名・複数・キャラクター性を表現した。続く「My Grandmothers」シリーズ（2000-2009）は、若い女性が50年後の自分をイメージしてコスプレ扮装することで、時空をメタモルフォーゼし、年老いた自らを肯定的にキャラクター化＝自己神格化することを通じて、仮想的かつ現実的、「現在かつ未来」的な時間意識を、浮かび上がらせる試みであった。また「Fairytale」シリーズ（2004-2006）は、自らが妖精物語＝おとぎ話の主人公であると同時に、他者（敵役や干渉者、善意の第三者等）のキャラクターでもありうる可能世界群、すなわち少女かつ老婆が、姫かつ魔女が、常に主客逆転可能な弁証法論理に則った形で展開する可能世界群を、視覚化したものだ。

　こうした彼女の作品は、「モバイルメディア独我」の時間意識の、1つの表象化の試みといえよう[25]。

---

25）やなぎ 2009を参照.
26）「ながら」と「モバイル」の概念については, Fujimoto 2000,2005,2010a,2016,2017, 藤本1997, 1999a,1999b,2002,2000bを参照.

# 8.「ながら」の5つの意味

　以上を総括すれば、本章では「ながらモビリズム nagara mobilism」には、5つの意味があると考えられる[26]。

- (1) 〈同時・順接〉ながら：複数の事物・行為が同時に、同じ方向あるいは独立、バラバラに並列・並存する（～しながら）〈move（do）while ～ ing/with something ～ ing？〉
- (2) 〈同時・逆接〉ながら：複数の事物・行為が同時に、逆方向に並列・並存する（～でありながら）〈move（do）despite ～ ing〉
- (3) 〈弁証法的〉ながら：論理的に対立する（順行・逆行とも）複数の事象が、同時進行する
- (4) 〈輻輳・多層的ネットワーク〉ながら：複数の人間関係（オフライン）ネットワーク「ヌガラ」（ギアツによるインドネシア語の概念を含意）を、現代のオンラインにも拡張した、多層的なネットワーク・レイヤーの結節点を結ぶ多層性としての「ながら」
- (5) 〈異時・跛行〉ながら：未来から現在への時間進行を、オン・オフともに並存する時間事象を両にらみする、超越論的時間意識としての「ながら」

　以上のように、われわれは多元的でありつつ、1つに響きあう「ながら」の5つの意味を、総括することができる。

**参考文献**

ベンヤミン,W.,鹿島徹訳,1940=2015,『「新訳・評注」歴史の概念について』未來社.
ベンヤミン,W.,野村修訳,1939=1994,『ボードレール他五篇：ベンヤミンの仕事2』岩波文庫.
チクセントミハイ,M.,今村浩明訳,1975=2001,『楽しみの社会学』新思索社.
藤本憲一,1993,「風はなぜ吹く、なぜなしに吹く――「SWATCH の原生時間論」覚書」『武庫川女子大学生活美学研究所紀要』3号.
――,1994,「歌うサブマリナーズあるいは聞き耳でいっぱいの海」角野幸博・藤本憲一他編『大阪の表現力―巨大看板から大阪弁までプレゼン都市の魅力を探る』パルコ出版.
――,1997,『ポケベル少女革命――メディアフォークロア序説』エトレ.

――,1999a,「「モバイル"mobile"」の文化社会学――「移動体」300年史におけりる「家→動→体」のメディア変容」『ファッション環境』8（3）,ファッション環境学会.

――,1999b,「匿名・雑音・寄生――ベル友をめぐるXとYの図像論理学」『健康の悦楽・健康の憂鬱』現代風俗研究会.

――,2002,「黄声濁声――「キャ〜と「ダミ」をめぐるケータイ空間／文学論」斎藤美奈子編『脱文学と超文学』岩波書店.

――,2010b,「スマートモブズ・ポケベル少女・ながらモビリズム」日本社会学会社会学事典刊行委員会編『社会学事典』丸善.

Fujimoto,K.,2000,Syntony,distony,virtual sisterhood,and multiplying anonymous personalities: invisible Pseudo-Kinship structures through mobile media terminal's literacy. *Senri Ethnol Stud* 52:117-41.

――,2005,The third period paradigm: the anti-ubiquitous'Territory Machine'from'Girls'Pager Revolution'to'Mobile Aesthetics'. In: Ito,M.,Okabe,D.,Matsuda,M.eds.,*Personal,portable,pedestrian: Mobile phones in Japanese life*. MIT Press,Massachusetts.

――,2010a,Nagara-Mobilism in the clutches of cutie mobs. In: Yoshida,M.et al.,eds.,*Welt in der Hand*. Spector Books,Leipzig.

――,2016,The'Triple Junction Model'of mobile media: two dogmas of the'Myth of Communication'. In: Tomita,H.ed.,*The post-mobile society:from the smart/mobile to second offline*. Routledge,London.

――,2017,From"Nagara"to"Negara"―Dégagement or engagement in the theatrical contextualism？ (My Oral Presentation of Intenational Symposium,July 2nd). In: *Are you second offline? ――The diversity of post-mobile society*. Kansai University,Osaka.

ギアツ,C.,小泉潤二訳,1981＝1990,『ヌガラ――19世紀バリの劇場国家』みすず書房.

ゴフマン,E.,丸木恵祐・本名信行訳,1963＝1980,『集まりの構造――新しい日常行動論を求めて』誠信書房.

ホルクハイマー,M.,アドルノ,Th.,徳永恂訳,1947＝1990,『啓蒙の弁証法――哲学的断想』岩波文庫.

クリプキ,S.,八木沢敬・野家啓一訳,1980＝1985,『名指しと必然性――様相の形而上学と心身問題』産業図書.

大森荘蔵,1994,『時間と存在』青土社.

リースマン,D.,加藤秀俊訳,1950＝2013,『孤独な群衆』上・下みすず書房.

セール,M.,及川馥・米山親能訳,1980＝1987,『パラジット：寄食者の論理』法政大学出版会.

ティリッヒ,P.,谷口美智雄訳,1951-63＝1990,『組織神学』1・2巻,新教出版社.

ウェーバー,M.,尾高邦雄訳,1917＝1980,『職業としての学問』岩波文庫.

ウィトゲンシュタイン,L.,鬼界彰夫訳,1953＝2020,『哲学探究』講談社.

やなぎみわ,2009,『やなぎみわ――マイ・グランドマザーズ』東京都写真美術館.

# 第11章
# 「遠征」をめぐる人間関係
## Twitter上で親しくなる過程と
## 社会的場面の切り分けを中心に

松田美佐

## 1. はじめに

　本章は近年盛んとなっている「遠征」に関して行ったインタビュー調査について、「遠征」をめぐる人間関係に焦点を当て、分析、考察するものである。本章で述べる「遠征」とは、「コンサートやライブ、フェス、握手会、舞台、スポーツ試合などのイベントに観客として参加するために、日常の行動範囲を超えた遠方まで出かける行動」（松田 2019：22）を指す。もともと、遠征とは戦争やスポーツの試合、登山などの目的で遠くに出かけることを指す言葉であった。しかし、近年「遠征」の意味は拡大し、コンサートなどに観客として参加するために遠方に出かけることを指すようになっている。

　もちろん、以前から熱心なファンが芸能人を追いかけることは知られており、そういったファンは「オッカケ」と呼ばれていた。これに対し、「遠征」はより多くの人が行う行為であり、その広がりはイベント開催による宿泊施設不足が2000年前後から話題になってきたことでも確認できる。主に地方都市の宿泊施設が人気アイドルグループのコンサート開催日に満室となり、ビジネス客や他の観光客、受験生などが宿泊施設確保に苦慮するという事態だ[1]。では、わざわざ交通費や宿泊費を費やしてまで「遠征」を行う人が多く見られるようになったのはなぜか。「遠征」とは一体どのような行為であるのか。

　以下、2節では先行研究と松田（2019）を検討することで、本章で取り上げ

る課題を整理する。次いで、3節では「遠征」をめぐる人間関係に関するインタビュー結果を紹介したうえで、4節で「Twitter上で見ず知らずの相手と親しくなる過程」とソーシャルメディアを使った「社会的場面の切り分け」の二点について考察する。

## 2. 先行研究と本章の課題

　松田（2019）で検討したように、「遠征」自体に焦点を当てた先行研究は数少ないが、関連する研究として、「遠征」の行為主体を検討するファン研究、行為の対象（目的）としてのイベントに焦点を当てるフェス研究、移動という行為を対象とするツーリズム研究・モビリティ研究が挙げられる。まず、ファン研究においては、同じコンサートを複数回見るファンにとっては、それぞれが異なるものとして認識されていること（野村総合研究所オタク市場予想チーム 2005）やファン同士の関係性がファン活動において重要なこと（辻 2003、2007）が指摘されている。フェス研究においては、フェスの楽しみが「音楽を聴く」や「ライブを見る」ことより「雰囲気を楽しむ」ことに重心がおかれるようになっていることやSNSなどの活用でフェスがメディアイベント化していることが挙げられている（永井 2017）。このような研究、および移動の日常化を論じるモビリティ研究を参考にするならば、熱心なファン以外も「遠征」を行っていることを前提に、「遠征」にまつわる人間関係をとらえながら日常性の中で「遠征」について検討する必要があると考えられる。

　以上を踏まえ、2018年4月から7月にかけて、東京都下の4年制大学に在籍する複数回「遠征」の経験のある大学生（18歳から22歳、男性5名、女性14名の計19名）を対象とした半構造化インタビューを行った。本章ではこの調査結果を分析、考察するが、「遠征」のきっかけや動機、一緒に出かける相手や「遠

---

1) 例えば，人気アイドルグループ「嵐」が2019年1月に活動休止を発表した際の新聞記事には以下のようにある．この記事からは，市内の宿泊施設が満室になるほど，日帰りが難しい地域からコンサートのために札幌を訪れた人が数多くいることがわかる．「嵐は毎年11月，札幌ドーム（札幌市豊平区）でコンサートを開いてきた．昨年は3日間で述べ（原文ママ）約16万人を動員．市内の宿泊施設の予約が取りづらくなるほどだった．」（「『嵐ショック』列島揺らすCM企業，テレビ，札幌ドーム「予想せず」対応に追われる」『北海道新聞』2019年1月29日）.

征」を支援するもの、本人にとっての「遠征」の意味などはすでに松田 (2019) で検討している[2]。

　さて、松田 (2019) で紹介した知見のうち、本章との関連では、「遠征」が基本的に単独行動であることが興味深い。「友達と一緒」の場合も、一緒なのはイベントだけであって、移動手段や宿泊施設は別であることも珍しくない。その一方で、見ず知らずのファン仲間と会場で直接会ったり、一緒に行動したりすることもある。こういった「遠征」を支援するのが、スマートフォンであり、Twitterである。移動手段や宿泊施設を調べたり、予約したり、空き時間の暇つぶしに役立てたりと、スマートフォンは単独行動を支援している。また、スマートフォンからTwitterの複数アカウントを駆使し、他のファンとつながることで情報やチケットを入手するだけでなく、親しくなりオタ友[3] をつくる人もいる。

　このような状況を確認したうえで、本章で焦点を当てるのは、「遠征」をめぐり新たに形成される人間関係である。「遠征」は基本的に単独で行うものである。それは、一緒に行く相手と同じ「熱量」でないと楽しめないからであり、チケットが取りにくいからでもある。しかし、「遠征」は個人が一人だけで行う行為ではない。Twitterでのやりとりを通じて、あるいは「現場」[4] で隣り合わせた人と話をすることで、オタ友ができる。場合によっては、見ず知らずの相手とチケット交換や転売といった金銭的なやり取りを行うこともある。では、見ず知らずの相手をどのように見分け、付き合いを深めていくのか[5]。

---

2)調査概要についても松田(2019)を参照のこと．
3)趣味(オタク活動)を通じて出会った友達のこと．「オタクの友達」「(Twitterの)フォロワーさん」との呼び方もあったが，本章ではオタ友に統一する．これに対し，日常生活で関わり合いのある友達はリア友と呼ぶ．
4)イベント自体やイベント会場周辺を指す．
5)なお，本章では「遠征」をめぐり新たに形成される人間関係に焦点を当てるが，インタビュー対象者の中には，リア友や家族と出かけたり，常に一人で「遠征」したりするため，「必要ない」「面倒である」と，見ず知らずの相手と交流しない人も複数いた．

## 3.　いかに見ず知らずの相手と親しくなるのか

### 3-1　直接「現場」で知り合う

　見ず知らずの相手とどのように交流が始まるのか。まず、イベント会場で偶然居合わせた人と話をすることから始まるケースがある。

> C：チケットというか、券を取るためにお店の前とかに並んでるときに、隣の人が「寒いね」とか、「君、若いね」みたいな。絡まれるって言っちゃ、ちょっと言い方悪いですけど。すごい暇じゃないですか。並んでるときって。
>
> 筆者：そうね。長いと。
>
> C：ちょっとしゃべってるうちに仲良くなって、共通の知り合いだとか、周りの人たちとしゃべるようになってって、そういう感じで仲良くなっていきました。

> I：10人ぐらい知らない人と会って、ここ何年間で。でもそんなにつまんなかったこと一回もないんですよ。同じ共通の話題があるんで。

　見ず知らずの相手であっても、推し[6] という共通の話題があるため、盛り上がりやすく、仲良くなっていくのだ。特に、一人で待ち時間が長いイベントに参加したり、物販に並んだりする際には、周囲の人と自然と話をするという。ただし、そこで交わされる内容の「適切さ」も重要である。Oは自分が話をするのはコアなファンだとし、推しの良いところを話すのは「にわか（ファン）」だと言う。

> O：メンバーのいい、悪いとかは、たぶん話になんないです。オタクの間では。「この間のあれどうだった」みたいな。「この間の現場、あそこどうだった」って、「しけてたね」みたいな。[中略]「あいつのああいうとこいいよな」とかは、大前提

---

6) アイドルや芸能人，アーティストなど，自分が応援している対象の呼び方は，「推し」「贔屓」「担当」など様々であるが，本章では推しに統一する．

の話なんで、それを話すと、逆に、にわかっぽいんです。

　隣り合わせた人なら誰とでも仲良くなるのではなく、少し話をしてみて、自分と話が合う相手かどうかを見極めるのである。親しくなれそうなら、次の段階としてTwitterなどの連絡先を交換することもあるが、もちろん、その場限りの関係となることもある。

　なお、直接「現場」で会う場合、お互いの外見は見えているため、外見から推測できる社会的属性を踏まえたうえで、話しかけるかどうかの判断がなされていることに留意すべきであろう。次に示すのは、社会的属性がより不明瞭なTwitterで始まる交流である。

## 3-2. Twitterで知り合う
### 3-2-1. 複数の趣味アカの使い分け

　推しや「遠征」に関する情報は主にTwitterでやり取りされており[7]、松田（2019）で紹介したように、リアアカ（リアルアカウント、既知の友人や知人とつながるアカウント）の他に趣味アカ（趣味用アカウント）をもつことで、趣味に関する情報を効率よく入手し、日常生活と趣味を切り分けている。さらに、趣味アカを複数作ることで、対象別（推しやジャンル）や機能別（情報入手や取引、つぶやき、親しさによる仲間分けなど）に使い分けており、なかには、友達募集用のアカウントもある。下記は複数アカウントをつくる理由についての回答である。

　　E：情報が錯綜し過ぎちゃうんですよね。いっぱい入ってき過ぎちゃって、処理
　　できない。

　　J：Hey! Say! JUMP好きな同じ地域に住んでない子とかと友達になれるんですけど、
　　その子と他の友達とごちゃごちゃにしちゃうと、なんかわからなくなっちゃうし。

---

7) 以前はYouTubeを利用していた人や現在Instagramを利用している人もいたが，ほとんどのインタビュー対象者が情報入手やファン同士の交流の場として挙げたのはTwitterであった．

第 11 章 「遠征」をめぐる人間関係

いろいろ情報、漏れちゃうかなとか思って変えたかなって感じです。

K：閲覧だけのアカウントと、自分が仲良くなったオタクたちと表向きにしゃべるアカウントと、本当に仲いい人だけの、なんだろう、包み隠さずに言うアカウントと、友達集めの募集アカウントみたいな。

　では、Twitterの複数アカウント利用はどの程度一般的なのか、いくつか調査結果を紹介しよう。2015年に関東・関西・東海地域に住む高校生以上の15〜29歳3000人を対象とした調査によれば、Twitterの登録者は高校生や大学生の8割程度であり、そのうち高校生の62.7%、大学生の50.4%が複数アカウントを所持しているという。アカウントの平均個数も、高校生は3.1個、大学生は2.5個である（電通総研 2015）。同様に、高谷（2017）の大学1、2年生を対象とした調査では、83%がTwitterを利用しており、そのうち51.1%が複数アカウントを所持している。青山（2017）が2016年に大学生を対象として行った調査でも、Twitterの利用者は90.9%であり、そのうちの57.9%が複数アカウントを所持しているという。これらからは大学生の8割強がTwitterのアドレスをもっており、そのうち半数強が複数アカウントを所持していることがわかる。また、Twitterを利用する16〜39歳のアイドルファンを対象とした南部・福島（2017）の調査では、アカウント数の最大は9、平均は3.7であり、「これらのアカウントには、リア垢（普段の生活のアカウント）やオタ垢（ファン活動に限定したアカウント）と呼ばれるものの他に、取引専用、仲の良い友達専用などがあった」（南部・福島、2017：210-11）という。
　田代（2019）は、大学生がいかにTwitterの複数アカウント、なかでも趣味アカウントを利用しているのか、インタビュー調査をもとにその多様性を明らかにしている。そのなかで、複数アカウントを使い分ける動機として、リアアカについては「所属集団の変化」と「所属集団の関係の深さ」が、趣味アカについては「（趣味アカ上での）関係の深さ」と「周囲の視線」（「趣味の隠匿」「リアルの保護」「周囲への配慮」）を挙げている。
　彼の議論と本インタビュー結果を踏まえると、趣味で複数アカウントを使い分ける動機は、「社会的場面の切り分け」と「開示情報の調整」の2つであると

いえよう。前者は、高校や大学、あるいは特定の趣味といった「関係性の生じる場」での使い分けや、すべての人に開かれているか、親しい特定の相手のみとつながるのかといった「関係性の深さ」による使い分けである。後者は、リア友に自分の趣味を隠したり、逆に趣味アカでつながる見ず知らずの人に自分の本名や社会的属性を隠したりするためのアカウントの使い分けであり、さらには、ネタバレや特定の趣味など相手にとって「見たくない」情報が見えてしまうことがないようアカウントを分けるといった利用方法である。

このように特定の趣味をもつ若者は、Twitterで複数アカウントを駆使することで、「オタ活」（趣味に関する活動）を行っているのである。

### 3-2-2. どのように「絡む」[8] のか

次に、Twitterを通じて、どのように見ず知らずの相手と「絡む」のか。まずは、プロフィールからの判断である。その際には、同じ年齢や性別、学生であることが選択の基準となる。

> A：プロフィール見て、なんとなく。プロフィール見て、ちょっと年配の方なのかなって思う人は避けたりしてました。ツイート内容とか、「バイト！」って言ってる人はおそらく学生じゃないですか、「仕事終わった」ってのはおそらく社会人の方。学生さんとか話合いそうだな、とか。は、選ぶようにはしてました。大学生ばっかり、知り合いは。なんとなく、雰囲気でわかるんですよね。

プロフィールに明示されていることだけでなく、ツイート内容から相手の属性を推測する点は重要であろう[9]。他にも、ファンとしての「熱量」やその人の雰囲気などもツイート内容から読み取ることができる情報である。Twitterでは情報入手しかしないFは、「Twitter上の詳しいファン」には「詳しくない

---

8）ここでいう「絡む」とは「やりとりをする」「つき合う」といった意味であり，若者たちの間で一般的に用いられている．
9）田代（2019:62）には，「現場」で初めて会う際に，直接年齢や性別を聞くだけでなく，それまでのツイート内容を吟味したうえで，前日に服装を尋ね「スカートをはいている」という答えから性別を確認するエピソードが紹介されている．

自分」は声をかけられないという。

　M：やっぱり、年が近いとか、応援してる力の度合いが一緒っていうのは、大きいと思います。

　筆者：Twitterとかは見てると、すごい、ファンの人とかも当然、いるじゃない？そういう人とつながろうとか、会ってみたいみたいなのもない？
　F：そんな。すごい、詳し過ぎるので、こんな私が行けるのは、おこがましいというか。

　R：価値観の問題もありますね。この子に対してどこまで話していいのか、何を拒絶する子なんだろうみたいな。
　筆者：例えば、どういうことを拒絶する人がいたりして？
　R：複数名義とかチケットを積んで手に入れるのが駄目な人もいますし、多ステ[10]も無理な子もいますしっていうのとか、その推しだけが好きなのか、グループも丸ごと好きなのかってのもありますし、あと、参戦服とかでも結構見ちゃいますね。あの子は主張が激しい子だみたいな。

　筆者：そういうときに、こういう人とは付き合わないようにしようとか、つながる基準みたいなものってあった？
　J：常識が普通にある人。
　筆者：逆に言うと、常識がないなと思ったのね。
　J：文章力とか、あと、自分とは合わなそうな文章、書くなとか思ったら、やめてましたね。そんな感じ。

　また、複数の趣味が重なることや実際にやり取りをしてくれるかなども、「気が合いそうか」「仲良くなれそうか」を判断するポイントとなっている。

---

10）複数の公演を見ること.

P：まず、バンドが好きっていうので、1つのバンドだけじゃなくて他のバンドを見て、このバンド、私も好きだな、結構合いそうだなっていう。

筆者：いくつか趣味が合ってて……。

P：ていうのと、年が近い、同い年ってのと、しゃべるっていうか会話で、この子、おもしろいな。

筆者：そうやって幅広く知り合いっていうか、そうなるのは、一体どういう観点で、よく絡む人と絡まない人が出てくるんだろう。

H：やっぱり、自分が発言したことに対してリプくれたりとか。よくリプとかDM[11]とかで話してくれる人は仲良くしたいですし。[中略]気が合う方とか共通点が多い方と、どんどん仲良くなりがちですね。

　プロフィールの年齢表記は直接的な書き方だけでなく、18歳以上を意味する「18↑」や特定対象のファンであればわかるジャーゴンが使われることもある。

K：そうですね。最初のやり取りみたいな、オタクの決まりみたいなのがあって、初めましてみたいな、お願いしますってなって、まずなんとお呼びすればいいですかから始まって、呼び方と。その次に、何歳ですかとか、誰世代ですかみたいな。ジャニーズのタレントの世代、今だったら、私だったら永瀬廉っていう、最近デビューしたKing & Princeの永瀬廉君と同じ年なんですけど、永瀬世代ですみたいな感じの。

筆者：世代は本当に同い年のジャニーズでいかなきゃいけないのね。

K：そうです。自担とかじゃなくて。誰世代ですか、永瀬ですみたいな。

筆者：じゃあ何歳とは言わずに、でも、わかる。

K：言わずに、世代で聞いて、ためですねみたいな感じになるか、1個上ですねみたいな感じになるかみたいな。そんな感じで、同い年ぐらいだったら話しやすいから、だいたいそこが仲良くなりますね。

---

11）リプはリプライ（返信）, DMはダイレクトメッセージのことである.

　通常の意味の「世代」とは異なり、特定のアイドルと同じ年生まれであるか
どうかを指すこのような使い方を知っていることも、お互いに相手がある程度
のファンであることを選別する基準となる。

　まとめると、年齢や性別、学生であるかといった属性はもちろん、ファン活
動の「熱量」や推測される相手の雰囲気などでも自分と共通する人を、フォロー
したり、メッセージを送ったりするところから、交流が始まるのである。

　ただし、Twitter の書き込みだけでは、相手がどんな人物であるかはわから
ない。加えて、プロフィールなどに嘘を書き込む人もいる。このため、より慎
重に行動することもある。先に友達募集用のアカウントの存在を紹介したが、
M はタグアカ（友達募集用アカウント）について、次のように使い方を説明
する。

　　M：メインでやってる、鍵かかってるアカウントあるじゃないですか。でも、鍵
　　かかってるから、どうやってつながるのっていう話をしてたじゃないですか。つ
　　ながるため用のアカウントがあって、タグアカっていわれてるんですけど、これ
　　は鍵がかかってなくて、こういうのを上げて、タグを載せて、ここで良さそうな
　　人から。
　　筆者：リプライが来るっていうか。
　　M：来たり、反応が来たときに、『いいね！』とか、リツイート来たときに声かけ
　　たりして、「じゃあ、ダイレクトメールの方で本アカ教えます」って言って、そっ
　　から、しゃべったりする用の、本当のつながってるアカウントに移動するって感
　　じです。そのための、ひと手間かかるアカウントがあったりします。
　　筆者：それは、そういうこと書いて、良さそうな人を探すというか。
　　M：そうなんですよね。あっちからも見てもらう。プロフィールみたいなのが、
　　あるんですよ。ツイフィ[12] って感じで。電波あるかな。私もこういうの作ってる
　　んですけど、このプロフに載りきらないものを、自分、こういう感じですよみた
　　いなのを載せて、そりが合いそうな人に声かけてもらったり、自分が声かけたりっ

---

ていうのですね。これは参戦歴とか書いてあったりとか。

すなわち、友達募集用アカウントをわざわざ設け、そこでやり取りをし、親しくなれそうな相手を選別したうえで、そういった相手数人とだけやり取りする別のアカウントに移り、交流するというのだ。複数アカウントを利用し「場」を切り分けることで、不特定多数とつながりうるがゆえに生じるトラブルを回避しているのである。

### 3-2-3. 直接会うきっかけと「基準」

では、このようにTwitterで交流が生まれた相手と、直接会うきっかけはどういったものなのか。まずは、同じイベントに参加することがTwitterでのやり取りを通じてわかり、顔を合わせようとなるケースだ。

A：なんかやっぱTwitterとかで同じファンの人を見つけて、フォローだったり、絡んだりするじゃないですか。そういう人と「お会いしませんか」とかなって、名古屋で夜ご飯も食べたりしたんですよ。ま、大阪も2人とも行くってことだったんで。じゃ、なんか、食べ歩きみたいなことをしようかなって。

M：本当に一瞬です。会って、「初めまして」みたいなに、「いつも、ありがとう」みたいな感じになって、「じゃ、楽しみましょうね」って言って、終わった後も会う人もいるんですけど、会わない人もいるし、本当、あいさつって感じですかね。

それまで会ったことのない相手と一緒に「遠征」に出かけることとなるのも、この延長上にある。なかなか当たらない「チケットの当選」が後押しをする。

K：友達、そのTwitterの子と一緒に行こうってなって、ちょうど自分の。
筆者：それはもう、会ったりしてた友達？
K：いや、会ったことなかったです。それまでは。自分の推しが出てる公演と、その子の推しが出てる公演がかぶって、じゃあ一緒に行こうってなって、応募して、当たったから一緒に行こうみたいな。

　もちろん、Twitter でやり取りをしているからと言って、誰とでも会うわけではない。見ず知らずの相手と会う危険性は意識されており、自分なりの「基準」を決めているという。

　　H：一対一で基本は会わないようにしてるので。DM でだいたい、年齢と、申し訳ないんですけど、性別だけは確認させてもらってます。［中略］1回とか2回だけリプくれた人と会いませんかって言われたら、ちょっとお断りしてますね。

　他にも「（周りにたくさん人がいる）『現場』でしか会わない」と答える人が何人もいた。田代（2019）も、Twitter で知り合った相手と、取引をしたり、実際に会ったりする際には、それぞれ自分なりに工夫して方法を模索し、安心できる要素を確保していると報告するように[13]、見知らぬ相手と直接会う際のトラブルを回避する自分なりの「基準」が見受けられるのである。

## 3-3.　TwitterとLINEの使い分け

　電話番号と結びついている LINE は、Twitter より個人的で日常的なものと位置づけられている。このため、LINE のアドレスを交換するのは親しくなってからである。

　　筆者：会話は、でも、Twitter 上だよね。
　　P　：Twitter です。
　　筆者：で、会おう。最初は、一緒に行こうっていうよりは、私も行ってる、会おうか、になる。
　　P　：そうです。そっから始まって、2-2で会って[14] 仲良くなったときは、そこでLINE交換して。深く仲良くなるっていうのは、会ってからだと思います。

　逆に、関心がなくなったために趣味アカを削除したJは、そのアカウントで

---

親しくなった人との付き合いは今もLINEで続いているという。

　J：趣味で仲良くなって何回か会ったりとかしてたりすると絞られてくるので。今
　もアカウントつくらなくなって2、3年とかたってると思うんですけど、いまだに
　連絡取ってたり。
　筆者：それはLINEで？
　J：はい。普通に。［中略］ただの友達みたいな感じになってるので、なくても困
　ることはそんなになかったです。

　Eは「現場」と日常生活や日常の人間関係を完全に切り分けている。彼女は
本名は教えず、アカウントネームで呼び合っているとオタ友と、ここ数年間「現
場」でのみ会っており、LINEは「絶対に交換しない」という。

　筆者：そういう人たちはTwitterがメインで、LINEとかでもやりとりしてるの？
　E：やらないです。私そこは絶対に交換しないっていう確固たる意志をもって
　Twitterやってるんで。［中略］
　筆者：今、会う10人ぐらいには男性もいると。
　E：あんまり関係ないですし、いわゆるオフ会みたいなのにはそんなに参加しな
　いので、あくまでイベントのときの知り合いでしかなくって、日常生活に干渉し
　てきてほしくない場所の人間っていう感じなんで。

　複数のアカウントを設けることができ、いつでも消すことのできるTwitter
に対し、電話番号と結びついているLINEのアカウント削除は容易ではない[15]。
新規アカウントに移行するには日常生活でやり取りするすべての人に連絡する
必要があるからだ。ゆえに、オタ友とは、知り合った場であり、アカウントの
削除も容易なTwitterでつながるのである。
　では、「現場」で話すようになったり、Twitterでの交流から直接会うように

---

15）もちろん, LINEでもブロック機能により, 特定の相手だけとのやり取りを拒否することは可
　能である.

なったりした相手との関係は、その後どう変化するのか。

## 3-4. オタ友からリア友へ

チケット入手が目的でつながった関係性は、その目的がなくなると切れやすいようだ。

> 筆者：基本的には、割とそうやってチケット関係で知り合ったりした人とはあんま続かないというか。
>
> Ｉ：続かないですよね。［中略］向こうがやめちゃったりとかするし、ファンを。興味なくなっちゃったとか。割とそれでしかつながってないからそれしか話すことはないので、その話が一回尽きちゃうと、もう一回その話を振るのが面倒くさくなっちゃって、結果、返さないみたいになって、切れちゃう。

一旦趣味アカウントをすべて削除したＫは、イベントへの参加を再開するにあたって、チケット確保を目的にTwitterで「オタクの友達」を再び集めはじめたと語る。

> Ｋ：最近オタクの友達集めてるぐらいですね。
>
> 筆者：オタクの友達いないと、どういうところが厳しいの？
>
> Ｋ：やっぱり、チケットを定価で手に入れづらくなるっていうのが一番大きいですね。普通にしゃべるぐらいの友達だったら、普通の友達で別にいいし、普通にいる友達でもいいけど、やっぱりチケットは名義がないと取れないから。

また、先に紹介した、友達募集用のアカウントを通じてより親密に交流するオタ友を選別するＭは、そのようにつながった相手との関係性がいつの間にか切れてしまっても、トラブルとはならないし、本人も気にしないという。

> 筆者：そういうので選抜されていったメンバーと気が合わないとか、そういうことってない？
>
> Ｍ：ありますね。たまに、私、あんま、なったことないんですけど、合わなかっ

たら、さりげなく、あんまり会話とかもしなくなって、あっちがブロックしてくるか、私がブロックするかみたいな。

筆者：でも、ブロックになっても、別に、問題はないのかな。

M：そうですね。

筆者：フェードアウトしていったうえで、ブロックしてれば、トラブルにはならないってことだよね。

M：ならないですね。会ってたりしたら、私、あんまり、ネット上の関係だから切るとかいうのが苦手なんで、私からはしないですけど、別に、されてもって感じなんで。だいたいはフェードアウトして、なんもしないって感じですね。

　趣味に関して親しくやり取りをしても、それだけであるならば、関係性を切ることは問題とならないというのである。それは、「現場」やTwitterで「絡む」のは情報やチケット入手が目的なのであって、友達＝リア友をつくることは目的としていないことも関係している。では、オタ友とリア友の違いはどこにあるのか。

M：そうですね。まあ、大学行ってるんで。普通に授業も同じだったりすればしゃべるし。やっぱ、趣味が合う子と、普通に性格としてそりが合う子ってまた、違うなって思う。

筆者：どう違うの？

M：趣味が合う子と話してるときって、趣味の話がほとんどなんですよ。でも、そりが合う子と話してると、その趣味の話をするうえでも、「こういうことがあって、どうすればいいと思う？」っていう、人間関係の話もできるし、普通に大学であることも話せるし。別に、隠してるわけでもないし、その理解もしてくれるから、特定の話題だけじゃない、広い、人として接してるよっていうので、落ち着くっていうのもありますし。そういうタイプの子が、全然、周りにいますね。みんな、周り、趣味とか全然、違う子が集まってるって感じですね。

H：リアルで知り合っている友達と行ったのがこれが初めてで、やっぱりフォロワーさんたちとは違う話もできたので。［中略］歩いてる途中で服屋とか見て、あれ何々

229

好きそうじゃない？　とか、ああいうの着てそうだよねとか、そういう学校の話も
絡めつつ、世間話しつつっていう。逆に言うと、趣味以外のことでも話ができる
ようになると、オタ友からリア友に近くなる。

　つまり、趣味以外のことについて話せるかが鍵となっている。ゆえに、オタ
友として始まった相手との仲が深まることでリア友＝「本当の友達」となるケー
スもある。

C：さっき話したような、片割れの方の人たち、すごい仲良くしてて。本当に。そっ
ちの声優さんがソロで出られるイベントとかにも招待されるんです。僕。チケット、
ただであげるよみたいな感じで。じゃ、行きますぐらいな感じで行って、飲み会
に参加してしゃべったりとか。それこそ、その声優、片割れの、僕が応援してな
いほうの声優さんが大阪でイベントやるよってなったときに、「来なよ」って言
われたから、僕、行ったんす。推しじゃないのに遠征したんです。それぐらい仲
良くしてる知り合いたちとの時間が楽しくて活動してるって部分も大きくなって
きました。
筆者：それは、推しは見ないんだけど、推しじゃない、お友達と会うため。その
お友達たちっていうのは、現場で知り合って、何人ぐらいいるの？　集団というか。
C：10人ぐらいですか。

B：そうですね。「誰か行く？」ていって、「OK、割とみんな行くのね、じゃあ、
俺も行くか」みたいなのもあったりして。京都、奈良に関しては、僕、推しの人
は行かなかったんですけど、イベント自体には出なかったんですけど、推しが声
優ユニットでやってる同じグループの他のメンバーが行ってて、その人のファン
が行くって、もちろんなると思うんですけど、みんな行くんだみたいなことで、
興味あるし行ってみようみたいなので僕も行って、楽しく飲み食いしてイベント
を見てみたいな、ついて行くみたいなのもありましたね、本当に。それこそ旅行っ
ていう感じで、旅行っぽいことをしないんですけど、観光じゃないので、イベン
トを見るためなんですけど、細かくとしては。
筆者：その仲間たち、30人のお友達っていうか、同じ推しつながりの人たちって

普段はハンドルネームでつながってるの？ それとも、もう別にハンドルネーム兼、本名兼みたいな。

B：基本ハンドルネームで呼びますけど、みんな本名知ってますし、大学行ってる人は、どこの大学でどの学部かも知ってますし、家知ってる人は家知ってますし、みたいな。本当、友達みたいな。

　ＢもＣも推しのイベントではないにもかかわらず、仲がよいオタ友たちと一緒に過ごすために「遠征」したというのだ。そういった友達は趣味を契機に知り合っただけで、お互い本名や所属、自宅の場所などを知っており、リア友同様の存在ととらえられている。

# 4.　考察

　さて、ここまで「遠征」をめぐり人間関係がいかに形成されるか、インタビュー結果を紹介してきた。以上を踏まえ、「Twitter上で見ず知らずの相手と親しくなる過程」とソーシャルメディアを使った「社会的場面の切り分け」の二点について考察する。

　まず、「Twitter上で見ず知らずの相手と親しくなる過程」である。まとめると、年齢や性別、職業といった社会的属性はもちろん、ファン活動の「熱量」や推測される相手の雰囲気などでも、自分との共通点がある相手を選び、絡み始めるのだ。そして、オタ友のままでは関係性は切れやすいが、趣味以外でも話すようになることでオタ友からリア友になるケースもある。

　南部・福島はジャニーズファンたちのTwitterにおける友達選別の基準の変化について、ファン活動を続けるにつれ、1.曖昧な共通点（同一行動による一体感）、2.物理的な共通点（類似性の確認による一体感）、3.人格的な要因・理由（価値観や理想、将来の生き方など）となっており、それは青年期の対人関係の発達段階とほぼ同じ特徴をもつと述べている（南部・福島2017：212）。

　今回の結果が南部・福島（2017）の知見とほぼ一致することから、このような過程は「遠征」特有のものではなく、ファン活動、さらには趣味を契機とする友達形成において共通するものだと考えられる。加えて、彼女らが述べるように、青年期の対人関係の発達段階に沿うものであるのかもしれない。また、

似た相手と結びつく「同類結合」としてとらえるなら、社会関係の一般的な選択原理が働いているとみることも可能だ。

　ただし、ここで注目したいのは、インターネット上での趣味によるつながりにおいて、年齢や性別、職業といった社会的属性が第一に重視されることである。

　筆者は1996〜1997年にパソコン通信のフォーラムを観察し、自己紹介ツリーにおいて新入りが年齢や職業など「実社会での自分」を積極的に開示する一方、それに返答するメンバーも自分との共通性に触れる傾向があることを指摘し、「『フォーラムの話題に関心をもつ』という面ではひとしい各メンバーが、あえて『実社会での自分』について積極的に言及することで、フォーラム内での『個性』をきずきあげようとしている」（松田 1997：157）とまとめた。ネット普及期の当時、日常生活を送る現実社会とは切り離された場として、ネット社会の可能性を見出す議論が多いなかで、利用者たちはハンドルネーム利用により匿名性を保つ一方で、「実社会での自分」の社会的属性を積極的に開示することで「ネット社会での自分」を構築しようと振舞うことに興味をもったのである。

　それから20年以上経過し、ネット利用者も拡大し、現実社会と地続きのものとしてネット社会をとらえる議論が一般的になっている。そのような中、実名登録が原則のFacebookや電話番号と結びつくLINEと異なり、Twitterは実名を出さずに利用されることも多く、本研究の対象とした趣味アカは基本的に匿名利用されている[16]。しかし、そのTwitterで匿名を保ちつつ、見知らぬ人との交流を図る際にはやはり、パソコン通信のフォーラムでみられたのと同様に、社会的属性が重視されるのである。

　このような特徴は、石井（2011）による5つのSNSにおける個人情報の開示と対人関係の比較研究とも合致している。それによれば、個人情報を識別情報（氏名や顔写真、所属会社・学校など、個人を特定できる情報）と属性情報（性別、年齢、在住都道府県、誕生日、婚姻状況、趣味・関心など、どのような人

---

16）とはいえ，炎上事件などで氏名や所属する会社名や学校名などが「晒される」ことからもわかるように，氏名や所属は明示されていないだけで，個人の特定は容易であることが多い.

なのかを示す情報）に区分すると，識別情報の開示はSNS上で既知の友達を増やすのみであるのに対し、属性情報の開示はSNSのみの友達と既知の友達のどちらも増やす効果があるという。

ネットを通じて人間関係を広げるには、属性情報の開示が有効であることを確認したうえで[17]、本研究での知見を改めて位置づけるならば、その属性情報とはプロフィールなどに明示されるものだけでなく、書き込まれたツイートから推測できる属性情報や気が合いそうかどうかといった雰囲気、推しを応援する「熱量」も含まれるということだ。わかりやすく明示される情報以外に、一連のツイートをいかに「適切に」読み取ったり、書き込んだりできるか、言い換えるならば、自分と同じように行っているかどうかも、新たな人間関係を結ぶ際の判断材料となっているのである。

次に、ソーシャルメディアを使った「社会的場面の切り分け」について検討しよう。

田代（2019）も述べているが、ソーシャルメディア上では、個人が関わりをもつ様々な関係性が接続されることにより、「裏局域」が「適切でない相手」に見えてしまうことがトラブルや居心地の悪さにつながっている。例えば、仲間内ではおふざけとして許容される行為をInstagramにアップしたところ、不特定多数に拡散し、炎上する。あるいは、Facebook上で上司から友達申請を受け、仲間との気楽なやり取りができなくなってしまう。Twitterでの教師としての自分の振舞いが、昔からの悪友にはからかいの対象となる。日常生活では一緒になるはずのない関係性が一カ所でつながることで、それぞれの場に合わせた振舞いが成立しなくなるのだ[18]。

3-2-1では複数アカウントの利用動機を「社会的場面の切り分け」と「開示

---

17）何が属性情報として重要であるかは，ネットの「場」によって異なる．例えば、0〜11カ月児をもつ母親の育児に関する口コミサイト上での発言を分析する井田・猪下（2014）は、母親たちが育児相談やつぶやきにあたって書き込む属性情報のうち，子どもの月齢，性別，子どもの出生順位の三点を取り上げ，検討している．それによれば，三点のうち最も多く書き込まれるのは子どもの月齢であり，「0〜6カ月のママの部屋」では84.1％，「7〜11カ月のママの部屋」でも84.8％が月齢を明示する書き込みであるという．

18）Wallace（2016＝2018）はこのような現象を「文脈崩壊」と呼び，SNS内に別アカウントをつくる，当たり障りのない投稿だけを行う，細かくグループ分けし，見せる相手を限定するといった対応が取られていることや疲れから利用をやめる人がいることを紹介している．

情報の調整」にまとめた。もちろん、両者は関連しており、「社会的場面の切り分け」のために「開示情報の調整」が行われるのであり、「開示情報の調整」によって「社会的場面の切り分け」ができる。どちらを強く意識し、使い分けるかは状況により異なるが、いずれにしても、複数のアカウントを使い分けることで「社会的場面の切り分け」を意識的に行っていることが今回の調査からうかがうことができる。

　具体的には、趣味アカを別に設けることでリア友には趣味を内緒にする一方、オタ友とは本名や学校名など個人を特定できる情報を伝えないままつき合う。3-2-2で紹介した友達募集専用アカウントは、やり取りをしてみて、親しくなれそうな相手を選別するためのアカウントだ。選別した相手とは別のアカウントでより親密な交流をする。複数アカウントを利用し「場」を切り分けることで、不特定多数とつながりうるがゆえに生じるトラブルを回避しているのである。

　また、TwitterとLINEという若者たちの間で利用率の高い2つのソーシャルメディアの使い分けも「社会的場面の切り分け」ととらえられる。日常の連絡手段として使うLINEは最初はオタ友には教えないが、親しくなるとLINEでもつながるようになる。そうなると、Twitterで趣味を契機に知り合ったのではあっても、リア友に近づく。つながるメディアを分けることで、相手との関係性をコントロールしているのだ。

　Twitterの複数アカウント利用やTwitterとLINEの使い分けにより、若者たちが日常生活ではあたり前であるはずの「社会的場面の切り分け」をソーシャルメディアで行うことは、かつて数字表示式のポケベルを語呂合わせで読むことにより文字メッセージ代わりとしたような、利用者によるメディアの「想定外」の使いこなしの一例として考えることができよう。もちろん、それを誘発するようなそれぞれのソーシャルメディアのアーキテクチュアも重要だ。メディアを社会に埋め込まれたものとしてとらえる立場からは、このような若者のメディア実践をさらに総合的に検討する必要がある。

# 5. おわりに

　ここまでTwitter上で形成される「遠征」をめぐる人間関係を検討してきた。すでに述べたように、分析、考察したことの多くは、若者の人間関係や若者に限らない人間関係一般、さらには匿名性を前提に形成される人間関係一般にあてはまることであり、「遠征」という事例の特徴ではない可能性がある。その一方で、「遠征」であるからこそ、こういった特徴が強く出ているとも考えられる。すなわち、「現場」やTwitterで「絡む」のは情報やチケット入手が目的なのであって、友達＝リア友をつくることが目的でないものの、コンサートなど「現場」があることで、直接顔を合わす機会や可能性が高いという状況だからこその特徴である。これに対し、同じくネット上で匿名性を前提に形成される人間関係であっても、「出会い」自体を目的とする場では異なる特徴が見られるのではないか[19]。この点については、他の年齢層に対する調査やTwitterや他のネット上でのより一般的な人間関係形成過程の研究などを通じて、今後検討していく必要がある。

　また、「遠征」と人間関係に焦点を当てるならば、身近に自分と同じようなファンがいないため、ファンとしての「適切な」振舞いやチケット入手の交渉方法、「遠征」するために必要なことなどを、Twitterで「見て学んだ」と話す人がいた。この点については十分な情報が得られなかったため、今回の考察からは外したが、ファンになっていく過程や「遠征」のやり方を学んでいく過程など、「遠征」と人間関係についてより詳細な調査を行う必要性があるとも考えている。

---

19）例えば，イベント主催を活動の中心とするmixiのコミュニティを参与観察したデータをもとに分析を行った田中（2013）を参照.

## 参考文献

青山征彦,2017,「大学生における SNS 利用の実態——使い分けを中心に」『成城大学社会イノベーション研究』13（1）,1-18.

電通総研,2015,「若者まるわかり調査2015」．http：//www.dentsu.co.jp/news/release/pdf-cms/2015038-0420.pdf

井田歩美・猪下光,2014,「1歳未満の児をもつ母親のソーシャルメディア上における育児に関する発言の実態」『ヒューマンケア研究学会誌』5（2）,7-13.

石井健一,2011,「『強いつながり』と『弱いつながり』の SNS——個人情報の開示と対人関係の比較」『情報通信学会誌』29（3）,25-36.

松田美佐,1997,「自己紹介とイニシエーション」NIFTY ネットワークコミュニティ研究会『電縁交響主義』NTT 出版,155-59.

——,2019,「『遠征』のケーススタディ——移動を促す趣味・人間関係・スマートフォン」『紀要社会学・社会情報学』29,中央大学文学部,21-39.

永井純一,2017,「音楽フェス——インターネットが拡張するライブ体験」飯田豊・立石祥子編著『現代メディア・イベント論——パブリック・ビューイングからゲーム実況まで』勁草書房,73-108.

南部美砂子・福島由佳,2017,「アイドルファンとソーシャルメディア——友だちづくりのための情報環境デザインの分析」『日本認知科学会大会発表論文集』34,210-12.

野村総合研究所オタク市場予測チーム,2005,『オタク市場の研究』東洋経済新報社.

高谷邦彦,2017,「ソーシャルメディアは新しいつながりを生んでいるのか？——女子学生の利用実態」『名古屋短期大学研究紀要』55,13-27.

田中研之輔,2013,「オフ会の蜜と罠」『法政大学キャリアデザイン学部紀要』10,109-30.

田代純一,2019,「Twitter の複数アカウント利用の実態分析による多様なメディア利用の可能性の検討——中央大学の学生を対象にしたインタビュー調査から」中央大学大学院文学研究科社会情報学専攻修士論文.

辻泉,2003,「“オッカケ”をするファンたちの風俗」『現代風俗研究』9,26-37.

——,2007,「関係性の楽園/地獄——ジャニーズ系アイドルをめぐるファンたちのコミュニケーション」玉川博章等編『それぞれのファン研究 I am a fan』風塵社,243-89.

Wallace,P.,2016,*The Psychology of the Internet* (Second Edition).川浦康至・和田正人・堀正訳,2018『新版インターネットの心理学』NTT 出版.

## 【後注】

※本章は松田美佐（2019）『中央大学社会科学研究所年報』第23号，215-32頁の同名論文を語句修正のうえで再録したものである．

# 第12章
# ICT教育と新メディアリテラシー

上松恵理子

## 1. はじめに

　この章では、教育における新メディアリテラシーのいくつかの概念を検討した後、2016年9月から視察を行った日本、ニュージーランド、英国、フィンランドの各国の動向について述べる。また、AR（拡張現実）、VR（仮想現実）、fintech（金融技術）、教室でのアプリの使用などの事例についても述べる。傾向としてはインターネットの使用、新しいメディアの実践コンテンツへの統合、パーソナライズを介して個人の学習を有効化するためのITとデータの使用、およびBYOD（Bring Your Own Device：個人所有のデバイスの持ち込み）があった。また、学校での新しいメディアの使用率が増加することにより新メディアが世界中の教育リソース、システム、教育方法を急速に進化させていた。インターネットからデータを収集する能力は、時間の経過とともに向上しているため、このことが、児童生徒の将来のキャリアの形成にも役立つことが予想される。教育における新メディアの使用は、子どもたちが日常生活の一部となっている状況では、新メディアと相互作用関係が生まれ、それを採り入れる時点で子どもたちの新メディアリテラシーの育成が不可欠であることがわかった。

　そこで、過去と現在のメディアリテラシーのいくつかの概念を示し、新メディアリテラシー教育の背景と状況、新メディアがどのように拡大し続け、その役割をはたしているかを見ていく。

## 2. 新メディアリテラシー教育の背景

　情報通信技術（ICT：Information and Communication Technology）により、社会は劇的に変化した。この社会の新しい枠組みは、私たちの教育システムにまで影響を及ぼしている。社会と教育は相互に関与しているため教育も変化を余儀なくされている。

　日本政府は2019年12月、文部科学省において「GIGAスクール構想」を打ち出した。GIGAスクール構想のGIGAとはGlobal and Innovation Gateway for Allの略である。小中学校の児童生徒1人1台端末を持ち、高速大容量の通信ネットワークを整備し、「子どもたちを誰1人取り残すことのなく、公正に個別最適化された創造性を育む教育を、全国の学校現場で持続的に実現させる構想[1]」というものである。この政府の報道によればICTをベースにした先端技術の活用は必須で、今の児童生徒の未来にはSociety 5.0の社会が実現しており、個別最適化された創造性を育む教育の実現が重要であるとしたうえで、ICT教育で次世代の人材を育てる必要があり、これらを持続的に実現させる構想がGIGAスクール構想だという記載がある。Society 5.0とはドイツのインダストリー4.0との比較がされることが多いが、ドイツの製造業中心とした内容よりも多くの産業をイメージして進化させた概念である。

　そのため日本でもSociety 5.0社会においてはあらゆる企業がDX（デジタルトランスフォーメーション、以下DX）化していかないと、経営にも支障をきたす可能性があるということで、ようやく日本の企業経営にDX化が求められてきている。

　2021年、日本の文部科学省大臣官房文部科学戦略総合教育政策局内に「教育DX推進室」が開設された。教育のDX化は3段階となる。第1段階はデジタイゼーション（Digitization）、第2段階ではデジタライゼーション（Digitalization）、第3段階はデジタルトランスフォーメーション（Digital Transformation：DX）

---

1）日本政府の打ち出したGIGAスクール構想（2021年10月18日引用）. https://www.mext.go.jp/
　a_menu/other/index_00001.htm

とされている。

　第1段階ではまずはアナログなもの、紙をデジタル化してより効率・効果的にするという点である。オンライン教育はその一例である。オンライン教育[2]については、海外では遠隔学習として正規の授業で認められていたところがあったが、日本でも新型コロナウイルスで一斉休校になった際に脚光を浴びた。

　第2段階はデジタライゼーションである。これはデジタル技術やデータ活用による、指導や教育行政の改善と最適化のことである。第3段階のDXは、学習モデルの構造が質的に変革しているなかで、新たな価値を創出することである。教育は国家百年の計と言われるように、生産性を大幅にアップさせるための色々な価値観の改革が求められる。そのことが教育においてのグローバルスタンダードである。

　テストは紙と鉛筆ではなくCBT（Computer Based Testing）と口頭試問だけという先進国の事例も増加している。CBTであれば教師の採点を経ることもなく、クラスや学年、学校などの順位も瞬時に表示される。教員が楽をするためでは、という声が聞こえてきそうだが、CBTにより、各教科の順位やこれまでのデータと数カ月後のシミュレーションまでもが可能で教員に必要なデータが得られるのである。

　GIGAスクール構想の中では「StuDX Style（スタディーエックススタイル）」がスタートした。前述したようにGIGAスクール構想が目指す学びのデジタルトランスフォーメーション（DX）は、「1人1台の端末を使い、高速大容量ネットワークによる学びの可能性を広げる」というコンセプトで、具体的には、全国の教育委員会・学校に対する支援活動を展開する。「すぐにでも」「どの教科でも」「誰でも」活かせる「1人1台端末」活用方法に関する事例や、本格始動に向けた対応事例などの情報発信・共有を随時していくことが文部科学省[3]のホームページにも記載されている。

　日本では2012年の7月の段階で、小中学生への1人1台のモバイル端末の普及率は97％となり、いよいよ本格的なICT教育がスタートとなった。新型コロ

---

2）オンライン教育については「小学校にオンライン教育がやってきた！」（三省堂2021年1月）が参考となる.
3）公開されている資料. https://www.mext.go.jp/content/20201223 - mxt_jogai01 - 0000116 87_002.pdf

ナウイルス禍になって急速に進みつつある日本の「StuDX Style」は、個人懇談のオンライン化や学習環境づくりも含まれ、家庭と学校のつながりやすさ、学習者においては自身の学びの振り返り、さらに得意な点を把握できるメリットがある。また、先生にとっても1人1人の児童生徒の学びのプロセスを観ながら学習指導が可能である。

　このようなICT教育環境の時代に、児童生徒、そして教師もさまざまなメディア機器を用いることが新メディアリテラシー教育の必要性を高めている背景である。

　メディアリテラシー教育の目的は、メディアの性質、メディアの使用方法と相互作用の方法を理解している子どもたちを育てることである。デジタルメディアの台頭に伴い、デジタルメディアリテラシーはますます重要となる。

　授業で使うタブレット端末やスマートフォン等のデジタル機器の急増は、子どもたちが成長する環境に大きな変化をもたらしている。子どもたちがソーシャルメディアを使ってコミュニケーションをとることは珍しいことではない。これは非常に便利で、いつでもどこでもコミュニケーションが可能であると同時に、新しい種類のいじめの例や、Twitterへの不適切な投稿などが自殺のきっかけとなったこともある。

　したがって、潜在的なリスクを理解しながら、できるだけ有効に使用できるように、新しいデジタルメディアの使用については新メディアリテラシーの概念が欠かせない。そこで、メディアの使用と新メディアリテラシーに焦点を当てた2016年からの調査結果について述べたい。

　この調査対象に含まれる国々は共通の特徴を有している。各国の規模や教育システムの違いに関係なく、すべての国が教育においてICTを積極的に利用した高度な事例を提供している。また、これらの国々は、教育システムが現在の技術環境の変化を含む最近の変化に対応しており、学生が教育を通じて改訂されたスキルセットを学ぶ必要性を理解することになる。ニュージーランド、英国、オーストラリアのICT教材とその活用方法の事例は、メディアリテラシーがどのような新たな形をとるのか、そして最新のテクノロジーを使ったメディアの使用が教育に相乗効果をもたらすかどうかを理解することの一助となるだろう。

# 3. メディアリテラシーの概念

もともと、リテラシーとは読み書きの能力を指していたが、近年、「リテラシー」という言葉は、「メディア」を含む他のさまざまな概念と組み合わされた。1960年代に、ユネスコは「機能的リテラシー」のアイデアを提案した。これは、教育を受けた市民として社会と交流できるように、読む能力を重要なものとして定義している。1997年、鈴木は機能的リテラシーの例として、市民が社会の文脈でメディアにアクセスし、批判的に分析および評価し、さまざまなコミュニケーション方法を考案する必要があることを示唆した（鈴木 1997[4]）。

子どもとメディアリテラシーについては、1989年に国連によって採択された児童の権利条約に書かれている。この権利には、「口頭、書面、印刷物、または子どもの選択したその他のメディアを通じて、フロンティアに関係なく、あらゆる種類の情報やアイデアを求め、受け取り、伝える自由が含まれるものとします。」（OHCHR 1989 [5]）とある。

ロンドンで開催されたグローバルサミットで作成された電子メディアに関する子ども憲章は、子ども向けのプログラムは教育的かつインタラクティブであり、子どもはその制作に関与する必要があると述べている（Von Feilitzen 1998[6]）。

1990年代以降はインターネットの爆発的な普及により、メディアは私たちの価値観を変えた。そのため、21世紀のリテラシーの概念の劇的なとらえ直しが必要となった。子どもたちは、オンラインゲームや電子書籍などの新しいタイプのメディアを備えた、紙の書籍とは大きく異なるメディア環境で生活しているからだ。これは、さまざまなデバイス、ネットワーク、ソフトウェアなどを使用して通信する機能を含むメディアを扱うものである。そのためメディアリテラシーの定義はメディアの進化とともに変化した（上松 2012[7]）。

---

4）鈴木みどり「メディアリテラシーを学ぶ人のために」.
5）https://www.ohchr.org/en/hrbodies/crc/pages/crcindex.aspx
6）https://www.nordicom.gu.se/en/publications/children-and-media-violence
7）上松恵理子,メディアリテラシーの概念,岡田朋之・松田美佐編,『ケータイ社会論』有斐閣,2012.

　2000年頃には新たなメディアリテラシーの概念が出現し、水越はメディア
の能力を3つのレベルに分けた。メディアデバイスとソフトウェアを「使用す
る能力」、情報を理解して批判的に解釈する「理解する能力」、「表現する能力」
である（水越 2002[8]）。

　これまで学校教育でメディアリテラシーが教育カリキュラムに組み込まれた
初期の事例は、1987年にカナダのオンタリオ州の中学校で実践され、それ以来、
さまざまな国がさまざまな形で教育現場に取り入れられてきた。これらは教師
のカリキュラムにも影響を及ぼしている。

# 4. 教師向けのメディアおよび
# 情報リテラシー（MIL）カリキュラム

　「メディアと情報リテラシー（MIL）」はネスコによって提案され国際的に評
価され理解されているもので、メディアリテラシー（media literacy）と情報
リテラシー（information literacy）を組み合わせたものである。国連 MIL プロ
ジェクトのマネージャーである Jordi Trent 氏にインタビューを試みた[9] 際、
Trent 氏は「MIL の1つの要素には、さまざまなメディアを使用してインタラ
クティブに異文化理解を深めることが含まれる」と述べていた。

　ユネスコは教師向けの MIL カリキュラムをリリースした（Wilson et al
2011）。メディアだけでなく、カリキュラムは、情報、ニュース、コンピュータ、
インターネット、デジタル、映画、テレビ、情報と表現の自由、図書館、広告、
ゲームのリテラシーを指す（図12-1）。この多様性は、インターネットに代表
されるように、現在利用可能な通信手段の多様性を反映していると言える。
MIL カリキュラムは、これらの新しい概念を特徴とする教育を開発し、レッ
スンを実施する必要性についての具体例が盛り込まれている。

　この MIL の概念は、学力に関する世界標準の能力ベースの見方と、読解力

---

8）水越伸『デジタルメディア社会』.
9）国連 MIL プロジェクトのマネージャーである Jordi Trent のインタビューは, 来日時に筆者が単
　独で行ったインタビューである.

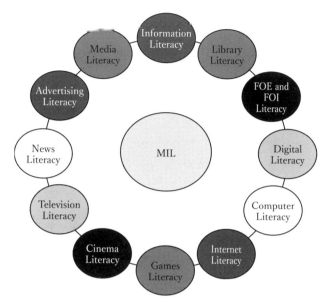

図12-1　教師のためのメディア情報リテラシー(MIL)カリキュラム(Wilson et al 2011).

に関するPISAのリテラシー概念に基づいている（OECD 2010）。PISAの理解は、そもそも印刷されたテキストに基づいていたが、現在はコンピュータやインターネットを介してアクセスされるデジタルテキストが含まれている。さまざまな新しい現象を処理するために必要な読解のタイプを反映しており、さまざまな現実世界の問題を解決するために必要な主要な能力を表している。例えば、2011年以降、メディアはさらに進化し、AR（拡張現実）、VR（仮想現実）、ロボット工学、AI（人工知能）などを網羅するリテラシーが必要になっているが、2021年現在、テクノロジーの飛躍的な変化はこのMILが作られた頃にも増して教育に影響を及ぼし始めている。

## 5. 日本の教育と新メディア

　モバイルデバイスの急速な普及にともない、新しいコミュニケーションの方法が始まった。例えば、生徒はSNSを積極的に使用して、隣接する教室や別の

コミュニティで他の生徒と意見を交換してから、アクティビティーを振り返ることができる[10]。また、一部のレッスンにはピアアセスメントが組み込まれている[11]。学習者はインターネットを介して共有することでお互いの学びを評価する。このような授業での実践活動で作成された作品は、e ポートフォリオ[12]に保存することができる。

　さらに、いわゆる「反転授業」モデルでは、教師は生徒が授業の前に自宅でもオンラインで視聴できるように動画を公開している。これによって、質問に答えるための授業時間が確保できるという声もあり、従来オフラインで行われていたレッスンは、インターネットの使用を通じて大きく変化した。

## 5-1.　日本の教育現場におけるデジタルメディアの使用の変化

　パーソナルコンピュータが普及する前から、紙の教科書や教材は、ラジオやテレビの教育プログラムや、オーバーヘッドプロジェクターなどの他のマルチメディア教材によって強化されていた。インターネットの普及とともに、学校にコンピュータ教室が設立された。ここでは教育における ICT の使用のフェーズ 1 と呼びたい。

　フェーズ 2 は、いつでもどこでもインターネットへの接続が可能になったユビキタスフェーズを指す。子どもたちは自分の携帯電話を所有しはじめ、一部の小中学校はすべての生徒に電子機器を配布し始めた時期である。学習者は、自分に合った時間に自分のデバイスで教材を表示できるようになる。時間と場所の制約がなくなったことで、割り当てられたタスクをいつでもどこでも学習できるモバイル学習社会がスタートした。

　これらの変化を予見することができた進歩的な教育者は、教育現場でのモバ

---

10)指導についての考察は，授業研究で使用されるもう 1 つの方法である．そのような例の 1 つに，北ヨーロッパの教師がビデオを見て，お互いのレッスンについて意見を交換することが含まれる．
11)ピアアセスメントとは，相互評価を指す．最近まで，学習成果は主に紙で作成されていた．したがって，教師の評価と自己評価が評価の主なモードであった．ただし，作業をデジタルで共有できるようになったため，学習者は互いの学習成果を評価できるようになった．
12)e ポートフォリオとは，ファイル（写真，ドキュメント）またはブログの形式で保存および整理された学習の記録で，学習と能力の検証を助けることができる．

イルデバイスの使用のさまざまな可能性を認識し始めた。これは、エドテック（EdTech）として知られる教育とテクノロジーの革新的な始まりだった。

　フェーズ3は、フェーズ2のより進化したバージョンである。このフェーズ3では、インターネットを介して表現活動を共有する新たな能力に応じて、学習者間の相互理解が深まることが学習に影響を与えている。博物館や史跡への遠足など、これまでオフライン空間で行われていた課外活動は、インターネットに接続されたモバイルデバイスを使用した活動によって強化された。例えば、学習者が「空間」について意見を交換したり、仮想体験を共有したり、一緒に学習活動に参加したりできることはセカンドオフラインの概念[13]につながる。

　このタイプの学習は、従来のノートブックと鉛筆を中心とした授業スタイルからの脱却を表している。このフェーズの他の例には、AR（拡張現実）テクノロジーを組み込んだ教科書、3Dテクノロジーを使用した実践的な学習、QRコードを使用した画像認識など、時にはAIを使うものさえある。さらに、フィリップドクラスルーム（反転授業）、オープンエデュケーション（Open Education）、SNSを通じた意見共有は、教室を超えた新しい学習活動もまた、セカンドオフラインの概念とつながっている。

## 5-2. 日本の教育における AR の使用

　AR（拡張現実）は日本の教科書での授業実践（東京書籍 2017）に取り入れられている。また、VR（仮想現実）はコンピュータ上で作成された仮想コンテンツを実空間に追加することによって新しい場所の感覚を作成し、それによって「仮想現実空間」を生成する。2007年に初音ミクのARが日本で話題になったと同時に、実践的な活動を通じてARを教育に適用するための議論があった。

　一方で、ARはGPSまたはWi-Fiを使用して位置を確認する位置ベースのサービスを使用して行われた教育実践事例もある。このARを使用すると、例えば、修学旅行で史跡を訪れた学生は、スマートフォンを使用して古代の地図に表示されている場所を追跡できる。

　学習者は、博物館やリソースセンターで歴史的コンテンツに関連する情報を

---

13）第1章参照.

効率的にチェックしたり、同じサイトを訪れた他の学習者と意見を交換したりすることができる。また、学習者がそれを通じてその課題にふさわしい専門家とつながることもできる。

　ARは、QRコードの画像認識を使用して特定のコンテンツを画面上に表示することができる。QRコードが本に表示されると、3Dコンピュータグラフィックスが表示できるため、体験学習に近い感覚となる。学習者が実際に体験したり、QRコードで情報にアクセスしたり、アイデアを「アップグレード」したりできるこの種のARアプリケーションは、従来の学習環境ではこれまで遭遇することがなかった新しい学習スペースを生み出している。

　日本では、すでにAR機能を備えた教科書を使用している学校もある。生徒がAR機能にリンクするアプリケーションをインストールし、iPadまたはiPhoneを紙の教科書上のQRコードにかざしてコードをスキャンするだけで、関連するコンテンツを表示できる。

　画面に表示されるコンテンツの種類には、科学実験のビデオ、幾何学的形状（正多面体など）、2次関数のアニメーションなどのアイテムが含まれる。教科書のイラストや写真をCGアニメーションやビデオとつなげることで、生徒は3次元の回転された画像を見ることができ、教えられている概念を理解するのに役立つ。学生は、太陽系の星を3Dで表示したり、3Dプリンターを使用して自分の手で持つことができるモデルを作成したりすることもできる。

## 5-3.　日本の教育におけるメディアリテラシーの概念

　上記のすべてに、新メディアリテラシーが必要である。それにもかかわらず、メディアリテラシー教育それ自体は、日本の教育で恒常的に実施されているわけではない。日本では、コンピュータなどのデバイスの使用を中心とした教育は、技術または情報教育の分野で行われるケースが多かった。

　一方、視覚メディアを含む教育は、視聴覚教育、情報技術、一般研究、日本語など、さまざまな科目で行われていた。イギリスのように小学校から教科で「情報」の授業がない日本では、メディアリテラシーは体系的に実施されているのではなく、主に個々の教師の裁量で実施されているため、海外の教育事例とは大きく異なるのが現実である。この差異は、日本のメディアリテラシー教

育が直面している問題に関連している。

　大きな課題としては、従来の読解だけでは21世紀型スキルに必要なスキルに対応できないにもかかわらず、日本の教育システムは、どの教科でメディアリテラシーを教えるべきかを規定していないということである。

　また、メディアリテラシーが伝統的な教師中心の教授法に適合しないという感覚がある。さらに、日本の学校でこれらの学習内容を評価する基準や規準が確立されていないという教師の声もある。

　一部の学校は評価のためにルーブリックの評価を実施しているが、他の学校では基準があいまいな点があると見なされているケースもある。一方で、新メディアリテラシーを評価する必要はないという意見もある。少なくともメディアのコンテクストを理解しているかどうかは重要なことであるが、その点を教育現場が理解することが必要となる。

　メディアリテラシー教育は批判的思考（クリティカルシンキング）を必要とする。この「批判」という言葉が教育にふさわしくないとされ、メディアリテラシーを教える教師の抵抗があるケースもある。この「クリティカル」は、分析する鑑識眼のあるなしの意味をもっているということを理解する必要がある。

# 6. ニュージーランド

　テクノロジーは、年齢に応じたキャリア教育にも生かされる例もある。ニュージーランドでは児童がCV（履歴書）を作成し、教師から提供されたリストから仕事に応募し、本物の就職活動さながらの体験をする。現地の先生方は「小学2年生から、仮想体験を通じて就職活動を学ぶという事例はモチベーションの向上につながる」と述べていた。アクティブラーニングで、生徒はライフスキルを習得し、今後の人生をしっかりと支えられるように経済的理解を深める。

　また、ニュージーランドの公立小学校では正規のカリキュラムにfintech（金融テクノロジー）を使った授業があり、金融に関する授業が正式なカリキュラムの一部となっている。この例で使用されているフィンテックツールはBanqer（Banqer 2017）と呼ばれ、学校向けに特別に作成された仮想空間で構成されており、学習者はさまざまな創造的な方法でオンラインバンキングを体

験できる。Banqerは、Banqerドルと呼ばれる仮想通貨を使用するソフトを開
発し、学校に導入している。この通貨は、教師と生徒の間、および生徒の間の
みで電子的にやりとりできるものである。例えば、生徒の基本的な週収は500
ドルで、教室でゴミを拾ったり、教師の仕事を手伝ったり、スペルテストでトッ
プになったりすると、先生によって設定されている金額をもらう例があった。

　また、生徒は仮想環境でローン、利子、家賃、税金を体験できる。教師は、
学習者の仮想普通預金口座に毎週支払われる利率を設定し、生徒は、受け入れ
るか拒否するかを選択できる。生徒は仮想不動産を購入することを決定でき、
ローンを申請することができる。さらに受け取った家賃の40％を、仮想住宅ロー
ンの資本返済に支払う等ができる。

　将来のキャリアに役立つ金融リテラシーと知識の構築を小学校から培ってい
た。

# 7. 英国

　英国では1995年頃から小学校のナショナルカリキュラムに、教科として「ICT」
の授業が組み込まれた[14]。当時のイギリスの学校で児童・生徒がパソコンを使
う場面といえば、この教科「ICT」の授業であった。その内容は、教師が
WordやExcelなどのソフトの使い方を教えることがメインだった。

　この教科は日本の教科に例えるとすれば、高校の「情報」の授業と似ている。
しかし2014年に「ICT」が、新しい教科「コンピューティング」に置き換わっ
た。教科「コンピューティング」になってからは、コンピュータの使い方を教
えるフェーズは終わった。

　この教科「コンピューティング」は、コンピュータサイエンス、情報技術、
デジタルリテラシーの3つの要素で構成されている。時代の変化に合わせて教
育を進化させるとともに、世界をリードする人材を育成するという主旨で作成

---

14) 英国のナショナルカリキュラムには2014年度から新教科「コンピューティング：Computing」
　が入り，イングランドで必修化された（すでに1995年から情報の授業として教科「ICT」が必修
　化されていた）．教科「コンピューティング」にはデジタルリテラシー（DL），インフォメーショ
　ンテクノロジー（IT），コンピュータサイエンス（CS）が盛り込まれている．

された。カリキュラム改正は、最新のテクノロジーを活用し新しいメディアに対応できるために構成された。

　ロンドン郊外にあるタウンリー・グラマー校[15]で視察した授業内では、教師によるパソコンの使い方指導はほとんどみられない。インターネットを積極的に使い、プロジェクト型の授業方法で課題解決している様子がみられた。アカデミックな多角的知識を統合するプログラミング教育に移行している。デジタルストーリーテリング[16]の手法を使ったScratch[17]の授業もある。日本でもストーリーテリングはあるが小学校ではまだなく、それをデジタルストーリーテリングでプログラミングの授業で行われることは少ない。このようなデジタルメディアに小学校から授業の中で関わることにより新メディアリテラシーが培われる様子をみることができた。。

　Digital Schoolhouse[18]などの組織は、教師に必要なサポートを提供し、地元の小中学校と連携して、コンピューティングワークショップに参加させることができる。また、教材、授業計画、相互支援をしたい志を同じくする教師のネットワークも提供している。Digital Schoolhouseの教材は新メディアリテラシーを醸成するための基本的な素材が多く盛り込まれている。日本の高校の教科「情報」レベルのものも少なくない。

　この学校では発達段階に合わせた言語で、段階的・系統的にプログラミング教育を行っている。コンピュータサイエンスの授業では、コンピューテーショナル・シンキングやロジカル・シンキングを培うための言語からさまざまなテキスト言語へつなげさせる内容となっている。

　副校長にインタビューしたところ、この学校はもともと豊富なデジタル教材と教育方法を数多く提供しているという。そして、小学校の教師から「プログラミングの授業を児童に参観させたい」という要望が来るので、受け入れるという。プログラミング授業の参観は児童のためになるのはもちろんのこと、小

---

15) Townley Grammar校(参考：http://www.townleygrammar.org.uk/).
16) デジタルストーリーテリングとは制作者がコンピュータなどのデジタル機器を使ってストーリーを「お話」として制作・発表することである.
17) Scratch：MITメディアラボが開発したプログラミング言語.
18) https://www.digitalschoolhouse.org.uk/

学校教師の教育にもなるそうだ。

　義務教育は日本より1年早くスタートするため、日本でいう幼稚園の年長から、パソコンを使った授業が行われている現状がある。11歳でセカンダリースクールが始まる。セカンダリースクールとは7〜9年生、10〜11年生がGCSEという。12年生〜13年生はA-levelという。

# 8.　フィンランド

　フィンランドでは、1970年代初頭に、メディア教育が主要カリキュラムのフィンランド語レッスンに組み込まれた。フィンランドで使用されている注目すべき授業実践方法の1つは、マインドマッピングと同様の方法を使用して、低学年のグループ以上の子どもたちに物語を考えさせ、オンラインで公開する独自の絵本を作成することである。これはメディアリテラシー教育の1つとして位置づいていた。

　フィンランドの卒業試験などの教育改革は1852年に始まった。その後の1994年、フィンランドの教育改革では、教師の修士号取得の義務づけ、カリキュラム編成の変換、および教師の裁量拡大を行った。今ではAbitti[19]という電子試験システムとなった。

　フィンランドの教育におけるachievements（成果）はOECD[20]によるPISA[21]調査後、国際的な関心となっている。PISAにおいてフィンランドは群を抜いた成績を収め、各国から注目を浴びた。また移民も受け入れており、日本とは異なる言語や文化をもつ児童生徒が同じ教室にいるということも少なくない。

　フィンランドではプログラミング教育が2016年から小学1年生でも必修化され、各学校では2015年度から教科書のデジタル化が始まっている。新学期に間に

---

19)https://www.abitti.fi/　Abittiはフィンランド語とスウェーデン語に対応し、フィンランドの高等学校のための入学試験委員会によって開発された．これは教師，学生，行政，研究者などが無料で登録できる．
20)Organisation for Economic Co-operation and Development
21)PISA(Programme for International Student Assessment)：OECD生徒の学習到達度調査．

合わなかった教科もあるが、すべての学校で教科書をデジタル端末で見ること
ができる。

2015年度（新学期は秋）に高校1年生になった生徒から、学校の卒業試験は
すべてデジタル化される例もあるため、教室でもBYOD（Bring Your Own
Device）が徐々に拡がり、多く見られるようになった。

マウヌラ校[22]でも、2015年秋から高校1年生になった生徒たちは卒業試験が
すべて電子試験になりデジタル化されるため、すべての教科でパソコンを使用
することが日常的になっている。自分のパソコンを持参するというBYODと
いう方式を取っているが、教室にパソコンを常備して、学校に持参してこない
生徒への対応も行っている。

この学校は日本の中高にあたり、ヘルシンキ市内にあり、約800名の生徒が
いる。教材はどこの教室でも、生徒用のパソコンでもプロジェクターでも確認
できる。高校1年生の授業においては自分の家にあるパソコンを持ってくるか、
教室にある学校のパソコンを借りて使うかのどちらかのスタイルを取っている。

生徒はWeb画面にアクセスし、問題を見てそれについて考える。教師はパ
ソコンからWILMA[23]の画面を開き、生徒の出席のチェック、成績態度の良し
悪しを入力する。保護者はリアルタイムで閲覧することが可能である。教室で
スマートフォンを使って、検索するということは日常的なことである。また、
スマートフォンのアプリから前回の授業を確認することも可能である。
WILMAのスマホアプリの体温計マークをタップすると欠席連絡ができる。学
校によっては出欠管理だけでなく、生徒同士が宿題や国語などの意見交換に使
う例もある。その場合はお互いの課題を見ることも可能である。

このように、WILMAはその学校のニーズによってカスタマイズすることが

22）マウヌラ校：Maunula Secondary School and Helsinki School of Mathematics / Maunulan
yhteiskoulu ja Helsingin matematiikkalukio
23）校務支援システムのWILMAとは，学校が生徒を管理するWebベースのシステムである．また，
保護者が児童の出欠席や学習の状況等，インターネットを通じて把握できるシステムでもある．
WILMAのライセンスはヘルシンキ市が所有し，教師は生徒や保護者と宿題や連絡のやり取り
をする．教師は常に，WILMAを介して生徒の出席状況や個人情報を把握し更新．宿題の内容
については，本人はもちろんのこと，保護者も見ることができる．生徒と保護者はユーザー名
とパスワードでアクセスすることができ，保護者は子どもが18歳になるまでパスワードを管
理することができる．

　できる。保護者はアプリを取得し、スマートフォンなどでリアルタイムに、子どもの出席だけでなく授業態度の把握をすることができる。

　フィンランドの学校は9割以上が公立だが、教師自身が希望しないかぎり転勤がない。教科書の検定はもう数十年前に廃止されており、実際の授業で使用する教材の選択や授業の進め方についても、最新の教材を使うことができ、教師の職務の一環として大きな裁量が任される。

　現行のコアカリキュラムに基づく大きな概念としては、教室での勉強だけに留まらない学習環境全体への配慮や、生涯を通じた学びを見据えた「学び方を学ぶ」という考え方が重視されている。

　新型コロナウイルス感染拡大時には、2020年に女性で34歳のサンナ・マリン首相が対応を行った。この連立政権の与党党首5名が全員女性（うち4名が30代）、内閣全体でも半分以上を女性大臣が占めている。

　2020年3月はフィンランドの教育制度の中で唯一の全国一斉試験である、大学入学資格試験があったが、感染拡大を見込んで、すでに緊急事態宣言が出る前から一部の試験を1週間前倒しで実施することが発表された。受験生にとっては重要な試験だがこの試験は数年前に電子化が完了し、フィンランドの高校生は入学時からノートパソコン必携となっているため、試験会場では自分のデバイスを使用する。

　新型コロナウイルスのため2020年3月18日から5月13日までの間は、オンラインの遠隔授業に移行された。学校教育の実施は自治体の管轄となるため、授業に関する実際の細かい手配は、自治体や各校、現場の先生方に委ねられた。

　全体としては、もともとICTを利活用してきた環境があったとはいえ、学校の緊急時対応はとても迅速で、遠隔授業への移行もスムーズでうまく実施できたと評価されているという声もある。例えばテキスト通りに調理実習するのではなく、献立計画からという能動的に学ぶ教育スタイルなど時代に沿ったものも少なくない。

　オラリン（Olarin Koulu Ja Lukio）中学校では、プログラミングの教師トレーニングがMOOC（Massive Open Online Course）[24] を介して行われる。アールト大学（Aalto University）のコンピュータサイエンス学部の Lauri Malmi 教授は、「このMOOCはアールト大学とヘルシンキ大学によって設立された」と述べていた。

# 9. オーストラリア

　オーストラリアのクィーンズランド州の公立学校はICTを使った教育が、すべての小中高校のすべての教科ですでに10年ほど前から行われている。モバイル技術の発展により、オンラインにすぐにアクセスすることができるスマートフォンやタブレットへシフトすることを前提に、高校から小学校へ向けたオンラインサービスの配信もされている。また教育アプリケーションもさまざまである。

　さらに、クィーンズランド州の施策である「サイバーシティプログラム」として、オープンデータの提供や、ハッカソンでのアプリ作成などのオンラインサービスを州が提供し、若年層のプログラムスキル向上などに取り組んでいる。これらは、初等中等教育におけるICT教育の現状、特にデジタルポートフォリオやICT支援員の配置、公務情報化などに焦点をあてているものである。

　産学官連携によるデジタルキャリア育成プログラムの中では、デジタルキャリア育成も行っている。これらの目的は、ICTに関心をもたせ、大学、専門学校でICTコースを勧めるとともにICTの教育を受けた後のキャリア明確化させることを主としている。また、ICT産業・キャリアの評価を向上させ、ICT教育の教材と専門家を呼び、ICT教育者の指導力を向上させるという目的がある。

　一方、産官学連携のGROUP-Xプログラムは、コミュニティ重視による産業育成、ノウハウの集積をさせ、専門教育を早期からスタートさせている点が特徴的である。

　特に地域コミニティ・マイノリティへのケアや企業側の採用についてはメリットが大きい。それを支えているのが、オープンデータ＆ガバメント、すべての産業のICT連携を通して、デジタルに対応した教育評価モデルを実践していることである。

---

24) MOOC (Massive Open Online Course) は Massive Open Online Courses (MOOCs) とも呼ばれる．インターネット上で受講できる大規模で無料の講義のことである．

図12-2　オーストラリア，クィーンズランド州ブリスベン郊外のジンダリー州立学校の生徒は，
自分のデバイスを学校に持ち込んでインターネットにアクセスし，デジタル教材を利用している
BYODである（著者撮影）．

　また、政府のICT教育サポート環境整備やICTスキルの専門教育だけでなく、
ロジカル・シンキングをさせ、人材・起業、就業・コミュニティのビジョンが
明確となっていることが特徴である。その具体例としてクィーンズランド州の
小学校をみていく。

　オーストラリアのクィーンズランド州では1人1台の端末は必須であり、保
育園でも、小学校に入学する前の年に、タブレット端末を利用する授業もある。
そのため、インターネットの使用は通常のことであり、カリキュラムでは、子
どもたちは2年生から電子メールを使用する必要がある。

　教科の組み合わせが特徴でプロジェクトワークなども多い。伝統的なメディ
アに焦点を当てたメディアリテラシー教育はもちろんのこと、新しいテクノロ
ジーに対する時代に沿ったメディアリテラシーの習得を目的としており、その
中でロボティクス教育も行われている。学校教育でロボットリテラシーなども
必要となるリテラシーとして教育がスタートしている。

# 10.　おわりに

　文字だけで受け取っていた情報も、もはやデジタル画像、動画も含まれた情
報となっている。これはリテラシーの定義の変化とそれが世界中の教育と学習
に反映されている。コンピュータを操作し、インターネットで情報を検索した

りすることが新メディアリテラシーではない。情報を入手する方法、その情報を創造的に使用する方法、そしてそれを自分の生活に適用する方法を知ることを含むとともに、日常生活でますます役割を果たすさまざまなデジタルおよび新メディアに子どもたちを慣れさせることを含む。

調査訪問したすべての学校は、日常的にインターネットを使用していた。英国では、最新のテクノロジーを活用するだけでなく、ITの理解を授業内容に積極的に取り入れることでカリキュラム改善することを目標としていた。フィンランドでは、生徒と教師が新しいメディアを積極的に活用して独自の学習を指揮し、すべての科目のすべてのクラスでタブレットを使用し、MOOCを介して教師のトレーニングを実施し、生徒は教育アプリを使用して創造的に学習していた。

生徒がインターネットにアクセスするために自宅から自分のデバイスを学校に持ち込む、BYOD（Bring Your Own Device）の方法は海外の事例では少なくない。

一方、多くの国では、個人データをクラウドにアップロードし、個人に合わせて学習をパーソナライズする技術的能力により、学習者とその時代のニーズに合わせて変更できる柔軟な学習スタイルが可能となっている。

仮想通貨、VR、ARを使用した授業の例では、授業内容と将来のキャリアとの関連性を示し、生徒が教室を離れることなく外の世界を体験できるようになっていた。授業で端末を利用している学校では、すべての授業でアクティブラーニングが行われ、日常的に共同学習が行われていた。

学校での最新の教授法とともに新しいメディアをこのように使用することで、場合によっては、子どもたちに株の取引や、独自のベンチャー企業を立ち上げたりすることができるような方法を実践している公教育もあった。

データを収集できるということは、クラスでの仮想通貨、VR、ARの使用と、生徒の将来のキャリアの形成との関係を、時間の経過とともに分析できるようになることも意味する。実際、そのような研究はすでにいくつかの国で始まっている。

新メディアは私たちが超スマートなIoT社会に向かって進むにつれ、世界中で教育リソース、システム、および教授法の急速な進化に貢献する要因の1つとなっている。同時に、教育における新しいメディアの使用については、子ど

もたちが今後の日常生活の一部として新しいメディアとどのように相互作用していくかを注視する必要がある。今後の教育においては新メディアリテラシーを醸成するために AR や VR、ロボットを使った学習スタイル、AI なども使う新リテラシーが社会のテクノロジーの進展に合わせた方法で展開されていくことになるだろう。

## 参考文献

ATR Creative,2017,Website of ATR Creative,（Accessed August 28, 2017, http://atr-c.jp/burari/）．

Banqer,2017,Website of Banqer,（Accessed August 25, 2017, https://www.banqer.co/）．

Benesse,2013,Keitai denwa no riyō jittai-dai ikkai（Mobile phone usage survey-number one）. Available at http://berd.benesse.jp/berd/data/dataclip/clip0001/index.html.（Accessed August 25, 2017）．

OECD,2010,OECD seito no gakushū tōtatsudo chōsa（OECD Programme for International Student Assessment）. Available at https://www.nier.go.jp/kokusai/pisa/index.html.（Accessed August 26, 2017）．

水越伸,2002,『デジタル・メディア社会』岩波書店．

鈴木みどり編,1997,『メディア・リテラシーを学ぶひとのために』世界思想社．

東京書籍,2017,「教科書AR」のご紹介,（Accessed August 2, 2017, https://ten.tokyo-shoseki.co.jp/text/hs1/math/book001/level5/index.htm）．

上松恵理子,2012,「メディアリテラシーの概念」岡田朋之、松田美佐編『ケータイ社会論』有斐閣．

――編,2014,「青少年のスマートデバイス利用調査（若者のスマートデバイス利用調査）」ブロードバンド協会．

――,2016,「モバイルメディアと学校教育」富田英典編『ポストモバイルソサエティ：スマート／モバイルからセカンドオフラインへ』57-66,：ラウトレッジ．

Von Feilitzen,C.,1998,The Second World Summit on Television for Children. In The UNESCO International Clearinghouse on Children and Violence on the Screen, ed., News on Children and Violence on the Screen 2（1）:10-11. Available at https://www.nordicom.gu.se/sites/default/files/specialthemes-pdf/NL_1_1998.pdf,（Accessed August 26, 2017）．

Wilm,2017,Website of Wilma school management program,（Accessed August 26, 2017, https://wilma.edu.hel.fi）．

Wilson,C.,Grizzle,A.,Tuazon,R.,Akyempong,K.,Cheung,C-K.,2011,Media and Information Literacy Curriculum for Teachers. UNESCO.

# 第13章
# 自撮り写真の身体様式
## メディア実践のかくれた次元

金 暻和

## 1. はじめに

### 1-1. 本章の目的

　スマートフォンがカメラの代用になって久しい。周りのさりげない風景や日々のささいな出来事をデジタル画像として記録することは、もはや現代人の日常だろう。いつでもどこでもカメラを持ち歩けるようになったことで写真を撮る行為の意味も著しく変わった。わずか十数年前までカメラとは、プロの写真家たちが使う専門道具だったり、家庭に一台揃えれば十分というやや高級家電だったりした。いまやそうしたあり方に窮屈さを感じるくらい、カメラは日常的な携帯品として当たり前である。

　インターネットへ常時に接続可能なスマートフォンとカメラが一緒になったことで、写真を撮影した直後にデジタル・ネットワークへアップロードするという実践も日常的になった。私たちはメールやチャットなどのツールを使って頻繁にデジタル画像を共有したり、交換したりする。気軽に画像を共有できる仕組みを提供するTwitterやInstagramなど、ソーシャルネットワーキングサービス（以下、SNSと略す）には、世界各地からのユーザーたちが時々刻々にアップデートする大量の写真が常時溢れている。モバイル・メディアとカメラの合体は、写真の社会的役割と文化的潜在性を非常に増大させている。

　本章では、スマートフォンなどカメラ付きのモバイル・メディアで撮影される写真、あるいは、それを撮影・制作する行為を総じて「モバイル写真」と呼

ぶ。その中でも特に焦点を合わせたい事象はいわば自撮り写真だ。自分が自分の写真を撮るという、パーソナル・メディアならではの斬新な表現実践として注目を浴びてきている。SNS 上で有名人から素人まで様々な主体によってアップロードされる自撮り写真を簡単に見つけることができるし、見たらすぐ識別できる独特な構図からも 1 つの表現ジャンルとして定着しているといえよう。自撮り写真は、モバイル写真によって生み出された興味深い文化現象として認知され、ナルシスティックな表現ジャンルという側面から、個々人の日常をさりげなく記録できるという役割まで様々な角度から検討されてきた。

　ところが、本章が着目するポイントは、その実践の身体性という側面である。というのも、自撮り写真の新規性は、カメラのレンズを自分に向けさせ、自らの姿を見つめるように配置される身体モードにあると考えるからだ。さらに、自撮り写真の身体性に取り組むということは、当たり前に語られてきたモバイル写真の身体実践という側面に迫ることでもある。モバイル写真は、スマートフォンという新しいメディアによって浮上した現象でありながらも、実践行為としては写真という古いメディアのあり方（撮影行為）に統率される形で理解されてきた。したがって本章は、自撮り写真の身体性を論ずる前に、歴史的事例を前置させてモバイル写真をめぐる自明なあり方に問いをかけたい。そうしたうえに、モバイル写真の身体様式についての考察に進めることができよう。

## 1-2.　研究対象としてモバイル写真

　モバイル写真がカメラ付き携帯電話の登場してからの出来事ということは間違いない。ただ一方には、写真という近代技術以降の視覚媒体の展開された延長線上に位置づけられるということも事実だ。したがってまずは、重層的な系譜を踏まえながら、本章の理論的座標を確かめる必要がある。

　写真史家の Batchen（2003）は、バナキュラー写真（vernacular photography）という独自の枠組みを提唱し、大量に存在する私的かつ世俗的な写真についての関心を呼びかけた。素人が撮った大雑把な日常写真は、プロの写真家の作品とは異なり、社会的影響力をもつこともなければ、美的価値という観点から評価されず、正統な写真史の中ではあまり注目されなかった。

　モバイル写真の何よりの特徴といえば、誰でもその場で即時に撮影を行うこ

とができるという汎用性にある。様々な事故や事件現場、祭りやコンサート会場、集団行動の場所から、個人のライフイベント、日常的出来事まで、きわめて多様な場所や場面で、デジタル画像が絶えずに制作、共有されているということが現状である。

　スマートフォンには、撮影のみならず、画像の編集、保存、確認（伝統的なフィルムカメラでは現象に当たるプロセス）、加工、共有、さらに写真を介して討論や意見交換のプロセスまで可能にする様々な機能が搭載されている。写真をめぐるすべての過程を単一の機器の中に統合させている。一枚の写真を手に入れるまで手間が単純化され、費用も節減された。用意しなければならないのは、スマートフォンとネットワークへアクセスだけである。その結果、大量のモバイル写真が、主としてバーチャル空間の個人アカウント（例えば、SNSやメール、チャット・メッセージなど）から発信され、人的ネットワークを通じて社会的に拡散されていく。その中には大きな社会的影響力を発揮するものがあれば、画像として美的価値を認められるものもたくさんある。もはやモバイル写真は、量的にも質的にもプロの写真家の「作品」を圧倒しているといっても過言ではない。普通の人々が撮ったいわばバナキュラー写真の社会的影響力は著しく増大した。そうした意味からモバイル写真の浮上とは、まさにバナキュラー写真が写真史の主流に浮上してきたということを意味する出来事としてとらえることができよう。

　モバイル写真は比較的に短期間に日常性を獲得できた。それは唐突な出来事ではない。写真撮影が以前から個人の様々なライフイベントの中でしっかり位置づけられた社会実践であったという背景がある。例えば、フィルムカメラ時代に写真撮影は、日常の中でちょっとした非日常的な瞬間をつくり上げる社会的儀礼として実践されていた（Sontag 1977=1979）。結婚式、入学式、卒業式、成人式など、様々なライフイベントや旅行先の記録など、日常のルーティンから離れたときこそ、カメラの出番であり、写真撮影という儀式が行われる瞬間だったのだ。モバイル写真の登場は、そうしたあり方にさらに豊かな文脈を追加した。例えば、Van House et al.（2005,2011）やVilli（2012）など、初期のモバイル写真の論者は、携帯電話で撮ったデジタル画像がメールなどの電子通信を介し、私的なコミュニケーションの手段として活発に用いられる様子につ

いて考察した。Van Djick（2007,2013）は特にデジタル写真が仮想空間の中に個人アイデンティティを構築する有用なツールになってきた様相を語った。モバイル写真は、デジタル・ネットワークにおける視覚表現の影響力を増大させ、量的にも質的にも写真の文化的可能性を広げてきた。

　ところが、モバイル写真には可視化されにくいが重要なもう1つの特徴がある。すなわち写真撮影という実践が習慣化されてしまっているという側面だ。有名人、一般人、自然、食べ物、花、街角など、あらゆる対象がデジタル・スナップショットの対象になり、ちょっとした加工が直ちに加えられた後、速やかにSNSにアップロードされる。ありあふれる日常的場面において写真撮影という実践がさりげなく挟まれるようになってきたのである。毎日の起床、外出のための着替えの支度、食事、散策、通学・通勤、仕事、飲み会など退屈しがちな日常的場面が頻繁にモバイル写真の被写体となる。人々のスマートフォンの中には数百から数千枚ものデジタル画像が常在し、いつでも公にできる状態で携帯される。したがって他の論考（金 2019）では、写真撮影の文脈が「儀礼的というより、反復的かつ習慣的」になってしまったことこそ、モバイル写真の重要な特徴であると主張した。言い換えれば、習慣的で陳腐にさえ感じられる実践の日常性こそモバイル写真の文化的あり方なのだ。Gómez Cruz and Lehmuskallio（2016）は、視覚性のみではなく、実践性という側面からデジタル写真を議論しなければならないと主張する。モバイル写真は、スマートフォンと無線通信という技術としっかり結びついた出来事と同時に、きわめて日常的で習慣化された実践であるという事実に目を向ける必要がある。写真撮影という実践の社会的、文化的なあり方は、密かに、しかし、劇的に変わりつつある。

　以上の議論を踏まえて本章の狙いは日常実践としてのモバイル写真のあり方を問うことにある。モバイル写真の特徴は、デジタル画像のあふれている状況を作り上げている写真撮影という実践の日常性にある。そのあり方を浮き彫りにさせるために、自撮り写真というモバイル写真の特有のジャンルを取り上げ、写真撮影の身体様式という文脈に焦点をしぼる。

# 2. 歴史的事例から

## 2-1. 『かくれた母 *The Hidden Mother*』（2013）とダゲレオタイプ

　ここに古い肖像写真がある（図13-1）。1世紀前に製作された白黒写真であり、不機嫌な眼差しの子どもが写っている。これらの肖像写真は、イタリア出身の写真家である Linda Nagler が編み上げた写真集『かくれた母　*The Hidden Mother*』（2013）から抜粋・転載したものである。この写真集には、類似する子どもの肖像写真が1000点以上収録されているが、それらには例外なく、布やベールを頭から被った不自然な模様が写っている。真ん中に座っている子どもではなく、後ろにいる不気味な姿がむしろ私たちの注意を引くであろう。写真集の題目が示すように、その姿は子どもの母だと思われる。彼女らはなぜこうした奇妙な模様で子どもたちの肖像写真に干渉しようとしたのだろうか。

　この写真集に収録されている子どもの肖像写真は、ダゲレオタイプという昔の光学装置を使って20世紀初頭に撮影されたものである。19世紀半ばに発明されたダゲレオタイプは、感光版に被写体を露出させて目の前の視覚を複製できる画期的な技術であり、事実上フィルムカメラのプロトタイプとされる。それは一回の撮影で一枚の銀盤写真を制作する仕組みで、とても鮮明な画像を獲

図13-1　写真集『かくれた母 *The Hidden Mother*』に
収録されている子どもの肖像写真.

得することは可能だったが、一旦ネガティブ原版を作成できたら何枚も現像できるフィルムカメラや画像を簡単に複製できるデジタルカメラからは原始的だといわざるをえない。しかし、そのときまでには人の手で直接に描くということしか、目の前の光景を複製する方法がなかったのだ。例えば、19世紀前半までは画家に依頼して肖像画を描いてもらうことは富裕層の慣行として定着していた。画家の手腕で肖像画の出来具合が左右されてしまう過去と比べれば、そっくりの画像をすぐに作り上げることができるダゲレオタイプの技術的優位が十分に認められた。

　ここで最初の問いに戻ろう。ダゲレオタイプで撮られた子どもの肖像写真にはどうして母の姿が一緒に写っているのだろうか。先出の写真史家のBatchenがこの写真集に解説を寄稿しているが、彼はこれらの写真の奇妙な構図がダゲレオタイプの技術的限界によるものであると推測する（Nagler 2013：4）。ダゲレオタイプで撮影を行うためには長めの露出時間を必要とした。数分間だった初期モデルの露出時間は後に数十秒までに短縮されるが、一秒に何十枚を連写できる現在のデジタルカメラとは比べ物にならない。露出時間が長めという評価は今の感覚であり、当時はその程度の露出時間はまったく欠陥ではなかった。むしろ当時ダゲレオタイプと競争する視覚複製技術であった画家の手描きよりはずいぶん速かった。優れた腕を誇る画家でも肖像画を完成させるためには、短くても数日、場合によっては数週間にわたる作業時間を要したからである。つまり、ダゲレオタイプの数分程度の露出時間は、当時にはむしろ短いということで評判だったのだ。

　ただし、落ち着いた行動ができない幼い子どもの写真を撮る場合は、数分程度の露出時間も問題になった。一瞬もじっといられない幼い子どもにとってダゲレオタイプの前で動かずに待機してもらうことはほぼ不可能だったからだ。そこで母は子どもを抱いて一緒に座るという戦略をとっただろう。子どもの身体を支えることで長めの撮影時間を強引に耐えさせたのである。母の姿が写った奇妙な肖像写真は、ダゲレオタイプという撮影装置の技術的特徴によって浮上した問題に対応した結果だったとみられる。

　しかし一方、写真の中の母たちがなぜ一生懸命、布やベール、椅子などの後ろに自分の姿を隠していたのだろうか。堂々と自分の顔を出しながら一緒に被

写体になるという選択肢はなかったのだろうか。その点については依然として明確な説明がない。類似する構図の肖像写真が大量に残っている事実からそうした構図が当時には一般的に受け入れられていたということは推測できる。Batchen（ibid）は、当時、まだ高かった幼児死亡率が、不思議な写真構図の流行した背景となった可能性を述べる。当時は子どもの死後に肖像画を制作する慣行もあった。そのため、母たちは生きている子どもの写真を撮るとき、布やベールの後ろに自分の姿を隠しながら主な被写体である子どもの生命力を一生懸命に強調しようとしたという推定である。おそらく高い幼児死亡率に加えて母性についての社会的観念、近代都市の文化空間として浮上したダゲレオタイプ・スタジオのあり方など、その時代の様々な社会的脈絡が複合的に影響を与えた結果であると考えて妥当だろう。

## 2-2. メディア装置と身体様式の変容

　一般的に写真を撮るということは、レンズ越しの光景を複製し、写真というメディアとして物質化するプロセスとして理解される。どちらかといえば、撮影行為の結果である写真の視覚性の方に関心が向きやすく、撮影する行為そのものを問題視することはめったにない。ところが、写真集『かくれた母』に収録されているダゲレオタイプ画像は、写真というメディア形式の後ろに隠されがちである、写真撮影という行為の歴史を浮き彫りにする。

　1850年代にニューヨークやパリなどの大都市には数百軒以上の撮影スタジオが盛業していた。以前は肖像画を描きながら生計を立たせた画家たちがダゲレオタイプの専門スタジオの運営業に転業したという事実は示唆的である。画家たる自分たちから肖像画を制作する仕事を奪ったダゲレオタイプの技術者になることで、視覚複製技術の使い主という仕事の連続性を保とうとしたのだ。一方、ダゲレオタイプの専門スタジオの登場によって肖像写真を撮影するという実践は大衆化した。ダゲレオタイプ写真を制作するためには、当時の都市労働者の一週間分の給与を払わなければならなかったという。決して低廉な金額ではなかったが手が出せないほどでもない。人々は大切な家族のために快く財布を開ける準備ができていたのである。正装したまま繁華街の専門スタジオを訪問し、肖像写真を撮るということは当時の都会の居住者にとってちょっとお

しゃれな儀式となった。

　一方、「かくれた母」の写っている奇妙なダゲレオタイプ写真の存在は、写真撮影とは、視覚イメージを複製する文化的実践であると以前に、複製装置を使うという身体実践であるということを浮き彫りにする。身体実践としての写真撮影は、装置を操作する主体と被写体の身体の関係によって成り立つ。ところが、「かくれた母」の画像にはその両者の間に第三者、すなわち、子どもを支える母の身体が介入している。一般的に肖像写真を撮るということは撮影者と被写体の両者関係によって成り立つ。私たちが「かくれた母」の画像に抱く違和感の正体は、そうした自明な認識構図が見事に覆されたということに起因するのではなかろうか。

　Richardson and Wilken（2012）は、デジタル・メディア時代の身体性をとらえるために、「身体―技術の関係性body-technology relations」という枠組みを提案した。彼らによれば、私たちの身体様式は「文化的、集団的に蓄積されてすでに習慣の中に埋め込まれている一方、人工物、道具、技術、さらに複雑な技術の組み合わせによって絶えずに調整される」（ibid：182）。すなわち、新しい技術が様々な変化を呼び起こす中、その技術に関わる身体のあり方も変わる。技術との関連づけられた身体モードとは、外部的な要因で一方的に左右されるわけではなく、既存の文化的習慣や社会的制度、慣行など社会的・文化的秩序が細かく刻み込まれている身体性とのせめぎあいの中で、妥協・折衷しながら新しいあり方を見出していく。言い換えれば、技術によって調整・再配置されていく身体性という問いは、単純な技術決定論的な考え方を乗り越えて、技術側と社会側が葛藤・交渉しながら、相互補完的に展開されていく多層的なプロセスとして理解しなければならないという問題意識を含んでいるのである。

　要するに、「かくれた母」の事例を通して、視覚複製装置と身体の間に成り立つ関係性のダイナミズムを確認することができる。私たちにとって写真撮影といえば、撮影者と被写体の間の二項対立的な関係図が当たり前であろう。しかし、ダゲレオタイプ時代の歴史的な事例は、その「身体―技術の関係性」が必ずしも確定的なものではないということを物語っている。この点は、次項から述べるモバイル写真の身体様式を理解する際に特に重要だ。モバイル写真のあり方と関連づける形で「身体―技術の関係性」が再構築される過程を確認で

きるからだ。以上の文脈を確認しつつ、次項からはモバイル写真における身体性について述べたうえ、自撮り写真という文脈における「身体─技術の関係性」を検討したい。

# 3. モバイル写真の身体様式

## 3-1. モバイル写真の身体性

　技術的にカメラの先祖とされる「カメラ・オブスクラ（camera obscura）」という光学装置がある。ラテン語で部屋という意味の「カメラ」と「暗い」という意味の「オブスクラ」が一緒になっており、語源的には「暗い部屋」という意味で命名された。この装置は、一面に小さな穴が開けられた巨大な暗室のように仕切られた箱であり、穴を通過した光が外部の光景とそっくりの視覚像を暗室の内壁に投射されるという光学的原理を使っていた。カメラの登場以前、画家はこの装置を補助的に使いながら目の前の光景を描き写していたのである。一方、Barthes（1980＝1997）は カメラ・オブスクラとは対照的に「明るい部屋」という意味で命名された「カメラ・ルシーダ（camera lucida）」という装置に喩えながら、カメラのあり方を説明しようとした。カメラ・ルシーダは、画家が素描の補助道具として使っていた軽めの光学装置だった。箱のようなカメラ・オブスクラの仕切りと異なり、目に近づけて覗きながら事物を複写する仕組みであった。カメラのメタファーとしてカメラ・オブスクラとカメラ・ルシーダの両立は、写真を撮影するという実践とは、視覚を複製できる技術によって促されつつも、片方には覗くという身体モードの文化的可能性を広げていたことを物語る。

　1888年、米コダック社が初めてスナップショットカメラを発売する。それは、その後数十年間、映画撮影や専門写真家の制作道具としてしか広がらず、一般的な消費財とはほど遠い存在だった。ところが、20世紀半ばようやくロール型のフィルムを入れ替える方式の家庭用カメラの大衆化が進められ、ダゲレオタイプの人気ぶりは急に冷めた。家庭用のフィルムカメラは、何枚も自由に写真が撮れるという利点を与えただけでなく、写真を撮るためにわざわざ専門スタジオを訪問するという手間を省いた。スナップショットカメラの登場は、写

真撮影に伴っていた手続きを簡素化しただけでなく、その実践に移動性を与えたのである。ダゲレオタイプからスナップショットカメラへの移行は、まさに「部屋」という空間モード（ダゲレオタイプの専門スタジオ）から身体モード（目で覗くこと）へ、写真撮影の実践的な転換をもたらしたともいえる。言い換えれば、スナップショットカメラの登場によって、写真撮影という実践は、特定の場所（ダゲレオタイプの専門スタジオ）に縛られている儀式的消費行為というあり方から離れ、普通の人々による「世俗的な芸術実践」（Bourdier 1965＝1990）としての可能性を開いたのである。

　だが、その後、スナップショットカメラからカメラ内臓のモバイルメディアへの移行は、ダゲレオタイプからスナップショットカメラへのような、実践のあり方を劇的に変えたわけではなかった。デジタル革命とは、連続体として存在する環境（アナログ情報）がドットと数値で成り立つ電子情報（デジタル）にとって変わるという、情報モードという側面からはかなりラディカルな変化であった（Manovich 2002）。しかし、普通の人々にとっては、スナップショットカメラ（アナログ写真）からモバイル写真（デジタル写真）への移行は、シャッターを切るという行動が、スマートフォンのスクリーンを切り取るという動作に変わっただけで、写真撮影という実践のあり方そのものが変わったということを実感させない。おそらくその背景には、フィルムカメラもスマートフォンも、個人用の携帯品であるという同質性があり、実践に関わる身体モードという側面での変化は比較的に軽微だったからだろう。アナログからデジタルへ情報モードは変化したものの、実践行為の根幹となる身体モードの連続性は保たれていたということである。様々なメディア実践において、情報モードと身体モードのあり方が必ずしも平行しながら変容するわけではない。さらに、様々な機能が1つのデバイスの中に融合されるマルチメディア化が著しく進んでいる。いろんな利用行為の身体モードを「スマートフォンをいじる」という単一の行動として認知される傾向も強まった。写真を撮るということを、日常生活の様々な実践行為とはっきり区分できる独立的な身体モードとして認知することも難しくなってきた。次項からは、上述の文脈を踏まえつつ、モバイル写真における実践パターンの1つとして自撮り写真のあり方を考察していきたい。

## 3-2.　自撮り写真の身体様式

　スマートフォン利用が拡大される2010年代以降、欧米圏ではモバイル写真が著しい社会現象になってきた（Palmer 2012）。SNS上に頻繁に出現する、自分が自分を撮影したモバイル写真を意味する「セルフィー（selfie)」という新造語も登場した。Mota（2016）は、デジタル時代の最も大衆的な自己表現として自撮り写真を位置づけ、有名人文化と自己顕示欲が溢れるSNS空間で自撮り写真が溢れる傾向に注目する。Jurgenson（2019）によれば、不特定多数のユーザーの中で共有、討論、消費される自撮り写真こそ、SNS時代のにおける写真の社会的あり方を代弁する現象である。バーチャル空間に構築されるアイデンティティの社会的役割は増大するのにつれて視覚的自己表現の重要性も増えているということである。自撮り写真に関する先行議論は、その実践の中核的特徴としてナルシスティックな視覚表現に着目する傾向がある。

　ところが、アジア圏ではスマートフォンが登場する前からモバイル写真が現れていた。例えば、Kato et al（2006）は、日本では2000年代初頭にすでにデジタルカメラの代わりの携帯電話の利用が定着しており、写真撮影という実践が日本における携帯電話利用の特徴、いわば「ケータイ文化」の一部を成していたと述べる。

　一方、韓国でもSNSが出現する前から携帯電話の搭載されたカメラの利用が非常に増えており、自撮り写真を意味する「セルカ（セルフとカメラを組み合わせた言葉)」という隠語が若者の間に広く使われるほどだった（金・羽渕・松下 2012）。一方、自分が自分を撮影するという表現形式は、モバイル写真が登場するはるかに以前から存在した。ダゲレオタイプ時代から自画像の存在について報告されており、自撮り写真はフィルムカメラ時代にすでに独立的な表現ジャンルとして認知されていた（Rawlings 2013）。

　スマートフォンという身近でかつインターネットへ接続可能なメディアと合体したことで、自撮り写真の出現頻度と社会的役割が増大していることは事実であろう。しかしながら、ナルシスティックな視覚表現というあり方自体が技術的かつ文化的にまったく新しい現象だとはいいづらい。いつでも手を出せばそこにあるというスマートフォンにカメラが搭載されたことで、昔ながらの自画像の実践が「再媒介（re-mediation)」（Bolter and Grusin 1999）される形で

デジタル空間に広がったのである。さらに写真の撮影から加工・編集、共有までワンストップで可能であるという利便性は、自撮り写真という実践のハードルを劇的に下げた。さらに、SNS空間には画像に対して即時に反応を示すオーディエンスが常に存在し、その実践に向けられた欲求を絶えずに刺激している。

　一方、先述した「身体—技術の関係性」という文脈から眺めた場合、自撮り写真は、撮影者と撮影される者が同じという独特な身体モードによって成立する。撮影する者と撮影される者が同じであるため、撮影者はスマートフォンをもつ腕をせいいっぱい伸ばし、被写体（レンズ越しの自分）にカメラのピントを合わせる。しかし、腕の長さは限られているため、必然的にレンズと被写体の距離が近い。インターネットには、撮影者と被写体が同一という撮影に不利な条件を乗り越えるための助言が流布されている。すなわち、スマートフォンを斜め45度程度に高く掲げることで、よりクールでスリムに顔が写る視点で自撮り写真を撮ることができるそうだ。こうした助言が自撮り写真の撮り方の常識として受け取られており、実際に多くの自撮り写真がカメラを目より上向に位置づけたうえで撮影される。

　その結果、ほとんどの自撮り写真で、被写体はぎこちなく画像の中央に大きく配置されたうえ、やや上から見下ろすような画角で写っているのである。その構図はバランスを重視する従来の美的感覚からはかけ離れており、最初にそれを見る人にはやや不自然に感じられるだろう。しかし、しばらくしたらそうした構図が文化や地域を問わず一般的に受け入れられ、SNS時代ならではの自己表現のジャンルとして定着するようになった。私たちが「かくれた母」が一緒に写っているダゲレオタイプの肖像写真に不気味さを感じるように、後世の人々も自撮り写真の不均衡な配置構図に対して違和感を抱くかもしれない。

　一方、自撮り写真といえば、独りでの撮影という孤独な実践を連想する傾向があるが、実際のところ、多くの自撮り写真は他人と一緒に撮られる（図13-2）。その際に自撮り棒という補助道具も好んで使われている。すなわち、自撮り写真に関わる身体モードはすでに社会性を獲得し、集合的実践としても定着しているのである。観光地など、写真撮影が頻繁に行われる公共の場所では自撮り棒の利用を禁止する動きもある。プライバシー侵害に対する懸念や安全性の確保などという理由が挙げられているが、自撮り棒を使っての他人の写真撮

図13-2　複数の人々が一緒に写る自撮り写真（撮影者の許可を得て掲載）.

影行為を不快に感じる人も少なくないということも事実だろう。Shanks and
Svabo（2014）が指摘するように、モバイル写真は、物理空間の雰囲気を早速
オンライン空間に移せるという意味でオンライン空間と物理空間の間をつなげ
る関門を構築している。自撮り写真は、ナルシスティックな視覚表現を媒介に
しながら物理空間とオンライン空間を結びつける実践として位置づけることが
できる。そうした文脈において自撮り写真は、自分を見つめるというナルシス
ティックな身体モードが社会的に正当化されていく流れとして理解することが
できる。

# 4.　結びに

　本章は、視覚複製装置の歴史的事例（ダゲレオタイプ）とモバイル写真とい
う最新の事象をあえて併置させ、技術の進歩とともに、写真撮影という実践が
いかに変容するのかということについて述べてきた。特に、その実践の身体性
という問いに迫るため、「技術―身体の関係性」という枠組みを提示した。い
つもどこでも持ち歩くモバイル・メディアとカメラが合体することによって写
真撮影という実践も劇的に変化してきた。とりわけ、自撮り写真という現象は、
その変化の中核として身体性という位相を浮き彫りにした。

　モバイル写真の拡散は写真の社会的役割を劇的に拡大させている。写真撮影
の名所とされる場所、祭りやライブ・コンサートなどイベント会場、「インス
タ映え」のアトラクションなどでは写真撮影で夢中になっている群衆に出会う。
テロ攻撃や事故・事件の現場などでも集団的な写真撮影の実践場がしばしば生
じる。そうした場所で撮られた写真がバーチャル空間と積極的に共有されるこ
とで、その物理的場所の社会的イメージに直接的な影響を与えている（Lee
2010）。一方、モバイル写真は、撮影されてから直ちに SNS 空間に共有され、
その場にいる観光客や訪問者の経験をリアルタイムで枠づけることも増えてい
る。オンライン情報が同期化され、特定する場所と時間の経験を構築する状況
が生まれている。富田（2006）は、人が特定の場所に物理的には存在しなが
らもバーチャルな情報によって社会的には透明化してしまう現象を「社会的迷
彩（social camouflage）」と呼んだが、現代社会において写真を撮るという実
践現場は、実際にそうした社会的迷彩がしばしば出現する文脈でもある。オン
ライン情報こそ社会的意味をもち、オフライン上の社会性が失われてしまうと
いう意味では、メディア実践によって「セカンドオフライン」（富田 2016）的
な状況が生まれるというふうに理解することも可能だ。

　モバイル技術の日常化は、物理空間とオンライン空間の区分をますます曖昧
にさせている。モバイル写真とは、その境界線を仕切るという意味で最も注目
すべき日常実践である。オンライン空間に投稿されたモバイル写真をめぐって
様々な社会文化的意味が生まれる一方、物理空間に残された身体のあり方にも

社会的解釈が生じ、欠如や欠落の文脈が展開されているからだ。シームレスな
ネットワークと共存する社会性とは、物理空間とオンライン空間の恒常的葛藤
とせめぎあいを前提に検討しなければならない。その中層的なあり方を理解す
るために、身体性という問いはこれからますます重要になるに違いない。

## 謝辞

　本章の執筆にあたり、写真集の『かくれた母　*The Hidden Mother*』から、
ダゲレオタイプ写真の転載を快諾していただいたLinda Nagler氏にお礼を申し
上げる。

### 参考文献

Barthes,R.,1980,*Camera lucida：Reflections on photography*,trans. Howard,R., Hill and Wang（花輪
　　光訳,1997,『明るい部屋――写真についての覚書』みすず書房）.

Batchen,G. ,2003, *Each wild idea：Writing,photography,history*, The MIT Press.

Bolter,J.D. and Grusin,R.,1999, *Remediation：Understanding new media*, MIT Press.

Bourdier,P.,1965,*Un art moyen：Essai sur les usages sociaux de la photographie*,Les editions de
　　minuit（山縣熙・山縣直子訳,1990,『写真論：その社会的効用』法政大学出版部）.

ダゲール,L.J.M.,1998,『完訳ダゲレオタイプ教本：銀盤写真の歴史と操作法』中崎昌雄解説・訳,朝
　　日ソノラマ.

Gómez Cruz,E. and Lehmuskallio,A.,eds.,2016, *Digital photography and everyday life：Empirical
　　studies on material visual practices*, Routledge.

平澤まりこ,2009,『写真のはじまり物語：ダゲレオ・アンブロ・ティンタイプ』雷鳥社.

Jurgenson,N.,2019,*The Social Photo*. Verso.

Kato,F.,Okabe,D.,Ito,M. and Uemoto,R.,2006,Uses and possibilities of the *keitai*camera. In M. Ito,D.
　　Okabe,and M. Matsuda eds., *Personal,portable,pedestrian：Mobile phones in Japanese life*,301-
　　10, MIT Press.

金暻和,2019「触覚的写真――モバイル・スクリーンの人類学」光岡寿郎・大久保遼編『スクリーン・
　　スタディーズ：デジタル時代の映像／メディア経験』東京大学出版会,249-68.

金暻和・羽渕一代・松下慶太,2012,「モバイル社会の多様性――韓国、フィンランド、ケニア」岡
　　田朋之・松田美佐編『ケータイ社会論』有斐閣,199-224.

Lee,D.,2010,Digital cameras,personal photography and the reconfiguration of spatial experience.*The
　　Information Society*,26,266-75.

Manovich,L.,2002,*The language of new media,* The MIT Press.

Mota,S.,2016,"Today I dressed like this"：Selling clothes and playing for celebrity. In Gömez,C. E. and Lehmuskallio,A.eds., *Digital photography and everyday life：Empirical studies on material visual practices*,35-51, Routledge.

Nagler,L.,2013,*The hidden mother,* Mack.

Palmer,D.,2012,iPhone photography：Mediating visions of social space. In Hjorth,L.,Burgess,J. and Richardson,I.eds.,*Studying mobile media：Cultural technologies,mobile communication,and the iPhone*,85-97, Routledge.

Rawlings,K.,2013,Selfies and the history of self portrait photography. Oxford University Press Blog,11.21.2013,(Retrieved January 23,2020, http：//blog.oup.com/2013/11/selfies-history-self-portrait-photography/).

Richardson,I. and Wilken,R.,2012,Parerga of the third screen：Mobile media,place,and presence. In Wilken,R. and Goggin,G.eds., *Mobile technology and place*,181-97, Routledge.

Shanks,M. and Svabo,C.,2014,Mobile-media photography：New modes of engagement. In Larsen,J. and Sandbye,M. eds., *Digital snaps：The new face of photography*,227-46, I.B. Tauris.

Sontag,S.,1977,On photography（近藤耕人訳,1979,『写真論』晶文社）.

──,2006,「「複合現実社会」：Augmented Reality と Social Camouflage」『情報通信学会誌』24 (1),1-7.

富田英典編,2016『ポスト・モバイル社会 ──セカンドオフラインの時代へ』世界思想社.

Van Djick,J.,2007,*Mediated memories in the digital age*, Stanford University Press.

Van Djick,J.,2013,*The culture of connectivity：A critical history of social media*, Oxford University Press.

Van House,N.,Davis,M.,Ames,M.,Finn,M.,and Viswanathan,V.,2005,"The Uses of Personal Networked Digital Imaging：An Empirical Study of Cameraphone Photos and Sharing."In：CHI 2005,Portland,Oregon,USA,April 2-7,2005,ACM SIGCHI.

Van House,N.,2011,Personal photography,digital technologies,and the uses of the visual.*Visual Studies*,25 (1),125-34.

Villi,M.（2012）."Visual chitchat：The use of camera phones in visual interpersonal communication", *Interactions：Studies in Communication & Culture*,3 (1),39-54.

# 第14章
# 網紅都市（映えるまち）
## ショートビデオと都市イメージ

劉 雪雁

## 1. はじめに

　中国インターネット情報センター（CNNIC）の発表によると、2021年6月現在、中国のインターネット利用者数は10億1100万人に達した。一方、携帯電話の契約数は2020年に16億件を超えた。2021年6月の時点で、スマートフォンでインターネットを利用する人は10億700万人になり、インターネット利用者全体の99.6％を占めている[1]。

　中国におけるインターネットと携帯電話市場の急速な成長は、人々のメディア利用の形を変えただけではなく、従来の生活スタイルを一変させ、社会全体に大きな変革をもたらした。中国はGoogle、Facebook、Twitter、YouTubeなど世界で最も使われているインターネットサービスをシャットアウトする一方で、同じ機能をもつサービスの発展を独自に推し進め、国内市場で激しい競争が繰り広げられている。2011年にサービスを開始したスマートフォン用のインスタントメッセンジャーアプリWeChatは生活基盤化し、音声や文字による連絡や情報共有だけでなく、ネットショッピング、公共料金の支払い、予約、注文、決済、送金、メールやファイルのやり取りなど、バーチャルからリアルまで生活のすみずみに浸透している。また、近年特に目を引くのは、Douyin[2]

---

1）CNNIC「第48次中国互聯網絡発展状況統計報告」、2021年8月27日（2021年10月19日取得、https://n2.sinaimg.cn/finance/a2d36afe/20210827/FuJian1.pdf）.

に代表されるショートビデオ共有アプリの爆発的な普及である。その影響力に
注目し、放送局や新聞社、雑誌社などのマスメディアも相次いでDouyinで公
式アカウントを開設した。かつて中国で最も活発なSNSだったミニブログサー
ビスWeiboも、2020年にアクティブユーザー数でDouyinに追い抜かれた。
2019年12月に中国人民大学国家発展と戦略研究院が発表した「5G時代におけ
る中国インターネット利用者のニュース接触習慣に関する量的研究」によると、
ニュースを入手するメディアとして、最も多く利用されるのがWeChatグルー
プ（75.3％）であり、その次はDouyin（39.0％）である。紙媒体（0.7％）、テ
レビ（6.6％）とその他のメディア（4.2％）からニュースを読んだり見たりす
る人が占める割合がかなり低い[3]。

　2017年以降、Douyinに投稿されたショートビデオのヒットにより、ある都
市が一躍脚光を浴び、全国から観光客を呼び寄せる「網紅都市」（映えるまち）
になる現象がよく話題にのぼった。2018年、Douyinは複数の都市との間に、
人気のショートビデオを拡散していく形で現地の観光業をけん引し、「都市イメー
ジの発信と浸透」をサポートする協定書を取り交わした。これまで、映画、テ
レビ、雑誌、ビデオなどのビジュアルメディアは、都市のイメージを構築し再
生産する大きな力をもっていた。最も有名な事例として、1953年にアメリカ
で制作・公開し、世界的に大ヒットした映画『ローマの休日』が挙げられよう。
映画のロケ地はその後のローマ観光に欠かせないスポットとなり、70年近く経っ
ても、世界各地からやってきた観光客は「真実の口」に手を入れて写真を撮る
ために列を作り、スペイン階段でジェラートを食べようと大混雑していたため、
数年前にスペイン階段で飲食することも座ることも条例で禁止されてしまった。
また、各都市の観光局や観光協会の公式ホームページにおいて公開されている、
主に行政が主体的に制作する観光プロモーションビデオも、都市の魅力を発信
し、都市のイメージを作り出す重要な役割を果たしてきた。では、観光客が共

---

2）Douyin(抖音)は中国の字節跳動(ByteDance)社が開発・運営しているモバイル端末向けのショー
　トビデオアプリである．中国国内版の「抖音」(ドウイン, Douyin)と国際版のTikTokは同じ機
　能をもつ別のアプリである．本章では読みやすさを優先し「抖音」をDouyinと表記する．
3）「5G時代中国網民新聞閲読習慣報告：手機閲読近100％」，中国新聞網2019年11月16日（2021年
　10月19日取得, https://www.chinanews.com/sh/2019/11-16/9009274.shtml）．

有し拡散するショートビデオに映し出された都市景観と構築された都市のイメージと、従来のビジュアルメディアによって作り出された都市イメージとの違いは何か。なぜ社会現象までに発展したのか。本章では、まず中国におけるショートビデオアプリの発展と現状を明らかにし、その影響力を確認する。次にショートビデオと観光の関係性を観光客と観光地の2つの角度から考察する。最後にショートビデオが都市のイメージ、そして人間と都市の新たな関係をいかに作り出したかについて検討する。

## 2. 中国におけるショートビデオアプリの発展

中国語で「短視頻」と書くショートビデオ（ショートムービー、ショート動画ともいう）は、オンライン動画共有サービスのうち、長さがが5分以内の短い動画の総称であるが、数秒から90秒程度が一般的である。ショートビデオアプリは、誰でも簡単に動画を作成し、即時アップロード可能なサービスであり、SNS機能も備えている。

中国インターネット情報センター（CNNIC）が発表した調査結果によると、2021年6月現在、中国におけるショートビデオアプリの利用者は8億8775万人であり、インターネット利用者全体の87.8％を占めている。ショートビデオが急成長しはじめた2018年に比べると、3年間で利用者が約3億人も増加してきた（図14-1）。また、2021年3月の時点で、ショートビデオ利用者のうち、半数以上の人（53.5％）が毎日視聴する。1日あたりの平均視聴時間は2時間5分である。

中国初のショートビデオアプリは2012年に誕生したが、インターネット動画サイトの歴史は2004年11月にスタートした楽視網（Leshi）にさかのぼることができる。2005年上半期に動画共有サイトが次々に開設され、土豆網（Tudou）や56網（56.com）のような、プロの映像制作者だけではなく、いわゆる一般のインターネット利用者が自ら作った映像を投稿できる動画サイトも現れた。2005年末に、アマチュアサウンドクリエイターの青年が当時公開中の映画『PROMISE無極』を風刺するパロディ作品（長さ20分弱）を動画サイトに投稿し、絶大な人気を誇った。それをきっかけに、インターネットで動画を視聴

275

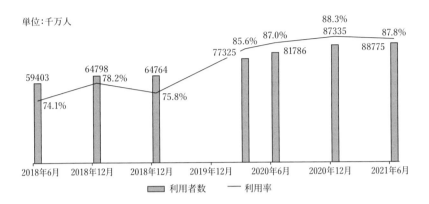

単位：千万人

2018年6月 59403 74.1%
2018年12月 64798 78.2%
2018年12月 64764 75.8%
2019年12月 77325 85.6%
2020年6月 81786 87.0%
2020年12月 87335 88.3%
2021年6月 88775 87.8%

利用者数　　利用率

図14-1　中国におけるショートビデオアプリ利用者数と利用率の推移.
（出典：CNNIC「第48次中国互聯網絡発展状況統計報告」のデータをもとに作成）.

し、自分の作品を共有することがブームとなった。

　スマートフォンの出荷台数が1億1250万台を突破した2012年に、GIF画像を作成・共有するアプリを運営する快手（Kuaishou）は、モバイル端末上でショートビデオを作成し共有できる機能を初めてアプリに追加した。ショートビデオがもつ可能性を確信した快手は、翌年にアプリ自体をショートビデオアプリに変更した。その後、秒拍（Miaopai、2013年）、美拍（Meipai、2014年）などのショートビデオアプリが相次いで登場してきた。そのうち、秒拍は中国最大級のSNSであるWeiboと連携し、美拍はいち早くライブ機能を導入するなど、ショートビデオアプリの認知度が高まると同時に、競争も激しさを増していく。

　2016年9月に、ByteDance社が開発・運営するSNSアプリDouyinがリリースされた。Douyinは音楽に合わせたショートビデオを編集、投稿し視聴するアプリで、動画の長さは15秒であるが、フォロワー数が1000人以上なら60秒まで、10万人を超えたら60秒以上の動画を投稿することも可能である。アプリにあらかじめ用意された大量のBGMは多種多様なジャンルの楽曲が含まれ、利用者は撮影した動画にBGMを組み合わせて簡単に編集することができるため、Douyinとその国際版であるTikTokは中国および世界の若い年齢層[4]に熱烈に支持され、2017年以降利用者数が急増してきた。2021年1月にByteDance社が発表したDouyinビッグデータ報告によると、2020年8月時点で1日あたりのア

クティブユーザー数が6億人を突破し、2020年12月時点で1日あたりの動画検
索回数が4億回を超えたという[5]。ちなみに、ショートビデオアプリ業界2位で
ある快手の1日あたりのアクティブユーザー数が約3億人である。

# 3. イメージづくりに参加する観光客とショートビデオ

## 3-1. 観光が急成長した要因

　2000年代に入ってから、中国の旅行者数が急速に増え、マス・ツーリズム
の時代に突入した。その主な要因として、可処分所得の増加、余暇時間の拡大、
高速鉄道網の整備、旅行サービスの発達、若い世代の価値観や消費行動の変化
などが挙げられる。

　可処分所得の増加と旅行者数の増加との関連性について、中国のみならず多
くの国々で証明されてきた。中国の場合、国際通貨基金（IMF）のデータに示
されたように、1997年に781ドルだった1人あたりのGDPは、2008年に3467
ドル、2018年に9608ドル、2020年に1万484ドルと、比較的に短期間で大幅に
上昇したため、旅行者数の急増につながる大きな要因となった。

　労働時間の減少と可処分時間の増加、すなわち余暇時間の拡大・充実も旅行
しやすい環境を整えた。1995年5月に週休2日制が導入され、2000年に国定祝
祭日の制度が変わり年間10日間に、さらに2014年に11日間に増やされた。ま
た中国では政令によって祝祭日前後の土日をつなげて、4連休から8連休まで
の長い連休が取れるようになった。一方、2008年8月に高速鉄道サービスが開
始し、2020年末までに営業距離は3万7900kmに達した。高速鉄道網の整備は
都市間を短時間で移動することを容易にし、沿線各地の観光業の発展に拍車を
かけた。

4）2018年にデータ分析企業の企鵝智酷が行った調査によると，Douyinのユーザーのうち，24歳以
　下の若いユーザーが75％を占めている．ショートビデオのユーザーは、「クール」と「若さ」を
　Douyinのブランドイメージとして挙げていた（2021年10月19日取得, https://tech.qq.com/
　a/20180409/002763.htm）．
5）抖音「2020抖音数据報告」（2021年10月19日取得, https://lf3-static.bytednsdoc.com/obj/
　eden-cn/uj_shpjpmmv_ljuhklafi/ljhwZthlaukjlkulzlp/data_reports/2020_douyin_data_
　report.pdf）．

　2009年、中国政府は「観光業の発展促進に関する意見」を打ち出し、観光業を「国民経済を支える基幹産業」と位置づけ、「人民がより満足できる近代的サービス業に育成する」ことを明文化した。2013年にさらに「旅游法（観光法）」、「国民旅游休閑綱要（国民観光・レジャー綱要）」といった法整備や支援策を通して、観光業の重要性を強調してきた。

　以上の要因は、マス・ツーリズムが展開する土台となったが、モバイル・メディアの急成長と、モバイル・メディアを活用する若い世代の価値観および消費行動の変化は、観光の新しいスタイルを生み出し、観光ブームを巻き起こした原動力でもある。

## 3-2. 積極的に発信する観光客

　メディアは観光地のイメージだけではなく、観光客の行動の典型パターンも作り出していく。ジョン・アーリは、旅を実際の旅と、メディアによるバーチャルで想像上の旅の2つに分けているが、1990年代以降、インターネットやモバイル・メディアなど様々な技術の発展により、この2つの異なった旅行様式の間に複雑な交差が見られるという。非日常体験を求める観光が日常生活と、一緒に観光に来ていない家族や友人と切断できなくなってきたからである。そして、観光が求めているのは単に「見る」ことだけでなく、そこにいること、何かを行うこと、触れることに力点が移った。観光写真も「あの時あったこと」の記録から、観光中の出来事を伝える「生中継の絵葉書」になった。デジタル技術の進展とともに、プロの写真家が撮った商業写真と同じイメージの画像を観光客が真似して再生産することも難しくなくなり、プロの写真家と観光客の写真が相互に影響し合いながら、観光地のイメージを形成し、場を構築していく。

　アーリは『観光のまなざし 第3版』の中で、観光のまなざしを「パフォーマンス」という視点から考察した。彼によれば、観光地がテーマ化され、舞台化され、観光客も台本化され、劇場化され、その一部として観光場面を作り上げていく。また観光客は「モノとしての装置」を、例えば記念的な建造物や美しいスポットを探し出すが、自分たちがその枠に収まる景色であることの方を重要視しているという。観光客のカメラワークからもわかるように、そのまなざしの先の主役は、「消費対象である場所」よりもパフォーマンスする自己である。

アーリはまたジークムント・バウマンの「リキッド・モダニティ」という概念を援用し、時間的にも空間的にも流動的で、生活やアイデンティティが断片化し、コミュニティがバラバラな個人が共通の興味や関心があるときにだけ一時的に集まる場になることが、21世紀の特徴だと指摘した。

19世紀に「非個人的な」ガイドブックが個人の感想を記した旅行記に取って代わり、観光客の頼りになったが、21世紀には、観光客が自ら発信した個人的記述や写真で作り上げられた観光地のイメージを集約した旅行口コミサイトが、観光客に影響を与える主なメディアとなった。航空券やホテル、レストランの予約、ガイドブック代わりにウェブサイトに書き込まれた無数の口コミから観光地の情報を収集し、自身の経験や感想を共有するという、観光に関するあらゆる情報を集約する世界最大規模の旅行プラットフォームであるトリップアドバイザー（Tripadvisor）が2000年に誕生した。2010年に、中国ではトリップアドバイザーと似たようなサービスを提供する旅行サイト「馬蜂窩」（Mafengwo）が運営開始し、2015年に登録者数が1億人を突破した。「馬蜂窩」利用者のほとんどがスマートフォンのアプリからアクセスしているため、「スマートフォンさえあれば、思い立ったら即旅行に出かけられる」ことが理想的な旅行スタイルと考えられている。個人旅行をする若い世代は自分の観光体験を積極的に発信し、発信された情報の中に写真と映像が大量に含まれている。この

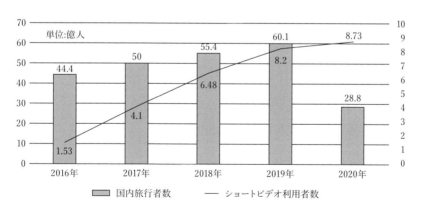

図14-2　中国国内旅行者数とショートビデオ利用者数の推移.
（出典：中国国家統計局, CNNIC, iiMedia Researchなどのデータをもとに作成）.

ように、様々な技術やサービスがモバイル・メディアに搭載され「携帯可能」
になったことで、人々の観光行動が大きく変わった。図14-2に示されるように、
ショートビデオ利用者数と旅行者数が急増する時期が重なっている[6]。旅先で、
または観光地に向かう途中にショートビデオを撮り即座に共有することは、も
はや観光の一環であり、ごく自然な行動となっている。

# 4. ショートビデオによって生まれた「網紅都市」

## 4-1.「網紅都市」とは

　「網紅」（wanghong）はもともと、「インターネット上の人気者」を表す言葉
で、インフルエンサーに近い表現であった。中国語で「網」はインターネット、
「紅」は人気の意味を指しており、この造語は2004年頃から流行語として使わ
れはじめ、すぐに日常用語として広く受け入れられた。SNSが生活に浸透し
てから、「網紅」はソーシャルメディア、特に動画配信サービスで強い影響力
をもつ人や、ソーシャルメディアで知名度や影響力が高い場所またはものを指
す言葉として使われるようになった。Douyinが誕生した2016年は、「網紅元年」
と呼ばれている。また、「網紅」がもたらす経済効果を表す「網紅経済」とい
う言葉もある。

　一方、「網紅都市」とは、インターネット上で人気になったことで観光客が
殺到する都市の意味である。初期に「網紅都市」と呼ばれるまちのほとんどが
奥地にある秘境だった。美しい写真とともに、日常から離れた風景や体験、た
どり着くまでの苦労が綴られたブログなどが、遠方にあこがれ、旅に出たい若
者たちの関心をかき立て、簡単には行けないが一度は訪れたい場所として「網
紅都市」が取り上げられていた。しかし2017年以降、「網紅都市」はショート
ビデオのヒットにより大人気になった都市、いわば「映えるまち」の代名詞に
なった。

　「網紅都市」現象が注目された2018年に、Douyinと清華大学によって行わ

---

れたショートビデオと都市イメージに関する共同研究の結果によると、Douyinに投稿されたショートビデオに最も多く登場した都市のトップ3は、北京、上海と重慶であり、投稿された件数はそれぞれ279.8万件、225.3万件と218.2万件である（図14-3）。

一方、投稿されたショートビデオの再生回数を見るとわかるように、重慶(113.6

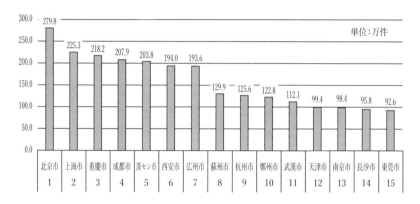

図14-3　Douyin投稿件数トップ15の都市(2018年).
（出典：「短視頻与城市形象研究白皮書」(2018年)のデータをもとに作成).

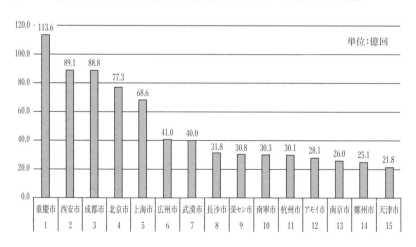

図14-4　Douyin再生回数トップ15の都市(2018年).
（出典：「短視頻与城市形象研究白皮書」(2018年)のデータをもとに作成).

億回）、西安（89.1億回）と成都（88.8億回）の3都市は、北京と上海を抑えて
最も高い人気を誇った（図14-4）。ショートビデオの再生回数が突出して多かっ
た重慶は、「Douyin 都市」という異名がつけられた。

　では、ショートビデオがどのように「網紅都市」を作り出したかについて、
重慶、西安、成都3都市の具体例を見ておこう。

### 4-1-1.　事例1：重慶

　重慶は中国内陸の西南部に位置する西部最大の工業都市である。1997年に
中国第4の中央直轄市に昇格した。長江と嘉陵江の合流地点にある市街地は山
に囲まれて高低差が激しく、「山城」の別名をもつ。建物が山の斜面に沿って建っ
ているため、高台からの夜景が有名である。主な観光スポットとして、大足石
刻、武隆カルスト、三峡クルーズなどが挙げられる。

　重慶が「網紅都市」になったきっかけは、2018年4月10日にDouyinに投稿
された15秒のショートビデオだった。重慶モノレール2号線の李子壩駅は19階
建てマンションの中に設置されており、モノレールはそのマンションの6階と
8階の間を通る仕組みになっている。車両がマンション内を通過するこのショー
トビデオがDouyinで拡散し、再生回数が1億回に達した[7]。5月のメーデー連
休期間中、撮影や見物に訪れる観光客が李子壩駅に殺到し、なかには観光ツアー
も含まれており、1日の乗降客数が7万人という記録を残した。あまりの人気
ぶりに地元政府は対策を取り、駅内の標識や設備を一新させ、8月には観光バ
ス乗降所、撮影テラス、ガラス張り展望エリア、歩道などの機能をもつ1500
平米にも及ぶ展望テラスを設置し、観光客のニーズに応えた。2020年11月に、
夜景もきれいに撮れるように、駅が入っているマンションの壁面がライトアッ
プされ、色を変化させる演出も取り入れられた。さらに、マンションの1階か
ら4階に入っている商業施設やオフィスの窓も掃き出し窓にリフォームされた。

　重慶のもう1つの「網紅」スポットは、嘉陵江沿いの斜面に造られた「吊脚楼」
と呼ばれる伝統建築様式の観光用商業施設洪崖洞である。幅600m、11階建て

---

7）抖音，頭条指数，清華大学城市品牌研究室「短視頻与城市形象研究白皮書」（2021年10月19日取
　得，http://pdf.dfcfw.com/pdf/）.

のこの建物には土産物屋、レストラン、ホテルなどが入っており、内部は入り組んだ迷路のような複雑な仕様になっている。2018年にライトアップの時に撮影されたショートビデオがDouyinに投稿され、ジブリ映画『千と千尋の神隠し』の油屋に似ていると評判になり、洪崖洞も重慶の必見スポットとして定着した。2005年の開業当初に予定していた1日の収容人数が数千人程度だったが、ショートビデオがヒットしてから、ピーク時に1日の平均来場者数が8万人を超え、2019年の旧正月に、1日に12万人以上の来場記録が樹立した[8]。

李子壩駅や洪崖洞といったDouyin生まれの人気スポットは、重慶の観光業に多大な利益をもたらした。重慶市文化・観光発展委員会が発表した観光業統計報告によると、2018年に重慶を訪れた観光客は延べ5億9723万人になり、前年に比べて10.1%増加した。2018年重慶の観光収入は4344億元（約7兆2547億円）だったが、2019年は5734億元（約9兆5758億円）に達した。「網紅都市」重慶の人気は翌年にも衰えず、2019年の国慶節7連休中に、重慶を訪れた観光客は3860万人で、全国の都市の中で最多を記録し、前年同期比10.6%増だった。連休期間中の観光収入は188億元（約2770億円）で、前年同期比32.8%増加した[9]。

## 4-1-2. 事例2：西安

西安は陝西省の省都で、かつて長安と呼ばれ、中国の歴史上最も重要な都市として栄えていた。西周から秦、漢から隋、唐など十三の王朝が都を置き、シルクロードの東の起点でもある西安には、秦の始皇帝陵と兵馬俑などの世界遺産をはじめ、歴史・文化資源が数多く存在している。

2017年12月に、素焼きの盃でお酒を飲んだ後に投げ捨てて割るという西安の永興坊で撮影したショートビデオがDouyinに投稿され、8111万回[10]も再生された。「盃の投げ割り」を体験しようとする観光客が西安に押し寄せ、2018

8)「重慶春節游火熱7天攬金180多億元」央視網2019年2月14日（2021年10月19日取得, http://news.cctv.com/2019/02/14/ARTImjXbNf8cQpwmaG0we1eg190214.shtml).
9) 重慶市文化・旅游発展委員会「2018年重慶市旅游業統計公報」2019年3月5日、「重慶市2019年国慶七天文化和旅游假日市場状況綜述」2019年10月7日（2021年10月19日取得, http://whlyw.cq.gov.cn/wlzx_221/sjfb/201903/t20190305_3683855_wap.html, http://whlyw.cq.gov.cn/zwxx_221/wlyw/201910/t20191007_3687097_wap.html).

年旧正月休みの8日間だけで、1時間以上も並んで「盃の投げ割り」をした観光客が2万人を超えた。永興坊は2014年に開業した新しい観光施設であり、「盃の投げ割り」も現地の風習ではないが、ショートビデオが拡散した結果、「盃の投げ割り」が西安を連想するキーワードとなった。

そして、2019年にDouyinで最も人気だったショートビデオは、西安の大唐不夜城で行われた伝統文化ショーの起き上がりこぼしに扮したダンサーの動画で、延べ23億回も再生された[11]。大唐不夜城は、2010年に開業したショッピング、飲食、エンターテインメントを一体化したレジャー施設である。建物は唐の時代の建築様式を取り入れ、パフォーマンス用の広場が設けられ、夜にはテーマパークのように華やかなパレードと光のショーが行われる。大唐不夜城のショートビデオや、近くにある大雁塔（世界遺産）のプロジェクションマッピングのショートビデオは、「網紅都市」としての西安のイメージを作り出し、定着させたのである。

2018年の旧正月期間中、西安を訪れた観光客は1269万人に達し、前年同期に比べて66.6％増加した。観光収入は103億元（約1723億円）に達し、前年同期に比べて137％増となった。また、2019年のメーデー3連休中に西安を訪れた観光客は1302万人で、前年の同時期に比べると28.4％も増加し、観光収入は66億元（約1048億円）で前年同時期に比べると47.5％増加した[12]。

### 4-1-3. 事例3：成都

成都は四川省の省都で四川盆地の西部に位置し、温暖な気候と豊富な農作物に恵まれ、古くから「天府の国」と称されてきた。世界遺産である都江堰（2300年前の水利施設）や青城山（道教の発祥地）、パンダ生息地のほか、成都には歴史や文化関連の名所古跡が多く、四川料理などの美食も有名である。

---

10）同注7.

11）抖音「2019抖音数据報告」（2021年10月19日取得, http://www.199it.com/archives/993771. html）.

12）「西安市旅発委与抖音戦略合作全面啓動」西部網, 2018年4月19日,「"五一"假期西安共接待游客1302.49万人次」新華網, 2019年5月5日（2021年10月19日取得, http://m.cnwest.com/sxzwzx/a/2018/04/19/15777083.html, http://www.xinhuanet.com/local/2019-05/05/c_1124452137.htm）.

　重慶や西安と違って、成都はある特別な場所やパフォーマンスを撮影した
ショートビデオが人気になり、突如「網紅都市」として注目されたわけではな
い。ショートビデオが流行する前に、成都はすでにマスメディアを活用して都
市イメージの構築に力を入れ、しかも成功を収めた数少ない都市の1つである。
2003年に、成都市政府は著名な映画監督 張藝謀を招いて「成都印象」（成都の
イメージ）というプロモーションビデオを作り、中央テレビ局で放送した。プ
ロモーションビデオの「成都、一度来たら離れたくなくなる都市」というキャッ
チコピーが大流行し、成都イメージを表す常套句となった。2008年四川大地
震の後、観光客数の大幅な落ち込みの解決を図るために、成都市は四川省の各
大手メディア、広告会社、旅行社、投資会社からスタッフを集めて「成都都市
イメージ向上協調チーム」を結成し、報道、広告、音楽、観光、展示会、イン
ターネットなどを通して、「自信をもち、負けず嫌い、全国からの救援や支援
に感謝する気持ち」という都市イメージを打ち出す方針を決めた。2009年に、
人気雑誌『新週刊』は「第四城」（北京、上海、広州に次ぐ「4番目の都市」と
いう意味）と題する特集を掲載し、40ページにわたって「成都を愛する101の
理由」を羅列し、魅力的な都市イメージを作り出す成功例として話題になった。

　このような経験を蓄積してきたため、成都はショートビデオの特徴を生かし、
すでに築いてきた都市のイメージ、例えば「レジャーの都」にふさわしい気楽
でのんびりとしたスローライフ、知名度の高い四川料理やパンダの魅力などを
Douyin経由で拡散した。実際にDouyinに投稿された成都関連のショートビデ
オは、美食が占める割合が大きく、またパンダ人気もショートビデオ普及のお
かげでさらに高まった。

　2019年の国慶節7連休中、成都を訪れた観光客は2017万人で、前年同期比
32.7%増だった。観光収入は286億元（約4497億円）で、前年同期比25.2%も
増加した。全国の「網紅都市」の中で、成都は観光収入、観光者数の増加幅、
1人あたりの消費額のいずれの指標もトップクラスである[13]。

# 5．ショートビデオと都市イメージ

## 5-1．シティプロモーションにおける映像の活用

　20世紀末以降、情報技術の発展とグローバル化の深化にともない、移動が日常化し、ヒト、モノ、資金などをめぐる都市間の競争が激化している。都市・地域の持続的発展を目指し、より多くの観光客や定住者を呼び込むためには、他都市との差別化を図り、付加価値を上げる「都市のブランディング」戦略が不可欠だという認識が次第に浸透した。イメージと認知度を向上させる「シティプロモーション」はどの都市にとっても重要なテーマとなり、特に都市イメージを構築していく際に、都市の景観をビジュアル的に表現できる映像が注目されている。映画やテレビドラマ、CMなどのロケーションを誘致する取り組みのほかに、自ら観光プロモーションビデオを制作する都市も後を絶たない。中国では1999年に初めての都市プロモーションビデオが上映され、都市化の進展とともに各都市はプロモーションビデオの制作に力を注ぎ、都市プロモーションビデオの数も増え続けてきた。

　しかし、都市が映画やテレビドラマのロケ地として登場し、後に「作品の舞台をめぐる」観光客が大挙して訪れる現象は珍しくないが、各都市が制作したプロモーションビデオは、視聴者の印象に残り、さらに大規模な観光行動を誘発することはめったにない。2014年に東京工業大学の研究チームが行った「世界都市の観光プロモーションビデオの描写表現にみる都市のイメージ」という研究の結果から、都市プロモーションビデオの特徴を読み取ることができる。その研究では、観光地として知名度の高い世界31都市を選び出し、各都市の観光局の公式ホームページにおいて公開されている観光プロモーションビデオを研究対象とした。観光プロモーションビデオのショット内に現れる要素を、屋内空間、市街地、自然など空間を規定する「空間構成要素」と、音楽、祭り、芸術、スポーツ、食など文化的な事物や人々の活動に関する「文化・活動要素」

---

13)「国慶假期全市共接待游客超2017万人次」成都市発展和改革委員会, 2019年10月8日（2021年10月19日取得, http://cddrc.chengdu.gov.cn/cdfgw/fzggdt/2019-10/08/content_933b02190d8e4d79bd40c73119acb80d.shtml）.

の2つに分類し、それらの描写内容および描写形式を分析した。この研究結果からわかったのは、都市プロモーションビデオによく見られるのが、広域の描写により都市の全体像を示し、その中に様々な要素を映像として展開させる都市のイメージと、全体像は描写せず複数のまとまりで構成され、全体性が希薄だが広く一般的に共有される既成の価値観を表す都市のイメージである。行政側によって俯瞰的な視点から作り出されたこのような都市イメージは、観光客の誘致には直結しにくいものである。

## 5-2. Douyinと手を結ぶ「網紅都市」

　観光プロモーションビデオと違って、前節でとらえたように「網紅都市」を生み出したショートビデオが観光客を呼び込む理由は何か。2018年9月にDouyinと清華大学が発表した報告書によると、都市イメージを作り出した注目度の高いショートビデオには、「BEST」という4つの頭文字で表すキーワードが含まれているという。「B」はBGMを意味する。Douyinの一大特徴は撮影した動画にアプリ内でBGMをつけられることである。その都市に関連する楽曲をショートビデオにつけて、インパクトの強い「盛れる」動画を作ることができる。「E」はEatingを指し、現地の美食を食べるショートビデオがヒットしやすい内容である。「S」はScenery、つまり「映える」景観や景色のことで、ライトアップされた重慶の洪崖洞の夜景はその代表例である。「T」はTechnologyの意味で、車両がマンション内を通過する重慶の李子壩駅のように、人を驚かせるような技術力が感じられるシーンが人々の関心を引く。

　Douyinは独自のアルゴリズムを用いて、ユーザーの関心に合わせて動画を届けることや、ハッシュタグやアクセス（位置情報）を使って興味や関心が近い投稿を束ねることで話題やトレンドを作り、ユーザーがヒットした投稿を真似して盛り上げていくなど、爆発的な拡散が可能な仕組みとなっている。2018年に、ショートビデオがヒットした都市に観光客が殺到する現象が生まれると、各「網紅都市」はDouyinが都市イメージをPRし、経済利益を生み出す最適なメディアになることを意識し、相次いでDouyinと観光推進協定を結んだ。例えば、西安市観光発展委員会はDouyinで「西安年、最中国（西安のお正月、最も中国らしい)」キャンペーンや、「Douyinとともに西安を遊ぼう」

キャンペーンを打ち出した。同時にTikTokで海外150カ国向けに「＃TakeMetoXian」のキャンペーンを開始した。また、Douyinのインフルエンサーを西安に招待してライブ配信させたり、西安市の70以上の政府系部署がDouyinでアカウントを開設して情報発信し、市の公式アカウントで西安に関するショートビデオを募集したりするなど、Douyin経由の西安プロモーションに力を入れた。

　このように、当初は一般ユーザーが投稿したショートビデオのヒットにより「網紅都市」が誕生したが、都市イメージの向上を狙う政府が参入したことで、政府推進のもと、Douyinが舞台を提供して、一般ユーザーが参加するという形で都市イメージをつくる構図ができあがった。

## 5-3.　物理的空間とデジタル空間の横断と断絶

　2019年4月から2020年1月まで、Douyinは「2019抖inCity城市美好生活節（2019 Dou inCity都市の美しい生活フェスティバル）」というキャンペーンを展開した。杭州からスタートし、8カ月の間に成都、上海、北京、広州など全国30以上の都市を回り、各地と連携してカーニバル、コンサート、音楽フェス、ファッションショー、展覧会などを開催し、その様子をショートビデオに撮りDouyinに投稿するというオンライン・オフライン同時進行の形で行われた。キャンペーン終了時の発表によると、投稿されたショートビデオの数は48.9万本、延べ再生回数は70億回を突破し、リアルのイベントの参加者は計50万人以上を記録した[14]。

　マーケティング会社の巨量引擎と中国都市計画設計研究院がDouyinユーザーを対象に行った共同調査によると、約7割の人が都市や観光に関するショートビデオを見ることが好きで、そのうち「非常に好き」と答えた人は33.5％を占める。ショートビデオが都市ブランド、都市イメージのPRに影響力があると考える人は9割にも上る。実際に都市に関するショートビデオを撮り投稿する人は54.5％を占める。また、Douyinで特定の都市や場所のショートビデオを

---

14)「抖 inCity 城市美好生活節収官了！」(2021年10月19日取得, https://www.digitaling.com/articles/248023.html).

検索する、あるいは検索する可能性があると答えた人が78.7%、ショートビデオを見てその都市や場所に行く、あるいは行く可能性があると答えた人が8割を超えている[15]。

　このように、ショートビデオで都市を記録し共有する、そしてショートビデオで都市を感知し認識するという人間と都市の新しい関係がすでに形成している。ショートビデオの撮影者はリアルの場所に訪れ、チェックイン機能を使って時間と空間に自分の足跡を残し、撮影した映像をバーチャルの空間で共有し拡散するという、物理的空間とデジタル空間を横断する存在となる。一方、ショートビデオによる都市イメージの再生産と再構築は、リアルな都市空間の計画や構成にも影響を与えた。観光客がより安全に、よりきれいなショートビデオを撮ることができるように、重慶市の李子壩駅前で撮影用のテラスを整備し、夜に駅をライトアップするなどの措置はその一例である。

　デジタル空間でヒットした都市を一目見ようと観光客が殺到し、その都市の人々が居住する空間そのものが観光地化されていくなか、物理的空間とデジタル空間の間に一種の断絶も生じている。重慶の青年を対象に行われたあるインタビュー調査から、ショートビデオによって作られた「網紅城市」への地元住民の複雑な気持ちを読み取ることができる。インタビューに答えた重慶の青年たちは、自分が住む都市が注目されるのは喜ばしいことだが、人気スポットはほとんど新しい景観で、都市を代表するイメージとして認めたくないし、都市本来のイメージや価値がその陰に埋もれてしまい、薄れていく心配もある。しかし、それらのスポットがあまりにも有名になったため、新しいランドマークとして受け入れざるをえない。人気スポットの周辺は混雑や渋滞がひどく、普段は避けて通るが、他の地域から友人が来ると、やはりそこへ案内してあげるという[16]。

---

15) 巨量引擎，中国都市計画設計研究院ほか「2020美好城市指数：短視頻与城市繁栄白皮書」2020年9月（2021年10月19日取得，http://www.199it.com/archives/1101232.html）．
16) 呉瑋，周孟杰（2019）を参照．

# 6.　おわりに

　アメリカの都市計画家ケヴィン・リンチは、都市のイメージの内容を物理的な形態に帰せられ、パス（道路）、エッジ（縁）、ディストリクト（地域）、ノード（結節点）、ランドマーク（目印）という5つの要素に分類できるという。リンチはまた、「都市の中の動く要素、なかでも人間とその活動は、静的な物理的要素と同じくらい重要である。われわれは単にこの光景の観察者であるだけでなく、われわれ自身その一部であって、他の登場人物と一緒に舞台の上で演じているのである。往々にして、都市に対するわれわれの感じ方は、一様ではなくて、部分的であり、断片的であり、その他いろいろの関心事とまぜこぜになっている。そこにはすべての感覚が活動しており、イメージとはそれらすべてが合成されたものである」[17]と指摘する。その意味で、ショートビデオは従来の広く知られた俯瞰的な視点でとらえた都市のイメージとまったく違う視点を提供し、より多様的で立体的な都市イメージを作り出すことができるようになった。

　しかし、場所が手当たり次第に生産され、消費される事態が広がり、観光客だけではなく観光地も場所を消費しているため、このような共同作用の結果、「すべての場所は消尽される場所となる」というかつてアーリが警鐘をならしたように、「網紅都市」は都市空間の商品化に拍車をかけた。ヒットした都市イメージが巨大な経済利益を生み出すことができるため、似たようなイメージがどんどん再生産されていき、それ以外のイメージが浮上しにくくなる。その結果、都市のイメージがまた固定してしまうだけではなく、場所そのものも独自性を失い、エドワード・レルフのいう「没場所性」を直接間接に助長した。

　前節で取り上げたDouyinの「抖inCity城市美好生活節（Dou inCity都市の美しい生活フェスティバル）」キャンペーンは、今後も開催される予定である。Douyinは、物理的空間とデジタル空間を横断する都市のイメージを作り出すことを目標として掲げているが、それは「商品」に支配されたメディア・イベ

ントにすぎないか、それともこれまでのような「網紅都市」のつくり方から脱却し、都市の新しい価値を見出し、持続可能な都市イメージを形成していく試みなのか、これからも注目する必要がある。

**引用・参考文献**

岩崎桃子,四ヶ所高志ほか,2014,「世界都市の観光プロモーションビデオにおける描写内容と描写形式：映像表現にみる都市のイメージ形成の枠組みに関する研究（1）（2）」「日本建築学会大会学術講演梗概集」（近畿）,335-8.

リンチ,K.,丹下健三,富田玲子訳,2007,『都市のイメージ　新装版』岩波書店.

日本都市センター,2014,「シティプロモーションによる地域づくり―『共感』を都市の力に」日本都市センターブックレット,（33）.

レルフ,E.,高野岳彦,阿部隆,石山美也子訳,1999,『場所の現象学：没場所性を越えて』ちくま学芸文庫.

アーリ,J.ラースン,J.,加太宏邦訳,2014,『観光のまなざし〔増補改訂版〕』法政大学出版局.

陸曄編,2018,『影像都市：視覚,空間与日常生活』復旦大学出版社.

呉瑋,周孟杰,2019,「"抖音"里的家郷：網紅城市青年地方感研究」『中国青年研究』12号,70-9.

# 第3部

## ソーシャルメディアと
## モバイル社会

# 第15章
# セカンドオフラインの空間的実践

ジェイソン・ファーマン
（翻訳：松下慶太）

## 1. はじめに

　先日、ワシントン州シアトルを訪れた際、ホテルの近くにあるおいしいコーヒーショップをスマホで探そうとした。スマホで地図アプリを開き、位置情報を要求するボタンを押すと、自分の位置を示す青い点が交差点にあることに気がついた。ところが、近くの街角の看板を見ても、地図が示す場所とは一致しない。スマホの地図が自分の位置を正しく表していないことがわかった。最寄りの交差点の名前はわかるのだが自分がどこにいるのかがわからないのだ。ホテルを出て数歩で、もう迷子になってしまったのだ。近くに誰もいないので、地図に正しい位置を表示させ、徒歩圏内のレストランを調べようと、いくつかの方法を試してみた。ホテルを検索してみたところ地図が示した位置は、現在地から半マイルほど離れたところだったのだ。ここで最も印象的だったのは、地図が自分の物理的な位置と一致するまでの「ずれ」の感覚である。迷子になることはわかるがそれがなぜなのかがわからないという奇妙な不安を感じた。それは、私が新しい土地で移動するとき、いつもスマホを使って自分のいる場所を把握していることから生じている。モバイル・インターフェイスの「バーチャル」な世界は、私の日常生活の移動の仕方に深く影響している。多くのモバイルメディア・ユーザーと同様に、私もモバイルデバイスが提供してくれるコンテクストを意識した情報を経験しているが、デバイス上の環境の表現が自

分を取り巻く物理的な空間と一致しない場合、世界を見るレンズのひとつが壊れたと感じるのだ。

　私たちはますます、「セカンドオフライン」と呼ばれるような、物理的な空間での活動が、デジタル技術によって情報化されている世界で生活するようになっている（Tomita 2016）。そのため、ユーザーは、バーチャルとリアルを別々の領域としてとらえるのではなく、バーチャルとリアルが重なり合い、浸透していくことで意味のある経験を見出すようになっている。実際、「virtuality」という言葉の歴史をたどると、バーチャルと「アクチュアル（actual)」の密接な関係が常に歴史的に前提とされてきたことがよくわかる。Grosz（2001）は、この溶解は知覚のレベルで起こり、デジタル技術によってもたらされる最も顕著な変化は、「物質性、空間、情報に対する私たちの知覚の変化であり、これは建築、住居、建築環境をどのように理解するかに直接的あるいは間接的に影響を与える」（Grosz 2001：76）と指摘する。

　こうした近年の変化を踏まえて、私や他の文化地理学者たちが提唱してきた「私たちが空間をどのように表現するかは、私たちがその空間でどのように生きるかに深く影響する」という議論を続けよう。ある場所の表象（メディアによってどのように視覚化するのか）は、私たちがその空間についての考え方に、そして結果的にその空間での日常生活の実践に直接的に影響を与える。拙著『*Mobile Interface Theory*』で述べたように、私たちが空間を表象する方法は、私たちがその空間を具現化する様々な方法に深く影響する（Farman 2012）。私たちの文化、アイデンティティ、作用の概念はすべて、身体が存在し、移動する空間に対する身体の関係を理解することから生じる。このような理解は、空間が表象され、視覚化される様々な方法から出てきたものである。

## 2. バーチャルとリアルの違い

　この議論を構築し、モバイルメディア研究におけるリアルとバーチャルの二項対立を解きほぐすために過去10年間に行われてきた研究を拡張するために、バーチャルという言葉の長い歴史を引き合いに出してみよう。歴史的に見て、私たちのバーチャルに対する具現化された関係は、常に多重性の現象論と結び

ついていた。つまり、バーチャルの経験は、常に「actual」のような別の概念
と結びついたバーナャルの経験なのである。「バーチャル」という言葉は、ラ
テン語の virtus に由来しており、一般的には「美徳」や「固有の自然な性質や
力に関して有効なもの」と訳される（Oxford English Dictionary）。14世紀後
半まで英語では「バーチャル」という言葉は一般的にこのような用法で使われ
ていたが、この頃になると、「バーチャル」は力や権力の概念を表すようになっ
た。

　力や権力としてのバーチャルは、常に現実化（realize）や実現のアイデアと
結びついている。J.Rajchman（1998）は「バーチャルは、その起源と結果が、
実現化のオープンで必然的に不完全な一連の流れとは無関係には特定できない
力や可能性の中にある。その多さ（複雑さ）ゆえに、決して個別の要素の集合
や、閉じていて有機的な全体の異なる部分に還元することはできない」(Rajchman
1998：116）と指摘する。このように、バーチャルはリアルの反対ではなく、
リアルを体験するための要素である。バーチャルは、リアルを理解するための
方法として、また、すでに実現されているものの経験を重ねていくためのアク
チュアル化（actualization）の形態として機能する。私たちの具現化されたモ
バイルメディアへの関わりについて、それは（「実現」された）日常的な空間
で行われると同時に、その空間はインターフェイスからもたらされたバーチャ
リティによって拡張されたものであり、これらの言葉は互いに切り離して使う
ことはできない。現実化されたものやアクチュアル化されたものは、常に（広
義の）バーチャルと関係しており、そのような関係は、具現化された実践
（embodied practice）を通して生み出される。

　モバイルコンピューティングの「バーチャル」空間で行われることは、ほと
んどの場合、物質的な領域での社会的相互作用に基づいている（つまり、バー
チャル空間での具現化された実践の仕方を学ぶには、まず物質領域での具現化
された実践を経験する必要がある）。しかし、この2つの領域は非常に密接に関
係しているため、モバイルネットワーク上での空間の具現化された実践は、物
質領域での具現的な感覚を強く強化する。言い換えると、私たちの具現化され
た自己の感覚は、地理的に離れた場所との相互作用から発展し、育っていくの
である。人と人との親密なつながりにおいて、フェイス・トゥ・フェイスは今

やバーチャルに示され、提供されているのである。

　このアプローチは、モバイル・テクノロジーが日常的な空間に組み込まれることで、物理的な実空間とモバイル・スクリーンの仮想空間が区別されていたモバイルメディア実践の初期の記述とは対照的である。パーベイシブ・コンピューティングによるモバイル・メディア空間は、しばしば「リアル」と「バーチャル」の比較を促した。しかし、このような二項対立は、とりわけデジタル環境との知覚的な相互作用が重要な具現化された経験を提供する時代において、この種の空間における具現化された経験の理解にはほとんど役立たない。バーチャルな相互作用が非常に「リアル」な体験を提供するとき、「リアル」な空間とは何によって識別されるのか、という疑問さえ湧いてくる。デジタルの空間と物質の空間が常に相互作用し、浸透していると理解するのではなく、バーチャルな空間とリアルな空間を区別しても、パーベイシブ・コンピューティング空間、モバイル・メディア空間、あるいは広義に認知されている空間についての微妙な違いを理解することにはつながらない。

　コンピューティングの文化と歴史は、バーチャルという言葉を歴史的に理解されてきたこととはまったく異なる観点からとらえ直した。1959年、コンピュータ用語として、バーチャルは「物理的には存在しないが、ソフトウェアによってプログラムやユーザーの視点からそう見えるように作られたもの」（Oxford English Dictionary）という意味で使われ始めた。物理的には存在しないがそれを模したもの（「仮想メモリ」や「仮想マシン」など）としてのバーチャル（仮想）の使用は、17世紀にキリスト教における形而上学的な考えを指す言葉として使われていたことに由来する。

　特に、聖体拝領や洗礼を受けるといった物理的な信仰の実践と、神への内的な信仰やつながりといった形而上学的／「バーチャル」な信仰の構成要素とを区別する際に使われていた。バーチャルをスピリチュアルに結びつけることで、バーチャルとは非物理的なものであり、主に可能性や何かになる過程に関するものであるという歴史的な考え方が明らかになった。しかし、このバーチャルの定義は、リアルと対立するものではない。信仰をもつ人々にとって、「バーチャル」や形而上学的なものは、自分たちが生きている物理的な世界よりも「リアル」でさえある。

　この定義はバーチャルに対するひとつのアプローチにすぎない。このバーチャルへのアプローチに付随するのが、シミュレーションとしてのバーチャルという考え方である。de Souza e Silva and Sutko（2009）は、シミュレーションの代わりにバーチャルを使用してきた長い歴史をたどり、それを「技術的バーチャル」と名づけている。そして、「インターネットは、ほとんどの場合、自宅やオフィスに物理的に設置された固定のインターフェイス（パーソナルコンピュータなど）を介してアクセスされていたため、物理的な空間はデジタル空間から独立したものだと認識されていた」という。したがって、チャットルームやマルチユーザー環境などのデジタル世界は、人々が非物理的で、シミュレーションされた空間で出会うことを可能にしているために『バーチャル』なものと考えられていた」（de Souza e Silva and Sutko 2009：25）。バーチャリティとシミュレーションとの関係の出現は、コンピュータが「計算の文化からシミュレーションの文化」へと移行したことと関連している。De Souza e Silva and Sutko は「シミュレーションの文化では、すべてがインターフェイスの価値でとらえられる」（ibid：26）と指摘する。物理的な空間の代わりのスクリーン表現としてのシミュレーションは、このような表現形式が示す可能性によって、（子どもが暴力的なビデオゲームをプレイした後に暴力行為を行うことへの不安や、人々がデバイスに気を取られて周囲の物理的な空間に十分な注意を払わなくなることへの不安など）多くの文化的な不安を引き起こしてきた。De Souza e Silva and Sutko は、こうした不安を、プラトンがアートを「現実」の世界から私たちを遠ざける表現形式なのではないかと懸念したことにまで遡っている。この不安は、デジタル・インターフェイスが「アクチュアル」な空間よりも重要になり、いずれは「アクチュアル」な空間に取って代わってしまう恐れがあるのではないかという現代の議論にまでつながっている。ウンベルト・エーコが論じているように、表象と表象されるものとの間に1：1の関係があると（例えば、表象される空間の正確なサイズの地図など）、前者が後者を破壊することになる。両者は共存できないのである（ibid：29）。

　これらのバーチャリティとシミュレーションの理論は、私がバーチャリティの「感覚に刻まれた」経験と呼ぶもの、すなわち私たちの身体が感覚と、世界を「読む」あるいは分析する方法の両方を通して世界と出会うことを考慮に入

れていない。シミュレーションは——セカンドオフラインとは対照的に——セカンドオフラインの物質性を無視する傾向のある概念である。バーチャル、そしてそれに付随するモバイルメディア時代のセカンドオフラインという経験は、歴史的に見ても、ある空間を他の空間よりも優遇したり、消し去ったりする経験ではなかった。そうではなく、バーチャルとは多元性の経験である。それは重ね合わせであり、バーチャルとアクチュアルを結びつける絶え間ない相互作用がバーチャリティの喜びなのだ。Rajchmanはプルーストの言葉を引用して、次のように述べる。「バーチャルは『アクチュアルでなくても現実であり、抽象的でなくても理想である』」（Rajchman 1998：116）。このような絶え間ない相互作用——ある空間が別の空間に完全に溶解することはない——が、バーチャリティの成功の鍵となる。

　さらにRajchmanは「アクチュアルは、バーチャルを顕在化させ、実現させるものである。しかし一方で、アクチュアルはバーチャルが意味するものを完全に示したり、実現させたりすることはない。常に何かが残っている」と続ける（ibid：116）。

　『Angels in America』で知られる劇作家のTony Kushnerは、このような多元的な経験を、（演劇から地図まで）表象の形式が効果的で強力である理由と関連づけている。少々長いが引用しよう。

　　『ハムレット』の最後のシーンで、あなたは「シェイクスピアは何を考えていたんだろう。フェンシングの最後に誰かを死なせるなんて」と思うだろう。舞台剣術をやったことがある人ならわかるが、彼が死んでしまうフェンシングの最後の場面では、彼はレアティーズと一緒に剣を振って舞台を走り回って、そして舞台に横たわって［息が荒くなる］のである。どの『ハムレット』でも、はあはあ息をしている。良い『ハムレット』の演出では、ホレイショが「おやすみなさい、優しい王子様。そして、天使たちが飛んできて……」と言って、そこでハムレットが事切れる。もちろん、シェイクスピアは自分が何をしているのか正確に知っている。シェイクスピアは、体で息をしているのをあなたが見て、この二重の体験をしてほしかったのだ。もし世界を読むことを学ぶことができ、原理主義やリテラリズムが人類の進歩（そして、ある意味では人類の幸福、良識、正義、自由、

その他あらゆる種類の善良なもの）に悪影響を及ぼすことを理解することができ
れば、そうやって、自分の中で育てていけば、それこそが理解の仕方になる。文
字通りに文章を読むだけでは、何も理解することはできない。解釈する能力がな
ければ、生きていることの意味、脳をもって生きていることの意味を見失っている。
そして、シェイクスピアが言うように、理解できる何者かではなく、時間の道化、
歴史の道化、世界の道化になってしまうのである（Kushner 2011）。

　ここでKushnerが主張する二重性とは、本質的にはバーチャリティの経験で
ある多元性である。それは、「決して離散的な要素の集合や、閉じた有機的な
全体の異なる部分に還元されることのない」（これはベルクソンが「量的」で
はなく「質的」な多元性と呼んだものである）多元性として経験されるもので
ある（Rajchman 1998：116）。このように、私たちがモバイル・インターフェ
イスを通じてバーチャルを体験するなかで、バーチャルな空間は、G.Deleuze
がバーチャルとアクチュアルを結びつけているように、常にカウンターパート
になるものを暗示していることに留意することは重要だろう。Deleuzeにとって、
これらは対立する言葉ではなく、むしろ互いに不可分に結びついたカウンター
パートとしての役割を果たしているのである。この視点に立てば、バーチャル
は私たちが常に経験してきたアクチュアルなものと一体化しているためアクチュ
アルに完全に溶け込むことはない。インターフェイスから想像力に至るまで、バー
チャルと「リアル化」は、歴史的に見ても、私たちが日常生活を体験するうえ
で、相補的な要素として存在してきた。
　しかし、バーチャルとリアルは相反するものとして議論され続けている。私
たちがこのように空間を二分して論じることに惹かれる理由の1つは、モバイ
ルコンピューティング、特にインターネット接続可能なデバイスの出現によっ
て、私たちの空間の体験が大きく変化したことにある。パーソナル・コンピュー
ティングからパーベイシブ・コンピューティングへの移行は、非可動性から可
動性への移行を特徴とし、オンライン空間が物質的な空間とこれまでにない形
で相互作用することを可能にした。スマートフォンは、インターネットに接続
できる場所であればどこでもオンラインになることを可能にする。このことは
何年も非可動的な場所からオンラインに接続していた時代から考えると驚くべ

きことである。

　私たちの日常的な空間体験を多元的な体験に変えるような方法で世界とつなげる（どこへ行くにも持ち歩くもの）デバイスを持つことで、バーチャルな空間の生成は、かつてないレベルで私たちのそばにある。このバーチャルの経験は、バーチャルが「そうなる過程（process of becoming）」（Deleuze 1994）であるという Deleuze（そして後に N.Katherine Hayles の作品）のアイデアを拡張するものであることには留意しなければならない。むしろ、バーチャルは「なるようにある（being-as-becoming）」ことをよりよく表している。モバイル・テクノロジーが空間の生成に与える影響は、バーチャルが常に「なる（becoming）」状態と絡み合った「ある（being）」状態として理解されていることを示している。この「なるようにある（be-as-becoming）」は、過去と未来の可能性に影響された、体現された空間の現在形の経験である。このようなバーチャルな空間の経験に不可欠なのは、物質性の実践が様々な形態の表象によってもたらされることである。モバイルメディア、ロケーティブ・メディア、セカンドオフラインなどの例を挙げて、具現化された空間がどのように生成されているかを示していこう。

## 3.　セカンドオフラインでの空間的な重ね合わせ

　セカンドオフラインでは、テクノロジーによって空間をどのように重ねるかによって、私たちが日々その空間でどのように生活するかが形成される。これを実現する重要な方法の1つが、空間でデータを表現する方法である。モバイルメディア時代のデータは、サイト・スペシフィックなものになっている。このサイト・スペシフィック性により、ユーザーは複雑なデータやアイデアの意味を見るための新しい窓を得ることができる。複雑な情報を扱いやすい視覚的なレイアウトに変換することは、「情報の視覚化」の実践者にとって究極の目標である。「情報の視覚化は、物質的およびバーチャルな空間の融合を利用したロケーティブ・メディアにとって重要である。このような空間データの整理と表示を可能にする重要な技術のひとつが、AR（拡張現実感）である。この技術は、要は、モバイルデバイスを介して、物体（または人）にデータを重ね

合わせるものである。アーティストのCorby（2008）によると、このような形式の視覚化は、「人間が本来もっている、視野（認知）においてパターンや関係性を見出す能力を利用することができる」という。これにより、純粋に数値で示された場合には得られない構造を直感的に識別することができる」（Corby 2008：462）。

　モバイル機器でのARは、芸術や歴史の保存にも活用されている。ロンドン博物館が2010年にリリースしたiPhoneアプリ「Streetmuseum」は、所蔵する数多くの歴史的な写真や絵画と対応する街の様々な場所にユーザーが赴くというものである。ユーザーは、モバイル機器を使って、歴史的な写真を物質的な風景に重ね合わせることができる。場所や向いている方向に応じて、過去のイメージと現在の環境を重ね合わせることもできる。さらに、ユーザーはイメージや歴史的背景に関する情報にアクセスすることもできる。例えば、バッキンガム宮殿の門の前で、1914年にエメリン・パンクハーストが逮捕されたときの画像を表示することができる（図15-1）。門に向かってスマートフォンをかざすと、スマートフォンのカメラでキャプチャーされた空間のライブ映像の上

図15-1　iPhoneアプリ「Streetmuseum」の画面キャプチャー．1914年にエメリン・パンクハースト
がバッキンガム宮殿で逮捕されたときの画像を，現代の背景に重ねている．
ⓒ2010,The Museum of London

に画像が配置される。

　画像をタップすると、「エメリン・パンクハーストはバッキンガム宮殿の外で逮捕された。ホロウェイ刑務所に連行されるために記者たちの前を通り過ぎたエメリンは『宮殿の門前で逮捕された。国王に伝えろ』と叫んだ。逮捕した警官は2週間後に心不全で死亡した」というキャプションが表示される。パンクハーストは、イギリスの参政権運動のリーダーの一人で、女性の参政権を求めるデモで何度も逮捕されたが、ここでは現代の文脈に重ね合わせられる。同様に、Streetmuseumのユーザーがクイーン・ヴィクトリア・ストリート23番地に立つと、1941年5月10日の夜襲の直後に地面に崩れ落ちた救世軍国際本部の画像が表示され、「ロンドン大空襲を通じて受けた最も厳しい攻撃」というキャプションで説明される（図15-2）。

　StreetmusuemのようなARアプリケーションは、モバイル・テクノロジーが空間に意味を与え、場所の感覚を与えることで空間を変化させることができることを示している。さらに、人を配置してできること以上に、モバイル技術は、情報を視覚化する新しい方法をユーザーに提供することができている。空間が場所に変わるということは、Edward Caseyが言う「インプレイスメント（Implacement）」につながる。ハイデガーの「現存在（Dasein）」（おおまかには「being-in-the-world（世界にある）」と理解される）に関連して、インプレイスメントは、私たちの位置的な性質とプロプリオセプションの感覚を、他者と空間内の物体に位置づけている。インプレイスメントは、「かつて生活のホー

図15-2　Streetmuseumのアプリケーションで，ロンドン大空襲を受けて
崩れ落ちた救世軍国際本部の映像を見ることができる．
ⓒ2010,The Museum of London

ムであった特定の場所が失われることを表す」ディスプレイスメントと対をな
すものととらえられる。このような場所の喪失は、多くの人にとって「自分の
存在を失うことに等しい」のである（Casey 2009：36-37）。具現化されたイ
ンプレイスメントは、特定の場所での方向性——移動だけでなく目的の方向
性——を与えてくれる。インプレイスメントは、特定の場での体現された一体
感を与えてくれ、「私はどちらに行けばいいのか？」「私はここで何をしている
のか？」という問いにも答えを与えてくれる。インプレイスメントは、具現化
された「世界にある」、すなわち「この場所における私の歴史とは何か？」の
ためのコンテクストを提供する。新世代の人々にとって、物質的空間とデジタ
ル空間双方が同時に私たちのインプレイスメントの経験に影響を与えるので、
物質的空間とデジタル空間のどちらを優先するかという質問はもはや意味をな
さない。私たちが生きている空間の概念、特にオンラインの領域では、常に文
脈に基づいた非常に状況的な経験なのだ。

　風景は、コンピュータスクリーンのグラフィカルユーザーインターフェイス
のような情報インターフェイスになってきたと言われている。私たちの身の回
りの風景は、日常的な様々なレストランのランキングから、大規模な自然災害
後の危険区域のモバイルマッピングまで、あらゆる種類のデータが存在する一
種のインターフェイスとして機能している。デジタル技術が登場するはるか以
前から、私たちの場所は一種の情報インターフェイスとして機能していた。空
間に関する情報は、様々な方法で伝達されるが、そのほとんどはデジタルでは
ない。道路標識からグラフィティまで、そして彫像から広告看板まで、都市は
情報の配置場所として都市の景観を利用してきた。具現化された場との相互作
用は、その場所の意味とそこにいる私たちのそこへの状況依存性についての洞
察を与えてくれる。しかし、場のコンテクストは限られた部分しか知られず、
その場所との相互作用の間、多くのことが知られていないままある。例えば、
その場所に関する重要な事実を知らないまま人生の大半を過ごすこともしばし
ばある。その場所で起こった出来事でさえ限られた方法でしか理解されていな
い。

　コンテクストとは、現在進行形のものであり、決して定まったものではない
ことも理解しなければならないのである。多くのサイトスペシフィックテクノ

ロジーやロケーションアウェアテクノロジーは、さらなるコンテクストへの欲求と、現在進行中のコンテクストへの関与の両方に対応しており、それゆえ私たちはロケーション（location）をローカル（locales）へと変えていくことができる。したがって、ARインターフェイスは、場所の歴史化に関しては画期的なことはできないかもしれない（例えば、人々は、エメリン・パンクハーストの1914年の写真を門にかざすだけでもいいだろう）が、ここでの大きな変化は、場所を定義する行為にユーザーが関与していることである。

　GPSによる位置情報を利用したテクノロジーを利用することで、ユーザーはテクノロジーとの関係性の中に位置していると理解され、そしてそれゆえデジタルと物質のインターフェイスのコラボレーションとして世界を体験することになる。この考え方は、過去20年間にわたって行われた「ニューメディアの何が新しいのか」という多くの議論を思い起こさせるが、特にモバイル・インターフェイスに関連して私が簡単に答えたいのは、これらのインターフェイスに対する私たちの具現化された関係が、自分を取り巻く世界の経験（そしてその概念）を独自に構築するということである。したがって、パンクハーストの写真をバッキンガム宮殿に重ねることは、その場所のひとつの体験であるが、まったく同じ写真をまったく同じ場所で、しかもiPhoneのようなデジタル・インターフェイスで使うことは、まったく異なる具現化された体験となるのだ。同じことが、紙の新聞とまったく同じ内容のものをモバイルデバイスで読むことにも当てはまる。コンテンツの具現化された体験は、メディアを超えて伝達することはできない。むしろ、文化的な対象物への関わり方におけるメディアの特異性を調べてみると、インターフェイスが私たちの空間への具現化された関わり方や、生きられた場所としての空間を実践する方法を形成していることがわかる。これは、L.Manovich（2001）のメディアと「新しい」メディアの区別を拡張するものである。すなわち、「既存のメディアはすべて、コンピュータがアクセス可能な数値データに変換される。その結果、グラフィック、動画、サウンド、図形、空間、テキストがコンピュータブル、つまり、単純なコンピュータのデータの集合になる。要するに、メディアが新しいメディアになるのだ」（Manovich 2001：25）。このように、バッキンガム宮殿の前で行われた重要なイベントの写真のように、文化的対象物がバイナリデータに変換されることで、

その対象物に対する私たちの具現化された関わり方も変容する。

　ここで、前節で述べた具現化における「感覚に刻まれた」モードが再び重要になってくる。私たちがモバイル・テクノロジーを使って場所を体験することは、この特定のメディアに対する現象学的な関わり方であると同時に、その関わり方の意味を読み取るモードでもある。私たちの身体は、企業や他のユーザーに自分の位置情報を開示することによるプライバシーへの影響など、経験に書き込まれた文化的な刻印と相互作用しながら、物質的な空間とデジタルな空間のコラボレーションとして世界を感じ取るのである。

## 4. モバイルマップとセカンドオフライン

　モバイル文化の中で、セカンドオフラインと具現化を研究できる分野の1つに、様々なプロジェクトでの地図の多様な活用方法がある。地図は、私たちが世界についてどのように考え、その空間でどのように身体を動かすかを決める重要なツールである。また、私たちが世界をどのように実践したいかの表象でもある。H.Lefevre（1991）の「空間は身体で満たす空の容器ではなく、身体と共同構成的につくり出されるものと理解すべきである」という指摘に従うと、空間の具現化された実践とは、空間がどのように形作られ、意味を与えられるかということである（Lefevre 1991：89-90）。空間は生産され、実践されるものであり、与えられたものではない（つまり、アプリオリに存在するものではない）。空間は常に、私たちが空間を実践し、それについて考える方法に影響を与える文化的制約の中に存在するものとして理解されなければならない。表象は、私たちが空間について考える際のフレームであるだけでなく、空間を私たちの世界に対する理解に適合させる空間生産のモードでもある。このように、地図のような表象物と、私たちの具現化された空間との間には、対話的な関係が成立する。したがって、多くのモバイルメディア・プロジェクトが地図を主要なインターフェイスとして使用していることは驚くことではない。むしろ驚くべきことは、地図が伝統的に空間を「客観的」なものとして表象してきたものにもかかわらず、ロケーティブ・メディアのような身体中心のメディアに使われていることである。つまり、地図は（それが「正しければ」）、C.S.Peirce

の言葉を借りると、客観的で、しばしば科学的に作られた、現実の指標として
理解される。Peirce（1998）の記号論的アプローチでは、「表象は現実の事実
を引き起こす力を持っている」（Peirce 1998：322）と主張され、地図（特に
GPS や平面写真で構成されたもの）は、「アイコンの比較的わかりやすい類似
性や、シンボルの慣習性や恣意性とは対照的に」（Doane 2007：2）、現実の指
標となる。

　歴史的な地図には、空間を客観的に表現する（科学的なアプローチで風景の
正確さをとらえようとする）感覚を提供していたが、現代の地図は、データの
収集方法や写真の表現方法によって客観性を高めている。私たちの地図の多く
は、人間の視点ではなく機械の視点から撮影されるため、人間の主体性から切
り離されていると考えられる衛星写真で表現されていると考えられ、地図は現
実の指標であると（これまでもそうだったが）仮定することができる。

　しかし、理論家や文化地理学者たちは、Baudrillard の有名なアフォリズム
である「領土はもはや地図に先行せず、地図なしに領土は存在しない」
（Baudrillard 1994：1）を拡張したり補強したりすることで、この整合性を崩
そうとしてきた。R.Kitchin ら（2011）が指摘しているように、多くの文化地
理学者は Baudrillard にならって、「領土は地図に先行するものではなく、地図
作成を含む境界形成の実践を通じて空間が領土になる」と主張してきた。彼ら
は「そして、場所は地図に基づいて計画され、建設されるので、空間はそれ自
体が地図の表象である。地図と領土はお互いに共創されているのだ［中略］言
い換えると、空間は他にもいろいろある中で、マッピングの実践を通して構成
されており、それゆえ地図は世界を反映するものではなく、世界を再創造する
ものである。マッピングは領土を活性化するのである」（Kitchin et al 2011：6）。

　地図を主なインターフェイスとするロケーティブ・メディア・プロジェクト
に参加する際、私たちは地図を「インターフェイスレス・インターフェイス」
として反映させる方法で地図と接する。「インターフェイスレス・インターフェ
イス」とは Bolter and Grusin（1999）が、メディアとしての注意を引くこと
なくコンテンツを提供するメディアの即時性を表現するために使った用語であ
る（Bolter and Grusin 1999：23）。実際、地図はコンテンツを提供するために
自らのオーサーシップを曖昧にする傾向があり、それゆえにインターフェイス

（とその政治性）を完全に消し去っているように見える。その結果、地図をめ
ぐる循環のネットワークは、しばしば不明瞭なものになる。このように地図
の循環ネットワークの曖昧さは、ある身体に呼応し、他の身体には呼応しない
空間やメディアをもたらす。地図のような物体は、それを使って人が何をする
かによってその本質が露わになる。私たちがStreetmuseumアプリを通して地
図を見るとき、それが何を意味するのか、そして私たちの身体によって地図を、
あるいは地図によってどのように自身の身体の位置を知るのかについての様々
な慣習がわかるのである。地図のアフォーダンスに対するこのような常識的な
アプローチは、Ahmed（2006）が言うように、「ある物体はある身体に他より
も向かっている」という事実を曖昧にしてしまう。彼女は「つまり、ある身体
と道具がたまたま特定の行動を起こすというだけではない。物体は空間と同様、
他の身体よりもある種の身体のためにつくられているのである」（Ahmed
2006：51）と続ける。それゆえ、この地図は誰を対象とし、誰を除外してい
るのか、このロケーティブ・メディア・プロジェクトは誰を対象としているの
か、を問うことは、私たちが地図は私たちの場所を表象するものとして、特定
の視点から空間を提示し、他の視点を省略しているという事実を明らかにしは
じめることである。このように、地図は、既存のパワーダイナミクスを強化す
るような、空間に関する実践やアイデアを反復する傾向がある。

# 5.　ロケーティブ芸術と製図実践

　私たちがモバイルメディア・プロジェクトで使用している地図では、このよ
うなパワーダイナミクスが見えないので、地図は権力のある人にとって、空間
の現状維持のための実践を常識として提示するための非常に効果的なツールに
なりうることを示している。Craib（2000）が説得的に論じているように、「（地
図のように）中立性と客観性といった威信を享受している図章イメージは他に
はない［中略］すべての文化的人工物の中で最も抑圧的で危険なものは、批評
を避けるために自然化され、おそらく常識的なものであるかもしれない。他の
制作物と同様、地図はそのスポンサーと制作者、そして彼らの文化的、社会的、
政治的な世界への欲求に左右される」（Craib 2000：8）のである。

　多くのロケーティブ・メディア・アーティストやプロデューサーは、この客観性と常識の関係を自らの作品の出発点として利用してきた。これらのアーティストは、地図の客観性を批判するために、地図制作や製図の本質を批判する方法で地図を利用し、代わりに人体の主観的な視点を世界を見るための最も根源的で、重要な方法として挿入してきた。こうして創られた作品は、ポーラ・レヴィンによる、遠くの場所と近くの場所を重ね合わせた地図（第一次湾岸戦争時のサンフランシスコとバグダッドの重ね合わせなど）から、Christian Noldによる、ボランティアに空間を歩き回らせながら、モバイルの電気皮膚反応器（つまり、心拍数、発汗、呼吸などを測定するモバイル嘘発見器）でストレスレベルをモニターし、様々な都市の「感情マップ」を作成するものまで、多岐にわたる。これらのプロジェクトは、個人の具現化された視点を地図と出会わせる主要な方法にしようとするものである。これらの地図を使って自分の方向性を定め、空間で歩くことで、私たちは参加者として、最終的には方向性や製図のプロセスそのものを問い直すことになる。

　Esther Polak の「Amsterdam REALtime（アムステルダム・リアルタイム）」は、スクリーン上の「バーチャル」と、GPS モバイル技術を使って街中を移動する身体から得られるデータを融合させた、ロケーティブ・マッピングの最初の実験として広く知られている。このプロジェクトでは、約60人の参加者にGPS受信機を持たせ、街中の移動をトラッキングした。ベースに既存の地図を持つのではなく、黒い背景からスタートして人々が6週間かけて街中を移動した痕跡を残すことで、徐々にアムステルダムの生きた地図へと変化していった。それ以降の彼女のロケーティブ・プロジェクトでも、視覚化と具現化された空間の実践との関係が探求された。L.K.Hansen（2014）が指摘するように、Polakの最近のプロジェクトである「Souvenir」と「NomadicMILK」は、「追跡される人と追跡に意味を与えようとする人の違いに取り組んでいる。［中略］どちらのプロジェクトも追跡された参加者がどのように、自分の動きを通して、政治、経済、そして具体的な風景の構造を交渉し、ナビゲートするかを示している」（Hansen 2014：134）。これらのプロジェクトは、（既存の容器として）空間をマッピングするのではなく、動きを地図に反映し、ひいては空間への身体の関わりの地図をつくっているのである。

　これらのプロジェクトで可視化されたものは、しばしば私たちが地図に期待するものとはほとんど似ても似つかないものである。Polak は「Souvenir」や「NomadicMILK」のテーマと舞台であるオランダとナイジェリアにおける食料やミルクの生産に関連した人々の動きを地図にするなかで、トラクターの動きやナイジェリアの遊牧酪農家の通り道をトレースして、空間を模倣した表象ではない画像をつくり出している。むしろ、これらの人々の動きによってつくられた痕跡は、Hansen（2014）が言うところの「それをつくった人々が経験した『軌跡』（trajectries）」の視覚化したものである。Hansen（2014）はPolak のプロジェクトを「GPS受信機をストーリーテリングのツールとして使うことで、彼女は日常的な実践や、自分の動きの一部である大きな構造との関係を個人がどのように経験しているかについての、一人一人のストーリーにアクセスしているのである」と位置づけ、さらに「私はPolakのプロジェクトを、その場所を具現化する人々の異質な『声』によって、場所を『書く』と同時に『読む』、サイト・スペシフィックなナラティブ（物語）として理解している」と指摘する（Hansen 2014：130）。

　生まれつつあるロケーティブ・メディア・プロジェクトにとって、地図という非常に身近な（そして常識的な）ものを、人々に新しく、思いもよらない方法で関わらせることができるということは、非常に大きな力にある。ロケーティブ・メディアの力の大部分は、これらのプロジェクトが参加者を、自分の周りの空間をつくり出す具現化されたアクターとして関与させる方法に見出すことができる。参加者が自分たちの空間が視覚化される方法との関係を完全に再構築することができれば、そのインパクトは非常に大きいものになる。つまり、人々が、地図の循環ネットワークの不可視性のために当然のことと思われていた、自分たちの空間に関する実践に批判的な距離を置くことができるようになるということである。このように、場所デザイナー、アーティスト、参加者は、地図を創造的に誤用して、自分たちが移動する空間を視覚化する（そして、実践する）思いもよらない方法をデザインすることができるのである。

　このプロジェクトでは、ユーザーの身体や日常空間での移動と深く結びついた共創的な製図を実演している。ここでは、モバイルデバイスが、空間をナビゲートする身体を通して、生きられた都市空間を提示している。ここでつくら

れた地図は、その空間の生きられ、具現化された本質を表現するのに有用である。このようなモバイル製図のもうひとつの重要な事例は、Christian Noldの「Biomapping Project（バイオマッピング・プロジェクト）」である。「Biomapping」は、モバイル技術と情報の視覚化とのコラボレーションによる空間の表象についての完璧な事例と言える。このプロジェクトは2004年に始まり、サンフランシスコ、パリ、グリニッジ、ストックポートの4都市で実施された。プロジェクトでは参加者に、電気皮膚反応（GSR）とGPS座標を記録するためのポリグラフに似たモバイルデバイスを持ってもらい、街を歩きながら自分の場所（location）に注釈を入れてもらうものである。歩いている間、彼らの精神状態は地図上に可視化され、各人が異なる色の壁で表現される。また壁のとがった部分は参加者の身体的な経験への感情の高まりを表している（図15-3）。T. Corbyは、芸術における情報視覚化の活用について書いた記事の中で、「Biomapping」の手順を以下のようにうまくまとめている。

　ウェストミンスター大学の展示会の一環として、学生ボランティアがワークショップ形式でプロジェクトに参加した。それぞれがデバイスを装着し、大学とその周辺（病院や建物が密集した都市環境を含む）を1時間かけて散策した。その間、各学生の位置変化と興奮度は、デバイスによって4秒ごとにサンプリングされ、データはメモリチップにダウンロードされた。これらの情報はGoogle Earthに入力され、3次元の形で視覚化され、Noldが言うところの「感情マップ」が作成された（Corby 2008：465）。

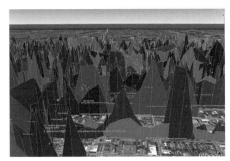

図15-3　Christian Noldのサンフランシスコでの「Biomapping」プロジェクトで，
街を歩く人々の感情を可視化したもの（許可を得て使用）．

　参加者は、移動中に（あるいは移動後に地図を見返して）、ストレスの多い場所や刺激の強い場所として気になる場所にタグを付けることができた。例えば、サンフランシスコでは、ある参加者が「救急車に気づいて、それについていくことにした」というタグを付け、それに続いて「担架に乗った人が見えた」というタグを付けた。Perkins（2007）はこのプロジェクトについて、「GSRの反応と感情の喚起には関係があり、怒り、驚き、恐怖、性的な感情など、すべて似たような反応が得られる」と述べている。このシステムを使えば、各人の痕跡を組み立て、感情の山と谷を表示することができる。これらの結果は、より広い社会的反応を反映した複合マップに統合することができる」（Perkins 2007：128）。Corbyは「Biomapping」におけるユーザー自身によるマッピングの結果と注釈を次のように説明している。

　このような会話を通じて多くの興味深い成果が得られた。例えば、合意に基づく解釈プロセスによって、参加者は自身のデータ所有権をより深く獲得することができる。分析や情報収集を専門家の手を離れて行うことで、通常は研究の「対象」とされる人々が、結果に対する理解を自分たちが合っていると思ったやり方で自由に構築できるようになった。このように、この作品は、ノルドが社会的あるいは「ボトムアップ」のデータ収集としたものに根ざして、制度的に指示された可視化の実践へのオルタナティブを提示しているのである（Corby 2008：465）。

　Noldのプロジェクトにおける地図は、生きられたロケール、すなわち生きられた場所に変えるための空間の実践を表している。これらの表象は、空間における感覚的な身体と、その空間の文化的な刻印との分離を大きく崩すものである。地図と身体は、都市空間の感覚的に刻まれた経験のなかで一体化している。「Biomapping」がモバイル技術を主要なインターフェイスとして利用していることは、地図という場所を感覚に刻まれた配置モードに変えるという点で重要である。モバイル機器とGPS衛星との連携によって、人間の身体は空間の中に配置されるが、その位置を読み取ることと同時にその空間を体験することこそがその空間に意味を与えるのである。詳しく説明すると、サンフランシスコを歩くという行為は、感覚的に刻まれた関与の1つのモードを提供しているが、モバイルデバイスを持って街を歩くことは、よりレベルの高い配置と意

味を提供している。

　つまり、モバイルデバイスを使って、都市の中での自分の正確な動きを追跡したり、自分の感情の状態をチャート化したりすることは、都市の中の自分の身体が、自分を位置づけるテクノロジーによって刻まれていることを体験していることなのである。これらのテクノロジーによって、ユーザーはGPS衛星を介して空間と時間における自分の位置を正確に知ることができる。同時に、ユーザーは、衛星だけでなく、GSRデバイスを通して自分の感情状態をモニターしている人々や、ユーザーのモバイルデバイスとの相互作用に一定の意味をもたせる（通常、ユーザーが何をしているのか、なぜそこにいるのかを「読もう」と試みる）通行人によって、常に監視されているという事実と向き合わなければならない。

　バーチャルとセカンドオフラインの概念を示すもう1つのプロジェクトは、Paula Levineの「Shadows from Another Place」シリーズの一部である「San Francisco↔Baghdad」である（図15-4参照）。このプロジェクトでは、バグダッドの地図とサンフランシスコの地図を重ね合わせ、バグダッドで爆弾テロが起きた場所ごとに、Levineは対応するポイントをサンフランシスコの座標にマッピングする。これらの対応するノードが作成されると、Levineはそれぞれの場所にジオ・キャッシュ・コンテナと呼ばれるものを置いていく。彼女の作品

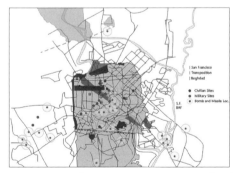

図15-4　Paula Levineの「San Francisco↔Baghdad」プロジェクトの
地図で，バグダッドをサンフランシスコに重ねて表示したもの．
点はバグダッドの爆撃地点である．これらの場所には，戦争で亡くなった
軍人のリストが入ったジオ・キャッシュ・コンテナが設置されている．
©2010,Paula Levine,http://shadowsfromanotherplace.net(許可を得て使用)．

全体に共通する目的は、外国の何かを身近なものにすることにある。彼女は、「『外国』と『国内』を壊すことで、これらの地図はローカルとグローバルの架け橋となり、歩く人や見る人に、別々の、遠く離れた場所間の空間的でナラティブな連続性を体験させる」と述べる（Levine 2009）。Levine の「San Francisco ↔ Baghdad」プロジェクトは、都市に対する新しい意識を提供すると同時に、GPS の軍事的な基盤を覆すものでもある。軍を批判するために米軍によってつくられたツールを使うことで、Levine の作品は、参加者にモバイル技術やロケーティブ技術の利用や、私たちが場所の表象を理解する方法を再考させるのである。モバイルデバイスを使ってバグダッドの街をサンフランシスコにマッピングすることで、人々は、具現化された空間と場所を示すために使用されるツールとの間の緊張感に関与することになる。また、このプロジェクトに参加することで、ユーザーは地図と「帝国」の間の歴史的な対立に具現化されたやり方で参加させられるのである。ここでは、典型的に地図を描く権力構造によってデザインされたまさにその技術を使用してその地図を覆すことによって、静的な記号としての地図の地に足のついた性質が疑問視される。Edney（1990）が『Mapping an Empire』で論じてきたように、「帝国主義と地図製作は最も基本的な方法で交差している。どちらも基本的には領土と知識に関係している」（Edney 1990：11）のである。彼は続けて、「地図は帝国そのものを定義するようになり、帝国に領土の整合性とその基本的な存在を与えるようになった。帝国が存在するのは、地図を描くことができるからであり、帝国の意味はそれぞれの地図に刻まれている」（Edney 1990：2）と指摘する。Levine のプロジェクトでは、地図は、地図の背後にある権力構造を強化するのではなく、イラクでの戦争の帝国的なアジェンダを批判しているのだ。

　本章で取り上げた「San Francisco ↔ Baghdad」、「Biomapping」、「Amsterdam REALtime」などのプロジェクトに見られるように、空間の表象と権力構造との間には明白な相関関係がある。地図は単に存在論的な現実を表象するものではなく、現在の文化的ヘゲモニーに合わせて読まれるようにデザインされた、非常に特殊な方法で空間を示している。モバイル技術が利用されると、空間が表象される方法は、生きられた空間の実践と言える。空間を移動したり、物質的な環境とその環境の表象との間のコラボレーションによって、空間の具現化

された意味がわかるのである。

# 6.　結論

　私たちがモバイルメディアを使って場所を表象することは、セカンドオフラインの文脈において、モバイル・インターフェイスが私たちの周りの情報のランドスケープをどのように変化させているかを示している。情報インターフェイスとしてのランドスケープと私たちとの相互作用はまだ発展途上であるが、モバイル技術によってそれがどのようなものになるのかを示すテクノロジーも登場しつつある。本章で紹介してきたプロジェクトは、セカンドオフラインとマッピング技術との相互作用によって起こりうる変容を例示している。歴史的なイメージ（Streetmuseum に見られるように）と瞬間をその場所での現在の経験に結びつけることであれ、都市のコミュニティマッピング（サンフランシスコの感情マップのように）であれ、いずれも私たちがこれらの空間を経験する方法は、私たちがそれらの空間と相互に作用する表象と大いに関係がある。情報のランドスケープ——特に私たちがコラボレーションして貢献できる空間——を開発することは、文脈が決して固定されたものではなく、生きていて、継続的で、起こっているものであることを示している。また、ランドスケープを情報インターフェイスに変換するために、これらの文脈の豊かな環境が果たす役割はまた、データと具現化された経験の深い層であるオフラインとバーチャルとしてのコミュニティ空間での経験において、これらのビジュアライゼーションが果たす役割を示しているのである。

# 謝辞

　本章の一部は、Taylor and Francis Group の許可を得て、『Mobile Interface Theory: Embodied Space and Locative Media』（Routledge Press 2021）から転載したものである。

（補注）
ジェイソン・ファルマンは、メリーランド大学カレッジパーク校の教授で、デザイン文化・創造性プログラムのディレクター、ヒューマン・コンピュータ・インタラクションラボの教員である。また、ハーバード大学バークマン・クラインセンター・フォー・インターネット＆ソサエティのファカルティ・アソシエイトでもある。著書に『Delayed Response The Art of Waiting from the Ancient to the Instant World』。Alfred P. Sloan Foundation Grant for the Public Understanding of Science and Technology を受賞。また著書『Mobile Interface Theory』は Association of Internet Researchers の 2012 年 Book of the Year Award を受賞。編著に『The Mobile Story』(2014)、『Foundations of Mobile Media Studies』(2016)。研究成果は、「The Atlantic」、「GQ」、「Aeon」、「Vox」、「Wall Street Journal」、「New York Times」、「NPR」、「99 % Invisible」、「Atlas Obscura」、「ELLE Magazine」、「Brain Pickings」などでも紹介されている。

## 参考文献

Ahmed,S.,2006, *Queer phenomenology:orientations,objects,others*.Duke University Press.

Baudrillard,J.,1994, *Simulacra and simulation*. (Shelia Glaser Trans) The University of Michigan Press, （竹原あき子訳, 1984,『シミュラークルとシミュレーション』法政大学出版局）.

Bolter,J.D.,Grusin,R.,1999, *Remediation:understanding new media*.The MIT Press.

Casey,E.S.,2009, *Getting back into place:toward a renewed understanding of the place-world*.Indiana University Press.

Corby,T.,2008,Landscapes of feeling,arenas of action:information visualization as art practice. *Leonardo*,41 (5) :460-67.

Craib,R.B.,2000,Cartography and power in the conquest and creation of New Spain. *Latin Am Res Rev*,35 (1) :7-36.

de Souza e Silva,A,Sutko,D.,2009,Merging digital and urban playspaces:an introduction to the field. In:de Souza e Silva,A.,Sutko,D. eds., *Digital cityscapes:merging digital and urban playspaces*,1-17. Peter Lang.

Deleuze,G.,1994, *Difference and repetition*. Columbia University Press, （財津理訳, 2007,『差異と反復〈上〉』『差異と反復〈下〉』河出書房新社）.

Doane,M.A.,2007,Indexicality:trace and sign:introduction. *Differ J Feminist Cultural Studies*,18 (1) :1-6.

Edney,M.,1990, *Mapping an empire:the geographical construction of British India*,1765-843. University of Chicago Press.

Farman,J.,2010,Mapping the digital empire:Google earth and the process of postmodern cartography. *New Media and Society*,12 (6) :869-88.

Farman,J.,2012, *Mobile interface theory:embodied space and locative media*. Routledge Press.

Grosz,E.,2001, *Architecture from the outside:essays on virtual and real space*. The MIT Press.

Hansen,L.K.,2014,Paths of movement:negotiating spatial narratives through GPS tracking. In:Farman,J. ed. *The mobile story:narrative practices with locative technologie*s. Routledge Press.

Kitchin,R,Dodge,M,Perkins,C.,2011,Introductory essay:conceptualising mapping. In:Kitchin,R., Dodge,M.,Perkins,C. eds. *The map reader*. Wiley-Blackwell Press.

Kushner,T.,2011, *A conversation with tony Kushner*. University of Maryland,College Park,Dean's Lecture Series.

Lefebvre,H.,1991, *The production of space*（Donald Nicholson Smith Trans）. Blackwell Publishing,（斎藤日出治訳, 2000,『空間の生産』青木書店）.

Levine,P.,2009,Shadows from another place. In: *Proceedings of the media in transition 4 conference*. MIT.

Manovich,L.,2001, *The language of new media*. The MIT Press,（堀潤之訳, 2013,『ニューメディアの言語』みすず書房）.

Oxford English Dictionary Online. Virtual, adj.（and n.）,（Accessed Feb 2021, https://www.oed.com/view/ Entry/223829）.

Peirce,C.S.,1998, New elements. In: *The essential Peirce: selected philosophical writings*, vol 2,Indiana University Press.

Perkins,C.,2007, Community Mapping. *Cartographic J*, 44（2）:127–37

Rajchman, J.,1998, *Constructions*. The MIT Press.

Tomita,H.,2016,What is second offline. In:Hidenori,T. ed.*The post-mobile society:from the smart/ mobile to second offline*. Routledge Press,（富田英典編, 2016,『ポスト・モバイル社会——セカンドオフラインの時代へ』世界思想社）.

# 第16章
# 関係性をもち運ぶ
## 都市・社会的ネットワーク・モバイルメディア

天笠邦一

## 1. はじめに

> 立ち現れるネットワークがあちこちで渦を巻き、流体のような性質を有するよう
> になり、場所の固定を一変させ、予期せぬ新たな場所を「引き込み」動かし始め
> るのである（Urry 2015：404）。

本書を読むあなたは、今どこにいるのだろうか。自宅で寝る前に頭の体操を
……大学の研究室で次の論文に思いを馳せながら……近所のカフェで淹れたて
のコーヒーの香りをかぎながらリラックスして……、様々な人がいるだろう。
私はこの論文を、締め切りに追われつつ、近所の東京に数多くあるモバイルワー
カーにやさしいカフェで、モーニングセットを口にしながら書いている。外壁
がガラス張りで、外の光がたくさん入るこのカフェは、行き詰ったときの私の
お気に入りだ。仕事前に一服するビジネスマンが多いなか、隣のビジネスマン
は、机に備えつけのコンセントにパソコンをつなぎ、資料を机に広げて、営業
資料を作っている。……このような記述をすると、今あなたがいる場所に、私
のいる "Excelsior caffe Thinkpark 店" の朝の風景を重ねてくれた方もいたかも
しれない。「本」に始まる「持ち運び可能（モバイル）」なメディアは、このよ
うに、多かれ少なかれ今いる場所に「他の場所や時間を重ね合わせる性質」を
もっている。本書では、このモバイルメディアが生み出す現象を「時間と場所

の二重化」と呼び、議論を行ってきた。

　本章で議論をしたいのは、このような二重化のうち、場所の二重化とつながる「人との関係性」の二重化、すなわち対面的な現場における人間関係とオンライン上でつながるパーソナル・ネットワークの錯綜である。SNSとスマートフォンの発展・普及により、私たちは容易に社会的な関係性をもち歩くことが可能になった。そして、Urryが言うように、様々な場所で、その場所とは本来紐づかないはずの、社会的ネットワークを活用し、展開することが可能になった。私たちが日頃行っている対面的な相互行為は気づかぬうちにより複雑なものとなってきているのである。

　こうしたもち歩かれる関係性による対面的相互行為の複雑さに追い打ちをかけるのが、人間関係の社会的解釈の多様性である。人と人とのつながりの社会的意味や価値・機能が、相対的なものであるならば、その存在が対面的相互行為の現場で示されたとき、解釈の多様性を生み、対面的相互行為の秩序の維持に混乱を引き起こす。それでは、一体何が、人間関係の社会的解釈の多様性を生み出しているのだろうか。本章では、このようなつながりの解釈の多様性を生み出す要素としてそのつながり・人間関係が埋め込まれた「地域性」に着目し、まずは解釈の前提となる機能面で、人間関係の意味や価値が異なるのかについて、検証を行う。この検証を通じて、関係性の二重化が生じやすい地域性について考察することで、モバイルメディアがもたらした対面的相互行為の複雑性を理解する一助としたい。

## 2. 概念的枠組

　本章のテーマである時間・場所が二重化した状況の中での対面的相互行為の複雑性を考えるうえで、1つのポイントとなるのが、いつ・どこで何をきっかけとした二重化が起こるのかという点だ。以下では、先行研究の整理を通じてその点を明らかにする一方で、本論における概念的枠組を構築し、リサーチクエスチョンを導きたい。

## 2-1. モバイルメディアによる「中間空間」の形成と 「時・場所の二重化」

　まず、いつ、時間と場所の二重化がおこるのかについてであるが、この疑問を考えるうえで一助となるのが、Urry の移動に関する議論である。Urry によれば、モバイルメディアは、人々が動きながら（on the move）活動を行うことを可能にし、従来的な場である家・職場などの合間に、様々な都市システムにアクセスすることが可能な「中間空間」（Urry 2015：15）を形成したという。この中間空間は、時・場所の二重化を考えるうえで、重要な意味をもつ。なぜなら、二重化とそれを前提にした相互行為は、支配的な時や場が存在する空間の中では起こりにくいと考えられるからだ。歴史的、社会的に規定された文脈——それは、家庭や職場、学校などにおける「文化」ともいうことができるかもしれない——がすでに明確に存在する場合、対面的相互行為において、その意味や価値を改めて明示的に交渉の対象とすることは難しい。つまり、時・場所の二重化は、支配的な意味や価値がその場には存在せず、そこにいる各自が持つモバイルメディアを通して、様々な社会的価値や意味を呼び出すことが可能な空間、すなわち中間空間で起こりやすいと考えられる。

　対面的な相互行為におけるメディア上のコミュニケーションの文脈が錯綜した状況を、“Techno-Social Situation（技術社会的状況）”と名づけ、その秩序を明らかにすることの意義を説いた Ito and Okabe（2005）の先行研究においても、分析対象となっていたのは、路線バスでの移動中のコミュニケーションであった。また、対面的相互行為の中でスマートフォンを利用する際に、その画面の中でつながっているソーシャルネットワークを明確に意識して、戦略的なコミュニケーションをとる未就学児の母親たちの姿を記述した天笠（2016）の研究においても、その分析の対象となったのは、人々の移動が絶えない公共空間におけるオンラインに接続している人々のふるまいであった。

　このように、対面的な相互行為とメディア上の社会的ネットワークとの関係を扱う先行研究では、いずれも「中間空間」がその研究対象となっている。この移動中に発生する中間空間における対面的な文脈と、メディアを通じた仮想的文脈との錯綜は、技術の進歩により通信回線が広帯域化し、さらにモバイルメディアの画面も大型化している今日、さらに表面化しやすくなっていると考えられる。

## 2-2. 二重化のきっかけとしての人間関係と
### その社会的意味・機能の多様性

　ここまで、時間と場所の二重化が起こるタイミングについて議論をし、移動中に発生する中間空間で起こりやすいということが明らかになった。以下では、このタイミングに加えて、二重化のきっかけとなるもの、すなわち時間と場所の二重化の呼び水についても整理をしたい。

　本論で、二重化の呼び水として着目するのが、先に紹介した天笠も分析の対象としていた各個人がもつ人間関係、個人を起点とする社会的ネットワークである。Urryは、中間空間においては、モバイルメディアの利用を通じて、「"absent presence" な状態を維持し、"connected presence" との作業が行われている」(Urry 2015：403) と述べている。つまり、利用者自身の現場での存在感を失わせる一方でその場にいないはずのオンラインでつながる存在を、社会的には「いる」ものとして浮かび上がらせるのである。モバイルメディアの普及と中間空間の生成は、家や職場の社会的価値を減退させ、これまでそれらの「場所」に付帯する存在であった人間関係の独立性を高めた。そして、個人がもつ人間関係は、身体のある場所と他の要素を結びつける、二重化の鍵としての意味をもつようになったのである。

　もちろん、実世界に存在する象徴的な「モノ」や、大小様々な「イベント」なども、二重化の呼び水・鍵になりえる存在であろう。しかし、こうしたモノやイベントの解釈の多様性はある程度、限定されたものとなる。一方、人間関係・社会的ネットワークは、まず個人によってその形が異なり、さらに、表面的には同じような人間関係・ネットワークに見えたとしても、その人間関係が埋め込まれている社会や各自が抱える状況によって、その社会的意味や価値、機能は異なる。すなわち、モバイルメディアを介してつながる社会的ネットワークを起点とする時間と場所の二重化は、対面的な相互行為の中に、さらなる解釈の多様性をもたらしているのである。このようなモバイルメディアで可視化されるネットワークと対面コミュニケーションの関係性については、辻 (2003)や岩田 (2014) の議論に詳しい。

　それでは、何が人間関係・社会的ネットワークの形質・機能の多様性をもたらしているのだろうか。本論のフィールドとなる日本においては、天笠 (2010)

が子育て期の母親たちの社会的ネットワークを分析し、就業状況によってその機能が異なることを見出している。また、居住地域との関係性が大きいことも指摘されている。日本における社会的ネットワーク分析の先駆者である野沢の研究によれば、都市度が高い地域の居住者の方が、都市度が低い地域の居住者と比べて、地理的に分散した多様なネットワークが築かれている（野沢1995）。この分析結果は、欧米における社会的ネットワークに対する知見である下位文化論（Fischer 1982）やコミュニティ解放論（Wellman 1979）が大枠では日本にあてはまることを示している。この研究の流れを組み、都市度のグラデーションの中でパーソナル・ネットワークの形質をとらえたものに原田謙ら（2014）の議論がある。原田の研究でも同様に、都市度の高い地域におけるネットワークの地理的分散が追認されている。さらに、宮田（2006）は、質問紙調査によってこのメディア利用と人間関係の地理的分散の関連を検証している。

## 2-3.　リサーチクエスチョン

　本論では、対面的な空間の中で時間と場所の二重化を引き起こすための1つの鍵となるメディアによってもち運ばれる人間関係の解釈の多様性をもたらす要素として、先行研究の中でもたびたび着目されてきた地域性、特に「都市度」に着目したい。すなわち地理的に「どこ」（どんな特徴をもった地域）で、メディアを介した時間と空間の二重化が、人間関係を鍵として起こりやすいかについて分析を行う。

　以後、この分野における分析の第1段階として、量的調査を用いた検証を行うが、量的調査で時間と空間の二重化が起こっていることを直接的に観測するのは難しい。代わりに二重化の起こりやすさの指標として、メディアを介して築かれる人間関係の有効度の地域差を計測する。メディアを介して有効な人間関係を築かれているほど、対面的な文脈の中でも、その人間関係に頼る傾向が強くなり、対面の場でもその影響力が強くなると考えられるからである。

　また、本調査では、子育て中の母親たちをその対象としたい。日本においては、未だに性役割分業意識が根強く、子育てに必要な労力の多くの部分は、母親たちに依存している。さらに公的な支援制度にも限界があり、母親たちは不

足する様々な社会的資源を補うために、個人がもつ人間関係・社会的ネットワークを活用せざるをえない状況にある（関井ら 1991；久保 2001）。加えて、これらの人間関係・社会的ネットワークの有効活用の仕方には、地域差があることも指摘されているが（松田 2008）、メディアを介した関係性については、未だ検証されていない状況にある。これらの条件は、メディアを介した人間関係の有効性の地域差を検証するのに、子育て中の母親たちは適した存在であることを示している。

## 3.　調査概要

　上記のリサーチクエスチョンを明らかにするため、インターネットを用いた質問紙調査を実施した。本論では、質問紙調査、具体的には2017年2月22日から3月4日にかけて、株式会社ジャストシステムが提供するオンライン質問紙調査のプラットフォームである「Fastask」上にて行った質問紙調査のデータを分析の対象とする。作成した質問紙調査は、同社のリサーチパネルで、「日本の関東地方在住」「親権をもつ子どもと同居している」「18歳から39歳の女性」であるという条件を満たす人々に配信された。結果、723サンプルの回答を得た。そのうち、回答の合理性に問題のない680サンプルが分析の対象となった。なお、有効回答者の平均年齢は33.9歳（SD 3.75）、未婚率は6.9%であった。この6.9%の協力者は、シングルマザーまたは事実婚の状況にある女性だと考えられる。

### 3-1.　調査対象となる東京都市圏の特徴
　本論は、モバイルメディアを介してつながるソーシャルネットワークの都市度による機能的差異を検証するものであるが、その議論に入る前に、調査対象となった日本の東京を中心とする都市圏（関東地方）の特徴について、整理をしておきたい。
　United Nations（2018）によれば、世界で最も大きい都市圏は、東京である。東京都と隣接する県（千葉県・埼玉県・神奈川県）を含む、東京大都市圏（Greater Tokyo）と呼ばれる区域には約3700万人が居住しており、2位のインド、デリーの居住者数が約2900万人であることを考えると、いかに巨大な都市圏である

かがわかるだろう。一方で、面積は1万3562k㎡であり、それはと広くない。成熟した都市圏としては世界の4大都市圏といわれるパリ（人口約1200万人／面積1万2012k㎡）、ロンドン（人口約1400万人／面積1万2109k㎡）、ニューヨーク（人口約2000万人／面積2万1482k㎡）の中では、2番目に広いが、人口は2分の1以下のパリ、ロンドンと比べてもわずかに広い程度である（東京都 2018：54-55）。

　こうした都市圏としての広域的な密度の高さは、東京都市圏に2つの特徴を生み出した。1つ目が、不足しがちな輸送量を確保するための都市システムの代表的存在である鉄道を中心とする公共交通システムの広域的整備であり、2つ目がこの広域化された公共交通システムが可能にする同心円状の都市の発展である。

　例えば、東京の中心部である東京23区内には、地下鉄の発展などもあり、1k㎡あたり、平均して1つ以上の駅があり、ほとんどの人がほぼ鉄道のみを利用して日常生活を成り立たせることができる。東京23区の外側のベッドタウンにおいても、私鉄も含めて、東京大都市圏内では高度に鉄道網が整備されており、補完的なバス交通の利用などを含めて、多くの場所で公共交通のみで生活を成り立たせることも可能である。

　このような特徴もあり、次節でさらに詳しく述べるが、東京大都市圏では、東京駅や政治・行政の中心である永田町のある千代田区を中心として、ほぼ同心円状に都市化が進んでいる。東京以外の都市圏では、モザイク状に都市化された区域があるのが一般的であるが、東京は一定以上の都市化がされた地域が発展した鉄道網と連動する形で面的に広がっているのである。

　この面的な都市の広がりは、居住地域の都市度ごとのモバイルソーシャルメディアの利用とそれを介したソーシャルネットワークの機能を考える本論において、重要な議論のポイントとなる。すなわち、居住地域の環境がある程度、均質的でなければ、居住地域ごとに区切って、統計的に議論を行うこと自体が無意味になってしまうからだ。例えば、都市度の高い地域があり、それが都市度の低い地域とモザイク状に隣接しており、その行き来が非常に円滑に行える場合、居住地の都市度による分類と分析は無意味となってしまうのである。その意味では、東京大都市圏は、統計的調査の傾向から今回のリサーチクエスチョ

ンを明らかにするには、適した地域であるといえる。

　なお、通常、東京大都市圏という場合、先ほど述べたように東京都、千葉県、埼玉県、神奈川県の4つの自治体を指すことが多いが、今回は都市化が進んでいない地域も議論の対象としたいため、同じ関東平野の中で隣接している茨城県、栃木県、群馬県も含めた関東地方を本章では調査対象とする。

## 3-2.　分析に用いるエリア分け

　上述したように、本章では、都市システムへのアクセスのしやすさ（都市度）を、1つの主要な指標として議論を進めるため、地域の都市度を評価し、分類するための指標が必要となる。本章では、この都市度を測る指標として、最も一般的で利用しやすい指標である居住自治体の人口密度を採用することにする。

　人口密度を利用した都市度の定義に、日本の国勢調査などでも用いられる最も一般的なものとして「人口集中地区」と呼ばれるものがある。国勢調査における基本単位区内の人口密度が4000人/㎢以上で、それらの隣接した区域の人口が5000人以上の場合、その地区は「人口集中地区」であると国勢調査では設定されている（総務省統計局 1996）。一般的に、この人口集中地区は、英訳語（Densely Inhabited District）の頭文字をとり、DIDと呼ばれることが多い。

　本研究では、調査設計上、国勢調査の基本区（市区町村を構成する地区）単位での居住地の取得はできなかった。そのため、このDIDの基準を厳しめに適用し、基礎自治体（市区町村）内の人口密度が4000人/㎢以上の際に、その全域で都市としての側面が強い自治体であると考えることにした。（エリア2：中人口密度）これより少ない市区町村（人口密度4000人/㎢未満）は、本章では比較的都市度の低い地域（エリア1：低人口密度）と位置づける。また、人口密度が4000人/㎢以上の市区町村の中でも、東京23区のようなより高度な都市インフラをもつ地域を（エリア3：高人口密度）として考えることにする。人口密度の基準としては、東京23区がほぼすべて含まれる1万人/㎢以上を基準とすることにした。

　この基準を地図上にプロットしたものが図16-1である。白色がエリア1（低人口密度）、薄い灰色がエリア2（中人口密度）、濃い灰色がエリア3（高人口密度）である。

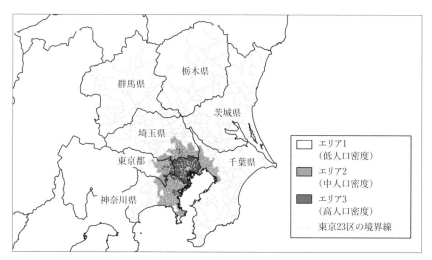

図16-1　調査の対象地域と地域区分.

表16-1　エリア1〜3の定義とサンプル数.

|  | 自治体内人口密度 | サンプル数 |
|---|---|---|
| エリア1（低人口密度） | 4000人/km²未満 | 223 |
| エリア2（中人口密度） | 4000人/km²以上 1万人/km²未満 | 263 |
| エリア3（高人口密度） | 1万人/km²以上 | 194 |

　エリア3（高人口密度）には、上述したようにほぼ23区すべてが含まれる。唯一の例外となるのが、官庁やオフィス街が集中し住民が少ない「日本の中心」の千代田区である。また、23区外の地域であっても、鉄道網の発達により主にその隣接する東側の地域と、横浜、浦和などの中心区域がこの地区の基準である人口密度1万人/km²以上に該当する。東京に暮らす筆者の肌感覚としては、この地域は駅間の短い地下鉄での移動が苦なく行え、流しのタクシーも容易につかまる地域といえる。ゆえに、自家用車を持つ実益が少なく、自家用車が「贅沢」となる地域である。また、商業地区も多く、日常の買い物場所なども選択することが可能だ。消費的にも恵まれた地域であるといえる。これらの地域に

居住しているのは、194サンプルであった。

　エリア2（中人口密度）は、千葉県最西部、埼玉県最南部、神奈川県西部、そして、東京都の中央部に集中し、エリア3を取り巻くように存在している。日常生活がバスなども含めた公共交通機関を活用した移動でほぼ完結する地域であるが、家族のレジャーや買い物などの必要から自家用車を持つ家庭も多い。消費は、各地域の中心となる駅の周辺に大型商業施設があり、エリア3内とほぼ同様のものが買えるが、車などを使わないかぎり、日常的な動き回りの中では、選択の余地は少ない。徒歩圏や自転車での移動だけで日常を完結させることもできるより同質性が高い地域である。この地域に居住していたのは263サンプルであった。

　エリア1（低人口密度）は、それ以外の調査エリアである。公共交通機関のみの移動であると、何かしらの不便を感じる地域であり、ほとんどの家庭に自家用車がある。主要な商業施設は駅前ではなく、ロードサイドにあり、消費は、車での移動を基盤に行われる。そのため、消費には、逆に選択肢が生まれている。ただし、低価格帯のものが中心であり、エリア3のような消費の先端性と多様性は小さい。この地域に居住していたのは223サンプルであった。

　本章は、この3つのエリアで構成される地域の都市度のグラデーションの中で、母親たちのメディア利用の現状とその先にあるソーシャルネットワークの機能について検証を行うことにする。

# 4.　調査結果

　今回の質問紙調査では、リサーチクエスチョンに基づき、居住地も含めた各協力者の基本属性に加えて、メディアの利用状況とソーシャルネットワーク・人間関係の状況を特に機能について尋ねた。本章では、その結果について記述する。

## 4-1.　分析エリアごとの基本属性
### 4-1-1.　家族の状況

　まずは、個人属性である年齢と、基本的な家族の状況を示す世帯年収・子どもの数・末子年齢・未婚率についての結果である（表16 2）。未婚率は、その差異を検証するためにχ²検定を行い、それ以外のデータについては、分散分析を行っている。

　協力者（母親）個人の年齢と、同居する子どもの数、未婚率については、エリアごとに有意な差はみられない。差がみられるのは世帯年収と、末子年齢である。世帯年収はエリア1と2では、35万円強、エリア2と3ではさらに150万円弱異なる。この結果は、都市度が高いほど、家庭としての収入水準が上がることを示しており、特に都市度が高いエリア3は世帯単位での収入水準が高いことがわかる。また、末子年齢は、10％水準だが、有意な差を示しており、エリア3のみが0.5歳ほど若い結果になっている。この結果からは、もともと都内に住んでいた家族が、子どもが大きくなるにつれ、広く安価な住環境を求めて郊外に向かっているのではないかという推測が成り立つ。

## 4-1-2. 就業状況

　図16-2は、3つの地区の就業状況の差異を示している。興味深いのは、専業

表16-2　エリアごとの調査協力者とその家族の基本的状況（未婚率以外は平均値）.

| | N | | 年齢 | 世帯年収（¥） | 同居子ども数 | 末子年齢（歳） | 未婚率 |
|---|---|---|---|---|---|---|---|
| エリア1（低人口密度）（人口密度4000人/km²未満） | 223 | 平均 | 33.8 | 559万5855 | 1.73 | 3.72 | 6.28% |
| | | 標準偏差 | 3.9 | 242万2203 | 0.71 | 2.85 | |
| エリア2（中人口密度）（人口密度4000人/km²以上1万人/km²未満） | 263 | 平均 | 33.9 | 595万1754 | 1.76 | 3.79 | 6.84% |
| | | 標準偏差 | 3.6 | 268万2107 | 0.79 | 2.75 | |
| エリア3（高人口密度）（人口密度1万人/km²以上） | 194 | 平均 | 34.1 | 743万6782 | 1.75 | 3.21 | 7.73% |
| | | 標準偏差 | 3.8 | 380万1281 | 0.92 | 2.68 | |
| | | 検定 | | ** | | † | |

＊＊1％水準で有意、＊5％水準で有意、†10％水準で有意

主婦の割合はエリア2が若干多いが、3エリアで大きな違いは見られないことだ。一方、フルタイム勤務は、エリア1、2、特にエリア2で割合が低く、エリア3の33.5%とは、10ポイント前後の開きがある。エリア3が、最も仕事と家庭を両立させている母親が多い地域であるといえる。また、専業主婦率の高さとフルタイム就業率の低さを考えると、エリア2が最も性役割分業的な家庭の色が濃い地域であるといえる。

　このデータは、上述した世帯収入の有意な差を合理的に説明するものである。つまり、フルタイムの共働きにより、ダブルインカム状態になっている家庭が多く、それが平均値を引き上げていると考えられるのだ。もちろん、給与水準もエリア3が最も高いと考えらえるが、エリア1と3を比べたときの200万円弱もの大きな差は、特に給与のばらつきが少ない日本においては、給与水準だけでは説明ができない。この就業状況の差が、大きく関わっているとみるべきであろう。

　図16-3は、調査協力者たちの各種メディアの利用状況を表したものである。特にモバイルメディアを介して利用されるSNSは、「ながら」で使われることが多いため、純粋な利用頻度や利用時間を把握するのが難しい。よって今回の調査では、4件法でその利用度を聞いている。これを見ると、利用率として最も高いのはメッセージングアプリであり、およそ90%超の人が利用することがあり、70%弱の人が高い頻度で利用している。続くのが電子メールで、約85%の人が利用することがあり、約35%の人が高い頻度（「よく利用する」＋「生活に欠かせない」）で利用している。一方で、SNS系サービスの利用率は、子育て中の女性を対象にした今回の調査ではそれほど高くならなかった。Twitterとinstagramの利用率は、約30%であり、頻度高く利用するのは全体の15%弱である。それよりもわずかに高い割合で、Facebookが利用されており、利用率は40%強、頻度高く利用するのは、全体の20%弱である。

　これらのデータを見ると、メール系（電子メール・メッセージング）サービスが、生活の中に溶け込み、インフラの1つとなっていること、SNS系のサービスは、子育て世代全体には普及しておらず、比較的情報感度が高い層が利用しているサービスであることが推察される。

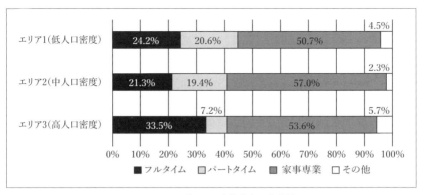

図16-2　エリアごとの調査協力者の就業状況.

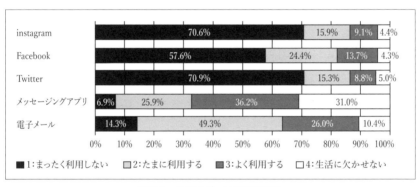

図16-3　各種メディアの利用状況.

## 4-2. ソーシャルネットワーク・人間関係の状況

　最後に図16-4で、ソーシャルネットワークの構成要素と日常生活の中での信頼度（それぞれの属性の人々がどれくらい頼りになるか）を示す。まず、両親を頼りにしている（「頼りになる＋「とても頼りになる」」のは全体の70％超であった。さらにとても頼りになると回答している割合が25％超あり、子育て期の母親を支える重要な人間関係であることがわかる。一方で、近所の友人は約35％、行政職員・専門家は約40％強の協力者が頼りにしている存在である。両親と対比して、子育てに関する影響力は低いが、人によっては重要な人間関係であり、これらの関係は、子育て中の母親にとっては、より選択的な関係で

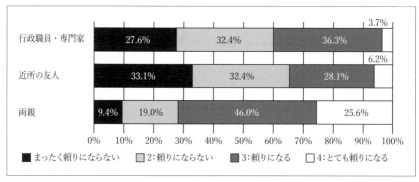

図16-4　ソーシャルネットワークの構成要素と信頼性(Reliablility).

あると考えられる。

# 5. 考察

　4節で述べたデータを用いて、以下では、メディアの利用とソーシャルネットワークがもつ機能の関連性が地域によって、どの程度異なるのかについて検証を行う。

　この検証を行うために、まず調査対象となったメディアを、電子メールとメッセージングアプリの「メール系」と、Twitter、Facebook、Instagarmの「SNS」に大まかに分けて分析を行った。なお、メール系（電子メールかメッセージングアプリのいずれか）をよく利用する以上で答えたヘビーユーザーは72.1%（490サンプル）で、SNS（Twitter、Facebookかinstagramのいずれか）をよく利用する以上で回答していたヘビーユーザーは、26.8%（182サンプル）であった。なお、各メディアのヘビーユーザー率をそれぞれの地域ごとに見ると、メール系はエリア1で69.1%、エリア2で73.4%、エリア3で73.7%で、若干、都市度の低いエリア1が低くなっているが、全体的にみるとそれほど大きな数値の違いはない。SNS系のヘビーユーザー率はエリア1で22.9%、エリア2で26.6%、エリア3で31.4%となっており、都市度が高いほど利用率が高いメディアとなっている。

　次に、3つの都市度が異なる地域のメール系メディアおよびSNSの「ヘビーユー

ザー|たちが、社会的性質の異なる両親、近所の友人、行政や専門家といった
それぞれのソーシャルネットワークをどれくらい信頼しているのかについての
分析を行う。

## 5-1. 地域ごとのメディアを介した「両親」との関係性

　まず、図16-5の各地域の「両親」を頼りにしている割合を表しているグラフ
である。$\chi^2$検定を行うと統計的有意は示さないが、都市度が最も低いエリア1
地域で、他の都市度が高い地域と比べて、メール系・SNS両メディアのヘビー
ユーザーの両親への信頼率は最も高くなっている。また、この都市度の低いエ
リア1においてメール系・SNS両方のヘビーユーザーの両親への信頼率は協力
者全体の両親の信頼率よりも高い結果となった。このデータは、少なくとも都
市度の低い地域において、メール系メディア・SNSの利用が、両親との関係
構築・維持にマイナスの影響を及ぼさないことを示している。

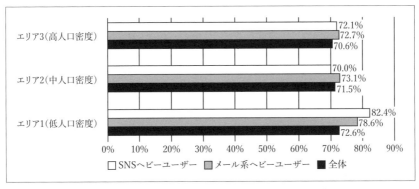

図16-5　都市度・メディア別　両親を頼りにしている割合.

## 5-2. 地域ごとのメディアを介した「近所の友人」との関係性

　次に、図16-6の各地域の「近所の友人」を頼りにしている割合を示したグラ
フである。メール系のヘビーユーザーは、都市度が上がるほど、信頼率が上昇
している。これは、$\chi^2$検定にかけると10%水準だが、統計的に有意である。し
かし、これは、全体が示す傾向と同様であり、水準もあまり差異がない。つま
り、近所との関係はメールの利用とは関係なく都市度が上がるほど、重要な関

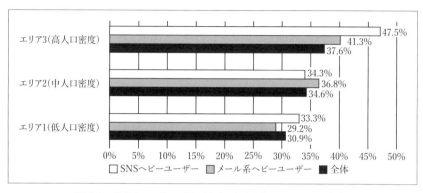

図16-6　都市度・メディア別　近所の友人を頼りにしている割合.

係になることがわかる。一方で、都市度が最も高い地域（エリア3）のSNSヘビー
ユーザーは、統計的有意は示さないが、他地域と比べて、近所の友人への信頼
率が高い。これは、エリア3全体の信頼率（37.6%）と比べても、10ポイント
以上高い数字（47.5%）である。この結果からメディア、特にSNSの利用は、
都市度の高い最もエリア3において、近所の友人関係の構築・維持に効果的で
あることが推察される。少なくともマイナスの影響は及ぼさないだろう。また、
都市度が中程度のエリア2と最も都市度が低いエリア1との間では、メール系
のヘビーユーザーと異なり、SNSヘビーユーザーの近所の友人への信頼度は
ほとんど差異が見られず、全体の傾向と異なる傾向となる。この点からは、特
に都市度が中程度のエリア2の地域において、メールやメッセージングの利用
とは異なり、SNSの利用は近所の友人との信頼関係の構築には有効に機能し
ない可能性が高い。

## 5-3.　地域ごとのメディアを介した「行政職員・専門家」との関係性

　最後に、図16-7の各地域の「行政職員・専門家」を頼りにしている割合を示
したグラフである。これは全体の傾向としては、中程度の都市度であるエリア
2が都市度の高いエリア3、都市度の低いエリア1よりも低くなっている。また、
エリア2においては、メール系・SNS系、両方のヘビーユーザーともに、頼り
にしている割合はほぼ変わらない。一方で、最も全体の信頼率が高いのは、都
市度が低い地域（エリア1）である。この地域では、メディアのヘビーユーザー

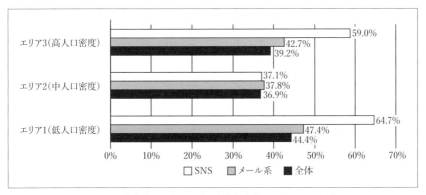

図16-7　都市度・メディア別　専門家を頼りにしている割合.

　の専門家への信頼率は、全体（44.4%）を上回っており、特にSNSのヘビーユー
ザーは圧倒的（64.7%）に上回っている。同様の傾向は、エリア3の都市度の
高い地域でも見られる。SNSヘビーユーザーの信頼率は、統計的にも地域ご
とに有意に異なっている点も考慮すると、都市度が低い地域（エリア1）と高
い地域（エリア3）では、行政職員や専門家の存在が特に子育て世代の母親た
ちにとって、都市度が中程度（エリア2）の地域より大きくなる傾向があり、
そのコネクションの構築・維持に、メディア・特にSNSの利用が効果的であ
ることがわかる。

## 5-4. 考察のまとめ:
### 母親たちのスマートフォンの画面の向こう側に誰が見えるのか

　これまでの分析から、メール・メッセージングやSNSを介してつながる人
間関係の社会的意味・重要性は、少なくとも子育て中の母親たちの間では、地
域の都市度によって異なる傾向があることが明らかになった。

　都市度が高い地域、今回の調査対象で言うとエリア3である東京23区内や埼玉・
横浜の中心地区では、特にSNSのヘビーユーザーが「近所の友人」や「行政
職員・専門家」と、あまり利用しない人と比べて有効な人間関係を築きやすい。
また、自動車がなければ生活に支障をきたすような都市度の低い地域（エリア
1）では、メディアのヘビーユーザーは「両親」や「行政職員・専門家」と有

効な人間関係を築きやすい傾向が見てとれた。この中には、直接SNSを使ってつながるというより、SNSを介した情報収集の結果、これらの人々と関係をもつというケースも考えられるだろう。ただ、いずれのケースでも、都市度の高い地域、低い地域では、スマートフォンの向こうにこれらの人々の存在が透けて見える傾向が強い。

　一方で、徒歩圏でも生活が完結しやすい都市度が中程度の地域では、メディアのヘビーユーザーたちは、メディアをあまり活用しない人々と比べても、特に有効な人間関係を築くという傾向はみられなかった。この地域では、他の地域と比べて、メディアの利用が重要な人間関係と結びつきにくく、スマートフォンの向こう側に、あまり特定の人々の存在は透けてこない。

　都市度の低い地域で、近所の友人との効果的な関係が、メディアを利用していてもいなくても築きにくいのは、そもそも、都市度の低さからあまり近所に人がいないという合理的な説明が可能だろう。また、野沢（1995）は、その代替的な資源として、親族の関係が都市度の低い地域では重要になることを指摘しており、「両親」との関係が強く、その構築とメディアの利用が関係するのも納得がいく。しかし、都市度が中程度の地域は、なぜ「両親」「近所の友人」「行政職員・専門家」との関係の構築に、メディアが効果的に機能しないのだろうか。

　この都市度が中程度の地域（エリア2）の特徴として挙げられるのが、就業状況の均質性と移動力の限定である。就業状況については、他の地域と比べて、主婦が最も多く、フルタイムワーカーが最も少ない地域である。移動力については、公共交通機関の利用は、都市度が高い地域（エリア3）ほど便利ではなく、自動車の利用は都市度が低い地域（エリア1）よりも身近ではない。しかし、それは日常生活を営むうえで「不便だ」ということを意味しない。このエリア2の地域には、ある程度の都市機能の集積があり、基本的な衣食住や教育であれば、徒歩や自転車などでの移動で十分だからだ。これは、移動力に制限がかかる子育て期にある母親たちにとってはメリットである。このメリットゆえに、エリア2の母親たちはメディアに頼らない対面を中心とした関係性の構築が可能になっていると考えられる。

　一方で、徒歩圏内で得られる資源の選択肢は、フォーマル（都市システム的）

にも、インフォーマル（ソーシャルネットワーク的）にも有限であり、その意味で均質性が高い、多様性に欠けた地域であるともいえる。このような都市システムによる移動が少ない、均質的な地域では、移動中（"on the move"）の状況が少なく、たとえ移動中で「中間空間」にいたとしても、地域の文化が画一的であり、そこでの相互行為による「意味の交渉」が起こりにくい。均質的であるがゆえに、支配的な意味解釈の方法が存在し、それに反する個人がもつ多様な文脈やつながりは、支配的な意味解釈を壊すものとして、否定されがちになると考えられるからだ。つまり、多様性を内包する高度に都市化された空間や、多様性に鈍感で個人化はされているが都市化されていない空間と比べて、均質性の高い都市化された生活空間は、時間や空間など、社会的意味の二重化を拒絶する傾向が強いことがデータからは推察される。関係性をオープンに可視化するSNSが、都市度が中程度の地域で最も機能しない・効果を発揮しないという今回の調査データは、この考えを支持していると考えられるし、天笠（2016）が先行研究で示した「画面の先に人間関係が見えるスマートフォンを隠しながら利用する母親たち」も、まさにこの地域の事例であり、衝突が起こりやすい社会的意味の二重化を避けるための、個人のコミュニケーション戦略であると考えられる。

## 6. おわりに

テクノロジーの発展は、私たちの社会の中に時間と場所の二重化を生み出した。本章では、この二重化を生み出す1つの鍵として、モバイルメディアによってもち運ばれるようになった人間関係・ソーシャルネットワークに着目した。対面的相互行為のなかで必要に応じて呈示されるこうした人間関係の利用が鍵となり、時間と場所の二重化の一部を引き起こしているという考え方の元、それがどこでも起こるのかを検証するために、人間関係が埋め込まれている地域の都市度別に、メディアを介してつながる人間関係の信頼感の検証を、人間関係から得られる社会的資源への依存度が高い子育て中の母親に対して行った。その結果、すべての地域で同じように有用な人間関係とメディアの利用が結びついているわけではないことがわかった。特に都市度が中程度高い生活空間は、

均質性が高くなりやすく、地域内でも固有の文化も成立しやすく、対面的なコミュニケーションにおいても、固有の文化を否定するようなその場にいない人間関係の表出を起点とした社会的意味の二重化は起こりにくいということがわかった。

　時間と場所の二重化の少なくとも人間関係に起因するものは、テクノロジーさえあれば、普遍的にすべての社会や状況の中に起こるものではない。対面的な相互行為におけるポリティクスの中に埋め込まれ、その中で生まれる私たちのコミュニケーションの産物なのである。

## 謝辞

　本研究はJSPS科研費15H03419の助成を受けたものである。

### 参考文献

天笠邦一,2010「子育て期のサポート・ネットワーク形成における通信メディアの役割」社会情報学研究,14（1）,1-16.

――,2016,「子育て空間におけるつながりとメディア利用」富田英典編『ポスト・モバイル社会』108-24,世界思想社.

Fischer,C.S.,1982,*To Dwell among Friends : Personal Networks in Town and City* ,The University of Chicago Press.

原田謙・杉澤秀博,2014,「都市度とパーソナル・ネットワーク――親族・隣人・友人関係のマルチレベル分析」社会学評論,65（1）,80-96.

Ito,M. and Okabe,D.,2005,"Techoosocial situations : Emergont structuring of mobile email use", Ito,M.et al. *Personal, Portable, Pedostrion : Mobile Phone in Japanese Life* 257-73, MIT Press.

岩田考,2014,「ケータイは友人関係を変えたのか」松田美佐・土橋臣吾・辻泉編『ケータイの2000年代――成熟するモバイル社会』東京大学出版社.

久保桂子,2001「働く母親の個人ネットワークからの子育て支援」日本家政学会誌,52（2）,135-145.

松田茂樹,2008,『何が育児を支えるのか――中庸なネットワークの強さ』勁草書房.

宮田加久子ほか,2006,「モバイル化する日本人」松田美佐他編『ケータイのある風景』北大路書房,99-120.

野沢慎司,1995,「パーソナル・ネットワークのなかの夫婦関係――家族・コミュニティ問題の都市間比較分析」松本康編,『増殖するネットワーク』勁草書房.

関井智子他,1991,「働く母親の性別役割分業観と育児援助ネットワーク」家族社会学研究,3,72-84.

総務省統計局,1996,「人口集中地区とは？」,（2017年11月1日取得, http://www.stat.go.jp/data/

chiri/1-1.htm）.

東京都,2016,「MEGACITIES——都市圏で比較する世界の大都市と東京」『東京都市白書——TOKYO CITY VIEW』,（2018年10月21日取得, http://www.toshiseibi.metro.tokyo.jp/topics/h28/pdf/topi002/topi002_29.pdf）.

辻泉,2003「携帯電話を元にした拡大パーソナル・ネットワーク調査の試み——若者の友人関係を中心に」社会情報学研究,7,97-111.

United Nations,2018,"World Urbanization Prospects：The 2018 Revision / Key Facts",（Retrieved October 21,2018, https://population.un.org/wup/Publications/Files/WUP2018-KeyFacts.pdf）.

Urry,J.2007,*Mobilities*,Polity.

Wellman,B.,1979,"The Community Question：Intimate Networks of East Yorkers" *American Journal of Sociology* ,84,1201-31.

# 第 **17** 章
# 青年層のソーシャルメディア利用と
# トランスローカリティ

羽渕一代

## 1. はじめに

　登場して以来、ケータイは親しい友人関係や家族といった親密性のネットワーク保持に利用されているということが報告されてきた（岡田・松田・羽渕2000, 中村 2001, 辻 2008, 阪口 2016など）。ケータイ技術の様相も、1990年代後半の携帯電話の爆発的普及、インターネットとの接続可能技術の普及、スマートフォンの2010年代の普及と目まぐるしいものがある。このようなケータイによるコミュニケーションもそれぞれの時代でアプリケーション利用が異なる。現在では、電話やメールといったコミュニケーションだけではなく、お手軽なソーシャルメディアによるコミュニケーションも常態化している。

　例えば、総務省情報通信政策研究所が行った「2021年情報通信メディアの利用時間と情報行動に関する調査」において、主なソーシャルメディア系サービス/アプリの利用率ではLINEが最も高く90.3％であった。またTwitterの利用率は42.3％、Instagramの利用率も42.3％、Facebookの利用率は31.9％であった（総務省情報通信政策研究所 2021）。

　本章で扱う20代と30代の青年世代についていえば、LINEの利用は95％を超えており、最もよく使用されるメディアである。Twitterの利用は20代と30代との間に大きな差がみられ、20代で79.8％、30代は48.4％であった。Instagramも同様に20代での利用が30代よりも多く、20代で68.1％、30代は55.6％であった。一方Facebookは30代の利用が20代よりも多く、20代で

33.8%、30代は48.0%であった。

　ソーシャルメディアの利用に関して国内外を問わず多くの実証的研究が行われている。ソーシャルメディアに限定しなくとも、メディアが物理的距離を超えた親密性の保持にどの程度役立っているのか、という問いの検証について、類例の質的研究がいくつか挙げられるだろう（Sample 2014など）。例えば、育児中の母親がケータイを利用して別の場所にいる友人とのやりとりを行うことで育児ストレスから解放される効果の事例がある（天笠 2016）。また物理的な近接にあっても、人間関係の調整のためメールを利用するケースなども報告されていることから（伊藤 2016）、ソーシャルメディアにおいても同様の利用がみられることは想像に難くない。

　物理的距離は個人の生活状況に規定され、遠近にかかわらずコミュニケーションの障壁となっているが、ケータイを通じたソーシャルメディアはその障壁を取り除く機能がある。本章では、このようなソーシャルメディアが物理的距離を超えて人々のコミュニケーションを促進し、親密性の保持に役立てているのかどうか、量的研究による検証を行ってみたい。特に親密な人間関係の物理的距離に注目して、分析を行っていきたい。

　物理的距離に関わる議論でいえば、都市と地方のライフスタイルの差異や条件不利性に関わる地域社会学的な議論がある。現代日本では過疎や限界集落・消滅集落の問題が取りざたされている（山下 2012、2014など）。雇用機会の貧しさや消費生活からの疎外などだけでなく、高等教育機関の不在や医療過疎・司法過疎、原子力発電所や自衛隊などの設置問題など多くの地方特有の問題がある。特に生活者からみれば、雇用機会、進学、医療サービスに関わる事柄は重要である。

　しかし近年の移動研究では、このような問題を抱えつつも若者の地元志向が高まっていることが報告されている（阿部 2013、辻 2016、轡田 2017）。田舎であることの条件不利性があっても、現代の日本の若者たちにはかつてのような向都離村の意識はみられないようである。そして地域満足度について調査した轡田（2017）によれば、「地域満足度」を規定する「地域」変数のかなりの部分が、消費環境と交通アクセスの利便性の格差から説明されるとしてるが、生活満足度には地域間格差はないと報告している。そして生活満足度の規定要

因は配偶者の存在と職業に関わる活動であると論じている。つまり、居住地が都会であるか否かにかかわらず、仕事と生殖家族があれば若者の満足度は高まるという。

　もし生活満足度に関わる条件が、地域の条件不利性が規定要因ではなく、消費生活や交通、親密性の問題であるならば、現代日本社会はどのような場所に住んでいても同じ生活が送れるだろう。特に生活満足に関して、都市も田舎も同じ条件であるということができる。

　「都市か否か」という自治体の区分を超えた別の要件による地域性についてここではトランスローカリティと名づけておきたい。もちろん前述したとおり雇用機会や人口の問題が地方には総じてあり、その内実にはそれぞれの社会文化的特性がある。そのような環境一般をローカリティとするならば、トランスローカリティは中心ではない地域における共通性を指し示す概念として有効ではないかと考えている。自治体としては、都市とイメージされる場所であっても消費環境が整わず、生活行動に関する交通アクセスの利便性が悪い場所もあるだろう。また地方とイメージされているが、消費生活や交通の利便性に問題がない場合もありうる。

　このようなトランスローカルな状況は本書のDoubling of Time/Placeと関わっている。物理的な場所を超えて、仕事が可能となり親密性を維持することで、人々の生活満足度が高まるのであれば、モバイルメディアは今まで以上に重要な役割を果たすだろう。そして実際に果たしているのかもしれない。

　本章では田舎に住む青年世代のソーシャルメディアの利用とライフスタイル、そして親密性と幸福感との関連を明らかにしていきたい。

## 2. 青森県むつ市とおいらせ町

　本研究の調査では、青森県の異なる2つの地域を対象としている。まず青森県むつ市である。むつ市は本州最北端の下北半島に位置する地方都市である。人口は約6万人程度であり、本章で扱う20代から30代は1万2000人程度が居住する自治体である。

　第1次産業従事者が約1割、第2次産業従事者が約2割、第3次産業従事者が約

図17-1　青森県.　　　　　　　　図17-2　むつ市とおいらせ町.

7割であり、漁業や農業などが盛んな地域である。海上自衛隊があり、隣接する町村には原子力発電所などの施設があり、20代から30代の労働力流入が一定程度みられる。

　もう1つがおいらせ町である。おいらせ町は八戸市に隣接している自治体である。人口約2万5千人程度であり、20代から30代は4千人程度が居住している。第1次産業従事者が約1割、第2次産業従事者割合が約3割、第3次産業従事者割合が約6割となっている。八戸都市雇用圏に位置しているため、八戸にある第2次産業に従事しているものと考えられるため、第2次産業従事者の割合が比較的大きい。

　むつ市は条件不利地域を含み、おいらせ町は地方中核都市に近接している郊外と考えられ、この2地域を調査対象とすることで、本州北端の周縁地域におけるライフスタイルを明らかにすることが可能となる。

## 3.　調査概要

　本調査では、ソーシャルメディアの利用を独立変数として扱い、移動／定住に関わり、それぞれの居住地で形成した人間関係からの物理的な距離、ライフスタイルと意識について連関を明らかにしようとすることが目的ある。したがっ

て、ソーシャルメディア利用，地域イメージ、居住地域の価値観と居住歴、労働状況と価値観、自己評価と人生に対する価値観、生活に対する価値観と人間関係、社会や政治に対する意識、という主観的意識と価値観が質問項目の中心をなしている。地方在住者の幸福が何によって決定されているのか、特にソーシャルメディア利用と関わっているのかどうか、都市／地方といった住む場所によって幸福度が規定されるのかどうか、確認してみたい。もしも地域によって幸福が規定されないのであれば、何が幸福を決めるのだろうか。地方性を超える地方性、つまりトランスローカリティについて探究してみたい。調査概要は次の通りである。

調査時期：2018年4月から5月

対象地：青森県むつ市・おいらせ町

対象年齢：20歳から39歳

調査方法：選挙人名簿を用いた無作為抽出（系統抽出）によるアンケート調査（郵送法）

計画サンプル：各1500票（合計3000票）

有効回収サンプル：340票（22.6%）：男性55.3% 女性44.7%（むつ市）
　　　　　　　　　340票（22.6%）：男性47.1% 女性52.9%（おいらせ町）

# 4. 地元定着層と流入層

本調査対象地域における居住者の移動歴について確認しておこう（表17-1）。条件不利地域を含むむつ市と比較的地方中核都市の生活圏内にあるおいらせ町への流入層の割合は30%台である。若干、おいらせ町の方が流入者率は高い。流入者のきっかけは、むつ市とおいらせ町では異なっている。むつ市は自衛隊や原子力発電所関連の企業等に勤める青年層が流入してくるという事情により、仕事が移動のきっかけとなっている。一方で、おいらせ町は八戸市近郊に位置し、青森県内で最も大きいショッピングモールの1つであるイオンモール下田があるなど、生活利便性の高い地域であるため、結婚や住宅購入によるという理由が移動の理由となっている。

両地域ともに地元から離れたことのない地元定着層は4分の1程度である。U

表17-1　移動パターン.

| % | | | むつ市<br>（N=323） | | おいらせ町<br>（N=323） | |
|---|---|---|---|---|---|---|
| 地元層 | 地元定着 | 他の地域で暮らしたことがない | 24.8 | 24.8 | 25.3 | 25.3 |
| | Uターン | 他の地域の学校を卒業（または中退）後、戻ってきた | 25.1 | 45.2 | 20.6 | 36.9 |
| | | 他の地域で就職後、戻ってきた | 20.1 | | 16.3 | |
| 流入層 | Iターン | 結婚のため今住んでいる地域に移った | 4.6 | | 11.6 | |
| | | 仕事のため今住んでいる地域に移った | 19.8 | | 9.4 | |
| | | 就学のため今住んでいる地域に移った | 1.5 | 30.0 | 0.9 | 37.8 |
| | | 住み替えのため今住んでいる地域に移った | 0.9 | | 11.6 | |
| | | 家族の都合で今住んでいる地域に移った | 3.1 | | 4.4 | |

ターン層はむつ市（45.2%）の方がおいらせ町（36.9%）よりも若干多いようである。これらの結果から、条件不利地域に近いむつ市では、仕事による流入層が多く、地方中核都市に近いおいらせ町では、生活のために流入してきた層が多いといえる。むつ市の流入層は数年ごとに転勤していく青年層が一定程度いる。むつ市の流入層は仕事を中心とした生活を送っており、居住地域を自身で選択しているわけではない。おいらせ町では、流入層であっても長期的スパンで居住する見込みをもち、自身で居住地域を選択しているといえそうである。地元層に関しては、地元定着層とUターンの間に目立った差はない。

## 5.　ソーシャルメディアの利用

　次にソーシャルメディアの利用について確認していこう。むつ市で92.3%、おいらせ町で90.0%のソーシャルメディア利用率であった。ソーシャルメディア利用の内訳は表17-2に示した。おおむね、LINEの利用が9割前後であり、全国調査と同様のメディア利用状況である。次にFacebookとTwitterの利用が30%台となっている。両地域とも、ソーシャルメディアの利用に差があると

表17-2　ソーシャルメディアの利用(%)。

|  | むつ市 | おいらせ町 |
|---|---|---|
| LINE | 90.2 | 86.9 |
| Facebook | 38.7 | 36.8 |
| twitter | 39.3 | 35.9 |
| mixi | 5.1 | 4.0 |
| N | 336 | 329 |

はいえないだろう。このソーシャルメディアの機能について簡単に特徴を説明するならば、LINEはパーソナル・メディアとしての機能に特化しており、メールや電話の延長上にある。一方で、Twitterはマスコミュニケーション機能に特化しており、考えたことや思い浮かんだことを不特定多数に向けて発信可能なメディアであるといえる。そしてFacebookは、その中間的なメディアであり、使用法によってプライベートな利用もマスコミ的な利用も可能となっている。Instagramの利用については、本調査の項目として設定していなかったため、分析からは外している[1]。

　このようなメディアのアーキテクチャの仕様によって、マッチングの良いネットワーク、つまり親密な人間関係のあり方が異なると考えられるし、またコミュニケーションの目的も異なるだろう。例えば、小笠原 (2016) は、この3つのソーシャルメディアの社会争点知識と共有ニュース接触との関連を分析している。LINEのように強い紐帯のコミュニケーションを強化するメディアでは、社会争点知識の減少と使用頻度が関連するという結果であった。LINEの利用は、人々の間の社会争点知識の格差を拡大させる可能性が示されている。このような知識に関する格差は本研究の目的にも非常に参考となる。知識や情報の格差は親密性と連関する可能性があるからである。例えば、近年学歴同類婚の減少が指摘されているが、それでも中学・高校卒の女性は中学・高校卒の男性と結

---

1)調査票の選択肢のなかで「その他」の自由記述欄にInstagramと回答しているサンプルもあったが，率としては高くなかった.

婚する割合が高く、4年制大学卒の女性は4年生大学卒の男性と結婚する割合が高い（打越 2018）。このような学歴同類婚率の高さからも知識や情報のあり方が人間関係の選択に何らかの影響を及ぼしていることは確かである。つまり、LINEの利用の有無と親密性にも何らかの相関がみられるかもしれない。

　親密性をあらわす強い紐帯は、家族関係、恋愛関係、親友といった地縁や血縁、学校縁や職業縁の上に選択縁が重なるような縁の重層に支えられている。したがって地理的な制限もかかりやすい紐帯である。そのため移動とメディアの利用、紐帯のあり方には何らかの関連があるかもしない。むつ市やおいらせ町といった地域は人口密度が低く、雇用人口も相対的に少ない地域である。また高等教育機関が少なく、進学や就職のためには移動を余儀なくされる地域といえる。先にも説明したが、むつ市は自衛隊や原子力発電所関連の施設が近隣にあることから、仕事のために流入してくる20代や30代の率も高い地域であり、おいらせ町は一定期間の居住を見込んでいる20代や30代の率が高い地域である。このような流入層の違いからも地元の人間関係と物理的距離のある層と近接している層とのメディア利用とライフスタイルや意識との比較が可能である。仕事で一時的に移動してきた層と比較的長い期間の生活を見込んで移動してきた層では、人間関係のつくり方も異なるだろう。本章では流入層と地元定着層が、ソーシャルメディアを利用して地元の人間関係を維持しているのかどうか、またそのようなソーシャルメディアの利用と生活の満足度や幸福度がどのように関わるのか、分析していく。それと同時に流入層のあり方にも注目し地域差を検討する。

　まず出身地域の地縁に基づいて形成された「地元の友達」とのコミュニケーションをソーシャルメディアが支えているのかどうか、確認していこう。表17-3は、利用しているソーシャルメディアの種類別にみた地元の友達とのソーシャルメディアでのやりとりの頻度である。「地元の友達と毎日ソーシャルメディアでやりとりをしている」と回答する率は3割程度となっている。ソーシャルメディアの種類によってコミュニケーションの頻度に差はみられなかった。ただし、むつ市とおいらせ町とを比較するならば、おいらせ町の方が頻繁にソーシャルメディアで地元の友達とやりとりしているという傾向がうかがえる。

表17-3　地元の友達とのソーシャルメディアのやりとりの頻度（%）.

| | | 毎日やりとりがある | 月に一度以上、やりとりがある | 半年に一度以上、やりとりがある | 年に一度以上、やりとりがある | 連絡をとったりおしゃべりすることはない | N |
|---|---|---|---|---|---|---|---|
| むつ市 | LINE | 27.9 | 41.5 | 13.6 | 8.5 | 8.5 | 294 |
| | Facebook | 26.2 | 50.0 | 10.8 | 5.4 | 7.7 | 130 |
| | Twitter | 28.2 | 43.5 | 9.9 | 8.4 | 9.9 | 131 |
| | mixi | 23.5 | 64.7 | 5.9 | 0.0 | 5.9 | 17 |
| おいらせ市 | LINE | 29.6 | 42.3 | 10.2 | 6.9 | 10.9 | 274 |
| | Facebook | 32.8 | 44.5 | 11.8 | 4.2 | 6.7 | 119 |
| | Twitter | 35.3 | 41.4 | 6.9 | 3.4 | 12.9 | 116 |
| | mixi | 15.4 | 61.5 | 7.7 | 0.0 | 15.4 | 13 |

## 5-1.　地元の友達とソーシャルメディアでやりとりする人は誰か

　地元の友達とソーシャルメディアでやりとりを行うかどうかについて、基本的属性による差を確認したが、年齢、性別、年収、結婚の有無、家族同居、引越経験に相関はみられなかった。一方、地元居住かどうかとソーシャルメディアによる地元の友達とのやり取りについて関連が確認できた。地元に居住している人の方が、ソーシャルメディアで地元の友達とのやりとりを行っているということがわかった（表17-4）。

　この結果は、これまでモバイルメディア研究で報告されてきたように、地理的にも心理的にも身近な人間関係のなかでケータイが利用されるという行動傾向の延長として解釈できる。ソーシャルメディアもケータイの利用と同様に人間関係を拡大していくメディアではない。心理的のみならず、地理的な意味でもネットワークの拡大は確認できない。つまりソーシャルメディアには既存の人間関係のコミュニケーションを活発化させる機能があり、ネットワークの地理的拡大という機能はそれほど顕著なものではない。また、転勤の多い青年層が流入層であるむつ市と比較的長く居住する見込みのある流入層の多いおいら

せ町とを比較した際、有意な差はみられなかった。地元に居住しているかどう
かがソーシャルメディアコミュニケーションにおいて重要な点であり、さらに
居住期間が地元ネットワークの維持と関連すると考えられる。

　さらにいえば、その地元の人間関係のなかに「リラックスしてつきあえる関
係の友人が多くいるかどうか」という点も重要である（表17-5）。物理的距離
のみならず、親密な友人が地元にいるかどうか、ということもソーシャルメディ
アのやりとりの頻度との関わりがある。移動の多い青年層が流入層であるむつ
市で相関がみられ、長期的に居住する見込みのある流入層が多いおいらせ町で

表17-4　地元居住とソーシャルメディアの地元の友達とのやりとり（％）.

| | | 毎日やりとり がある | 月に一度以 上、やりとり がある | 半年に一度 以上、やりと りがある | 年に一度以 上、やりとり がある | 連絡をとった りおしゃべり することはな い | N |
|---|---|---|---|---|---|---|---|
| むつ市* | 地元でない | 20.8 | 35.4 | 21.9 | 12.5 | 9.4 | 96 |
| | 地元である | 30.3 | 44.8 | 9.5 | 6.0 | 9.5 | 201 |
| おいらせ市* | 地元でない | 26.9 | 37.5 | 9.6 | 12.5 | 13.5 | 104 |
| | 地元である | 30.8 | 43.0 | 10.5 | 3.5 | 12.2 | 172 |

$\chi^2$検定：* = p<.01

表17-5　リラックスしてつきあえる関係の地元友人の有無とソーシャルメディアの地元の友達と
のやりとり（％）.

| | | 毎日やりと りがある | 月に一度 以上、やり とりがある | 半年に一 度以上、や りとりがあ る | 年に一度 以上、やり とりがある | 連絡をとっ たりおしゃ べりするこ とはない | N |
|---|---|---|---|---|---|---|---|
| むつ市 | 地元友人あり | 36.2 | 43.0 | 12.1 | 3.4 | 5.4 | 149 |
| | 地元友人なし | 18.7 | 40.7 | 14.7 | 12.7 | 13.3 | 150 |
| おいらせ市 | 地元友人あり | 35.5 | 42.8 | 8.0 | 5.1 | 8.7 | 138 |
| | 地元友人なし | 23.2 | 39.1 | 12.3 | 8.7 | 16.7 | 138 |

$\chi^2$検定：* = p<.01

は、親密な友人関係が地元にあるかどうかと地元の友人とのソーシャルメディアのやりとりの頻度に有意な差はみられなかった。

　上記のような結果から、ソーシャルメディアは地元に居住している者の方が流入者よりも地元の友達との利用頻度が高いということがわかった。これにより地理的距離の障壁をソーシャルメディアの連絡ツールで乗り越えることは難しいということがわかる。また、地元の友達との親密性の質がソーシャルメディアで頻繁にやりとりするのかどうかということに関わっている。

## 5-2. 地元の友人関係・生活満足度・幸福感

　先に述べたように、ソーシャルメディアの種類と地元の友人とのコミュニケーションの頻度には目立った関連はみられなかった。そこで、ソーシャルメディアの種類と人間関係やその意識、人間関係や生活に対する満足度、幸福感などとはどのような関係にあるのか確認しておきたい（表17-6）。どのソーシャルメディア利用も親子関係の満足度に関して相関がみられなかった。また居住している地域での交流への関心も関連しなかった。その一方で、LINE、Facebook、Twitterのそれぞれの利用と家族以外の人間関係や生活満足度などに相関がみられた。以下、LINE、Facebook、Twitterの順番で確認を行っていこう。

### 5-2-1. LINE

　まず、LINEについて確認していこう。LINEの利用者が回答者の約9割を占めており、LINEを利用しない回答者はマイノリティであるといえる。LINEの利用の有無と「自分と異なる世界の人たちと出会う機会に恵まれ、視野を広げられていると思う」かどうかに相関がみられた（$\chi^2$検定：$p < .001$）。また「自分と近い仲間たちと交流する機会に恵まれ深い絆を築けていると思う」かどうかとも相関がある（$\chi^2$検定：$p < .005$）。LINE利用者は非利用者と比較して、異なる世界の人たちと出会う機会に恵まれ、視野を広げられているという感覚と近しい仲間との強い絆をもつという感覚の両方をもつようである。友人関係満足度についても、相関が認められたが、むつ市では有意な差がみられなかった。おいらせ町では、LINE利用者の方が非利用者よりも友人関係に満足して

表17-6　ソーシャルメディア利用と意識.

|  |  | LINE | | Facebook | | Twitter | |
|---|---|---|---|---|---|---|---|
|  |  | むつ市 | おいらせ市 | むつ市 | おいらせ市 | むつ市 | おいらせ市 |
| 満足度 | 現状評価：総合的に見て、自分の現状に満足している | n.s. |  | n.s. | ** | †逆 | n.s. |
|  | 生活満足度：総合的に見て、今の生活に満足している | n.s. |  | n.s. | ** |  | n.s. |
|  | 友人関係満足度：総合的に見て、自分の友人関係に満足している | n.s. | † | † |  |  | n.s. |
| 人間関係 | 自分と異なる世界の人たちと出会う機会に恵まれ、視野を広げられていると思う | *** |  | n.s. | ** |  | n.s. |
|  | 自分と近い仲間たちと交流する機会に恵まれ、深い絆を築けていると思う | ** |  |  | *** |  | n.s. |
| 将来展望 | 将来の明るい希望：自分の将来に明るい希望をもっている | ** |  |  | *** |  | n.s. |
| 幸福感 | 自分は幸せだと思う | n.s. |  | n.s. | * | †逆 | n.s. |

$\chi^2$検定：† =<.05 *=p<.01, **=p<.005, ***=p<.001

いるという結果であった。将来への明るい希望を LINE 利用者はもつようであるが、幸福感や生活満足度との関連はなかった。

## 5-2-2.　Facebook

　次に Facebook の利用と人間関係や生活満足度に関して確認していこう。日本人の Facebook の利用は LINE 利用と比較すると低率であり、世界的にみても日本の利用率は低い。これと関わって Facebook 利用者は海外に関心があり、外国人の友人関係を形成しているというイメージがあるのではないだろうか。本調査では、Facebook のこのようなイメージからすればやや意外な結果が得られた。おいらせ町では、Facebook 利用の有無と「自分と異なる世界の人たちと出会う機会に恵まれ、視野を広げられていると思う」かどうかとの相関は

認められる（$\chi^2$検定：p＜.005）もののむつ市では有意な差はみられなかった。一方で、「自分と近い仲間たちと交流する機会に恵まれ、深い絆を築けていると思う」かどうかとの相関が認められた（$\chi^2$検定：p＜.001）。Facebook利用者は、非利用者と比較して「自分と近い仲間たちと交流する機会に恵まれ、深い絆を築けていると思う」傾向がある。つまりFacebook利用者は居住している地域外への交流機会を求めたり、国外まで交流関係を広げていく傾向をもつというよりは、身近な人間関係の交流を重要視している。

さらに生活満足度と幸福感についてはおいらせ町で弱い相関があった（$\chi^2$検定：p＜.005）。Facebook利用者は生活満足度が高く幸福だと感じているようである。さらに特徴的であったのは、Facebook利用者は非利用者と比較して「自分の将来に明るい希望をもっている」点である（$\chi^2$検定：p＜.001）。これは次に確認するTwitter利用者とは異なる傾向であった。

### 5-2-3. Twitter

Twitterの利用は、先にみたLINEやFacebookの利用とは異なる傾向が確認できた。おいらせ町では相関を確認することができないが、むつ市では現状評価や幸福感等との逆相関を確認することができた。そして生活満足度との関連については有意な差はみられなかった。LINEやFacebookの利用と異なるTwitterの利用者のネガティブな属性が明らかになった。

# 6. ソーシャルメディアの種別と幸福感

以上の結果から、ソーシャルメディアは普及初期のケータイ研究で明らかにされてきた利用行動の特徴と同様の傾向を有していることがわかった。つまり心理的にも物理的にも近い距離にある人間関係においてソーシャルメディアは利用されている。さらに利用するソーシャルメディアの種類によって人間関係や生活に関する意識や満足度が異なることも明らかになった。

LINEやFacebookの利用者は自分と近い仲間たちと交流する機会に恵まれ、深い絆を築けているという意識をもっており、生活満足度も比較的高いようである。そして彼らは自分の将来に明るい希望をもっていると回答している。反

対に Twitter 利用者は自分の現状に満足していないようであり、自分の将来に
明るい希望をもっていないという傾向があった。

　利用するソーシャルメディアの種類によって意識が異なるのであれば、ソー
シャルメディアと一口で表現しても、何をイメージするのかによって、まった
くばらばらな回答が得られてしまうということがこの結果からわかる。これは
メディアの機能がソーシャルメディアの種類によって異なり、目的の異なった
コミュニケーションを行っているということを示している。

　今回、興味深い結果であったのは、LINE 利用者や Facebook 利用者の友人関
係のあり方である。一般的には、LINE の方が身近なネットワークに特化した
コミュニケーション機能をもち、Facebook が身近ではない世界とのコミュニケー
ションを促進する機能をもつというイメージをもたれている。しかし必ずしも
イメージ通りとはいえないということが明らかとなった。全般的にソーシャル
メディアは地理的に近接した人間関係に使用されている。そしてその機能によっ
て使用目的が異なるが、物理的距離やローカリティを超えてソーシャルメディ
アを利用することはなかなか難しいのかもしれない。

　ただし、Twitter は、完全ではないにしろ比較的匿名性が高いことや広く意
見や感想をつぶやくことが可能であるがゆえに、ローカリティを超えて使用さ
れるソーシャルメディアではないかと思われる。さらに幸福感や将来の展望に
ネガティブな意識をもつことと弱い相関がみられることから、ローカルな状況
に関わる不満感が Twitter というネット空間へと駆り立てているのではないだ
ろうか。これは 90 年代初期にみられたメールの利用感覚、テレコクーン[2] の状
況と似ている（Habuchi 2005）。テレコクーンでは既存の人間関係の不満によ
るネット空間における人間関係の構築を論じたが、ローカルな人間関係ではな
く、ローカルな環境への不適応が Twitter を使用へと駆動しているという仮説
がありうる。さらにそれはトランスローカリティの要素であり、Doubling of
Place（第 1 章参照）とも関連するだろう。

---

2) モバイルメディアは，人間関係の「出会い」「関係維持」「関係選択」において，利用者の客観的な
　認識を促す．これにより，既存の人間関係の中で自己の異質性が際立っていると感じられる若
　者は，インターネットの世界に自らの仲間を求める傾向が強まるのではないかという仮説であ
　る（Habuchi 2005）．

# 7. おわりに

　地理的近接性とソーシャルメディアの利用について、ソーシャルメディア利用が物理的距離の制約を超えて、人間関係を形成、維持するのかどうか、地方都市居住の青年を対象として調査を行った。その結果、LINE や Facebook は地元居住者が地元の人間関係を維持するために利用しているということが明らかになった。また、これらのソーシャルメディアが人間関係や生活の満足度と関連することが示された。つまり、LINE や Facebook は近隣のそして既存の人間関係をさらに強固にする特徴があると仮説できるだろう。

　一方で、Twitter の利用は既存の人間関係の維持や満足度と連関しなかった。現状の不満をソーシャルメディア上で一時的に紛らわせているだけなのかもしれない。Twitter が先に挙げたテレコクーンの役割を果たしているならば、その空間は居心地の良いものとして機能しているはずである。しかしそうではなかった。おそらく現状に対する不満をもって Twitter を利用しても、新しい良好なコミュニティにたどりついているわけではないのだろう。

　この傾向はむつ市の青年に特徴的であった。むつ市の青年層には、一定程度、転勤が常である人々が含まれている。彼らは、数年おきに異なる地域での勤務のために移動していく。条件不利地域に近いむつ市に住む彼らは、地域満足度が低い（羽渕 2018）。さらに満足度が低い方が Twitter を利用している。しかし Twitter を利用しているからといって、自分と異なる世界の人たちと出会う機会に恵まれ、視野を広げられているとは思っていない。

　本調査の結果からいえることは、ソーシャルメディア利用によるインターネット・パラドクスは存在していないが、ソーシャルメディアの種別や居住地域の影響によって、幸福感や人間関係の維持に対して少しずつ異なる効果をもたらしているということである。先行するソーシャルメディアの利用行動調査においては、既存の人間関係の上にソーシャルメディア上でのコミュニケーションが行われていること（河井 2014）や Twitter の選択的接触行動と関わり、Twitter が他のメディアよりも自身の望む情報を選択的に取得可能であるメディアあること（小川他 2013）が実証されている。本調査の結果もこれらの先行研究と同様の傾向を示したといえる。

　地域に対する不満をもつ青年のTwitter利用の機能について本研究では分析することができない。ただし、先行研究が示すとおり、Twitterが望む情報を選択的に取得可能なメディアであることから、むつ市の青年層も地域を超えて自身の望む情報を得ているのだということは推測可能である。自身が望む情報を閲覧することによって、テレコクーン的な癒やしを得て、地方への移動による環境への不満感の解消を行っているのかもしれない。

## 参考文献

阿部真大,2013,『地方にこもる若者たち―都会と田舎の間に出現した新しい社会』朝日新書.

天笠邦一,2016,「子育て空間におけるつながりとメディア利用――社会的想像力の換気装置としてのスマートフォン」富田英典編『ポスト・モバイル社会――セカンドオフラインの時代へ』世界思想社.

Habuchi,I.,2005,Accelerating Reflexivity,Ito,M.,Okabe,D. and Matsuda,M. eds., *Personal,Portable,Pedestrian: Mobile Phones in Japanese Life*,MIT Press.

羽渕一代編,2018,『公益財団法人マツダ財団寄付研究「青森20-30代住民意識調査」報告書』トランスローカリティ研究会.

伊藤耕太,2016,「モバイルコンテンツの未来――リッチ・コンテクストな『私』へ」富田英典編『ポスト・モバイル社会――セカンドオフラインの時代へ』世界思想社.

轡田竜蔵,2016,『平成26年度公益財団法人マツダ財団委託研究「広島20-30代住民意識調査」報告書（統計分析篇）【第2版】』公益財団法人マツダ財団,http://mzaidan.mazda.co.jp/publication/pdf/s9_2018_all.pdf.

――,2017,『地方暮らしの幸福と若者』勁草書房.

中村功,2001,「携帯メールの人間関係」東京大学社会情報研究所編『日本人の情報行動2000』東京大学出版会.

河井大介,2014,「ソーシャルメディア・パラドクス:ソーシャルメディア利用は友人関係を抑制し精神的健康を悪化させるか」『社会情報学』3（1）,社会情報学会.

小笠原浩,2016,「ソーシャルメディアで共有されるニュース―シェアやリツイートは社会の分断を招くのか」富田英典編『ポスト・モバイル社会――セカンドオフラインの時代へ』世界思想社.

小川祐樹・山本仁志・宮田加久子・池田謙一,2013,「Twitterにおける近傍ユーザとの相互作用が意見形成に及ぼす効果」『人工知能学会全国大会論文集』27,人工知能学会.

岡田朋之・松田美佐・羽渕一代,2000,「移動電話利用におけるメディア特性と対人関係――大学生を対象とした調査事例より―」『平成11年度情報通信学会年報』情報通信学会.

阪口祐介,2016,「若者におけるメディアと生活の相関系の変容―2002年と2012年の時点間比較」藤村正之・浅野智彦・羽渕一代編『現代若者の幸福――不安感社会を生きる』恒星社厚生閣.

Sample,M.,2014,Location Is Not Compelling（Until It Is Haunted）,Farman,J. eds.,*THE MOBILE STORY: Narrative Practices Locative Technologies*,Routledge.

白石壮一郎・羽渕一代, 2016, 「条件不利地域普通科校の高卒後の移動と地元定着. 青森県下北郡北通の同窓会調査から」『人文社会科学論叢』（人文科学篇）弘前大学人文社会科学部.

総務省情報通信政策研究所, 2021, 『2017年情報通信メディアの利用時間と情報行動に関する調査報告書』, URL：http://www.soumu.go.jp/main_content/000564530.pdf.

辻大介, 2008, 「若者のコミュニケーションの変容と新しいメディア」橋元良明・船津衛編『子ども・青少年とコミュニケーション』北樹出版.

――, 2016, 「地元志向の若者文化――地方と大都市の比較調査から」川崎賢一・浅野智彦編『〈若者〉の溶解』勁草書房.

打越文弥, 2018, 「未婚化時代における階層融合：夫婦の学歴パターンのコーホート比較分析」『理論と方法』数理社会学会.

山下祐介, 2012, 『限界集落の真実――過疎の村は消えるか？』ちくま新書.

――, 2014, 『地方消滅の罠：「増田レポート」と人口減少社会の正体』ちくま新書.

# 第18章
# モバイルソーシャルメディア環境で ニュースメディアと政治参加の 「好循環」は成立するか
## 2015〜2016年米国ニュースメディア環境の定量的分析

小笠原盛浩

## 1. モバイルソーシャルメディア環境の ニュースメディアと政治

### 1-1. モバイルソーシャルメディア環境のニュースメディア

　スマートフォンとソーシャルメディアが普及した結果、多くの人々はいつでもどこでも必要な情報を入手し友人とコミュニケーションできるモバイルソーシャルメディア環境で生活するようになり、ニュースメディアへの接触の仕方も大きく変化した。スマートフォンはどこでも隙間時間に手早くニュースをチェックすることを可能にし、ニュース・アプリは個々人の関心に合わせてパーソナライズされたニュースをプッシュ配信して人々の手元に届ける。テレビ・新聞といった伝統的マスメディアでニュースを視聴したりパソコンからニュースサイトにアクセスしたりする行動と比べると、スマートフォンからのニュース接触行動は自由度やパーソナライズ化の度合いが格段に高くなった。また、人々は伝統的マスメディアからニュースを一方的に受け取るだけでなく、TwitterやFacebookなどのソーシャルメディアを通じて自らニュースを発信したり拡散したりしている。伝統的マスメディアがソーシャルメディアをニュース情報源とすることも少なくない。

　このような新たなニュース接触行動は、人々と政治の関わりにどのような変化をもたらしているだろうか。Norris（2000）は高い政治関心・政治知識（公的な問題について何を学んでいるか）とニュースメディアへの接触行動が互いを強化し合い、人々の政治参加を促す「好循環」を形成していると指摘した。モバイルソーシャルメディア環境においても、人々の政治関心・政治知識とニュース接触行動の間には同様の「好循環」が認められるだろうか。それとも、パーソナライズされた情報フィルターを通じて自分の関心にあった情報にばかり接するようになる情報環境（「フィルターバブル」（Pariser 2011））や、ソーシャルメディア上で自分と似た意見の人たちとコミュニケーションすることで同質的な意見にばかり接することになる情報環境（「エコーチェンバー」（Sunstein 2001, 2017））が浸透し、政治への関心の低い人々がますます政治参加から遠ざかってしまう「悪循環」が見られるだろうか。

## 1-2.　米国のニュースメディア環境

　モバイルソーシャルメディア環境における、人々の政治関心・政治知識とニュース接触行動との関連を調べるフィールドとしては、日本よりもソーシャルメディア上のニュース流通が活発な米国の方が適している。2021年現在で米国の人々の66%がインターネット経由でニュースを入手し、42%がソーシャルメディアをニュース情報源としているが、日本ではそれぞれ63%、27%であり（Newman et al. 2021）、ソーシャルメディア上のニュース流通が米国と較べて低調である。

　ソーシャルメディアが政治に及ぼす影響の点でも、米国大統領選挙では2008年・2012年にバラク・オバマが、2016年にドナルド・トランプがそれぞれソーシャルメディアを駆使して支持者を動員し勝利を収めている。2020年大統領選挙では選挙の不正を訴えるトランプに扇動された支持者が米国連邦議会議事堂を襲撃・占拠する事件が引き起こされ、事件の模様は襲撃参加者自身によってスマートフォンからTwitterなどで生中継された（WIRED 2021など）。日本では2013年にようやく選挙運動でのインターネット利用が解禁されたものの、2019年参院選でSNSによる選挙運動に接触した人は有権者の8.0%であり、テレビの59.8%、新聞の20.0%と比べて低い水準にとどまっている（明るい選挙推進協会 2020）。

　米国の人々のニュース接触行動と政治関心・政治知識の関連を把握すること
は、日本でもソーシャルメディア上のニュース情報流通が進展した際に、人々
の政治参加を予測する手がかりを得ることにもつながる。本章では、2015年
の米国大統領予備選期間に実施されたオンラインパネル調査データを定量的に
分析することで、米国の人々のニュース接触行動と政治関心・政治知識との間
でどのような効果が生じているかを検証する。

## 2.　先行研究とリサーチクエスチョン

### 2-1.　ニュースメディア環境の把握

　モバイルソーシャルメディア環境といえども、ニュース接触行動を考えるう
えでは伝統的マスメディアを欠くことはできない。2020年に実施された調査
によれば、米国では52％の人々がテレビを、16％の人々が新聞などの印刷メディ
アを利用している。メディアへの信頼度も43〜53％とソーシャルメディアへ
の信頼度13％の数倍であり、伝統的マスメディアはニュースメディア環境の
中で依然として大きな位置を占めている（Newman et al. 2021：113）。人々の
ニュース接触行動を把握するには、インターネット上のニュース情報源、伝統
的マスメディアの一方に限定することなく、様々なニュースメディアをどのよ
うに組み合わせて利用しているかという、ニュースメディアの全体的な接触パ
ターン（ニュースレパートリー）を把握する必要がある。

　Lee and Yang（2014）は非階層クラスター分析（k-means法）で韓国の7種
類のニュース接触行動から3つのニュースレパートリーのグループを見出した
（ニュース回避者、新興ニュース探索者、伝統的ニュース探索者）。伝統的マス
メディアのニュースによく接触する伝統的ニュース探索者は、インターネット
やSNSでニュースに接触する新興ニュース探索者、どのニュースメディアで
もニュースに接触しないニュース回避者よりも政治知識の量が多かった。

　Edgerly（2015）は主成分分析と非階層クラスター分析（k-means法）を用
いて米国の21種類のニュース接触行動から6つのニュースレパートリーグルー
プを抽出した（ニュース回避、テレビ＋印刷、オンラインのみ、リベラル＋オ
ンライン、保守のみ、雑食性）。市民活動への参加度はメディアの種類・党派

性を問わずニュースに接触する雑食性群が最も高く、メディアの種類・党派性を問わずニュースに接触しないニュース回避群は最も低かった。

Wolfsfeldら（Wolfsfeld et al. 2016）はイスラエルの11種類のニュース接触行動をソーシャルメディア経由の政治情報接触、伝統的マスメディア経由の政治情報接触の2変数に統合し、それぞれ平均値より多いか否かで調査回答者を4グループに分類した（ニュース回避者、伝統主義者、ソーシャル、折衷主義者）。これら4グループのうち政治的活動参加への正の効果が認められたのは折衷主義者のみであった。

Strömbäckら（Strömbäck et al. 2018）とCastroら（Castro et al. 2021）はニュースレパートリーグループの分類に潜在クラス分析の手法を用いた。Strömbäckらはスウェーデンの21種類のニュース接触行動をもとに調査回答者を5グループ（ミニマリスト、公共ニュース消費者、地方ニュース消費者、ソーシャルメディアニュース消費者、雑食性）に分類し、ソーシャルメディアニュース消費者は政治的活動への参加に正の効果があることを見出した。

Castroらはヨーロッパ17カ国の比較分析で14種類のニュース接触行動から5つのニュースレパートリーグループを抽出し（ニュースミニマリスト、ソーシャルメディアニュース利用者、伝統主義者、オンラインニュース追求者、ニュースのハイパーコンシューマー）、伝統主義者とオンラインニュース追求者は政治知識に正の効果があった。また、ハイパーコンシューマーと伝統主義者はメディア信頼度が高く、オンラインニュース追及者のメディア信頼度は低い傾向があった（Castro et al. 2021）。

先行研究の分析結果は必ずしも一貫していないが、多様な情報源を通じてニュースに積極的に接触するグループとニュース接触全般に消極的なグループが存在する点、特定のニュースレパートリーグループが政治参加と関連している点はおおむね共通している。

## 2-2.　ニュースレパートリーとデジタル・デバイド

ニュースレパートリーは、社会階層によってインターネットをはじめとするデジタル・メディアのアクセスへの格差が生じるデジタル・デバイドとも関連している。Norris（2001）は米国とヨーロッパ15カ国の調査から、女性・高

年齢・低学歴・肉体労働者におけるインターネットの普及速度が男性　低年齢・高学歴・管理職よりも遅く、格差が生じていることを指摘した。木村（2001）も日本で同様のデジタル・デバイドが存在すると述べている。

　2020年の日本人のインターネット利用率は83.4％（総務省 2021）であり、社会の大半の人々にインターネットアクセス環境が行き渡っているが、アクセス環境の格差はデジタル・デバイドの第1段階にすぎない。van Dijk（2002, 2006, 2020）は、デジタル・メディアのアクセスには、①利用動機へのアクセス、②物理的アクセス、③利用スキルへのアクセス、④利用へのアクセス、の4つの段階があること、①②の格差（第1段階のデジタル・デバイド）は先進諸国で解消されつつあるが、③④の格差（第2段階のデジタル・デバイド）はむしろ拡大していると指摘している。van Deursen and van Dijk（2014）のオランダの調査によれば、高学歴層よりも低学歴層の方がインターネットの利用時間は長いものの、高学歴層がニュースや仕事関連の情報入手など社会的地位獲得やキャリア構築のためにインターネットを利用しているのに対し、低学歴層は主にゲームなどのエンターテインメント目的で利用していた。

　第2段階のデジタル・デバイドが問題になるのは、特定の社会階層がデジタル・メディア利用を通じて他階層より早くより多くの利得を得ることで、社会の相対的不平等が拡大するからである。アクセス環境が一般に普及しインターネットニュースを無料で閲覧できるようになったことは、人々の政治知識を全体的に底上げしたともいえるが、無料ニュースだけで満足している層と様々な質の高いニュースを有料で収集している層の間の相対的な知識格差はインターネット以前よりも拡大している可能性がある（van Dijk 2020）。

　米国のニュースレパートリー研究では、ニュース回避群が他のニュースレパートリーグループと比べて低学歴・非白人が多いこと（Edgerly 2015）、日本の研究でもニュースの消極的接触群に女性・低学歴・低年収層が多く積極的接触群に男性・高学歴・高年収層が多いことが指摘されている（小笠原 2021）。ニュースレパートリーは、政治知識の格差を拡大させる第2段階のデジタル・デバイドの現れ方の1つと考えられる。

## 2-3.　ニュースレパートリーと民主主義デバイド

　ニュースレパートリーの差異は、政治知識の格差にとどまらず政治的経済的階層の格差も拡大させる恐れもある。Norris（2000）は伝統的マスメディアのニュース接触と政治参加の関係について、マスメディアニュースが政治参加を強化する「好循環」モデルを提唱した。このモデルは、高い政治関心・政治知識がニュース接触を動機づけ、ニュース接触が政治知識と政治関心を高め、政治知識・政治関心の高まりが政治参加への認知的コストを低減させて参加を促すと想定しており、パネル調査結果（Strömbäck and Shehata 2010）や国際比較調査結果（Curran et al. 2014）も好循環モデルをおおむね支持している。

　好循環モデルをデジタル・デバイドの議論にあてはめると、もともと政治関心・政治知識が低い層は政治的ニュースへの接触動機が弱く、たまたま政治的ニュースに接触したとしても注意を払うことが少なく理解度も低く、ニュースメディアへの信頼度も低い傾向がある。政治関心・政治知識が低い層ではニュース接触が政治参加や政治関心を高める効果が低いため、政治関心・政治知識が高い層との間で「民主主義デバイド」が拡大していく悪循環に陥ると考えられる（Norris 2001 ibid）。

　同様に、社会経済的地位が低く政治関心・政治知識が低い層がニュース回避のニュースレパートリーを選択し続けることで、民主主義デバイドの悪循環によって社会経済的格差がさらに拡大し固定化していくことも考えられる。

## 2-4.　リサーチクエスチョン

　これまでに述べたニュースメディア環境・ニュースレパートリーに関する議論を踏まえ、本章では以下のリサーチクエスチョンを設定する。

　社会で普及しているニュースメディアが変化すればニュースレパートリーも当然変化すると考えられる。Edgerly（2015）の研究は、バラク・オバマが大統領選挙で初勝利した2008年のデータを分析に使用して米国のニュースレパートリーを把握しているため、2016年大統領選挙で勝利したドナルド・トランプが活用した、ニュースメディアとしてのソーシャルメディアの効果を十分把握できていない可能性がある。そこで、2016年大統領選挙当時（予備選挙期間も考慮すると2015年も含まれる）の米国のニュースレパートリーを把握する。

第2段階のデジタル・デバイドの可能性をチェックするには、デモグラフィック属性・政治関心・政治知識がニュースレパートリーとどの程度関連しているかも確認する必要がある。

　RQ1：米国の人々はどのようなニュースレパートリーを選択しているか。

　RQ2：デモグラフィック属性や政治関心・政治知識は、ニュースレパートリーとどのように関連しているか。

　ニュース接触と政治参加の関連を説明するNorris（2000, 2001）の好循環モデルでは、政治関心・政治知識がニュース接触を動機づけ、ニュース接触が政治知識と政治関心を高めると想定されていた。2016年大統領選時の米国社会でもこの好循環が働いているかを確認する必要がある。

　H1：政治関心はニュース接触頻度に正の効果がある。

　H2：政治知識はニュース接触頻度に正の効果がある。

　H3：ニュース接触頻度は政治関心に正の効果がある。

　H4：ニュース接触頻度は政治知識に正の効果がある。

　ニュース接触と政治関心・政治知識の間に好循環が生じていたとしても、ニュースレパートリーの違いによって好循環の生じ方に違いがある可能性がある。例えばニュース回避者／消極的接触群は他群と比較して政治関心・政治知識の水準が低いため、比較的低頻度のニュース接触で政治関心・政治知識が上昇しやすい、または政治関心・政治知識のわずかな上昇でニュース接触頻度が増加しやすい、といった差異が考えられる。

　RQ3：政治関心・政治知識からニュース接触頻度への効果、ニュース接触頻度から政治関心・政治知識への効果は、ニュースレパートリーによって異なるか。

# 3. 分析データと主な変数

## 3-1. データ

　好循環モデルの政治関心・政治知識がニュース接触におよぼす効果（またはその逆）を1時点の横断的調査データで検証することは困難であり、時系列調査データや実験データで検証することが望ましい。したがって、本章では

2015〜2016年に米国で実施された2波のオンラインパネル調査を分析に使用する。

　パネル調査の第1波調査は2015年12月10〜16日にオンライン調査会社のモニターに登録された15〜79歳の男女に対して実施され、有効回答数は1550であった。回答者数は性・年齢層別にほぼ同数（115〜140回答）を割り付け、10代と70代は他の年齢層の半数（54〜62回答）を割り付けて、性・年齢層別に目標回収数に到達した時点で調査回答を締め切った。第2波調査は2016年7月8〜15日に第1波調査の回答者に対して実施され、有効回答数は1026であった（脱落率33.8%）。性・年齢層別にみると10代の脱落率が突出して高いが（10代男性：61.1%、10代女性：46.8%）、それ以外の20〜60代の年齢層の脱落率は39.7〜22.4%であった。

## 3-2. 変数

　本章で分析に使用する変数は、ニュースレパートリーを把握するためのニュース接触頻度、好循環モデルを検証するための政治関心、政治知識、第2段階のデジタル・デバイドの有無を確認するためのデモグラフィック属性である。

　ニュース接触頻度は、7種類のニュースメディア（テレビ、ラジオ、新聞、テレビ局サイト（CNN.comなど）、新聞社サイト（NYTimes.comなど）、オンラインニュースサイト（Yahoo!ニュースなど）、ニュースアグリゲーター（Buzzfeedなど）[1]）でニュースを見たり聞いたりする頻度、2種類のソーシャルメディア（Facebook、Twitter）で友人が共有したニュースを読む頻度について、それぞれ6件法（1日数回、1日1回、週に数回、月に数回、月に1回未満、1度もない）で評定させた。次に、回答を1カ月あたりの接触頻度（例：1日数回＝75回、1日1回＝30回）に換算した。

　政治関心は、「政治に関心がある」の設問文に対して「強く不同意である」から「強く同意する」の5件法で評定させ、1〜5点の政治関心得点とした。

　政治知識は、先行研究（Carpini and Keeter 1996；Lee and Yang 2014など）

---

1）これら7種類のニュースメディア以外に、ニュース雑誌, ニュース雑誌サイト, オンラインラジオについても利用頻度を尋ねていたが,「月に1回未満」の回答者が7割以上と利用率が低いため分析対象からは除外した.

で一般に用いられている方法にならい、最近の社会問題の知識を問う設問を用いて測定した。社会問題に関する10項目の質問（例：「オバマ大統領が受け入れを表明したシリア難民の人数は？」）に対して5つの選択肢（例：「1万人」「3万人」「5万人」「10万人」「知らない」）を提示し、正しい選択肢を選んだ場合は1点、誤った選択肢または「知らない」を選んだ場合は0点をカウントして10項目の合計得点を政治知識得点とした。ただし第1波調査で使用した設問項目のうち1項目は正答・誤答の判断が困難との理由で分析から除外したため[2]、第1波の政治知識得点は9点満点、第2波は10点満点となる。

デモグラフィック属性は、第2波調査における性別、年齢、人種（白人、黒人、ヒスパニック、アジア系、その他）、最終学歴（初等学校以下、中等学校・高校、高卒・職業学校、大学入学、大卒以上）、世帯年収（6件法で5万ドル未満〜15万ドル以上）を用いた。最終学歴は教育年数（小学生以下＝8年、中等学校・高校＝12年、高卒・職業学校＝13年、大学入学＝15年、大卒以上＝17年）に換算し、世帯年収は回答を数値（例：5万ドル未満＝2万5000）に換算した後、対数変換した。

# 4. 分析結果

## 4-1. 米国のニュースレパートリーの分類

分析では最初に、回答者のニュースレパートリーを分類した（RQ1）。分類手法はLee and Yang（2014）、Edgerly（2015）と同様に、類似したデータを指定した数のクラスターにグルーピングする統計的分析手法である非階層クラスター分析（K-means法）を用いた。クラスター分析に投入した変数は7種類のニュースメディアおよび2種類のソーシャルメディアにおける1カ月あたりのニュース接触頻度である。クラスター数を3〜8まで変化させて分析したところ、最も解釈しやすい結果が得られたクラスター数は5であった（表18-1）。

---

2）分析から除外した設問項目は「世論調査で最も支持率が高い大統領候補は次のうちどれですか？」である．調査当時複数の世論調査結果が報じられ，調査によって候補者の支持率も違っていたため，設問項目がどの世論調査結果を指しているかが不明であり正答・誤答の区別が難しいと判断した．

表18-1　クラスター別ニュース接触頻度(1カ月あたり平均回数).

| | 1<br>(n=233) | 2<br>(n=114) | 3<br>(n=129) | 4<br>(n=425) | 5<br>(n=125) |
|---|---|---|---|---|---|
| テレビ | 65.3c | 60.1c | 40.3b | 25.3a | 33.9b |
| ラジオ | 45.0c | 54.3d | 17.9b | 8.5a | 18.2b |
| 新聞 | 14.1bc | 28.5d | 17.0c | 5.8a | 8.9ab |
| テレビ局サイト | 18.2b | 55.5e | 42.3d | 7.3a | 25.3c |
| 新聞社サイト | 6.4ab | 46.0d | 32.7c | 4.2a | 11.4b |
| オンラインニュース | 10.5ab | 57.3c | 65.7d | 7.9a | 21.3b |
| ニュースアグリゲーター | 4.5a | 42.7c | 27.4b | 4.1a | 9.8a |
| Facebook | 37.6b | 55.3c | 35.7b | 24.4a | 58.9c |
| Twitter | 6.1a | 33.4c | 13.3b | 3.7a | 57.1d |

※太枠(グレー)は, 他クラスターと比較して値が5%水準で有意に大きい(小さい)クラスター.
※セル中のa,b,cは, Tukeyの多重範囲検定の結果, 同符号間では5%水準の有意差がないことを示す.

各クラスターはニュースレパートリー別の回答者グループ（ニュースレパートリーグループ）を示している。ニュースレパートリーグループの数、および以降で述べる各グループの特徴はCastroら（2021）の調査結果とほぼ一致していたことから、本分析のニュースレパートリーグループにはCastroらの類型の名称を準用する。

　1番目のクラスター（n＝233、回答者の22.7%）は、テレビ・ラジオでのニュース接触頻度は高いがインターネット上のニュースメディアやソーシャルメディアでの接触頻度は低いことから、「伝統主義者」に該当する。2番目のクラスター（n＝114、11.1%）は、すべてのニュース情報源を通じて高頻度でニュースに接触しているため「ニュースのハイパーコンシューマー」といえる。3番目（n＝129、12.6%）は、インターネット上のテレビ局・新聞社サイト、オンラインニュースサイト、ニュースアグリゲーターでのニュース接触頻度が高い「オンラインニュース追及者」である。4番目（n＝425、41.4%）はハイパーコンシューマーとは対照的に、すべてのニュース情報源でニュース接触頻度が低い「ニュー

スミニマリスト」であり、回答者に占める比率が最も高い。最後のクラスター（n ＝125、12.2%）は、Facebook・Twitter上で友人が共有したニュースに接触する頻度が高いことから「ソーシャルメディアニュース利用者」に分類される。

## 4-2. デモグラフィック属性・政治関心・政治知識と ニュースレパートリー

デモグラフィック属性・政治関心・政治知識とニュースレパートリーはどのように関連しているだろうか（RQ2）。ニュースレパートリーグループごとに回答者のデモグラフィック属性と政治関心・政治知識を$\chi^2$検定（性別・人種）・Kruskal-Wallis検定（世帯年収）・一元配置分散分析（その他の従属変数）によって比較した結果が表18-2である[3]。

表18-2　ニュースレパートリーグループ別デモグラフィック属性、政治関心・政治知識.

| | 伝統主義者 (n=233) | ハイパーコンシューマー (n=114) | オンラインニュース追及者 (n=129) | ニュースミニマリスト (n=425) | ソーシャルメディアニュース利用者 (n=125) |
|---|---|---|---|---|---|
| 性別（男性比率） | 54.5% | 53.5% | 58.9% | 38.8% | 53.6% |
| 平均年齢 | 52.2c | 44.5b | 47.2b | 44.4ab | 39.6a |
| 人種（白人比率） | 71.2% | 59.6% | 64.3% | 65.2% | 60.8% |
| 平均教育年数 | 14.9ab | 15.3b | 15.0b | 14.6a | 15.0b |
| 平均世帯年収 | 44161 | 54387 | 45115 | 40320 | 43851 |
| 政治関心平均値 | 3.7b | 4.0c | 3.8bc | 3.1a | 3.5b |
| 政治知識平均値 | 7.1b | 7.2b | 7.3b | 6.2a | 6.8ab |

※太枠（グレー）は、他グループと比較して値が5％水準で有意に大きい（小さい）グループ.
※セル中のa,b,cは，Tukeyの多重範囲検定の結果、同符号間では5％水準の有意差がないことを示す.

---

3) 表18-2には白人比率を記載してグループ間で有意差がないことを示しているが，白人・黒人・ヒスパニック・アジア系・その他の$\chi^2$検定でも有意差がないことを確認している．また，世帯年収の平均値の比較では対数変換した値を用いたが，理解のしやすさを考慮して表18-2には変換前の年収の平均値を記載している．

　伝統主義者は統計的に有意に男性比率・年齢が高く、ハイパーコンシューマーは学歴と政治関心が高い。オンラインニュース追及者は男性比率・学歴が高く、ニュースミニマリストは男性比率・学歴・政治関心・政治知識が低い。ソーシャルメディアニュース利用者は年齢が低く学歴は高い。

　次に、デモグラフィック属性や政治関心・政治知識が回答者のニュースレパートリーをどの程度説明できるかを調べるため、ニュースミニマリストを基準カテゴリとする多項目ロジスティック回帰分析を行った（表18-3）。

　ニュースミニマリストと比較すると、伝統主義者は5%水準で有意に男性が多く高年齢で、政治関心が高い。ハイパーコンシューマーは男性が多い傾向（10%水準）があり、黒人が多く学歴・年収が高く、政治関心が高い。オンラインニュース追及者は男性が多く政治関心が高い。ソーシャルメディアニュース利用者は男性が多く学歴が高い傾向があり、高年齢で政治関心が高い。

表18-3　ニュースミニマリストを基準カテゴリとする多項目ロジスティック回帰分析.

| | 伝統主義者 | | ハイパーコンシューマー | | オンラインニュース追及者 | | ソーシャルメディアニュース利用者 | |
|---|---|---|---|---|---|---|---|---|
| | B | SE | B | SE | B | SE | B | SE |
| 切片 | -4.683 | 1.795** | -11.273 | 2.348*** | -4.599 | 2.147* | -3.804 | 2.163† |
| 性別 | -0.509 | 0.187** | -0.455 | 0.246† | -0.638 | 0.227** | -0.444 | 0.229† |
| 年齢 | 0.026 | 0.006*** | -0.006 | 0.008 | 0.008 | 0.007 | -0.026 | 0.008*** |
| 黒人ダミー | 0.425 | 0.281 | 0.748 | 0.352* | 0.111 | 0.380 | 0.022 | 0.361 |
| ヒスパニックダミー | 0.138 | 0.281 | 0.360 | 0.360 | 0.478 | 0.315 | 0.098 | 0.326 |
| アジア系ダミー | -0.477 | 0.528 | 0.550 | 0.465 | 0.680 | 0.438 | 0.334 | 0.419 |
| その他人種ダミー | -0.824 | 0.807 | 0.589 | 0.656 | -0.945 | 1.077 | 0.315 | 0.635 |
| 教育年数 | 0.076 | 0.069 | 0.252 | 0.100* | 0.099 | 0.087 | 0.148 | 0.088* |
| 世帯年収（対数） | 0.084 | 0.142 | 0.383 | 0.176* | 0.020 | 0.166 | 0.067 | 0.169 |
| 政治関心 | 0.418 | 0.086*** | 0.777 | 0.127*** | 0.491 | 0.109*** | 0.340 | 0.105*** |
| 政治知識 | 0.027 | 0.043 | 0.021 | 0.054 | 0.084 | 0.054 | 0.047 | 0.050 |
| n | 213 | | 102 | | 120 | | 111 | |

NagelKelke $R^2 = 0.209$, 適合度：$\chi^2(40) = 205.288$.
$p < 0.001$, †：$p < 0.1$, ＊：$p < 0.05$, ＊＊：$p < 0.01$, ＊＊＊：$p < 0.001$.

## 4-3. ニュースレパートリー別の「好循環」モデルの検証

2015〜2016年調査時点の米国ニュースメディア環境では、ニュースの「好循環」モデルが働いていたのだろうか（H1〜H4）。また、ニュースレパートリーによって「好循環」モデルが働く程度に差があるだろうか（RQ3）。政治関心・政治知識からニュース接触への効果、ならびにニュース接触から政治関心・政治知識への効果を時系列で検証するため、交差遅れ効果モデル（Finkel 1995）による共分散構造分析（SEM）を実施した。分析に使用したソフトウェアはAmos 27である。

仮説モデル（図18-1）[4]で、第1波調査時点の政治関心・政治知識から第2波調査時点のテレビやTwitterなどのニュースメディア利用頻度へのパス（a1、a2、b1、b2）の係数が正で統計的に有意であれば、政治関心・政治知識がニュース接触頻度に正の効果があるという仮説（H1、H2）が支持される。同様に、第1波調査時点のニュースメディア利用頻度から政治関心・政治知識へのパス（c1、c2、d1、d2）の係数が正で有意であれば、ニュース接触頻度が政治関心・政

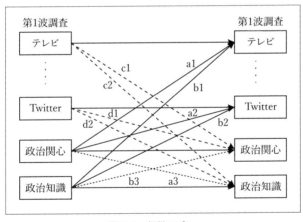

図18-1　仮説モデル.

---

4）仮説モデルに存在しているが, 図18-1では見やすさを考慮して省略されている変数・パスがある.
具体的には, すべての観測変数の誤差変数, 伝統的ニュースメディア（テレビ, ラジオ, 新聞）利用頻度の誤差変数間の共変動, インターネット上のニュースメディア利用頻度・ソーシャルメディア上のニュース接触頻度の誤差変数間の共変動, テレビとテレビ局サイト, 新聞と新聞社サイトの利用頻度の誤差変数間の共変動, 政治関心と政治知識の誤差変数間の共変動のパスである.

371

治知識に正の効果があるという仮説（H3、H4）が支持される。政治関心・政治知識がニュース接触を増やし、ニュース接触が政治関心・政治知識を高める双方向の正の効果が認められれば、「好循環」モデルが働いている根拠となる[5]。

　仮説モデルに対するニュースレパートリーグループ別の適合度指標は、GFI = 0.903〜0.962、CFI = 0.880〜0.936、RMSEA = 0.043〜0.064とおおむね悪くない値であったため[6]、どのグループにも仮説モデルが当てはまる配置不変性が成り立つと考えられる。

　続いてすべてのグループで、仮説モデルのパスの効果が同じと仮定できる（等値制約）かを検討した[7]。①等値制約をまったく置かないモデル（制約なしモデル）、②政治関心・政治知識からニュース接触頻度へのパス（図18-1のa1、a2、b1、b2）、ニュース接触頻度から政治関心・政治知識のパス（同c1、c2、d1、d2）、政治関心と政治知識の間のパス（同a3、b3）に等値制約を置いたモデル（制約ありモデル1）、③ニュース接触頻度の誤差変数間のパスなどすべてのパスに等値制約を置いたモデル（制約ありモデル2）の適合度指標を比較した結果、RMSEAとAICが低い制約ありモデル1が調査データへのあてはまりが最も良いと判断した（表18-4）。

表18-4　仮説モデルの適合度比較.

| | GFI | CFI | RMSEA | AIC |
|---|---|---|---|---|
| 制約なし | 0.933 | 0.907 | 0.025 | 2334.122 |
| 制約あり1 | 0.922 | 0.903 | 0.022 | 2204.791 |
| 制約あり2 | 0.906 | 0.845 | 0.030 | 2353.838 |

---

5）本調査では投票行動などの政治参加について尋ねておらず, 政治関心・政治知識が政治参加を高める効果を直接検証することができないが, 政治関心・政治知識が高いほど投票率も高くなる傾向があることは先行研究（Carpini and Keefer 1989；Van Deth 1990など）によって確認されている.

6）経験的な基準では, GFI = 0.9以上, CFI = 0.9以上, RMSEA = 0.05以下であれば, モデルのデータへのあてはまりが良いとされる. ただし適合度指標だけでモデルを評価すると, データに過適合した理論的妥当性の低いモデルとなる可能性もあり, 適合度指標と実質科学的な知見の裏づけのバランスが必要である（豊田 2007）.

7）等値制約の検討に先立ち多母集団間の推定値の差の検定も行っているが, ニュースレパートリーグループ間の局所的な異質性にこだわることはモデル全体の理論的妥当性を低下させる恐れがあると判断した.

　言い換えると、政治関心・政治知識からニュース接触、ニュース接触から政治関心・政治知識への効果、政治関心・政治知識間の効果はニュースレパートリーグループによって差異はないという仮定を置くことでデータを最もよく説明できる[8]。

　仮説モデル（制約あり1）のパスのうち5%水準で有意または10%水準で有意傾向であったものを表18-5に示す。政治関心からニュース接触頻度へのパスは新聞社サイト・ニュースアグリゲーター・Twitterの場合に有意だが（H1）、政治知識からニュース接触頻度へのパスはどのニュースメディアでも有意ではなかった（H2）。ニュース接触頻度から政治関心へのパスはオンラインニュースサイトの接触頻度から政治関心への正のパスが有意であった（H3）。ニュース接触頻度から政治知識へのパスは、新聞社サイトからの正のパスが10%の有意傾向であり、逆にFacebook上で友人が共有したニュースへの接触頻度からは政治知識への負のパスが有意であった（H4）。

表18-5　仮説モデル（制約あり1）で効果が有意なパス.

| 独立変数 | 従属変数 | 伝統主義者 | ハイパーコンシューマー | オンラインニュース追及者 | ニュースミニマリスト | ソーシャルメディアニュース利用者 |
|---|---|---|---|---|---|---|
| 政治関心 | テレビ局サイト | 0.048 | 0.046 | 0.037 | 0.071 | 0.034 † |
| 政治関心 | 新聞社サイト | 0.047 | 0.025 | 0.025 | 0.082 | 0.028* |
| 政治関心 | アグリゲーター | 0.071 | 0.036 | 0.042 | 0.096 | 0.044* |
| 政治関心 | Twitter | 0.059 | 0.035 | 0.044 | 0.071 | 0.033* |
| オンラインニュース | 政治関心 | 0.100 | 0.150 | 0.039 | 0.072 | 0.135*** |
| 新聞社サイト | 政治知識 | 0.032 | 0.067 | 0.076 | 0.023 | 0.043 † |
| Facebook | 政治知識 | -0.074 | -0.058 | -0.071 | -0.059 | -0.059* |
| 政治関心 | 政治知識 | 0.122 | 0.097 | 0.097 | 0.112 | 0.142*** |
| 政治知識 | 政治関心 | 0.111 | 0.138 | 0.116 | 0.100 | 0.099*** |

セル内の数値は標準化係数　$p < 0.001$、†:$p < 0.1$、*:$p < 0.05$、**:$p < 0.01$、***:$p < 0.001$.

8)一方で, ニュース情報源利用頻度の誤差変数間の共分散, 例えばテレビとラジオの利用頻度間の関連はニュースレパートリーグループによって差異がある, と考えられる. この差異は, ニュース情報源の利用頻度を投入した非階層クラスター分析によって回答者を分類しているため, 当然といえる.

# 5.　考察

## 5-1.　ニュースメディアと政治参加の「好循環」は成立するか

　本章では、モバイルソーシャルメディア環境におけるニュースメディアと政治参加の関係を分析するため、人々が多様なニュースメディアを様々に組み合わせて利用するニュースレパートリーに着目した。2015〜2016年米国大統領予備選挙期間のオンラインパネル調査データを分析した結果、米国の人々のニュースレパートリーグループは伝統主義者、ニュースのハイパーコンシューマー、オンラインニュース追及者、ニュースミニマリスト、ソーシャルメディアニュース利用者に分類された（RQ1）。本調査のニュースレパートリーグループ類型の数と特徴はCastroら（2021）がヨーロッパ17カ国で見出した類型とほぼ一致していることから、欧米圏のニュースメディア環境ではこれらのニュースレパートリー類型が共通していると考えられる。

　Norris（2000）の「好循環」モデルでは、高い政治関心・政治知識がニュース接触を促し、ニュース接触が政治関心・政治知識を高める双方向の効果が想定されている。本調査データも、好循環モデルを部分的に支持しているが、ニュース情報源の種類によって効果が異なっていた。

　もともと政治関心が高い人はニュースサイトやTwitterでニュースをよく見るようになり（H1）、オンラインニュースサイトでニュースを見る人ほど政治関心が高まっていた（H3）。つまりインターネット上のニュース情報源では政治関心との間に双方向の正の効果が見られたが、テレビ・新聞・ラジオといった伝統的メディアではどちらの効果も見られなかった。この違いは、利用者がメディアから必要な情報を引き出せるプルメディアとメディア側が利用者に決まった情報を押しつけるプッシュメディアの違い（Negroponte 1995＝1995）によると考えられる。インターネット上のニュース情報源の場合は利用者の政治関心の高さに応じていくらでも情報を引き出す（プル）ことができるが、伝統的メディアの場合は利用者の政治関心が高かろうが低かろうが、テレビのニュース番組や新聞にパッケージされ押しつけられた（プッシュ）ものより多くの情報を入手することはできないからである。この説明が正しければ、イン

ターネット上で様々なニュースが入手可能になればなるほど、またニュースメ
ディア環境におけるインターネット上の情報源の比重が高まれば高まるほど、
ニュースサイト等で積極的にニュースを収集する人とそうでない人との間で、
政治関心の格差がいっそう拡大していくことが予想される。

　政治知識からニュース接触への有意な効果は認められなかった（H2）。もっ
とも、政治関心と政治知識の間には政治関心が高い人は政治知識が高くなり、
政治知識が多い人ほど政治関心が高くなる双方向の効果があるため（表18-5）、
ニュース接触は政治関心を媒介して政治知識を高めているといえる。

　ニュース接触から政治知識への効果は、新聞社サイトでのニュース接触が
10％水準で政治知識を高める傾向が見られる一方、Facebook上で友人が共有
したニュースへの接触は政治知識を低下させており、「好循環」モデルの想定
とは逆の効果が生じていた（H4）。この結果は、Facebook利用者が自分と似
た価値観をもつ人々とつながることで、同質的な意見しか目にしなくなるエコー
チェンバー（Sunstein 2001,2017）の情報環境が、回答者の社会に対する関心
の範囲を狭めたためと考えられる。

## 5-2.　ニュースレパートリーと第2段階のデジタル・デバイド

　仮説モデルに対する配置不変性が成り立っていたことから、ニュースサイト・
Twitterでのニュース接触と政治関心、Facebookで友人が共有したニュースへ
の接触と政治知識の関連の強さは、どのニュースレパートリーでも差異がない
といえる（RQ3）。言い換えると、政治関心が高くオンラインニュースサイト
やFacebookでのニュース接触頻度が高いニュースレパートリーグループの方が、
ニュースサイトやTwitterでのニュース接触頻度の増加、政治関心の増大、政
治知識の減少の効果も比例して大きくなるといえる。

　政治関心が高いグループはハイパーコンシューマー、オンラインニュースサ
イトでのニュース接触頻度が高いグループはハイパーコンシューマーとオンラ
インニュース追及者、Facebookでのニュース接触頻度が高いグループはハイパー
コンシューマーとソーシャルメディアニュース利用者であり、政治関心とニュー
ス接触頻度が低いグループはニュースミニマリストであった（表18-1）。

　なかでもハイパーコンシューマーはもともと政治関心が高いため、ニュース

サイトやTwitterでのニュース接触が増えやすく、オンラインニュースサイトでの高いニュース接触頻度がさらに政治関心を高める好循環が働きやすい。Facebookでのニュース接触が政治知識を減らす効果はあるものの新聞社サイトでのニュース接触が政治知識を増やす効果の方が大きい（表18-5）。

　対照的にニュース回避者は、もともと政治関心が低いためニュース接触が増えず、少ないニュース接触は政治関心を高める効果も小さいため、政治関心は相対的に低い水準にとどまる。新聞社サイトでのニュース接触が政治知識を増やす効果よりもFacebookでのニュース接触が政治知識を減らす効果の方が大きい。結果、ハイパーコンシューマーとニュースミニマリストの間で、政治関心・政治知識の格差がますます拡大していく可能性がある。

　ニュースレパートリーはデモグラフィック属性と無関係に分布しているわけではなく、ハイパーコンシューマーは高学歴層、ニュースミニマリストは女性・低学歴層に多かった（表18-2）。属性同士の影響を除いた分析でも（表18-3）、ハイパーコンシューマーはニュースミニマリストと比べて男性、黒人、高学歴、高年収層である可能性が高かった(RQ2)。性別・学歴・収入によって特定のニュースレパートリーが偏在しており、ニュースレパートリー間で政治関心・政治知識の格差が拡大すると考えられることから、2015〜2016年時点の米国では、社会的経済的地位によってインターネット利用方法に格差が生じ、利用方法の格差が社会経済的地位の格差を再生産する第2段階のデジタル・デバイドが存在していたといえる。

## 5-3.　今後の課題

　どのような研究にも課題があり、本研究も例外ではない。2015〜2016年の米国パネル調査では回答者が政治活動に参加していたか否かは直接たずねていないため、ニュースメディアと政治参加の「好循環」に対する本調査の部分的な支持は、政治関心・政治知識という媒介変数を根拠としていることに留意する必要がある。

　また、ニュースレパートリーの分類に投入したニュース接触頻度は、テレビ、新聞社サイトなどのニュースメディア単位の変数であって、CNNやFox News、NYTimes.comなどのチャンネルやウェブサイト毎の利用頻度ではない。

米国ではニュースメディアの政治的分極化が進んでいるため（Pew Research Center 2014,2017,2020）、党派性を考慮しないメディア単位の分類ではメディア環境の特徴を十分に把握できていない恐れもある。

　パネル調査期間が7カ月間と比較的短期間であることも、ニュース接触と政治関心・政治知識の長期的な効果を測定することを困難にしていた可能性がある。伝統的ニュースメディアでのニュース接触頻度と政治参加との間に好循環が見られなかったのはこの点が原因かもしれない。今後の研究では、政治参加行動、ニュースメディアの党派性を考慮して設問を設計し、1年間以上の期間をかけた3波以上のパネル調査を行うことが望ましい。

　最後に本研究の知見を踏まえて、日本のモバイルソーシャルメディア環境におけるニュースと政治の関連についても簡単に考察したい。日本人のニュース接触はテレビへの依存度が高かったが近年減少傾向にあり、2021年ではインターネット上のニュース接触がテレビを上回っている（Newman et al. 2021:138）。今後、携帯電話の通信速度の高速化に伴うニュースコンテンツの多様化、ニュース・アプリ・ソーシャルメディアの高機能化が進むにつれて、スマートフォンからのニュース接触の比重はいっそう高まるだろう。一方で、日本人に見られる、メディアからニュースを受け取るのみでニュースについてコミュニケーションすることには消極的という、受動的なニュース接触傾向（Ogasahara 2018）にあまり変化がないとすれば、ニュース・アプリによってパーソナライズされたニュースコンテンツを受動的に消費するだけのニュース接触行動が増えると考えられる。

　本章で見られた、どのニュース情報源も活発に利用するニュースのハイパーコンシューマーとどのニュース情報源もあまり利用しないニュースミニマリストという対照的なニュースレパートリーグループは、日本の研究（小笠原2021）でも確認されている。ハイパーコンシューマーがニュース・アプリ・ソーシャルメディアを駆使してスマートフォンから多様なニュースコンテンツに接触し、政治関心・政治知識を高めて積極的に政治参加する一方で、ニュースミニマリストがスマートフォン利用時間をもっぱらゲームアプリ等に費やすようになれば、両者の政治関心・政治知識、政治参加の格差はますます拡大していくだろう。

　日本社会では高齢層が有権者に占める構成比が高く投票率も高い一方で若年層は構成比・投票率が低いため、目先の選挙に勝つために、政治家が若年層の利益を損ねても高齢層の利益になる政策を掲げる、シルバー民主主義が問題になっている（八代 2016）。仮にニュースミニマリストが高齢層と若年層に同様に分布しているとしても、高齢層がよく利用しているテレビではニュースに偶発的に接触する可能性がある一方、若年層がよく利用しているスマートフォンでは意識的に見ようとしないかぎり、関心のない分野のニュースとはまったく接触機会がないか、せいぜい Yahoo! ニュースの見出しを一瞥する程度であり、ニュース接触が政治関心・政治知識・政治参加を高める効果は相対的に小さく、ニュースミニマリストのなかでも若年層と高齢層の政治関心・政治知識・政治参加の格差が生じるとも考えられる。今後、インターネット上のニュースサイトやニュース・アプリ提供者には、ニュースミニマリストでも社会問題に関する必要最低限の情報は入手できるようにするためのサービス設計が求められる。

### 参照文献

明るい選挙推進協会, 2020,『第 25 回参議院議員通常選挙全国意識調査』,（2022年2月9日取得 http://www.akaruisenkyo.or.jp/wp/wp-content/uploads/2011/07/25san_rep.pdf).

Carpini, M. X.D., and Keeter, S., 1996, *What Americans know about politics and why it matters*. Yale University Press.

Castro, L., Strömbäck, J., Esser, F., Van Aelst, P., de Vreese, C., Aalberg, T., and Theocharis, Y., 2021, Navigating high-choice European political information environments: A comparative analysis of news user profiles and political knowledge. *The International Journal of Press/Politics*, 1-33.

Curran, J., Coen, S., Soroka, S., Aalberg, T., Hayashi, K., Hichy, Z., ... and Tiffen, R., 2014, Reconsidering 'virtuous circle' and 'media malaise' theories of the media: An 11-nation study. *Journalism*, 15（7）, 815-33.

Edgerly, S., 2015, Red media, blue media, and purple media: News repertoires in the colorful media landscape. *Journal of Broadcasting & Electronic Media*, 59（1）, 1-21.

Finkel, S., 1995, *Causal Analysis with Panel Data*. Sage Publications.

木村忠正, 2001,『デジタルデバイドとは何か――コンセンサス・コミュニティをめざして』岩波書店.

Lee, H. and Yang, J., 2014, Political knowledge gaps among news consumers with different news media repertoires across multiple platforms. *International Journal of Communication*, 8, 21.

Negroponte, N., 1995 = 1995, *Being digital*. Alfred a Knopf Inc, 西和彦監訳『ビーイング・デジタル』アスキー.

Newman, N., Flecher, R., Schulz, A., Audi, S., Robertson, C.T. and Nielsen, R.K., 2021, Reuters Institute

Digital News Report 2021,*Reuters Institute for the Study of Journalism*,113,（Accessed February 9, 2022, https://reutersinstitute.politics.ox.ac.uk/sites/default/files/2021-06/Digital_News_Report_2021_FINAL.pdf）.

Norris, P., 2000, *A virtuous circle: Political communications in postindustrial societies*. Cambridge University Press.

——, 2001, *Digital divide: Civic engagement, information poverty, and the internet worldwide*. Cambridge University Press.

Ogasahara, M., 2018, Media Environments in the United States, Japan, South Korea, and Taiwan. In Kiyohara, S., Maeshima, K., and Owen, D. eds., *Internet Election Campaigns in the United States, Japan, South Korea, and Taiwan*. Springer International Publishing.

小笠原盛浩, 2021,「ニュースへの接触パターンは政治的態度とどのように関連しているか」、辻大介編著『ネット社会と民主主義――「分断」問題を調査データから検証する』有斐閣、53-69.

Pariser, E., 2011, *The filter bubble: How the new personalized web is changing what we read and how we think*. Penguin.

Pew Research Center, 2014, Political Polarization & Media Habits,（Accessed February 9, 2022, https://www.pewresearch.org/journalism/2014/10/21/political-polarization-media- habits/）.

——, 2017, Americans' Attitudes About the News Media Deeply Divided Along Partisan. Lines,（Accessed February 9, 2022, https://www.pewresearch.org/journalism/2017/05/10/americans-attitudes-about-the-news-media-deeply-divided-along-partisan-lines/）

——, 2020, U.S. Media Polarization and the 2020 Election: A Nation Divided,（Accessed February 9, 2022, https://www.pewresearch.org/journalism/2020/01/24/u-s-media-polarization-and-the-2020-election-a-nation-divided/）.

総務省, 2021,『令和3年版情報通信白書』,（2022年2月9日取得, https://www.soumu.go.jp/johotsusintokei/whitepaper/ja/r03/html/nd242120.html）.

Strömbäck, J., and Shehata, A., 2010, Media malaise or a virtuous circle？ Exploring the causal relationships between news media exposure, political news attention and political interest. *European journal of political research*, 49（5）, 575-97.

Strömbäck, J., Falasca, K., and Kruikemeier, S., 2018, The mix of media use matters: Investigating the effects of individual news repertoires on offline and online political participation. *Political Communication*, 35（3）, 413-32.

Sunstein, C. R., 2001, *Republic. com*. Princeton university press.

——, 2017, *# Republic: Divided democracy in the age of social media*. Princeton University Press.

豊田秀樹, 2007『共分散構造分析［Amos編］――構造方程式モデリング』, 東京図書.

Van Deth, J. W., 1990, Interest in Politics. In Jennings, M. K., and van Deth, J. W. *Continuities in political action: a longitudinal study in political orientations in three Western democracies*. pp. 275-312, De Gruyer.

van Deursen, A. J., and van Dijk, J. A., 2014, The digital divide shifts to differences in usage. *New media & society*, 16（3）, 507-26.

van Dijk, J. A., 2002, A framework for digital divide research. *Electronic Journal of Communication*,

12（1）, 2.

――, 2006, Digital divide research, achievements and shortcomings. *Poetics*, 34（4-5）, 221-35.

――, 2020, *The network society（Fourth edition）*. Sage.

WIRED, 2021,「米議事堂に乱入した暴徒の「証拠」を保全せよ：SNSに投稿された動画データの"収集"に取り組む市民ジャーナリストたち」,（2022年2月9日取得, https://wired.jp/2021/01/09/archive-social-media-footage-pro-trump/）.

Wolfsfeld, G., Yarchi, M., and Samuel-Azran, T., 2016, Political information repertoires and political participation. *New media & society*, 18（9）, 2096-115.

八代尚宏, 2016,『シルバー民主主義――高齢者優遇をどう克服するか』中央公論新社.

# 執筆者一覧　　*：編者　　（執筆の章順）

**富田英典**＊（とみた・ひでのり）　　　　　　　　　　　1章・2章翻訳
関西大学大学院社会学研究科単位取得退学。現在、関西大学社会部教授。
主な著書：*The Post-Mobile Society : From the Smart/Mobile to Second Offline*（編著、Routledge、2016年）、『インティメイト・ストレンジャー：「匿名性」と「親密性」をめぐる文化社会学的研究』（関西大学出版、2009年）。


**James E. Katz**（ジェームズ・E・カッツ）　　　　　　　　　　2章
ボストン大学コミュニケーション学部教授。
主な著書：*Perpetual Contact: Mobile Communication, Private Talk, Public Performance*（共編、Cambridge University Press、2002年＝立川敬二監修、富田英典監訳『絶え間なき交信の時代—ケータイ文化の誕生—』NTT出版、2003年）、*Perceiving the Future through New Communication Technologies: Robots, AI and Everyday Life*（共篇、Palgrave Macmillan、2021年）。


**Michael Bjorn**（ミカエル・ビョルン）　　　　　　　　　　3章
㈱エリクソン消費者研究所 研究主任。
主な著書：*10 Hot Consumer Trends 2030: The Everyspace Plaza*（An Ericsson ConsumerLab Insight report, December 2021）。


**木暮祐一**（こぐれ・ゆういち）　　　　　　　　　　　　4章
徳島大学大学院工学研究科機能システム工学専攻博士後期課程修了。青森公立大学准教授を経て、現在、ソフトバンク㈱渉外本部新規事業推進部デジタル社会推進課担当部長。
主な著書：『メディア技術史』（共著、北樹出版、2013年）、「携帯電話30年の歩みと今後の展望——ショルダーホンからスマートフォン、ウェアラブル、IoTの時代へ」（電気学会誌137（8）、2017年）。


**伊藤耕太**（いとう・こうた）　　　　　　　　　　　　5章
同志社大学大学院文学研究科 社会学専攻 博士課程前期課程修了。現在、関西大学非常勤講師。
主な著書：*The Second Offline: Doubling of Time and Place*（共著、Springer、2021年）、*The Post-Mobile Society: From the Smart／Mobile to Second Offline*（共著、Routledge、2016年）。


**吉田 達**（よしだ・いたる）　　　　　　　　　　　　6章
東京経済大学大学院コミュニケーション研究科博士後期課程単位取得満期退学。現在、東京経済大学非常勤講師。
主な著書：「ケータイと監視社会」『ケータイ社会論』（分担執筆、有斐閣選書、2012年）、「スマートフォンの普及と日常の「電子」化」『ポスト・モバイル社会』（分担執筆、世界思想社、2016年）。

岡田朋之（おかだ・ともゆき）                                    7 章

大阪大学大学院人間科学研究科博士課程単位取得退学。現在、関西大学総合情報学部教授。

主な著書：『ケータイ社会論』（共編著、有斐閣、2012 年）、『私の愛した地球博——愛知万博 2204
万人の物語』（共編著、リベルタ出版、2006 年）。


松下慶太（まつした・けいた）                              8 章・15 章翻訳

京都大学文学研究科現代文化学専攻博士後期課程修了。現在、関西大学社会学部教授。

主な著書：『モバイルメディア時代の働き方』（勁草書房、2019 年）、『ワークスタイル・アフターコ
ロナ』（イースト・プレス、2021 年）。


Larissa Hjorth（ラリッサ・ヒョース）                            9 章

ロイヤルメルボルン工科大学メディア・コミュニケーション学部教授。

主な著書：*Ambient Play*（共著、MIT Press 2020 年）、*Exploring Minecraft*（共著、Palgrave
2020 年）。


Ingrid Richardson（イングリッド・リチャードソン）                    9 章

ロイヤルメルボルン工科大学メディア・コミュニケーション学部教授。

主な著書：*Understanding Games and Game Cultures*（共著、Sage、2021 年）、*Exploring Mine-
craft*（共著、Palgrave、2020 年）。


藤本憲一（ふじもと・けんいち）                              10 章

大阪大学大学院人間科学研究科人間学専攻博士前期課程修了。現在、武庫川女子大学社会情報学部
教授。

主な著書：『ポケベル少女革命——メディアフォークロア序説』（エトレ、1997 年）、『戦後日本の大
衆文化』（共編著、昭和堂、2000 年）。


松田美佐（まつだ・みさ）                                11 章

東京大学大学院人文社会系研究科博士課程単位取得退学。現在、中央大学文学部教授。

主な著書：*Personal, Portable, Pedestrian: Mobile Phones in Japanese Life*（共編著、MIT Press、
2006 年）、『うわさとは何か：ネットで変容する「最も古いメディア」』（中公新書、2014 年）。


上松恵理子（うえまつ・えりこ）                              12 章

新潟大学大学院博士後期課程修了。博士（教育学）。現在、武蔵野学院大学国際コミュニケーショ
ン学部准教授。東京大学先端科学技術研究センター客員研究員。

主な著書・編著：『小学校にプログラミング教育がやってきた！入門編』（三省堂、2019 年）、『小学
校にオンライン教育がやってきた！』（三省堂、2021 年）。

金 暻和（キム・キョンソァ） 13 章・9 章翻訳

東京大学大学院学際情報学府博士課程修了。神田外語大准教授を経て、現在、韓国在住。メディア
人類学者。

主な著書：『ケータイの文化人類学 – かくれた次元と日常性』（CUON、2016 年）、『ポストメディア・
セオリーズ』（共著、ミネルヴァ書房、2021 年）。

劉 雪雁（リュウ・セツガン） 14 章

東京大学大学院人文社会系研究科博士課程単位取得退学。現在、関西大学社会学部教授。

主な著書：『新版 メディア論』（共著、放送大学教育振興会、2022 年）、『東アジアの電子ネットワー
ク戦略』（共著、慶応義塾大学出版会、2008 年）。

Jason Farman（ジェイソン・ファーマン） 15 章

メリーランド大学カレッジパーク校教授。

主な著書・論文：*Embodied Space and Locative Media*（Routledge Press, 2012 / Second Edition,
2021）、*Delayed Response: The Art of Waiting from the Ancient to the Instant World*（Yale Uni-
versity Press, 2018）。

天笠邦一（あまがさ・くにかず） 16 章・3 章翻訳

慶應義塾大学大学院 政策・メディア研究科 後期博士課程修了。現在、昭和女子大学人間社会学部
准教授。

主な著書・論文：『露出する女子、覗き見る女子──SNS とアプリに現れる新階層 』（共著、ちく
ま新書, 2019）、「子育てにおけるサポート・ネットワークとソーシャルメディア利用の地域的差異
に関する一考察」（学苑 928 号、23-34、2018）。

羽渕一代（はぶち・いちよ） 17 章

奈良女子大学大学院人間文化研究科博士課程単位取得退学。その後、博士（学術）取得。現在、弘
前大学人文社会科学部教授。

主な著書：『現代若者の幸福──不安感社会を生きる』（共編著、恒星社厚生閣、2016 年）、『メディ
アのフィールドワーク──アフリカとケータイの未来』（共編著、北樹出版、2012 年）。

小笠原盛浩（おがさはら・もりひろ） 18 章

東京大学大学院人文社会系研究科博士課程単位取得退学。現在、東洋大学社会学部教授。

主な著書：『フェイクニュースに震撼する民主主義』（共著、大学教育出版、2019）、*Internet Elec-
tion Campaigns in the United States, Japan, South Korea, and Taiwan*（共著、Palgrave macmil-
lan, 2018 年）。

## セカンドオフラインの世界 ——多重化する時間と場所

富田英典　編
<small>とみ た ひでのり</small>

2022 年 3 月 31 日　初版 1 刷発行

発行者　　　　　片岡　一成
印刷・製本　　　株式会社シナノ
発行所　　　　　株式会社恒星社厚生閣
　　　　　　　　〒 160-0008　東京都新宿区四谷三栄町 3 番 14 号
　　　　　　　　TEL　03（3359）7371（代）
　　　　　　　　FAX　03（3359）7375
　　　　　　　　http://www.kouseisha.com/

ISBN978-4-7699-1678-9　C3036
（定価はカバーに表示）
Translation from the English language edition:
The Second Offline edited by Hidenori Tomita Copyright © The
Editor(s) (if applicable) and The Author(s), under exclusive license to
Springer Nature Singapore Pte Ltd. 2021.
All Rights Reserved.